AF371293

ÉTUDES

sur

L'HISTOIRE D'HAÏTI

Paris. Imprimerie de E. DONNAUD, rue Cassette, 9.

ÉTUDES

SUR

L'HISTOIRE D'HAÏTI

PAR B. ARDOUIN

ANCIEN MINISTRE D'HAÏTI PRÈS LE GOUVERNEMENT FRANÇAIS,
ANCIEN SECRÉTAIRE D'ÉTAT DE LA JUSTICE, DE L'INSTRUCTION PUBLIQUE
ET DES CULTES

TOME NEUVIÈME.

PARIS

DÉZOBRY, E. MAGDELEINE ET Cᵉ, LIBRAIRES-ÉDITEURS

RUE DES ÉCOLES, 78

(près du Musée de Cluny et de la Sorbonne)

1860

PÉRIODE HAÏTIENNE.

QUATRIÈME ÉPOQUE.

LIVRE QUATRIÈME.

CHAPITRE PREMIER.

L'administration de Pétion, si sage et si bienfaisante, avait influé sur les grands résultats politiques obtenus dans la République d'Haïti. Sa mort fut suivie d'un calme profond parmi ses concitoyens, autant par respect pour sa mémoire révérée que par le patriotisme qu'il sut leur ins-

pirer; — ils furent soumis au vote du Sénat qui appela le
général Boyer, son ami et son élève, à le remplacer dans
la première magistrature de l'État ; — la pacification de la
Grande-Anse fut opérée par le nouveau Président avec autant d'intelligence et d'activité, que de généreuse indulgence envers des hommes égarés depuis longtemps ; —
enfin, la cessation de la guerre civile s'effectua par une
pacification encore plus glorieuse, par la réunion spontanée des citoyens des départemens de l'Artibonite et du
Nord sous l'égide de la constitution républicaine, préva-
lant sur le système monarchique de Henry Christophe, qui
fut réduit à se suicider.

Dans cette dernière circonstance, si heureuse pour le
pays, le successeur du grand citoyen qu'il pleurait, se plut
à montrer, comme Pétion, de louables sentimens, à donner de nobles exemples de modération et de bienveillance
envers ses frères et concitoyens, qui lui concilièrent les
cœurs de l'immense majorité parmi ceux qui avaient le
plus souffert de l'oppression. Par cette conduite, Boyer
acquit de nouveaux titres à l'estime que déjà il avait obtenue dans les départemens de l'Ouest et du Sud.

Tous ces faits honoraient la République. En outre, sa
situation était prospère en agriculture, en commerce et en
finances ; elle avait une armée de 50 mille hommes disci-
plinés, aguerris, et une flotille importante. Tout était
donc de nature à frapper les esprits dans le territoire voisin, dont les habitans, en secouant le joug étranger en
1808, avaient été en quelque sorte *contraints* de se replacer sous la domination de leur ancienne métropole [1].
Ces habitans devaient d'autant plus ressentir les effets de

---

[1] Voyez-en les causes aux pages 255 et 256 du 7e volume de cet ouvrage.

cet heureux état de choses, que les deux chefs principaux qui les avaient guidés dans leur levée de, boucliers inclinèrent eux-mêmes à s'allier, à s'incorporer, l'un à la République, l'autre à l'État d'Haïti, dont les Présidens leur avaient fourni des armes et des munitions pour leur entreprise. Si, en 1820, ces chefs n'existaient plus[1], du moins ils avaient légué leurs sentimens à leurs concitoyens, et les rapports commerciaux établis entre les deux territoires les entretenaient dans ces bonnes dispositions, surtout dans les localités les plus rapprochées de la République.

La guerre civile, qui avait été un obstacle à la réunion de toute l'île sous les mêmes lois, venant à cesser par le triomphe de la République sur l'État rival, uniquement par l'autorité morale de ses institutions et de son gouvernement, rien ne devait s'opposer désormais à ce résultat prévu et désiré dès la déclaration de l'indépendance haïtienne, afin d'y constituer une seule nationalité.

Mais, indépendamment de ces considérations, d'autres causes contribuaient dans l'Est d'Haïti à préparer cette réunion.

Avant le commencement de l'année 1820, le bruit circulait dans cette partie, et principalement à Santo-Domingo, que par une convention entre les gouvernemens de France et d'Espagne, le premier devait y envoyer une armée dont la destination serait de faire la conquête de la partie occidentale. Cette nouvelle pouvait être sans fondement ; mais la marche rétrograde que Ferdinand VII suivait en Espagne depuis sa restauration, l'alliance qui existait entre

---

1 Juan Sanches et Cyriaco Ramirez, morts à Santo-Domingo

les Bourbons de ce pays et ceux de France, le désir manifesté par ceux-ci de recouvrer Saint-Domingue : tout concourait à accréditer ce projet, qui, le cas échéant, eût placé la partie de l'Est sous la puissance des autorités françaises. On conçoit alors quelle devait être la crainte des habitans qui s'étaient soulevés contre le général Ferrand, et qui, aidés par les Anglais, avaient expulsé de ce territoire le reste des troupes françaises. La plupart des acteurs principaux de cette époque vivaient encore, et ils n'avaient reçu aucune récompense militaire ni autre du gouvernement espagnol, pour leur dévouement à sa cause. De là était née l'idée, chez quelques-uns, de se détacher de l'Espagne et de réclamer la protection de la Colombie que Bolivar organisait en ce moment, par suite de ses succès contre les Espagnols.

Cette idée leur était encore suggérée par la présence de plusieurs corsaires, portant pavillon des indépendans de l'Amérique du Sud, qui stationnaient depuis assez long-temps vers l'îlet de la Grange et dans la baie de Monte-Christ. Ils étaient sous les ordres supérieurs du commodore Aury qu'on a vu figurer aux Cayes, en 1816, à côté de Brion, de Bolivar et des autres officiers de la Côte-Ferme. Aury s'y tenait, afin de capturer les navires qui allaient d'Espagne à l'île de Cuba, ou de cette dernière dans les ports de la métropole. Étant à proximité de Monte-Christ et de Puerto-Plate, il était tout à fait dans sa convenance d'y envoyer vendre, en contrebande, les marchandises d'Espagne que ses corsaires capturaient; et ce commerce illicite était très-fructueux pour les habitans de toute la bande septentrionale de la partie de l'Est, que nous appelons le département du Nord-Est, anciennement de Cibao, parce qu'ils les achetaient à vil prix. Le

gouverneur résidant à Santo-Domingo ne pouvait l'interdire, lorsque ses agents eux-mêmes en profitaient.

Mais le commodore Aury et les capitaines des corsaires
qui le secondaient, n'étaient pas des hommes à se contenter
du trafic qu'ils faisaient. Révolutionnaires aventureux, ils
soufflaient l'esprit d'indépendance parmi les chefs et les
populations du Nord-Est, en leur démontrant tous les
avantages que leur pays retirerait, s'il se détachait de l'Espagne, comme ses autres possessions en Amérique, en leur
disant que l'heure de l'émancipation politique avait sonné
pour toutes les contrées de cet hémisphère.

Ces suggestions étaient d'autant mieux accueillies, que
l'esprit de tous les habitans de l'Est était encore travaillé
par les idées révolutionnaires, depuis que les événemens
de l'Ile de Léon, en Espagne, pendant 1820, avaient placé
Ferdinand VII sous la puissance des députés de la nation,
lesquels avaient rétabli la constitution proclamée en 1812
par les Cortès. Or, on sait que cet acte, en réformant les
abus du régime monarchique trop absolu en Espagne,
était allé au delà même de ce besoin des temps modernes,
parce que le peuple espagnol avait subi l'influence des
idées que l'invasion française avait répandues dans la
péninsule.

Dans de telles circonstances, les grands événemens survenus dans la partie occidentale d'Haïti devaient porter
leur fruit dans l'Est.

Aussi, pendant le séjour de Boyer au Cap-Haïtien, après
la mort de Christophe, un habitant de Santo-Domingo,
nommé Jose Justo de Sylva, muni d'une procuration signée de plusieurs autres, y était venu trouver le Président
pour lui déclarer : que leur intention et leur désir étaient
de seconder toute entreprise qu'il voudrait faire afin de

réunir la partie de l'Est à la République, parce qu'ils étaient assurés que tel était le vœu de la grande majorité de la population. Boyer l'avait accueilli avec une bienveillance distinguée, de même que la proposition dont il était porteur; mais, tout en lui disant que tel était aussi le vœu de la constitution de la République et de tous les actes antérieurs depuis la déclaration d'indépendance, il lui fit savoir qu'il n'entreprendrait rien dans ce but, avant qu'une manifestation assez générale n'eût lieu dans l'Est pour donner la preuve que sa réunion à la République pourrait s'effectuer sans effusion de sang, comme celle du Nord et de l'Artibonite venait de s'accomplir. Il congédia Sylva, en le chargeant de paroles affectueuses pour ses constituans qu'il invitait à préparer les esprits à ce mouvement.

De retour à Santo-Domingo, Sylva lui adressa une lettre en date du 8 janvier 1821, pour lui dire avec quelle satisfaction ses paroles avaient été écoutées de ses amis, en apprenant l'accueil qui lui avait été fait à lui-même; qu'ils allaient s'occuper du projet qu'ils avaient en vue; que bientôt il se rendrait au Port-au-Prince, porteur d'une dépêche qu'ils se proposaient d'adresser au Président. Enfin, Sylva termina sa lettre en lui donnant connaissance que d'après des avis reçus à Santo-Domingo, des bâtimens de guerre français arrivaient déjà à la Guadeloupe et à la Martinique[1].

On voit que l'éventualité de l'occupation de l'Est excitait de l'inquiétude dans les esprits, bien que dans la situation

---

[1] En ce moment même, le brig de guerre français *le Sylène*, commandé par M. de Cuvillier, était mouillé dans la baie de Samana. La frégate *la Duchesse d'Angoulême* ne tarda pas à l'y remplacer. Cette presqu'île était habitée par d'anciens colons de Saint-Domingue.

où Ferdinand VII se trouvait alors, cette combinaison entre lui et le gouvernement français ne pouvait plus s'effectuer, si toutefois elle avait été conçue.

Presque en même temps que J.-J. de Sylva, le commodore Aury était venu aussi au Cap-Haïtien auprès de Boyer, pour lui proposer : « d'aider la République à s'emparer de
» la partie de l'Est, assurant que ce pays serait bientôt en
» proie à l'anarchie, attendu qu'un petit nombre d'ambi-
» tieux, s'opposant au vœu de la population entière, pré-
» tendaient y organiser une république indépendante sous
» la protection de la Colombie[1]. » Sa proposition avait été rejetée par les mêmes motifs énoncés à Sylva, et parce que surtout le Président ne se fût jamais prêté au concours d'aucun étranger dans les affaires politiques de son pays.

Quant à Aury, on peut croire qu'il était sincère en faisant sa proposition, et qu'en soufflant l'esprit d'indépendance dans le Nord-Est, il n'entendait pas conseiller ses habitans de s'unir à la Colombie. Notre opinion à ce sujet se fonde sur les procédés de Bolivar envers lui, aux Cayes, qui avaient excité son juste mécontentement, et sur la générosité de ceux de Pétion à son égard[2]. Après avoir amené dans cette ville les fugitifs de la Côte-Ferme, il avait vu Bolivar donner le commandement de la flotille à Brion, pour retourner dans leur patrie. Il pouvait donc garder du ressentiment contre Bolivar, tandis qu'il éprouvait pour la

---

1 Extrait de la brochure publiée en 1830 par le gouvernement haïtien, sur la réunion de l'Est.

2 Voyez à la page 186 du 8e volume de cet ouvrage, ce que Pétion ordonna en sa faveur. Aury était Français et ancien contre-maître dans le port de Toulon. Les autres capitaines de corsaires placés sous ses ordres étaient des Français également. Ils étaient tous des républicains, désireux de propager leurs idées dans les contrées de l'Amérique, et opposés à la restauration des Bourbons en France.

mémoire de Pétion une gratitude qu'il voulait évidemment faire rejaillir sur la République.

Cependant, quoique Boyer eût répondu à Sylva et à Aury, qu'il voulait attendre que les populations de l'Est se prononçassent elles-mêmes en faveur de leur incorporation à la République, il paraît qu'il jugea qu'il était opportun de disposer les esprits à ce mouvement, dans les communes les plus voisines des anciennes limites des ci-devant colonies française et espagnole, où les sentimens de Cyriaco Ramirez étaient le plus partagés, en 1808 et 1809. Car, pendant qu'il était encore dans le Nord, son aide de camp, Désir Dalmassy (Isnardy), chef d'escadron, s'était rendu de là à Hinche, Banica, Las Matas, Saint-Jean et Azua, muni d'un passe-port du Président pour y voyager. Cet officier, d'ailleurs, était depuis longtemps dans l'habitude d'aller dans ces localités, à cause du commerce de bestiaux qu'il y faisait; il apportait du numéraire ou des marchandises du Port-au-Prince, qu'il donnait aux habitans en échange des bêtes à cornes qu'ils lui vendaient. Estimé d'eux tous et des commandans de ces communes, il paraît qu'il les entretint de la convenance, même de la nécessité de leur réunion à la République, pour empêcher l'établissement d'un autre État dans la partie de l'Est.

Ces paroles furent rapportées au général Sébastien Kindelan, gouverneur pour l'Espagne, qui, plus de deux années auparavant, avait si bien accueilli à Santo-Domingo les envoyés du Président d'Haïti. C'était un vieux militaire plein d'honneur, Irlandais de naissance et au service de l'Espagne depuis longtemps. Dans le moment où d'autres rapports lui étaient parvenus de divers points sur l'agitation des esprits dans cette partie, il pensa qu'il ne pouvait s'abstenir de s'adresser à Boyer, pour lui demander des explications sur la mission *vraie ou fausse* qu'on attribuait à l'un des aides de camp du Président d'Haïti, dont il n'avait jusque-là jamais soupçonné aucune intention hostile « à la » colonie espagnole. »

Sa lettre, datée du 10 décembre 1820, disait au Président : qu'il était informé par diverses voies et par les commandans des frontières, notamment celui de Las Matas, des propositions *séditieuses* qui leur avaient été faites par Désir Dalmassy, et qui auraient motivé son arrestation immédiate, s'il ne leur avait pas prescrit antérieurement d'user de tous les moyens pour maintenir la bonne intelligence avec la République, ainsi que cela existait depuis 1809 ; que, bien qu'il aurait pu prendre des mesures énergiques dans la circonstance, il aimait mieux douter que cet officier haïtien eût reçu une semblable mission dont l'effet serait de troubler la tranquillité publique dans l'Est, et qu'il n'attribuait ses paroles qu'à une imprudence personnelle ou à la fanfaronnade que se permettent souvent certains militaires, en apprenant surtout que, sur le refus qui lui avait été fait d'écouter *ses séductions*, Dalmassy avait menacé les commandans des frontières d'une puissante armée qui pourrait venir les y contraindre ; que, confiant dans les principes libéraux de la République d'Haïti, et dans ceux de son Président personnellement, qui ne permettaient pas de supposer qu'il aurait employé des voies aussi *tortueuses* pour inquiéter la sécurité des habitans de l'Est, et qui seraient en même temps contraires aux premiers élémens du droit des gens, il croyait devoir espérer de la part du Président la même bonne foi dans sa réponse, qu'il en mettait lui-même dans sa demande, afin d'avoir à ce sujet une explication claire et catégorique.

Kindelan ajouta : qu'assuré d'ailleurs de la fidélité des

habitans de l'Est, il s'abstiendrait encore de toutes mesures préventives. Et il saisit cette occasion pour dire à Boyer, que « les généraux, organes de l'armée et du peuple du » Nord-Ouest d'Haïti » avaient agi en conséquence de la bonne harmonie existante entre les deux territoires, en lui donnant connaissance de la mort de Christophe, en l'assurant que rien ne serait changé dans les relations antérieures de commerce et de bon voisinage, en sollicitant enfin de lui de leur envoyer quatre prêtres pour desservir des cures vacantes dans le Nord.

Cette dernière partie de sa dépêche de « mise en de- » meure » pouvait piquer le Président d'Haïti, par l'intention qu'il semblait mettre à comparer sa conduite à celle des généraux du Nord ; et nous n'en donnons ici que la substance, car elle était très-longue.

Le Président ne pouvait guère avouer la mission secrète qu'il avait donnée à Désir Dalmassy, d'après le plan même qu'il avait adopté pour amener la réunion pacifique de la partie de l'Est à la République : en pareil cas, tous les gouvernemens sont forcés d'opposer une dénégation à leur démarche. Le 22 décembre, de retour au Port-au-Prince, Boyer répondit au gouverneur Kindelan : — qu'il était surpris du contenu de cette dépêche, puisque étant assuré de ses principes et de son caractère, le gouverneur devait se persuader qu'il était un homme fidèle à l'honneur et aux lois de son pays. A ce sujet, il lui cita le texte de l'art. 5 de la constitution d'Haïti, disant : « La République d'Haïti ne » formera jamais aucune entreprise dans les vues de faire » des conquêtes, ni de troubler la paix et le régime inté- » rieur des *États* ou des *îles étrangères.* » Puis il dit au gouverneur :

« Dans le siècle éclairé où nous vivons, quand toutes les

» parties du monde s'efforcent d'opérer des révolutions
» libérales, et que les peuples, anxieux de fixer leur pros-
» périté, se communiquent entre eux avec la rapidité de
» l'éclair, il me paraît très-difficile, pour ne pas dire im-
» possible, aux gouvernemens de réprimer ceux qui vivent
» sous leur administration et qui, par la parole ou de toute
» autre manière, pensent qu'ils peuvent chacun examiner
» leur sort : ce qui ne nécessite point parmi eux *des séduc-*
» *teurs*. Depuis de longues années, le chef d'escadron Désir
» Dalmassy fait le commerce avec *la partie espagnole* où,
» pour ses affaires personnelles, il réside plus fréquemment
» que dans la République. Il est vrai qu'il voyage toujours
» avec le passeport du gouvernement, ce qu'exige une
» bonne police et ce qui est d'un usage commun; mais il
» n'est pas le seul envers qui cette règle ait été pratiquée.
» *Il n'a jamais été chargé d'aucune mission*, et je l'ai toujours
» trop connu comme un citoyen prudent, pour croire qu'il
» ait pu agir d'une manière aussi inconséquente. Je ne
» trouve donc pas de raison, monsieur le général, pour
» qu'il soit qualifié de *séducteur*. Si j'aimais à prêter l'o-
» reille à de semblables insinuations, à des réclamations,
» et que j'eusse voulu diriger des entreprises pour porter
» la perturbation dans *la partie espagnole*, il y a très-long-
» temps sans doute qu'elle aurait été troublée; car Votre
» Excellence a assez d'expérience pour être certain, qu'au-
» tant là que partout ailleurs, il y a des hommes qui aiment
» à jouir de la liberté des innovations. Je conclus en assu-
» rant Votre Excellence que je ne désire d'autres titres
» que ceux de *consolateur des opprimés* et de *pacificateur*,
» et que mon épée ne dirigera jamais des armées pour faire
» des conquêtes ensanglantées. »

Cette réponse de Boyer fut ce qu'il fallait dans la circonstance, pour ne pas effaroucher Kindelan. Le texte de l'art. 5 de notre constitution parlait « des États ou des îles étrangères. » Le territoire de l'Est d'Haïti, bien que rétrocédé par la France à l'Espagne, ne constituait ni un *État* ni une *île étrangère*, il était tout au plus *une colonie*, et ce mot ne se trouvait pas dans cet article. D'ailleurs, l'art. 40 renouvela les dispositions des constitutions antérieures qui comprenaient dans le territoire de la République, « toute » l'île d'Haïti et les îles adjacentes qui en dépendent. » En niant que Désir Dalmassy eût été chargé d'une mission, le Président fit bien de défendre l'honneur de ce brave officier, qualifié de *séducteur* par Kindelan, qui ne voulut pas, sans doute, employer le terme d'*émissaire*. Enfin, Boyer lui donnait suffisamment à entendre qu'il ne dépendait que de lui de pénétrer dans l'Est à la tête d'une armée, et ce, sur les propositions qu'il avait reçues des habitans eux-mêmes, mais qu'il ne le ferait qu'à titre de pacificateur. C'était fixer ses intentions par rapport à ceux qui, à Santo-Domingo même, sous les yeux du gouverneur, travaillaient en vue de la réunion.

Et le gouverneur entra dans cette pensée sans le vouloir. Quoi qu'il disait dans sa dépêche, au sujet des mesures énergiques qu'il pourrait prendre à l'égard de la République, il savait bien qu'il n'avait point de troupes à opposer à notre vaillante et nombreuse armée ; et il connaissait trop, sans doute, l'agitation des esprits dans l'Est, pour ne pas prévoir des défections parmi les populations, s'il prenait une attitude hostile, telle, par exemple, que d'interdire toutes relations de commerce avec les Haïtiens. Dans sa situation, il se borna à publier une proclamation, le 10 janvier, adressée « aux fidèles Dominicains, » et dans laquelle il inséra sa dépêche au Président d'Haïti et la réponse qu'il

en avait reçue[1]. Cet acte était destiné à leur prouver que
Boyer était loin de concevoir le projet qu'on lui supposait
et dont le gouverneur était informé dès le 5 décembre 1820,
puisque le Président désavouait la prétendue mission de
Désir Dalmassy ; et il employait à l'égard de ses administrés tous les raisonnemens propres à les persuader que
leur devoir était de maintenir leur fidélité envers l'Espagne.
En le terminant, Kindelan leur disait de se garder des intrigans qui, parmi eux, semaient des bruits mensongers
dans le but de troubler leur repos et leur tranquillité ;
qu'en les signalant à leur indignation, il aimait mieux ne
pas chercher à les connaître pour punir leurs crimes,
« comme fit César en jetant au feu les papiers de Pompée,
» après l'avoir défait à Pharsale. »

Mais César était à la tête d'une armée victorieuse, et Kindelan n'avait pas mille soldats sous ses ordres. La dépêche
de Boyer, qu'il publia, valait plus que l'armée de la République, dans la situation où se trouvaient les populations
de l'Est, dont l'esprit était agité par les diverses causes mentionnées ci-dessus. Quelques mois après, ce vieux gouverneur, qui était honoré de ses administrés pour son caractère personnel et ses anciens services, fut remplacé par un
autre envoyé d'Espagne : c'était le général Pascual Real,
moins âgé et vrai « militaire d'antichambre, » a-t-on dit de
lui. La métropole lui confia une autorité qu'elle ne pouvait
plus maintenir elle-même dans la plus ancienne de ses possessions en Amérique.

---

1 J'ai trouvé ces pièces dans les archives du palais national de Santo-Domingo. Kindelan
adressa sa proclamation aux *Fieles Dominicanos* : de là, le nom de *Dominicains*, donné
aux citoyens de l'Est, de celui de cette ville qui veut dire *Saint Dominique*, patron du
père de C. Colomb. On dit quelquefois *Domingois*, en parlant d'eux ; mais cette appellation
pourrait tout au plus convenir aux seuls habitans de Santo-Domingo.

Nous, nous bornons à ces préliminaires, pour reprendre ce sujet après avoir parlé d'autres faits non moins importans.

En effet, si dans la partie de l'Est d'Haïti les esprits s'agitaient par diverses causes, dans sa partie occidentale les citoyens de deux départemens éprouvaient aussi une certaine inquiétude, par l'effet de l'ambition et du dépit orgueilleux de quelques généraux qui avaient servi aveuglément le cruel despotisme de Christophe. C'était dans l'Artibonite et dans le Nord que ces hommes d'un régime odieux aux populations essayèrent, par leurs intrigues, de troubler la tranquillité publique, dans des vues absolument personnelles.

Le dernier chapitre du précédent volume de cet ouvrage contient la dépêche que le général Richard et trois autres adressèrent au Président d'Haïti, le 19 octobre 1820, et où ils manifestèrent l'intention de constituer un État distinct de la République, qui eût eu les mêmes limites que le royaume de Christophe. C'était encore ce projet que reprenaient en sous-œuvre, Richard, Romain et leurs adhérens. Le Président était à peine retourné au Port-au-Prince, que, le 29 décembre, le général Magny lui adressait une lettre pour lui dénoncer ces généraux comme ourdissant des trames à cet effet. Profitant de sa position de commandant de la place du Cap-Haïtien, Richard était celui qui se mettait le plus en évidence pour égarer l'esprit des troupes du Nord et des populations. De concert avec ses complices, il comptait surtout sur le concours qu'ils trouveraient dans les 1er et 2e régimens d'infanterie, cantonnés au Cap. Ils saisirent l'occasion de l'apparition, devant le port, des deux frégates françaises, les 24 et 25 novembre, de l'échange de la correspondance qui avait eu lieu entre l'amiral Duperré et le Président, pour répandre le bruit « que Boyer » allait livrer le pays aux Français. » Ils le firent également répandre dans tout l'Artibonite comme dans le Nord, en se ménageant des intelligences avec les généraux Joseph Jérôme et Dossous, qui étaient aux Gonaïves; — Victor Toby, à la Petite-Rivière; — Bazin, aux Verrettes, — et le colonel Paulin, à Saint-Marc.

Dans le plan de cette vaste conspiration, le mouvement devait se manifester en même temps dans tous ces lieux et dans la ville du Cap-Haïtien; et, s'il réussissait au gré des désirs coupables des conspirateurs, Romain eût été proclamé le chef du nouvel État, ainsi qu'ils se l'étaient proposé après la mort de Christophe : ils auraient repris leurs titres de *noblesse* pour organiser leur gouvernement aristocratique ou monarchique. Il fallait vraiment qu'ils fussent bien aveugles pour ne pas reconnaître l'inanité d'un tel dessein !

Informé de ces trames par le général Magny, le Président dut se borner à donner ses instructions au divers commandans d'arrondissemens pour surveiller les conspirateurs ; et puisqu'ils persistaient à concevoir des vues aussi perfides, malgré l'oubli du passé proclamé par le gouvernement et le maintien de chacun dans son rang et ses qualités, il fallait *les laisser* se manifester par des actes qui autorisassent leur juste et inflexible punition. Au Cap-Haïtien se trouvaient toujours les 10ᵉ et 24ᵉ régimens d'infanterie sous les ordres du général Bergerac Trichet, très-capable de seconder Magny contre toute tentative des 1ᵉʳ et 2ᵉ régimens de cette ville; et à Saint-Marc, le Président avait laissé la plus grande partie du 1ᵉʳ régiment d'artillerie. Mais, ce qui devait le rassurer contre les projets des factieux, c'était le bon esprit des troupes du Nord et de l'Artibonite, en général, et des populations des campagnes qui gagnaient tant déjà au changement survenu, depuis que la constitution de la République eut été publiée au Cap et dans toutes les communes; c'était encore l'effet produit sur les esprits par la distribution des nombreuses concessions de terrains aux vieux militaires renvoyés du service, aux officiers de tous grades, par la répartition équitable faite aux cultivateurs d'une portion des denrées qui existaient sur les biens possédés par Christophe ou dans les magasins de l'État; enfin, c'était le régime républicain, tout de douceur et de bonté, substitué aux rigueurs de la tyrannie.

Après avoir solennisé la fête nationale de l'indépendance, à la capitale; comme cela eut lieu dans toutes les communes, le Président d'Haïti avait ordonné, le 10 janvier, qu'une revue générale de l'armée fût passée pour recevoir un mois de solde; et le 12, il rendit un arrêté pour mettre en vente, dans les départemens de l'Artibonite et du Nord, les anciennes habitations sucreries abandonnées, les emplacemens non bâtis des villes ou bourgs et les salines de l'État, conformément aux règles administratives déjà établies dans la République. Ainsi, l'armée qui venait de se soumettre à ses lois, les militaires et les citoyens qui voulaient concourir à devenir propriétaires, tous trouvaient satisfaction dans leurs intérêts, par l'*égalité* qui régnait à côté de *la liberté*, — ces deux droits étant garantis par *la propriété*.

Mais les conspirateurs ne pouvaient comprendre toutes ces choses. Se croyant toujours puissans sur l'esprit des hommes qu'ils avaient vus si soumis à leur autorité sous le régime déchu, ils résolurent de mettre leur projet à exécution vers la fin de février, et ce fut à Saint-Marc même qu'ils prirent cette audacieuse initiative, — dans cette ville qui avait donné le signal de l'insurrection qui contraignit Christophe au suicide, avec le même 8ᵉ régiment qui en avait arboré l'étendard ! Tout contribuait à fortifier leur présomptueuse espérance d'y réussir. C'était à cause des sévices exercés contre le colonel Paulin, que ce régiment s'était soulevé. Replacé à sa tête en la même qualité, quand son jeune frère Toby avait passé du grade de sous-lieutenant à celui de général de brigade, Paulin ne pouvait endurer cette situation ; il gagna à son projet des militaires de ce corps et s'imagina que tous suivraient leur exemple. Le meurtre et surtout le pillage étaient l'appât qu'il montrait en perspective, de même que tous ses complices, pour entraîner les soldats et les campagnards [1].

Or, à la mi-février, le général Bonnet quitta Saint-Marc et se rendit au Port-au-Prince pour quelques affaires personnelles : cet arrondissement et tous les quartiers voisins dans l'Artibonite, lui paraissaient en parfaite tranquillité [2]. Il y laissa le général Marc Servant que secondaient, comme adjudans de place, l'adjudant-général Constant Paul et le colonel Saladin. A peine était-il parti, que Marc Servant tomba malade.

Le moment parut propice au colonel Paulin pour son projet. Il se manifesta par des propos tenus publiquement

---

[1] Paulin était détenu à la citadelle Henry, quand survint la révolution du 8 octobre ; il y avait pris de grosses sommes, en même temps que les généraux du Nord. Cet argent lui servit à gagner ses complices.

[2] Je me trouvais accidentellement à Saint-Marc quand, huit jours avant que la conspiration y éclatât, J.-B. Béranger, revenant de la Petite-Rivière, déclara en ma présence, au général Bonnet, qu'il se tramait une conspiration dont il ne pouvait, à la vérité, nommer les auteurs. Bonnet n'y ajouta pas foi, par ce motif ; et il partit le lendemain, pour le Port-au-Prince. Un vieux noir, oncle de Béranger, lui avait seulement dit de quitter la Petite-Rivière et de s'y rendre aussi, parce qu'il se tenait des propos qui n'étaient pas rassurans pour *les mulâtres*.

au 8° régiment; mais ce corps ne put être entraîné tout entier dans la révolte, parce que le chef de bataillon Guillaume exerçait sur lui une influence dont Paulin ne se doutait pas. Guillaume était un officier que les généraux Bonnet et Marc Servant distinguaient parmi tous les autres : il entrava le projet de son colonel.

Le général Marc s'empressa d'aviser le Président et le général Bonnet de la situation des choses. Bonnet eut ordre de repartir immédiatement pour se rendre à Saint-Marc, et le Président lui donna un détachement de sa garde à cheval pour l'escorter.

Pendant qu'il était en route, avisé de nouveaux faits de Paulin, Marc Servant manda ce dernier chez lui, au bureau de la place, ne pouvant sortir même de sa chambre, à cause de sa maladie. Paulin y vint avec d'autant plus d'assurance qu'il savait ce général alité. Il dut donc entrer dans sa chambre pour le voir. Sur les interpellations de Marc Servant, par rapport aux propos qu'il continuait à tenir au 8° régiment, et aux faits qui décelaient ses intentions, il lui répondit avec arrogance. Ce général avait ses armes sur une table placée à côté de son lit : il saisit un de ses pistolets, et Paulin se précipita vers la porte de sortie. Le coup partit et la balle ne l'atteignit pas.

Échappé à ce danger, Paulin courut chez lui en poussant le cri : *Aux armes!* dans les rues de Saint-Marc. Il avait en sa demeure, outre la garde ordinaire affectée aux drapeaux du régiment qui s'y trouvaient, tous les militaires de ce corps qui voulaient le soutenir dans sa révolte. Mais le chef de bataillon Guillaume amena les autres au bureau de la place, et l'arsenal, point essentiel en pareil cas, était gardé par la portion du 1er régiment d'artillerie du Port-au-Prince.

La conduite que tint l'adjudant-général Constant Paul en cette circonstance répondit à tous ses antécédens : il contribua à maintenir ces troupes dans leur devoir. Agissant avec la résolution qu'exigeait la rébellion de Paulin, le général Marc ordonna au chef de bataillon Guillaume d'aller opérer son arrestation avec les militaires du 8° régiment qui lui obéissaient; car il ne fallait pas laisser à ce conspirateur le temps de penser qu'on le redoutait.

En paraissant devant la maison occupée par Paulin, Guillaume le vit sous la galerie de la rue, entouré de ceux sur qui il comptait le plus. Le chef de bataillon le somma de se rendre à discrétion aux ordres du général qui commandait provisoirement l'arrondissement, et il ordonna aux militaires du 8° de se disperser. Mais Paulin se mit en devoir de résister. Alors Guillaume enjoignit à sa troupe de faire feu sur lui et sur ceux qui l'appuyaient; il tomba blessé mortellement de plusieurs balles, et les autres se débandèrent. Le général Marc le fit porter à l'hôpital militaire pour y être soigné : il eût été jugé après sa guérison, mais peu d'heures s'écoulèrent quand il mourut des suites de ses blessures.

Cette fin du coupable Paulin, tombant sous les balles du 8° régiment qui s'était révolté contre la tyrannie de Christophe, à cause de son colonel, est un de ces enseignemens qui se produisent souvent dans la vie des peuples. Les hommes qui aspirent à jouer un rôle politique doivent se pénétrer de la nécessité de marcher d'accord avec l'opinion publique, de la situation réelle de leur pays, pour ne pas devenir victimes de leur ambition. Paulin ne put comprendre que le système du Nord s'était évanoui devant la majesté de la République!

La rébellion était vaincue à Saint-Marc. Le chef d'escadron Belzunce, ancien aide de camp de Christophe, qui y était arrivé du Cap-Haïtien pour la décider, fut arrêté par ordre du général Marc qui l'envoya au Port-au-Prince, en le dénonçant comme complice de Paulin et des autres conspirateurs. Quand le général Bonnet arriva à Saint-Marc, son lieutenant avait donc maîtrisé la situation. Il s'empressa de nommer Guillaume colonel du 8ᵉ, que ce brave officier avait maintenu dans la fidélité au gouvernement, et le Président d'Haïti confirma cette judicieuse promotion. Bonnet prit d'ailleurs toutes les mesures militaires et politiques qui pouvaient rétablir l'ordre matériel et moral dans Saint-Marc, et dans la plaine de l'Artibonite qui était encore agitée.

En effet, à la Petite-Rivière, le général Victor Toby, secondant son frère Paulin, avait remué les populations de cette commune, d'accord avec le général Bazin, qui avait voulu produire le même résultat dans celle des Verrettes ; mais leurs manœuvres échouèrent par la vigilance du vieux général Cottereaux. Et aussitôt, par ordre du Président, le général Benjamin Noël arriva sur les lieux avec le 10ᵉ régiment de Mirebalais : il y fit exécuter sommairement Bazin, qui tenta d'embaucher ce corps ; et en arrêtant Victor Toby, il l'envoya sous escorte à Saint-Marc où cet accusé fut jugé, condamné à mort et exécuté.

Aux Gonaïves, les conspirateurs avaient réussi dans leurs desseins. Les généraux Joseph Jérôme et Dossous, secondés du colonel Cazimir Noël, du chef de bataillon Jean-Charles Diane, et du capitaine Pierre-Louis Douzième, pervertirent l'esprit du 25ᵉ régiment de cette ville et des populations circonvoisines jusqu'à Terre-Neuve, où commandait le colonel Ignace, en leur promettant le pillage des Gonaïves. Aucune troupe de l'Ouest ou du Sud ne se trouvant là avec lui, le général Francisque ne put maîtriser la rébellion, dont il ne fut pas même averti au moment où elle allait se consommer. Renfermé dans sa maison avec ses aides de camp, quelques autres officiers fidèles et ses guides, il subit l'influence de son entourage, qui le porta à proposer aux rebelles de les laisser s'embarquer pour se rendre au Port-au-Prince, ce qui fut accepté; et ils partirent, laissant la ville au pillage de la soldatesque et des campagnards, que les chefs révoltés ne purent plus diriger, parce qu'ils pillaient aussi [1].

Au Cap-Haïtien, dès le 25 février, le général Magny avait opéré l'arrestation du général Richard, du colonel Henry Cimetière, et du capitaine Dominique, des carabiniers de la garde. Il les fit embarquer sur un garde-côtes de l'État qui les amena au Port-au-Prince; une dénonciation formelle de conspiration contre la sûreté intérieure de la République fut adressée au Président d'Haïti contre eux. Aussitôt leur arrivée en cette ville, le 1er mars, un conseil militaire spécial, présidé par le général de division Gédéon, fut formé pour juger Jean-Pierre Richard, et l'instruction du procès commença : les autres et Belzunce, envoyés de Saint-Marc, furent traduits par-devant la commisson militaire permanente, présidée par le colonel Aquerre. Les quatre accusés furent condamnés à la peine de mort, dans la journée du 4 mars, et exécutés le lendemain [2].

1 En arrivant au Port-au-Prince, le brave Francisque, toujours influencé par son entourage, se rendit immédiatement avec ses officiers *à l'église*, pour prier et remercier Dieu de les avoir sauvés de la mort : il n'alla auprès de Boyer qu'après avoir rempli cet acte de dévotion. Le Président d'Haïti fut excessivement irrité de ce fait; il jugea avec raison que le devoir du *militaire* passait avant celui du *chrétien* en une telle circonstance ; et Francisque, disgrâcié, dut se retirer aux Cayes, après avoir entendu des paroles sévères du chef de l'État.

2 Richard montra une faiblesse inconcevable, en allant au supplice; il fallut le faire soutenir par deux hommes pour l'y conduire. Il avait été cependant un brave militaire à la guerre !

Pour opérer l'arrestation de Richard, le général Magny avait été utilement secondé par les généraux B. Trichet, ayant sous ses ordres les 10ᵉ et 24ᶜ régimens, Prophète Daniel et Sainte-Fleur, exerçant le haut commandement des carabiniers de la garde, et Nord Alexis, qui n'était pas moins influent sur ce corps formé des anciens chevau-légers de Christophe[1]. Magny eut la judicieuse pensée, alors, de confier le commandement de la place du Cap-Haïtien à Nord Alexis, qui était l'homme le plus propre à cet office : son choix fut ratifié par le Président. Tous les autres arrondissemens du Nord furent maintenus dans la tranquillité, par les soins des généraux qui les commandaient.

Romain était bien connu pour être le chef de la faction qui voulait le bouleversement de ce département et de l'Artibonite; mais, comme il agissait dans l'ombre et qu'il était le plus ancien général dans cette partie; qu'il y avait de l'influence, surtout sur les 1ᵉʳ et 2ᵉ régimens d'infanterie, et celui d'artillerie du Cap : pour éviter une lutte sanglante dans cette ville, Magny temporisa jusqu'à l'arrivée du Président, qui devait s'y rendre. Cependant, vers la fin de mars, il se vit forcé de lui signifier de garder les arrêts dans sa propre maison [2].

·Le pillage auquel la ville des Gonaïves fut livrée, avait désorganisé la révolte des généraux J. Jérôme et Dossous ; les militaires du 25ᵉ régiment s'étaient débandés pour aller mettre en sûreté leur butin dans la plaine et les montagnes avoisinantes, en apprenant la répression de la révolte à Saint-Marc et aux Verrettes. Ces généraux et leurs

---

1 Les carabiniers étaient commandés par le colonel Bienaimé.

2 Le général Magny publia dans ces circonstances une adresse à l'armée du Nord, qui servit beaucoup à fixer la fidélité de ces troupes : il en était si respecté !

complices ne pouvaient donc plus soutenir aucune lutte, lorsque, d'ailleurs, la conspiration avait échoué aussi au Cap-Haïtien.

Le général Bonnet, apprenant la situation des Gonaïves, s'y porta avec les troupes de Saint-Marc. Les conspirateurs s'enfuirent à son approche, se jetant dans les bois pour échapper au glaive de la justice. Mais bientôt, Dossous fut arrêté par les mêmes soldats du 25ᵉ régiment qui revinrent successivement aux Gonaïves, se soumettre à l'autorité du gouvernement, Bonnet ayant proclamé une amnistie en faveur des inférieurs. Il envoya Dossous, e quelques autres officiers qui s'étaient le plus compromis, à Saint-Marc, où ce général, et quelques-uns d'entre eux furent jugés, condamnés à mort et exécutés. Peu de jours après, on apprit que Joseph Jérôme, Cazimir Noël ou Dubédou, etc., s'étaient suicidés dans les lieux où ils se tenaient cachés. La tranquillité fut parfaitement rétablie dans l'arrondissement des Gonaïves comme dans celui de Saint Marc, par les mesures intelligentes que prit le général Bonnet, et la fermeté qu'il déploya dans ces circonstances.

Le 8 mars, le Président d'Haïti publia une proclamation datée du Port-au-Prince, à l'occasion des événemens qui venaient de se passer. Il les attribua à l'ambition des hommes qui les avaient fomentés :

« Esclaves orgueilleux de Christophe, dit-il, des hom» mes qui se consolaient de l'abaissement honteux où il » les tenait, en faisant gémir à leur tour, leurs trop infor» tunés concitoyens sous le poids de la plus avilissante op» pression, ces hommes ne virent qu'avec une sorte d'hor» reur le changement heureux qui anéantissait leurs *titres,* » leurs *priviléges,* et mettait fin à leur despotisme féo-

» dal. Ils n'envisageaient qu'avec répugnance et dédain ce
» système bienfaisant d'*égalité* qui les plaçait, devant la
» loi, sur la même ligne que ceux qu'ils s'étaient habitués
» à regarder au-dessous d'eux... »

On ne pouvait mieux caractériser cette entreprise audacieuse et coupable des factieux; ils n'avaient d'autre
but que de ressaisir le pouvoir, de dominer despotique-
ment leurs semblables, dans leur projet de reconstitution
d'un État distinct de la République, avec les territoires de
l'ancien royaume de Christophe; ils auraient conservé
leurs titres de noblesse, pour aboutir ensuite à une monarchie « horriblement absolue. »

Dans sa proclamation, le Président se plut à rendre justice au patriotisme, au courage, à la conduite digne d'é-
loges des généraux Magny, Marc Servant, Bonnet, B. Noël
et Constant Paul. Deux jours après, il en émit une autre
pour proroger jusqu'au 1er août suivant, la session législative, dont l'ouverture était prescrite au 1er avril, attendu
qu'il était dans la nécessité de se porter dans les départemens de l'Artibonite et du Nord. Enfin, le 17 mars, un
ordre du jour accorda amnistie aux sous-officiers et soldats qui, ayant pris part à la révolte des Gonaïves, ne s'é-
taient pas encore présentés en cette ville; un délai de
vingt jours leur fut donné à cet effet.

Au moment où le Président allait partir, un nouvel incident le retint encore quelques jours à la capitale.

Un navire français y arriva le 29 mars. Il venait du
Hâvre, et avait à son bord un évêque, plusieurs prêtres,
de jeunes lévites destinés à l'être, et autres gens de la
suite de ce prélat; ils étaient tous des Français. Il s'y trouvait aussi le sieur Lavalette, homme de couleur, qu'on a vu

figurer à Santo-Domingo, en 1808, dans les rangs de la garnison de cette ville, avec Savary, Faustin Répussard et Desfontaines, tous quatre natifs de Saint-Marc. Par ses antécédens, Lavalette était un *sujet* du roi de France, et il escortait cet évêque, dans la même condition où s'étaient trouvés Hercule, Ledué, Noël Delor et Fournier, à l'égard de MM. de Fontanges et Esmangart, en 1816, et probablement dans les mêmes vues.

Le citoyen Joseph Georges, alors commissaire du gouvernement près le tribunal civil du Port-au-Prince, était également passager sur le même navire, revenant de France où il était allé pour des affaires personnelles. Il s'empressa de débarquer, et se rendit immédiatement auprès du Président d'Haïti, à qui il remit une lettre que lui avait confiée l'évêque H. Grégoire. Cette lettre avait pour but de prémunir Boyer contre la mission soi-disant évangélique que le prélat venait remplir à Haïti, et J. Georges l'avisa encore des discussions qu'il avait eues durant la traversée, soit avec l'évêque, soit avec les prêtres qui l'accompagnaient, au sujet de l'indépendance d'Haïti [1].

Presque aussitôt que J. Georges, deux de ces prêtres, et l'officieux Lavalette, arrivèrent au palais. L'un des deux était l'abbé Gobert, qui avait été curé de Torbeck pendant quelque temps, et qui s'était retiré en France : il apporta au Président une lettre par laquelle l'évêque notifiait son arrivée au chef de la République.

Ce prélat se nommait Pierre de Glory, évêque de Macri, et se présenta en qualité de vicaire apostolique du Saint-

---

[1] J'étais au palais quand J. Georges y arriva avec son ami Audigé, commissaire du gouvernement près le tribunal de cassation. M. Audigé m'apprit ces particularités à l'instant même, J. Georges les lui ayant déclarées. A cette époque, je remplissais les fonctions de suppléant au tribunal de cassation.

Siége, nommé par Pie VII pour exercer l'administration spirituelle dans la République, — bien entendu, dans l'ancienne partie française, puisqu'il y avait alors à Santo-Domingo, un archevêque qui avait la juridiction sur tout le territoire voisin.

Avant de parler de ce qui suivit la lettre de notification de l'arrivée de l'évêque, il est convenable de dire ici quels étaient ses antécédens.

M. de Glory était curé d'une petite paroisse à la Guadeloupe, lorsqu'on y apprit le retour inattendu de Napoléon en France, en 1815 [1]. Cet événement avait occasionné dans l'île autant d'enthousiasme que dans la métropole : le curé fut peut-être le seul qui ne le partagea point. Invité par le gouverneur, comme tous ses confrères, à chanter un *Te Deum* en actions de grâces, il s'y refusa obstinément, par attachement pour les Bourbons. La lutte avait été vive entre lui et le gouverneur, et celui-ci le déporta en France. M. de Glory y arriva pour saluer à son aise le nouveau retour de Louis XVIII « sur le trône de ses pères. » On conçoit alors que son pressentiment, sinon sa prescience des événemens, son dévouement, son refus obstiné de célébrer à la louange de *l'usurpateur*, sa déportation, tout lui donnait des droits à la haute considération de l'antique famille et du Roi de France. C'était par suite de tout cela que Louis XVIII avait obtenu du Saint-Père de le nommer évêque de Macri, ville de la Turquie d'Asie, dans l'Anatolie. Il était donc ce que l'on appelle un évêque *in partibus infidelium ;* et comme il ne pouvait occuper un tel siége, et que les Haïtiens étaient toujours *des infidèles ,* par rapport

---

1 On a dit qu'antérieurement, M. de Glory était colon-propriétaire à la Guadeloupe, et qu'ayant perdu sa femme, il s'était voué au sacerdoce. Il est certain qu'il avait un fils qui parut au Port-au-Prince, en 1822.

à la France, le Roi et le Pape l'envoyaient à Haïti pour *les éclairer*, « pour ramener au bercail ces brebis égarées, » mais en s'étayant de cet article de leur constitution qui donnait à leur chef la faculté de solliciter du Saint-Père la résidence d'un tel prélat dans le pays. C'était venir au-devant de leur vœu, puisque ce chef n'usait pas de cette faculté.

Malgré cette initiative insolite et les avertissemens qu'il reçut par Grégoire et J. Georges, le Président d'Haïti chargea immédiatement un officier de porter l'ordre à l'abbé Jérémie, curé de la paroisse, de recevoir M. de Glory avec toutes les cérémonies usitées en pareil cas; et les deux prêtres que l'évêque avait envoyés auprès du Président, ainsi que Lavalette, retournèrent à bord du navire pour lui annoncer les dispositions qui venaient d'être prescrites.

Aussitôt, le curé fit mettre en branle les cloches de l'église et appeler les chantres et les enfans de chœur pour l'assister: des dévotes s'y joignirent, et toute la population fut sur pied au bruit inusité du carillon qui se faisait entendre. On se porta en foule sur le quai du débarquement où l'abbé Jérémie se rendit avec la bannière et la croix: c'était dans l'après-midi d'un *vendredi*, jour de mauvais augure aux yeux des superstitieux.

De son côté, l'Évêque de Macri descendit du bord avec tous les ecclésiastiques venus avec lui, pour recevoir les honneurs qui s'adressaient à sa haute dignité. Mais quel ne fut pas son étonnement et celui de l'abbé Jérémie, de se trouver face à face! Avant 1815, ils s'étaient trouvés tous deux dans une des îles du Vent, à Sainte-Lucie ou à la Dominique, et là, ils avaient eu entre eux une de ces querelles qui sont trop fréquentes entre les prêtres; et en outre, l'évêque n'ignorait pas que le curé du Port-au-Prince avait été renvoyé du couvent de la Trappe et déclaré *apostat* par le supérieur ; qu'en 1815, il fut *excommunié* par l'évêque de Baltimore ; et qu'enfin, en 1820,—il n'y avait pas encore une année, — le Saint-Siége avait prononcé son *interdiction*,— peut-être en apprenant qu'il desservait la cure du Port-au-Prince, au moment où M. de Glory recevait sa mission pour Haïti.

Toutefois, les choses se passèrent entre ce dernier et l'abbé Jérémie, sans que personne pût soupçonner ces précédens entre eux. Les honneurs furent rendus à l'évêque coiffé de sa mître, ayant la crosse en main ; la foule des fidèles accourus s'agenouilla du quai à l'église, où le curé entonna un *Te Deum* pour saluer sa bienvenue. Le dimanche suivant, le prélat célébra une messe pontificale en présence de tous les fonctionnaires publics, qui eurent l'ordre d'y assister, et l'église était pleine de paroissiens de tout sexe et de tout âge. L'un des prêtres venus de France monta en chaire et discourut sur l'histoire de la colonisation des Européens en Amérique, particulièrement à Haïti, sur l'histoire de ses révolutions depuis 1789, liées à celles de la France, en évitant cependant de parler de l'expédition de 1802, et concluant enfin à exposer la nécessité d'un rapprochement entre les deux pays, par « l'oubli du passé [1]. »

Le lendemain de son arrivée, M. de Glory avait été présenter ses hommages au Président d'Haïti, qui ne tarda pas à lui rendre sa visite. Il était nécessairement porteur d'une bulle ou bref de la Cour de Rome, qui le nommait vicaire apostolique du Saint-Siége à Haïti ; mais nous ignorons complétement s'il remit également un bref du Pape adressé

---

[1] Suppléant de juge, j'étais assis dans le banc des magistrats, placé à côté de la chaire, et je pus bien entendre le discours de cet ecclésiastique.

au chef de la République. Nous le présumons cependant, parce que le Saint-Père a dû motiver l'envoi qu'il faisait de l'évêque, sur les dispositions de notre constitution qui prévoyaient le cas où le Président lui en demanderait un.

Quoi qu'il en soit, par les faits que nous venons de relater, M. de Glory était bien en possession de son *vicariat,* sinon de son siége épiscopal. En vertu du titre de « vicaire apostolique d'Haïti » qu'il prit, il ne relevait que de la Cour de Rome, de même que les anciens « préfets apostoliques » qui avaient la juridiction spirituelle dans le pays, où il n'y eut jamais un siége diocésain. Nous ignorons encore si, à cette époque comme longtemps après, Boyer connaissait bien la différence qui existe entre un « évêque diocésain » et un « évêque vicaire apostolique ; » mais il sentait sans doute la nécessité d'établir dans la République, la hiérarchie ecclésiastique pour régler les affaires religieuses, et il aura admis M. de Glory par ce motif surtout, quels que fussent les avis qu'il venait de recevoir [1].

Si tel fut son désir, ce prélat ne tarda pas à le porter à réfléchir sur sa condescendance. L'église, et le presbytère encore plus, ne désemplissaient pas de fidèles accourus de toutes parts ; tout était nouveau pour eux dans la présence d'un évêque officiant selon le rituel du catholicisme. Afin de mieux frapper les esprits, ce dernier procéda peu après, aux cérémonies pompeuses de l'Ordre, qu'il conféra aux jeunes diacres venus avec lui : l'engouement devint extraordinaire. Fort de sa position, le vicaire apostolique considéra le marguillier de la paroisse, et le conseil

---

1 Suivant *le Télégraphe* (journal officiel), le Président fit payer, par le trésor public, les frais du voyage de M. de Glory. Entré en fonctions, celui-ci fit une lettre pastorale datée du Port-au-Prince, le 31 mars ; il l'envoya publier à Paris, à l'insu du gouvernement, sur l'un des journaux religieux de cette ville ; et au mois d'août suivant, *le Télégraphe* mentionna ce fait.

de notables du la commune de Port-au-Prince, qui sur-
veillait la gestion de la fabrique, comme des anomalies,
des superfétations qui devaient disparaître, de même que
dans toutes les autres paroisses de la République, devant
son pouvoir épiscopal, du moins en tout ce qui se rappor-
tait aux revenus et aux dépenses des églises de ces paroisses, à l'ordre qu'il fallait y établir, etc. Ces prétentions, et les discussions qu'elles occasionnèrent n'eurent
pas lieu immédiatement, mais nous avons dû en parler en
ce moment pour préparer le lecteur à ce qu'il saura dans
la suite.

Il était temps que Boyer se rendît dans les départemens
de l'Artibonite et du Nord. Il quitta la capitale le 4 avril,
et entra à Saint-Marc le lendemain. Là, il parla à beaucoup de citoyens des campagnes qui s'y étaient portés, en
leur prêchant la soumission aux lois de la République, et
la confiance dans son gouvernement, pour éviter d'être les
dupes et les victimes des factieux qui cherchaient à les
égarer ; il usa d'une généreuse clémence envers un certain nombre de ces derniers, qui étaient détenus en prison, en les faisant mettre en liberté.

Un événement malheureux vint assombrir la joie qu'on
éprouvait de ces actes de bonté et de la présence du chef
de l'État : le colonel Bédart se suicida à Saint-Marc même,
où il avait été promu à ce grade, quatre mois auparavant,
pour commander la garde à pied. Ce corps ayant précédé
le Président, lorsque celui-ci arriva à l'Arcahaie, il avait
vu Bédart dans une situation regrettable pour un officier
qui avait un tel commandement et dans les circonstances où
l'on se trouvait, par l'abus qu'il faisait depuis peu de temps
des liqueurs fortes ; et Boyer n'avait pu se défendre de lui

manifester un juste mécontentement, non en paroles, mais par l'air sévère qu'il mit dès lors dans ses rapports avec lui. Homme d'honneur, officier plein de mérite, Bédart comprit que ces écarts de sa raison devaient lui avoir fait perdre aussi l'estime profonde que lui portaient les officiers et les soldats de la garde : il s'en désespéra .

Parti de Saint-Marc le 9 avril, le Président grâcia le fils de Cazimir Noël, qui vint le trouver aux Gonaïves. Dans cette ville, et ensuite à Énnery, à Plaisance et au Limbé, il entretint les citoyens sur les devoirs qu'ils avaient à remplir envers la patrie, si heureusement délivrée de la tyrannie. Enfin, le 15, il entra au Cap-Haïtien après avoir reçu, au Morne-Rouge, le général Magny et les autres officiers de tous grades venus au-devant de lui. Outre les gardes à pied et à cheval, il emmenait plusieurs régimens d'infanterie sous les ordres des généraux Marion et Bruny Leblanc.

Le général Romain étant toujours aux arrêts dans sa propre maison, mais entouré d'affidés, le Président voulut user des moyens de persuasion envers lui, pour le porter, sinon à faire des aveux, du moins à reconnaître qu'il devait se soumettre humblement aux lois de la République. Dans ce louable but, et pendant la soirée du 15, il envoya le général Inginac, secrétaire général, auprès de lui[2]. Mais Romain était loin de croire à son impuissance : l'orgueil dont il était dévoré lui fit repousser tous les conseils qu'Inginac put lui donner en cette circonstance.

Le 16, il fallait prendre une résolution à son égard. Dès

---

1 Le chef de bataillon Heurteloux, plein de capacité et de qualités militaires, remplaça Bédart dans le commandement de la garde à pied.

2 Inginac, n'étant que colonel, n'avait pas un grade militaire assez élevé pour le rang qu'il occupait dans le gouvernement, à cette époque où Christophe avait laissé tant de généraux dans son ci-devant royaume ; le Président le promut au généralat, en janvier 1821. Voyez la page 54 des Mémoires d'Inginac, au sujet de cette mission.

le matin, les généraux du Nord étaient réunis au palais d
la présidence; ils le dénoncèrent comme étant le moteu
et le chef de la faction qui venait de troubler l'ordre publi
dans l'Artibonite et le Nord. En présence de toutes ces d
nonciations et de celles que les accusés, jugés, et leu
complices avaient déjà articulées contre Romain, tout autr
chef d'État que Boyer l'eût fait livrer au jugement d'u
conseil spécial, et il eût été condamné à mort. Mais le Pr
sident aima mieux employer la modération, inspirée pa
son cœur encore plus que par sa raison : il décida que R
main serait envoyé à Léogane afin d'y avoir la ville pou
prison, en compagnie de sa femme et de ses enfans. Boye
espérait que l'exemple de la conduite patriotique du brav
général Gédéon, commandant de cet arrondissement, ag
rait sur son esprit et le convertirait. Il n'avait affaire qu'
un cœur profondément orgueilleux et méchant!

Romain avait été amené au palais, où il entendit les accu
sations portées contre lui; ses seules paroles au Présiden
furent : « Faites de moi ce que vous voudrez : je suis pré
» à mourir [1]. » Boyer le fit conduire par tous les générau
et une escorte d'infanterie et de cavalerie, sur le quai d
Cap-Haïtien où un canot le reçut et le porta avec sa famille
à bord du garde-côtes *la Franchise.*

Aussitôt, les soldats des 1er et 2e régimens d'infanterie
excités par deux de leurs officiers, s'agitèrent dans l
ville : malgré les autres et leurs colonels, ils osèrent battr
la générale pour se réunir en armes sur la place, en face d
palais et de l'église. Ce sinistre mit également sous le
armes la garde du Président et toutes les troupes de la ga
nison. En vain les généraux Magny et Nord Alexis essayè

1 Mémoires de B. Inginac. p. 66.

rent de calmer cette effervescence de la soldatesque; plus
on employait le raisonnement et la douceur avec les mutins,
plus ils persévéraient à demander, à exiger que Romain fût
débarqué et remis en liberté. Le Président donna l'ordre
alors de diriger les troupes, infanterie, cavalerie et artillerie, sur les rues aboutissant à la Place-d'Armes, de manière à les envelopper et à les contraindre à mettre bas les
armes, ou à les foudroyer sur les lieux, s'ils persistaient dans
leur rébellion.

Mais se voyant environnés de toutes parts, et remarquant
qu'un groupe de généraux et autres officiers de tous grades
se tenait sous le pérystile du palais, ils pensèrent bien que
le Président devait se trouver parmi eux; et dans cette
pensée, ils députèrent un grenadier sorti de leurs rangs,
comme s'il allait auprès du chef de l'État porter la parole
au nom de ces deux corps, mais avec l'intention de le tuer
au moyen du fusil dont ce grenadier était armé. Ce rebelle
ne connaissait pas le Président; on l'avait laissé s'approcher du palais. Arrivé là, il demande à voir Boyer, qui
s'avance vers lui et lui dit : « Voilà le Président d'Haïti !
» Que demandez-vous? » Le coupable eut l'air de lui « pré-
» senter l'arme, » par ce mouvement qui est le signe du
respect de l'inférieur envers le supérieur; mais c'était bien
pour passer son fusil du bras gauche au bras droit, afin de
le décharger à bout portant sur le Président, car il était
armé et chargé. Des officiers ayant suivi Boyer dans son
rapide et brusque mouvement vers le grenadier, arrêtèrent
celui-ci avant qu'il n'eût le temps de faire feu, ou de se
servir de la baïonnette. On constata immédiatement que le
fusil était armé, amorcé et chargé à deux balles : l'intention criminelle se décelait par cet état de choses. Aussi, ce
grenadier fut-il le premier livré au conseil de guerre, qui
le condamna à mort : les deux officiers moteurs de la ré-

bellion et quelques sous-officiers, reconnus également coupables par le conseil, subirent le même sort.

Durant le temps mis à l'arrestation du grenadier, le général Magny avait fait avancer toutes les troupes de la garnison, et il ordonna aux 1er et 2e régimens de mettre bas les armes : ce qui eut lieu sans résistance. Environ 400 hommes furent arrêtés et mis en prison. L'ordre et la tranquillité furent complétement rétablis dans la ville. Le soir du même jour, *la Franchise* et deux autres garde-côtes, sous le commandement de Morette, partirent pour Léogane, où le général Romain et sa famille furent débarqués le 18 avril. Le Président envoya au général Gédéon des instructions pour les traiter avec bonté.

Mais l'insubordination, la rébellion des 1er et 2e régimens d'infanterie avait été trop flagrante, pour ne pas entraîner une mesure de rigueur à leur égard : le 18, un ordre du jour du Président d'Haïti déclara que ces deux corps étaient rayés du tableau de l'armée de la République, pour cause de sédition. Néanmoins, cet acte permit à ceux des militaires de ces corps, qui ne s'étaient pas joints aux séditieux, de se présenter dans les dix jours par devant le général Magny, pour recevoir une nouvelle destination : il complimenta les autres troupes et la garde nationale du Cap-Haïtien sur leur bonne conduite en cette circonstance. Les officiers des deux régiments, punis par la perte de leurs drapeaux, furent sensibles à cette sévérité exigée par la discipline ; ils essayèrent vainement de porter Boyer à revenir sur la mesure. En les consolant par des paroles bienveillantes, il leur fit savoir qu'ils continueraient à jouir de leur solde d'activité, et que le général Magny les emploierait successivement, d'après les instructions qu'il lui avait données.

Le Président ne négligea pas de faire payer un mois de

solde à toute l'armée; il continua à délivrer des dons nationaux aux officiers et aux soldats qui n'en avaient pas reçus en 1820. Le jour de Pâques, 22 avril, il parla aux habitans propriétaires, aux gérans, conducteurs et cultivateurs de l'arrondissement qu'il avait fait venir au Champ de Mars du Cap-Haïtien, pour leur expliquer de nouveau le système bienfaisant de la République, et les prémunir dorénavant contre les tentatives audacieuses des partisans du système déchu; et ces paroles portèrent leur fruit, dans le Nord comme dans l'Artibonite, durant 22 ans. Car les populations des campagnes restèrent toujours soumises au gouvernement de Boyer : elles avaient tant gagné à passer sous ses ordres! Celles des villes y avaient gagné aussi ; mais c'était dans leur sein que les ambitions individuelles se laissaient circonvenir par l'espoir d'une situation meilleure.

Le calme survenu au Cap-Haïtien permit au Président d'aller visiter les communes des arrondissemens du Fort-Liberté, du Trou et de la Grande-Rivière : il partit le 25 avril et revint le 6 mai.

Le même jour où il avait quitté cette ville, *la Franchise* jeta l'ancre dans le port, ayant à son bord un agent français chargé d'une mission *secrète*, mais qui prit passage sur ce garde-côtes au Port-au-Prince, comme s'il n'était qu'un commerçant qui se rendait au Cap-Haïtien pour ses affaires. Cet agent était arrivé le 16 avril à la capitale, sur un navire marchand. Il se nommait Aubert Dupetit-Thouars, et était membre d'une ancienne famille de colons de Saint-Domingue dans le Nord, et officier de la marine française; mais, pour mieux garder l'incognito dans sa mission, il n'avait pris que son premier nom — *Aubert*.

Il était porteur d'une lettre de M. Esmangart, conseiller d'État, et alors préfet de la Manche, en date de Paris, le 5 février 1821, adressée à Boyer, qualifié simplement de *Président*. Déjà, le 25 décembre 1820, ce préfet avait écrit à Boyer, selon ce qu'il lui disait dans cette lettre, et avant même qu'on eût reçu en France la nouvelle de la réunion du Nord à la République[1].

Lorsqu'à la fin de novembre 1820, l'amiral Duperré eut échangé des lettres courtoises avec Boyer, arrivé aux débouquemens, il avait expédié la frégate *la Cléopâtre* à Brest pour apporter ses dépêches au ministre de la marine, lesquelles lui rendaient compte de cette particularité; et le capitaine Mallet, commandant de la frégate, qui s'était entretenu avec le Président et le secrétaire général Inginac, au Cap-Haïtien, qui avait observé l'état des choses en cette ville, put ajouter au rapport de son amiral adressé au baron Portal. Le gouvernement français avait donc une information officielle du grand événement survenu à Haïti, par la mort de Christophe.

En conséquence, M. Esmangart qui, depuis la mission de 1816 où il était réellement l'homme important, le plus capable d'apprécier la situation d'Haïti, et qui, quoique colon, était dégagé des préventions puériles de ses co-intéressés dans la question à résoudre, M. Esmangart avait saisi l'occasion du triomphe moral de la République sur le système du Nord, pour exposer au gouvernement français que le moment lui paraissait opportun de prendre une résolution à l'égard d'Haïti. D'après les précédens qui avaient eu lieu, le 2 janvier 1821, il adressa au conseil

---

[1] Il est presque impossible qu'au 25 décembre 1820, on n'eût pas encore appris, en France, les événemens accomplis dans le Nord au 26 octobre ; dans tous les cas, Boyer n'avait pas reçu la lettre du 25 décembre.

des ministres un mémoire où, se rattachant à l'offre d'*in-demnité* que Pétion avait faite en 1814 et 1816, il engageait son gouvernement « à *reconnaître* l'indépendance d'Haïti, » moyennant cette indemnité pour les colons, et non pas « à *concéder* l'indépendance de Saint-Domingue : » ce qui prouve que la forme malencontreuse, adoptée en 1825, était déjà une idée fixe de la part de la Restauration. Son mémoire contenait les vues élevées de l'homme d'État qui appréciait sainement les choses. Il y parlait du commerce fructueux que la France faisait avec la République et qui allait prendre de l'accroissement par la réunion du Nord ; et subissant l'effet de l'opinion générale, qui évaluait d'une manière fabuleuse les sommes laissées par Christophe dans ses trésors, il les portait à 250 millions de francs, tandis qu'effectivement la République n'en avait recueilli qu'environ 8 à 10 millions. Hors cette erreur involontaire de sa part, son mémoire était digne de sa haute réputation.

En même temps, les chambres de commerce des divers ports de France, d'où s'expédiaient des navires à Haïti depuis cinq ans, adressèrent des pétitions au duc de Richelieu, président du conseil, pour solliciter du gouvernement qu'il prît définitivement des arrangemens avec Haïti. Elles exposaient la nécessité de ces arrangemens, afin d'éviter au commerce français la désagréable obligation d'emprunter des pavillons étrangers pour pouvoir pénétrer dans un pays où il était accueilli, où les Français jouissaient de la protection d'un gouvernement établi, organisé, policé, qui montrait le plus grand respect pour le droit des gens ; dont les habitans, enfin, recevaient avec plaisir les produits de la France, en donnant en échange leurs propres produits nécessaires à sa consommation. Ces

pétitions concluaient toutes à demander « qu'aucune expé-
» dition militaire, qu'aucun appareil de forces maritimes,
» ne fussent dirigés contre Haïti, attendu que d'immenses
» capitaux étaient déjà engagés dans ce commerce, qui ne
» pourrait que prendre de nouveaux développemens par
» suite des derniers événemens politiques qui y étaient
» survenus [1]. »

Ces considérations et celles exposées par M. Esmangart étaient de nature à influer sur les déterminations du gouvernement. En janvier 1821, le duc de Richelieu présida un conseil privé où il appela le baron Pasquier, le baron Portal, et MM. de Villèle, Lainé, de Rayneval, Saint-Criq, Esmangart, F. de la Boulaye et Duvergier de Hauranne, pour émettre leurs avis sur les questions à résoudre. Ils furent d'opinion : « qu'il fallait *rejeter* tout projet d'expédition mi-
» litaire, dans les vues de faire la conquête de l'ancienne co-
» lonie de la France, parce qu'il faudrait *exterminer* toute sa
» population *résolue* à défendre sa liberté et son sol ; ce qui
» serait cruel et sans objet, puisque ayant aboli la traite des
» noirs, la France ne pourrait la repeupler ; et qu'en outre,
» une telle expédition exigerait un secret impossible à gar-
» der, et des dépenses incalculables qui nécessiteraient un
» vote préalable des chambres, les ministres ne pouvant
» disposer d'aucune somme sans allocation ; — qu'il était
» aussi inutile et désavantageux de songer à bloquer les
» ports, parce que ce serait nuire au commerce français qui
» y prenait déjà du développement, 70 navires ayant été
» employés à ce commerce en 1820; que le blocus exigerait
» l'emploi de presque tous les navires de guerre de la

---

[1] N'avions-nous pas raison de dire, qu'en admettant le commerce français dans les ports de la République, Pétion en avait fait son auxiliaire le plus puissant pour plaider la cause de l'indépendance d'Haïti ?

» France, sans pouvoir espérer d'y parvenir efficacement;
» — que la clause du traité secret de 1814, donnant la fa-
» culté aux navires anglais de continuer leur commerce
» dans les ports non occupés par les autorités françaises ou
» non attaqués, il pouvait s'ensuivre des difficultés graves
» avec la Grande-Bretagne, qu'il fallait éviter; — qu'enfin,
» Boyer et ses concitoyens pourraient se jeter dans les bras
» des Anglais, s'ils se voyaient menacés. »

Il semble qu'alors « la reconnaissance ou la concession
» de l'indépendance d'Haïti » eût dû être la conclusion de
ce conseil privé. Mais il examina aussi cette question par
rapport aux colonies espagnoles, et il fut décidé que la
France ne pouvait tracer un *précédent* qui nuirait à l'Espagne, dans ses prétentions et son espoir de les soumettre.

M. Esmangart, qui avait mieux vu ce qu'il était réellement dans l'intérêt de la France de faire, pour elle-même,
pour son commerce et pour les colons, proposa donc : de
l'autoriser à faire des ouvertures à Boyer qui, depuis son
avénement à la présidence, n'avait pas encore été en correspondance officielle avec le gouvernement français ; et
cette autorisation lui fut accordée [1].

Tels furent les motifs de l'envoi de M. Aubert Dupetit-
Thouars qui serait chargé, néanmoins, de sonder les dispositions de Boyer, de lui insinuer l'idée de reconnaître la
suzeraineté du Roi de France, ou à la France un droit de

---

[1] Ayant eu la faculté de consulter les cartons du ministère de la marine et des colonies,
j'y ai lu tout ce que je viens de rapporter. Je me suis ainsi convaincu que la question de
l'Indépendance d'Haïti a été examinée *sans animosité* par les hommes d'État qui formaient
le conseil privé. Celle des colonies espagnoles a plus contribué que toute autre chose à
éloigner une solution, et il a fallu la reconnaissance de leur indépendance par la Grande-
Bretagne, pour décider la France à agir en 1825. J'ai cru reconnaître que les ministres
français n'avaient pas toute leur liberté d'action, avec une famille qui tenait tant au droit
divin.

protection, — le protectorat, — semblable à celui que la Grande-Bretagne exerce à l'égard des îles Ioniennes.

Quant à nous, nous pensons que la Restauration fondait encore plus d'espoir sur la mission confiée à M. de Glory ; car le parti religieux de cette vieille monarchie s'aveuglait tant sur sa puissance au cœur même de la France, où il finit par rétablir les jésuites, qu'il devait compter davantage sur l'aptitude d'un évêque à modifier les idées en Haïti, surtout ce prélat s'y présentant en qualité de vicaire apostolique envoyé par le Saint-Siége [1]. Aussi voit-on que M. de Glory précéda M. A. Dupetit-Thouars de quelques semaines au Port-au-Prince : le premier y arriva le 29 mars ; le second, le 16 avril, après être parti de France le 14 mars, quoiqu'il eût été expédié dès le 5 février.

Quoi qu'il en soit, M. Dupetit-Thouars attendit le retour de Boyer au Cap-Haïtien pour communiquer la mission dont il était chargé. Ce fut à Inginac qu'il s'ouvrit, le 4 mai, parce que le secrétaire général était revenu avant le Président. Assuré qu'il serait admis à présenter la lettre de M. Esmangart, du 5 février, adressée au Président, il en prépara une autre le même jour, 4 mai, qu'il lui fit remettre ensemble dès son arrivée au Cap : cette dernière qualifiait Boyer de « Président d'Haïti, » bien que le nom de *Saint-Domingue* y fût également employé pour désigner le pays.

Obligé à ne faire que « des ouvertures » au Président, en vrai diplomate, M. Esmangart lui disait : « que le gouver-

---

[1] Le 27 février 1821, au moment où M. de Glory se rendait à Haïti, une ordonnance de Louis XVIII donnait aux évêques de France la surveillance de tous les établissemens d'éducation et d'instruction publique, dans leurs diocèses respectifs. Le 3 juin, l'abbé de Frayssinous, jésuite, devint grand maître de l'Université. Les jésuites étaient déjà rétablis en France par l'influence de la faction religieuse qui porta le nom de *Congrégation* et qui domina le gouvernement français. On envoyait donc M. de Glory dans un but semblable.

» nement du Roi avait appris la réunion du Nord à la Répu-
» blique ; qu'il n'ignorait pas ses bons procédés envers le
» commerce français ; que le changement survenu à Saint-
» Domingue devait contribuer à aplanir les obstacles qui
» s'opposaient encore à un arrangement entre les deux
» pays ; que si lui, M. Esmangart, connaissait d'une ma-
» nière positive les intentions de Boyer, il eût fait des dé-
» marches dans ce but ; que c'était pour les connaître qu'il
» envoyait auprès de lui M. Aubert, à qui le Président pou-
» vait accorder toute sa confiance ; et, enfin, qu'il s'esti-
» merait heureux d'avoir concouru à la conclusion d'une
» affaire qui procurerait à son pays la paix intérieure et exté-
» rieure. »

M. Dupetit-Thouars n'était pas moins diplomate, en ce qu'il prodiguait l'*Excellence* à Boyer qu'il traita aussi de *Monseigneur*. Mais il lui disait loyalement ce qui était vrai : « Aussitôt que la nouvelle de l'heureux changement que » V. E. venait d'opérer dans l'île fut parvenue en France, » M. Esmangart quitta sa préfecture et se rendit à Paris. » Là, par un rapport qu'il fit, il provoqua la réunion du » du conseil du gouvernement auquel il fut appelé. Les in- » térêts des deux pays furent discutés avec une égale impar- » tialité. Tous les avis se réunirent, et le conseil se pro- » nonça *en votre faveur*... (en ce sens, qu'il ne fallait » employer aucune violence à l'égard d'Haïti). » Paraphra- sant ensuite la lettre de M. Esmangart, son envoyé rai- sonna pour prouver tous les avantages qui résulteraient d'un *traité* entre la France et son ancienne colonie, toute la gloire que Boyer en recueillerait : — les prétentions de la France étaient modérées et justes, les bases du traité de- vaient être honorables pour les deux pays, mais on ignorait quelles étaient les intentions du Président : « C'est une con-

» naissance préalable, sans laquelle il serait impossible
» d'entàmer des négociations à d'aussi grandes distances,
» et d'éviter les lenteurs qu'entraînerait nécessairement un
» malentendu. La crainte de ne pouvoir causer seul avec
» V. E. m'a engagé à lui écrire, pour lui faire connaître
» les dispositions bienveillantes de S. M. le Roi de France. »

Si le gouvernement du Roi désirait connaître les intentions de Boyer, il était aussi naturel que celui-ci désirât
connaître quelles étaient ces dispositions bienveillantes
dont parlait son envoyé semi-officiel. Il paraît donc que
M. Dupetit-Tbouars eut des entretiens avec Inginac et
Boyer, qui motivèrent sa seconde lettre adressée à ce dernier, le 8 mai. Inginac surtout, avec sa finesse habituelle,
son talent de faire dire à un interlocuteur ce qu'il désirait
savoir, de promettre qu'il seconderait ce qu'il était disposé
à repousser dans les conseils du gouvernement, paraît être
celui qui porta M. Dupetit-Thouars aux aveux consignés
dans cette lettre :

Au Cap-Haïtien, le 8 mai 1821.

A S. E. le général Boyer, Président de la République d'Haïti.

Monseigneur,

Le conseil de S. M. avait pensé que ce qu'il y aurait de plus
avantageux pour la France, et *peut-être aussi* pour le pays que
gouverne V. E , serait que vous voulussiez reconnaître la *souve-*
raineté de la France, aux conditions qui vous avaient été soumises
en 1816 (à Pétion) par MM. Esmangart et de Fontanges, en y ajoutant même quelques nouvelles concessions [1].

Ayant acquis la *conviction* que cette base *ne peut être admise,*
je dois faire connaître à V. E., que S. M., désirant le bonheur des
habitants de la partie de l'île soumise à votre domination, et non de
porter parmi eux le trouble et la guerre civile, avait pensé qu'une

---

[1] De la part de la France, sans doute, et non d'Haïti, qui en aurait fait assez déjà,
beaucoup trop même, si elle avait concédé sa souveraineté.

telle reconnaissance serait peut-être *funeste* à la réunion et à la paix que vous venez d'établir avec tant de succès. S. M. a voulu donner une preuve de son désir sincère de la réconciliation, de sa bienveillance pour V. E., et en même temps de sa sollicitude pour un pays qu'elle regarde toujours comme *français*; elle s'est décidée à consacrer *l'indépendance* de la République d'Haïti.

En prenant une telle résolution, S. M. s'est attendue à trouver dans V. E. et son gouvernement des dispositions analogues; elle s'attend à voir reconnaître sa simple *suzeraineté,* ou à la France un droit de *protection* semblable à celui que l'Angleterre exerce à l'égard du gouvernement des Iles Ioniennes. Ce droit ne peut qu'être avantageux à la République, surtout dans les premiers temps; et il est utile à son indépendance, en écartant toutes les prétentions que l'on pourrait élever sur elle; d'un autre côté, il assure à la France la libre jouissance du commerce avec Haïti.

S. M. ne désire le *commerce* qu'aux conditions établies pour la puissance *la plus favorisée*[1]; car, dans l'intérêt d'Haïti qui sera aussi celui de la France, après le traité, il importe qu'il ne soit pas fait de conditions qui puissent, par la suite, troubler l'ordre de la République.

Ces derniers motifs font tenir aux *indemnités* pour le territoire et les propriétés; elles seront d'ailleurs promptement compensées par l'accroissement que prendront l'agriculture et le commerce.

Si telles sont, Monseigneur, les conditions auxquelles V. E. peut traiter et qu'elle daigne me les faire connaître, ou qu'elle veuille en instruire M. Esmangart, dans une réponse à sa lettre, je puis assurer V. E. que M. Esmangart, ou tout autre commissaire chargé de pouvoirs, se rendra promptement près d'elle pour traiter définitivement.

La franchise avec laquelle je viens de m'expliquer est un hommage que je rends à V. E.; j'aurais cru lui manquer en agissant autrement.

Je suis avec un profond respect, etc.

Signé : AUBERT.

---

[1] A cette époque, les produits de la Grande-Bretagne ne payaient que 7 pour cent, et ceux des autres nations 12 pour cent.

M. Dupetit-Thouars n'avait aucuns *pouvoirs* du gouvernement français, il n'était que porteur de la lettre d'ouvertures de M. Esmangart; mais on voit par la sienne du 8 mai, qu'il était non-seulement informé de ce que désirait ce gouvernement, mais chargé de pressentir les dispostions de Boyer à cet égard, où de lui insinuer les idées qu'il a exprimées; car, autrement, il eût été disgracié. Comme il avait dit dans sa lettre du 4 que « les bases d'un arrange-
» ment devaient être honorablement calculées pour les
» deux pays, que les prétentions de la France étaient justes
» et modérées, » Boyer ou son secrétaire général devait l'amener à s'ouvrir à ce sujet, pour être plus à l'aise dans les propositions que le gouvernement ·haïtien lui-même pourrait communiquer à M. Esmangart, bien qu'il était *impossible* que ces propostions fussent autres que celles formulées par Pétion : — indemnités en faveur des anciens colons, rétablissement régulier des relations commerciales[1].

Tel fut l'objet de la réponse du Président, en date du 10 mai, à la lettre de M. Esmangart. Il lui disait :

« Vous avez dû, Monsieur le préfet, pendant votre séjour

1. Il paraît que, dans son désir de connaître les vues du gouvernement français par M. Dupetit-Thouars, Inginac surtout ne se sera fait aucun scrupule de lui donner beaucoup d'espoir; qu'il aura même semblé accueillir l'idée du *protectorat* de la France; et que Boyer aura paru à cet envoyé *ne pas repousser* la même idée : car il l'a dit dans son rapport, peut-être aussi pour *se justifier* d'avoir déclaré les vœux de la France *par écrit*, au lieu de s'être borné à insinuer cette idée dans la conversation. Il a même prétendu qu'un *projet* avait été rédigé à ce sujet par ordre de Boyer, et que le Président l'ayant communiqué aux généraux Magny et Quayer Larivière, Inginac saisit ce moment pour le porter *à y renoncer*, étant entièrement « à la dévotion des Anglais. » Dans ses Mémoires de 1843, page 58, Inginac raconte que M. Dupetit-Thouars lui en fit le reproche *plus tard*, sans doute dans la mission qu'il remplit à Haïti, en 1835.

Nous affirmons que ce loyal officier qui, dans cette seconde mission, a réellement jeté les bases des traités de 1838, par son rapport fondé sur l'équité, a été dans l'erreur quand il a cru que Boyer voulait admettre le *protectorat* de la France. En 1821, après la réunion du Nord, il pouvait moins que jamais s'écarter des vues de Pétion, surtout ayant alors la perspective de la réunion de l'Est à la République. Sa propre gloire s'y opposait; son devoir envers le pays, encore plus.

au Port-au-Prince, en 1816, vous bien convaincre que le gouvernement de la République ne faisait qu'interpréter l'inébranlable volonté du peuple, en demandant que la reconnaissance de l'indépendance d'Haïti, de la part de S. M. T. C., fût *pure et simple;* car la prospérité du pays et l'honneur national *ne permettent pas* qu'il soit porté la moindre atteinte à cette indépendance, soit en admettant la *suzeraineté directe ou indirecte,* soit en se plaçant sous *la protection* d'aucune puissance quelconque. A cet égard, mon prédécesseur s'est trop bien ouvert aux commissaires du Roi de France, du nombre desquels vous faisiez partie, pour qu'il soit nécessaire d'entrer aujourd'hui dans d'autres explications.

« C'est au moment où la République jouit de la paix intérieure, où elle est fréquentée par le commerce de toutes les nations, que la question de la reconnaissance de son indépendance, est, de nouveau, vivement agitée; et c'est pour donner au monde entier une preuve de la loyauté haïtienne, de mon amour pour la concorde, que je serai disposé à faire revivre l'offre d'une *indemnité raisonnablement calculée,* qu'avait faite mon prédécesseur à l'époque de la première mission que la France envoya ici, et qui fut *écartée* en 1816[1], dans le cas que S. M. T. C. reconnaîtrait la nation haïtienne, comme elle l'est de fait, libre et indépendante. Alors, le commerce français pourra être, en Haïti, traité sur le pied de l'égalité avec celui des nations qui y sont le plus favorisées; mais il sera bien entendu que la République d'Haïti conservera une *neutralité* parfaite

---

[1] *Écartée* d'après le plan proposé alors par MM. Fontanges et Esmangart, suivant leur lettre du 10 novembre 1816 à Pétion. Voyez aux pages 247 et suivantes du 8e volume de cet ouvrage.

dans toutes les guerres que les puissances maritimes se feraient entre elles.

» Voilà, Monsieur le préfet, *les seules bases* sur lesquelles il est possible de conclure un arrangement avec le gouvernement de France.... »

En effet, Boyer ne pouvait pas penser différemment que Pétion à cet égard. Cette réponse étant remise à M. Dupetit-Thouars, il partit du Cap-Haïtien, le 12 mai, directement pour la France. Quatre jours après, le président écrivit une autre lettre à M. Esmangart pour confirmer celle du 10, en lui disant que c'étaient là « *les seules bases* sur lesquelles » il lui serait possible d'entamer des négociations relati- » vement à la reconnaissance de l'indépendance d'Haïti « par le gouvernement français, » et qu'il espérait que M. Esmangart parviendrait à les faire admettre.

Lorsque Boyer visitait l'arrondissement du Fort-Liberté, étant à Ouanaminthe, il avait reçu des habitans de Laxavon et de Monte-Christ, leurs vœux pour la réunion de l'Est à la République. Mais en même temps, le Président n'ignorait pas que le parti qui voulait son indépendance de l'Espagne et l'alliance avec la Colombie, prenait de la consistance à Santo-Domingo surtout. La temporisation était donc la politique qu'il convenait de suivre encore avec cette partie d'Haïti, afin de ne pas y faire naître l'idée que la République voulait contraindre les volontés.

Cependant, le Président ne pouvait pas négliger l'action de quelques agents secrets, chargés de provoquer une manifestation en sa faveur. A tort ou à raison, le chef d'escadron Charles Arrieu fut considéré comme l'un d'entre eux. Natif du Fort-Liberté, il avait eu le grade d'officier dans les bandes de Jean-François et Biassou; il était connu de bien des hommes du Nord-Est, contemporains de ces deux chefs et qui vivaient encore. Il habitait le canton des Anglais, dans l'arrondissement des Cayes; mais dès la réunion du Nord, il s'était empressé de se rendre au Cap-Haïtien et dans ses foyers. La proximité de Laxavon et de Monte-Christ, du chef-lieu du Nord, lui fournit l'idée d'entreprendre le commerce de bestiaux avec ces localités, et il alla même jusqu'à Saint-Yague et Puerto-Plate. Hardi, entreprenant autant pour les aventures militaires que pour le commerce, il paraît que dans les premiers momens, Charles Arrieu accueillit le projet de proclamer la partie de l'Est indépendante de la République, à la condition d'y jouer un rôle et de trouver de l'avancement. En même temps, il entretenait des relations avec le commodore Aury et ses capitaines de corsaires qui poussaient cette partie à l'indépendance d'une manière quelconque [1].

Étant au Cap-Haïtien, après avoir expédié l'agent français envoyé auprès de lui, le Président d'Haïti publia un ordre du jour, le 16 mai, où il exprima sa satisfaction du calme qui était revenu dans tous les esprits, de la tranquillité qui régnait dans le Nord. Il y recommanda d'ailleurs aux fonctionnaires publics, tant civils que militaires, de veiller à cet heureux état de choses par l'accomplissement de leurs devoirs, en maintenant une bonne police dans les villes et les campagnes, en encourageant la culture des terres, — le gouvernement ayant encore délivré de nombreux dons nationaux aux officiers et autres militaires de tous grades, — en entretenant la concorde et l'union entre

---

[1] Voyez ce qu'en a dit B. Inginac dans ses Mémoires, pages 47, 48 et 58. Le 25 mai, Aury entra dans le port du Cap-Haïtien d'où il sortit le 1er juin, pour aller à la rencontre de Boyer, sans doute pour l'entretenir de nouveau des dispositions du Nord-Est à l'indépendance. Nous puisons ce renseignement dans le n° 4 de *la Concorde*, du 3 juin, publié au Cap Haïtien.

tous les citoyens. Une recommandation particulière fut adressée aux troupes de l'Ouest et du Sud, commandées par le général de brigade Marion, qu'il allait laisser en garnison au Cap-Haïtien, de se bien conduire pour tracer l'exemple à celles du Nord, par leur respect pour les lois, leur exactitude dans le service et leur obéissance à leurs chefs [1].

Ces dispositions étant prises, Boyer quitta le Cap-Haïtien et se porta dans les arrondissemens du Borgne, du Port-de-Paix et du Môle, d'où il revint, comme à son premier voyage, par ceux des Gonaïves et de Saint-Marc, au Port-au-Prince, où il entra le 12 juin. Dans le cours de ce voyage, l'autorité du gouvernement s'était raffermie dans le Nord comme dans l'Artibonite, et les deux autres départemens jouissaient de la plus parfaite tranquillité. Pour donner plus de poids à notre assertion, citons ici quelques lignes d'un article *Intérieur* du journal *la Concorde*, du 27 mai, n° 3 :

« Une réflexion se présente ici qui est tout à l'avantage du caractère haïtien. Depuis le jour mémorable de l'entrée du Président au Cap-Haïtien (le 26 octobre 1820), aucun meurtre n'a été commis, aucune vengeance particulière n'a été exercée. Nos routes, les défilés de nos montagnes sont aussi sûrs que le séjour de nos villes : ce qui prouve que les Haïtiens ont un fond de bonté qui leur est naturel, et qui, dirigé vers le bien, fera de cette nation une communauté

---

1 Le général Marion passa quelques mois en garnison au Cap-Haïtien. Il eut occasion d'y connaître la Veuve de J.-B. Chavanne qui vivait encore, après avoir assisté à tous les événemens qui se succédèrent dans le Nord depuis le glorieux martyre de son mari. Cette courageuse femme avait respecté la mémoire de Chavanne en soutenant son existence et celle de sa famille par une honnête industrie. De retour aux Cayes, Marion y recueillit une sous-cription de 518 gourdes que firent quelques citoyens en faveur de cette Veuve, et il la lui adressa avec une lettre du 28 novembre. Elle y répondit en témoignant sa vive reconnais-sance. Ce fait honora Marion et les citoyens qui y concoururent.

d'hommes peu commune sur la surface du globe. Ce peuple, naguère si infortuné, après avoir bu à longs traits dans la coupe de la liberté, réfléchit qu'il se doit au travail qui est la destination de l'homme sur la terre ; il s'y livre : les besoins, la nécessité, l'espoir d'une amélioration à son sort, la liberté, la propriété, tout l'invite à faire couler ses sueurs pour lui-même. »

Sachant le concours que trouvent les gouvernemens dans les sentimens religieux, pour apaiser les troubles civils et fortifier l'esprit humain dans la soumission aux lois, en partant de la capitale pour se rendre à Saint-Marc et dans le Nord, le Président avait invité l'abbé Jérémie à le suivre, afin de faire des prédications aux populations dans chaque ville ou bourg. Ce prêtre remplit cette mission au gré des désirs de Boyer. Mais, comme le Président ne s'était pas adressé à l'autorité épiscopale de M. de Glory pour en obtenir son agrément, qu'il ne l'avait qu'averti de cette disposition, cet évêque commença à prendre de l'ombrage avec d'autant plus de facilité, qu'il voyait dans le choix du Président un témoignage de confiance et de considération pour l'ecclésiastique qui était son antagoniste. De son côté, l'abbé Jérémie fut naturellement porté à se prévaloir de cette distinction, à l'égard du vicaire apostolique qui eût mieux aimé, sans nul doute, désigner un des prêtres venus avec lui pour aller remplir cette mission évangélique. Dans cette disposition respective de l'un et de l'autre, un éclat était inévitable.

Une autre idée, un autre devoir préoccupa le Président dans son voyage dont le but principal était de rétablir la tranquillité publique dans les départemens de l'Artibonite et du Nord : ce fut de fonder des écoles dans la plupart des villes, pour procurer l'instruction gratuite à la jeunesse du sexe masculin, tout en encourageant les établissemens particuliers. Outre les écoles du gouvernement, des commissions d'instruction publique furent formées pour les surveiller, d'après la loi publiée en 1820. Dans ces premiers temps, il n'était pas possible de mieux faire; mais nous aurons à examiner plus tard s'il n'était pas du devoir strict de Boyer de doter, et le Cap-Haïtien et les Cayes, d'un « lycée national » à l'instar de celui du Port-au-Prince, afin de procurer à la jeunesse du Nord et du Sud une instruction supérieure à celle qu'elle recevait dans les écoles primaires de ces villes.

C'est ici le lieu de parler d'une idée conçue par le secrétaire général Inginac et qui parvint à notre connaissance.

Dès la réunion du Nord, il proposa à Boyer de réunir dans les bureaux de la secrétairerie générale un certain nombre de jeunes hommes qui paraîtraient dans tous les départemens avoir le plus d'instruction, le plus d'aptitude, afin de les former à la correspondance officielle du gouvernement et de les initier à la pratique des affaires publiques, sous les yeux du chef de l'État, pour devenir avec le temps des hommes capables dans l'administration. Le Président d'Haïti exerçant toutes les attributions que nous avons énumérées en parlant de la loi rendue en 1819 sur celles des grands fonctionnaires, Inginac pensait, avec raison ce nous semble, que ces jeunes employés puiseraient des connaissances utiles dans l'application qu'ils verraient faire chaque jour du pouvoir gouvernemental. — Il avait un autre motif : le travail des bureaux qu'il dirigeait s'était accru par la réunion du Nord et paraissait devoir s'accroître encore, d'après les dispositions où se trouvait la partie de l'Est de se réunir à la République. Dans une telle situation, le nombre des employés étant diminué, parce que plusieurs d'entre eux, qui étaient du Nord ou de l'Artibonite, avaient été placés dans divers autres emplois de ces départemens, leur remplacement à la secrétairerie générale devenait d'une urgente nécessité.

Le Président parut apprécier la proposition de son secrétaire général; mais en définitive, elle ne fut pas mise à exécution, parce que les raisons d'*économie* prévalurent sur les besoins réels du moment et les utiles prévisions de l'avenir, peut-être aussi parce que Boyer lui-même n'avait pas conçu cette idée. Inginac ne put même obtenir de lui la nomination d'un archiviste principal et des employés sous ses ordres, dans le moment où il ordonnait que les archives du Nord fussent transportées au Port-au-Prince, lesquelles comprenaient celles des gouvernemens de Dessalines et de Christophe [1].

Boyer n'était pas encore de retour à la capitale, quand il apprit, par le journal officiel du gouvernement—*le Télégraphe,* — que le trésorier général A. Nau avait désigné, le 21 mai, un de ses chefs de bureau pour exercer provisoirement les fonctions de trésorier particulier de l'arrondissement financier du Port-au-Prince. Ce fonctionnaire n'avait sans doute pris cette mesure qu'avec l'autorisation du secrétaire d'État, et à raison de l'augmentation du travail de la trésorerie générale depuis la réunion du Nord. Mais, comme le Président d'Haïti n'avait pas même été consulté

---

[1] Voyez ce qu'a dit Inginac à ce sujet, aux pages 78 et 79 de ses Mémoires. Quoiqu'il en ait parlé à l'année 1827, je suis certain qu'il avait fait sa proposition dès la fin de 1820. C'est alors que J. Granville devint chef des bureaux de la guerre à la secrétairerie générale; déjà il était substitut du commissaire du gouvernement au tribunal de cassation, et il remplissait en même temps certaines fonctions à la secrétairerie d'Etat : car son activité et sa capacité lui donnaient la facilité de satisfaire à ces divers services. Ce cumul de trois emplois, exercés par Granville, prouvait la nécessité de rechercher des sujets capables et de les employer.

sur l'opportunité de cette décision, le 7 juin un avis au public parut sur le même journal, émané du secrétaire général, qui l'annula comme ayant été prise incompétemment, et le trésorier général dut continuer à cumuler son service personnel avec celui de la trésorerie particulière.

On ne peut disconvenir, que le chef de l'État ayant dans ses attributions la nomination aux emplois publics, *le principe d'autorité* se trouvait méconnu dans la mesure du trésorier général, puisqu'il créait un fonctionnaire dans la personne de son chef de bureau, devenant responsable des actes qu'il pourrait faire et de la manutention d'une notable partie des deniers publics. Mais en citant ce fait, nous voulons faire remarquer que Boyer n'entendait pas céder la moindre parcelle de son autorité aux grands fonctionnaires qui le secondaient dans le gouvernement de la République.

CHAPITRE II.

Après la tournée qu'il venait de faire pour rétablir la tranquillité publique dans les départemens de l'Artibonite et du Nord, et consolider le gouvernement de l'Etat par des mesures appropriées aux circonstances, Boyer se décida à passer lui-même quelques semaines en repos à la campagne; il en fit donner l'avis au public par le secrétaire général, dès le lendemain de son retour à la capitale. Toutefois, l'expédition des affaires ne devait pas en souffrir, et les trois grands fonctionnaires restèrent chargés, chacun dans ses attributions, de faire parvenir au Président la correspondance y relative et les réclamations des particuliers, afin de recevoir ses ordres. Cette disposition de sa part n'était pas chose inutile; car il allait, pour ainsi dire, se retremper pour mieux remplir son devoir envers le pays dans les événemens qui allaient surgir.

Ce fut dans cette circonstance que la Veuve de Henry Christophe prit la résolution de quitter Haïti avec ses deux filles, pour se rendre en Angleterre. Depuis qu'elles étaient venues du Cap-Haïtien au Port-au-Prince, elles avaient été constamment l'objet des attentions délicates du Président et de sa famille, qui les voyaient souvent, comme pour les consoler dans leur malheur; et il paraît qu'elles trouvaient dans les procédés de Célie Pétion surtout, le témoignage d'un cœur sensible qui comprenait sa position particulière à leur égard. Ces personnes intéressantes pouvaient donc continuer à habiter leur pays natal sous des auspices aussi favorables; mais Madame Christophe ayant été assez bien avisée pour faire placer des fonds en Angleterre, dans le temps de la plus grande prospérité de son royal mari, elle reçut, dit-on, des philanthropes de ce pays qui avaient été en correspondance avec lui, le conseil de s'y rendre, en même temps que des négocians anglais, établis au Cap-Haïtien, l'y engageaient [1]. Ses demoiselles, sa fille aînée

____

1 On a dit que Mme Christophe possédait 70,000 piastres dans les fonds publics en Angleterre. *La Concorde* du 24 février 1822, n° 8, fit mention d'un jugement de la Cour

surtout, accueillirent cette invitation avec empressement, et leur mère dut déférer à leurs désirs. Le fils de Robert Sutherland, qui les avait vues à la cour de Sans-Souci en compagnie de Sir Home Popham, s'était constitué leur chevalier au Port-au-Prince; il leur offrit de les accompagner en Angleterre.

Le Président d'Haïti ne pouvait mettre obstacle à leur résolution : le **23** juillet, il leur délivra un passeport à cet effet, et le **31**, la veille de leur départ sur un navire marchand, Madame Christophe lui adressa la lettre suivante, écrite par sa fille aînée, nommée Améthyste :

Au Port-au-Prince, ce 31 juillet 1821, an xviiie de l'indépendance.

A Son Excellence le Président d'Haïti.

Président,

Sur le point de quitter pour quelque temps ce beau pays, cette patrie qui nous a vues naître et que nous ne cesserons jamais de chérir, moi et mes filles, nous éprouvons le besoin de vous exprimer autrement que de vive voix, toute la reconnaissance que nous ressentons des procédés généreux dont Votre Excellence a usé envers nous depuis neuf mois passés.

Recevez, Président, les nouvelles et solennelles assurances du souvenir profond que nous en conserverons.

Dans nos malheurs, nous avons trouvé en vous un protecteur, un ami, un frère... Nos cœurs en sont pénétrés d'admiration.

Nous vous prions de nous continuer les mêmes dispositions, et nous connaissons assez votre âme pour être assurées que cette prière ne sera pas vaine. Nous faisons la même prière à votre famille et à

---

des prérogatives de ce pays, qui lui fit remettre 9,000 livres sterling (45,000 piastres) qui étaient placés dans le diocèse de Cantorbéry. Cette dame ne put se faire au climat humide de l'Angleterre, et alla avec ses filles habiter la Toscane. Ces deux dernières y moururent l'une après l'autre; alors, en 1841, Mme Christophe écrivit à Boyer, de permettre à Mme Pierrot, sa sœur, d'aller la joindre; ce qui eut lieu. En décembre 1847, étant à Paris, je priai le marquis de Brignolles, ambassadeur de Sardaigne à la cour de France, représentant aussi la Toscane, de faire prendre des informations à leur sujet : quelques semaines après, il me dit que ces dames habitaient Pise. C'est là que Mme Christophe est décédée. Je crois qu'après sa mort, Mme Pierrot est retournée à Haïti.

la fille de votre immortel prédécesseur, auxquelles nous promettons le plus tendre souvenir.

Je laisse au Cap une partie de ma famille et celle de mon feu mari ; je les recommande à toute votre bienveillance.

Je mets sous votre puissante sauvegarde et sous celle de l'honneur de mes concitoyens qui m'ont accueillie avec tant de bienveillance, et la maison que je possède depuis longues années au Cap, et celles que mes filles et moi avons acquises et payées comptant aux domaines, lors des ventes qui en ont été faites par l'État.

Pensant que les importantes et nombreuses occupations du chef de l'État, mon puissant ami, ne lui permettraient pas de régir pour moi ces diverses propriétés, j'ai donné ma procuration au général Magny.

Je prie Votre Excellence de l'appuyer de toute sa protection à cet effet. Une grande infortune ne peut intéresser qu'un grand homme ; les indiscrétions que la mienne me met dans le cas de commettre seront, à ce titre, mises par vous au chapitre des exceptions auquel elles appartiennent.

Je le répète, Président ; dans nos malheurs, vous vous êtes montré notre protecteur, notre ami, notre frère, et ces titres m'ont portée à vous demander ces nouveaux et importans services : je sais que vous me les rendrez.

Je suis avec respect, Président, de Votre Excellence, la très-reconnaissante concitoyenne et amie,

Signé : Veuve HENRY CHRISTOPHE.

Cette lettre, pleine de convenance, de sentiment et de dignité, fait autant d'honneur à la mémoire de la Veuve de Christophe et de ses filles qu'à celle de Boyer. En la lisant, on sent que c'est le cœur d'une femme qui l'a dictée, que c'est sa main qui l'a tracée. On y reconnaît la haute position que ces personnes ont occupée dans le pays, la grandeur dont elles furent toujours entourées auprès de l'homme qui en aimait le faste, sans doute, mais qui savait bien soutenir son rôle. Ce témoignage rendu aux procédés généreux du chef de la République prouve aussi que cette forme de gouvernement, bien comprise, donne accès à la magnanimité des sentimens. Ceux de Boyer furent empreints de ce caractère, car il oublia que Christophe avait été le meurtrier de son frère, pour ne songer qu'à protéger sa famille et à l'entourer d'égards et de considération.

Mais, quand on songe à la conduite qu'il a tenue envers cette famille, envers celle de Dessalines qu'il trouva également au Cap-Haïtien; quand on sait qu'en 1822, la nièce de Toussaint Louverture, — Madame Isaac, — revint à Haïti pour réclamer la mise en possession des biens que ce chef y avait légitimement acquis, que Boyer accueillit cette dame avec une bienveillance distinguée, qu'il fit remettre ces biens à elle et son mari, malgré leur résidence à l'étranger; quand on se rappelle qu'en cela il suivit non-seulement les inspirations de son cœur, mais le bel exemple que Pétion lui avait tracé par sa conduite envers la famille de Rigaud, aux Cayes; quand on écrit ces faits si noblement accomplis pour relever la dignité de toute une race d'hommes, jadis avilis et persécutés sur cette terre d'Haïti, et que l'histoire vous présente en regard l'insensibilité, les procédés malveillans dont on usa en 1843 envers la famille de Boyer, on se demande, malgré soi, quel est donc ce vertige qui s'empara de ceux qui s'en rendirent coupables?...

Au moment où la famille de H. Christophe partait paisiblement du Port-au-Prince, un autre personnage s'y conduisait de manière à être contraint de quitter cette ville, sous de fâcheux auspices pour le caractère sacré dont il était revêtu. Il s'agit de M. de Glory, évêque et vicaire apostolique.

Depuis son arrivée, son ancienne querelle avec l'abbé Jérémie s'était ravivée sourdement entre eux dans le presbytère où ils logaient. Il eût sans doute désiré de remplacer ce prêtre dans la cure de la capitale, en vertu de son pouvoir spirituel ; mais le Président n'entendait pas renoncer en sa faveur au pouvoir qu'il tenait de la constitution, de nommer aux cures des paroisses de la République. Il le devait d'autant moins, qu'il n'avait pas demandé au Pape l'envoi d'un évêque à Haïti, et qu'il avait à l'égard de M. de Glory de suffisans motifs de s'en défier, en outre des renseignemens qui lui étaient parvenus sur son compte. S'il l'avait admis malgré ces renseignemens, ce prélat semblait prendre à tâche de l'en faire repentir.

En effet, durant l'absence du Président de la capitale, sa lutte avec le marguillier et le conseil de notables prit un caractère scandaleux ; son irritabilité personnelle s'était accrue par la résistance qu'il rencontra de la part de certains curés de paroisses éloignées, et parce qu'il ne pouvait exercer son pouvoir dans sa plénitude. Dans cette disposition d'esprit, il se décida à rendre un mandement contre l'abbé Jérémie, qui était encore dans le Nord : avisé de cela, ce prêtre s'empressa de revenir à la capitale. Mais déjà il était survenu, parmi une partie des paroissiens, un revirement d'opinions qui servit à égarer davantage le jugement de l'évêque. Les personnes qu'on avait qualifiées du nom de *Marionnettes*, pendant le schisme antérieur que l'abbé Jérémie avait fait cesser, s'éloignèrent de ce prêtre et passèrent dans le camp de M. de Glory, tandis que les *Gasparites* lui restèrent attachés, parce qu'il était le curé de la paroisse, nommé par le Président dont il possédait la confiance. Un sentiment instinctif de patriotisme guidait ces derniers qui se défiaient de « l'évêque français, »

1 Voyez, aux pages 414 et suivantes du 8e volume de cet ouvrage, ce qui a été dit sur le schisme religieux que l'abbé Jérémie fit cesser.

car on s'apercevait assez du but pour lequel il avait été envoyé dans la République.

Voici le mandement que ce prélat publia le 7 août, en le faisant afficher sur les portes de l'église paroissiale :

« Nous, **Pierre de Glory**, par la miséricorde de Dieu et la grâce du Saint-Siége apostolique, évêque de Macri, vicaire apostolique d'Haïti, grand-croix de l'ordre de l'Eperon d'or, etc., etc., etc,

» A tous les fidèles de notre *diocèse*, salut et bénédiction en Notre-Seigneur Jésus-Christ ;

» Au prêtre *Flime :*

» Puisqu'après avoir quitté votre couvent comme un *apostat*, et et avoir été déclaré tel par le respectable supérieur de la Trappe ; après avoir été *excommunié* par l'archevêque de Baltimore, en 1815, et *interdit* par le Saint-Siége, le 18 juillet 1820 ; puisque, couvert de tous ces anathèmes, vous avez osé encore vous efforcer, depuis notre arrivée dans la République d'Haïti, *d'exciter* les esprits contre notre *autorité*, et que vous vous êtes permis de fouler aux pieds, dans le Nord, les devoirs les plus sacrés d'un prêtre, ce que vous aviez fait auparavant au Port-au-Prince, avant que nous y fussions envoyé, en disant, par exemple, plusieurs messes par jour : Nous devons au salut de notre âme de retrancher à notre tour de l'Eglise catholique, apostolique et romaine, un membre gâté qui pourrait en gâter d'autres.

» Ainsi, par l'autorité du Dieu tout-puissant, le Père, le Fils et le Saint-Esprit, et par celle des bienheureux apôtres Pierre et Paul, et de tous les saints, et par la nôtre, nous vous déclarons *retranché* de l'Eglise catholique ; en sorte que *toute église* où vous ferez la moindre fonction du saint ministère *sera interdite*, et qu'on cessera *d'être catholique* en y entrant : cesseront aussi *d'être catholiques*, tous ceux qui, soit par paroles, soit par actions, soit par écrit, ou de toute autre manière, déclareront être *de votre parti.*

» Plaise à Dieu que cet acte de notre autorité vous fasse rentrer en vous-même, et qu'après vous avoir ainsi livré à Satan, nous vous voyions ressentir de l'horreur pour l'état de votre conscience, et nous n'ayions pas la douleur de vous voir condamné au grand jour du jugement.

» Fait au Port-au-Prince, en notre palais épiscopal, le 7 août 1821.

« Signé : DE GLORY. »

Sans doute, en sa qualité d'évêque et de vicaire apostolique, s'il était réellement informé des faits qu'il a mentionnés dans cet acte, à la charge de l'abbé Jérémie, M. de Glory ne pouvait guère agir autrement à son égard, lorsque encore ce prêtre se montrait peu disposé à lui obéir. Mais aussi ce mandement se ressentait de l'influence qu'exerçait sur son esprit l'ancienne querelle qu'ils avaient eue entre eux ; il était la conséquence de la domination que l'évêque voulait exercer, et sur le marguillier et sur le conseil de notables, en dépit des lois de la République ; enfin, cet acte était au fond, « une mise en demeure » notifiée indirectement au Président d'Haïti, de se prononcer entre lui et l'abbé Jérémie. Cependant, si M. de Glory était un homme plus réfléchi, il aurait dû comprendre que, quoique admis à exercer ses fonctions d'évêque et de vicaire apostolique, ce n'était qu'une tolérance de la part du Président, laquelle dépendait de son bon vouloir et ne pouvait continuer qu'autant que ce prélat n'aurait pas donné d'ailleurs de justes sujets de se plaindre de lui. Or, sous ce rapport, nous avons dit quelles furent ses prétentions.

Son mandement impératif, en retranchant l'abbé Jérémie de la sainte Église catholique, *le révoquait* par cela même de la cure du Port-au-Prince, à laquelle il avait été nommé par le Président depuis deux ans : il le fit sans l'assentiment de Boyer. En outre, il interdit *l'église* de cette ville, au cas où ce prêtre y ferait un acte quelconque de son ministère ;

il déclara *déchus* de la qualité de *catholiques,* tous ceux qui déclareraient être *partisans* du prêtre. C'était atteindre du même coup le curé, les fidèles qui étaient désignés par le nom de *Gasparites,* même ceux qui allaient prier dans le temple sans être d'aucun parti.

On conçoit alors quelle explosion de mécontentement dut résulter de ce mandement, de la part des *Gasparites* qui étaient les plus nombreux, et quelle satisfaction, au contraire, durent en éprouver les *Marionnettes.*

A l'arrivée de l'abbé Jérémie, l'évêque voulut le repousser du presbytère : alors *Gasparites* et *Marionnettes* envahirent cette demeure, se rangeant respectivement du côté de ces deux chefs, et l'église dont chaque parti tenait à conserver la possession. Ce fut un tumulte épouvantable que ni l'évêque et ses prêtres, ni l'abbé Jérémie ne voulaient apaiser, qu'ils excitaient au contraire par leurs reproches respectifs, par les imputations qu'ils se lançaient mutuellement. Cette lutte animée devint une véritable émeute autour du sanctuaire et dans son intérieur, et des femmes dévotes elle allait passer aux mains de leurs maris ou autres parens, quand le Président d'Haïti en fut informé.

Que devait-il faire en une telle circonstance? S'il avait souscrit au mandement de M. de Glory, il eût renoncé en sa faveur au droit qu'il tenait de la constitution, de nommer aux curés des paroisses, et cela, sans entente préalable, sans convention réglée avec la cour de Rome; il aurait légitimé toutes les violences antérieures et toutes autres que ce prélat aurait voulu commettre à l'avenir, envers les marguilliers et les conseils de notables et les curés de toutes les paroisses de la République. L'évêque eût naturellement appelé de France d'autres prêtres pour remplacer ces derniers, pour se créer une phalange à sa dévotion et atteindre au but de sa mission [1].

D'un autre côté, si le Président avait maintenu à la cure du Port-au-Prince l'abbé Jérémie que le mandement de l'évêque accusait d'*apostasie*, d'avoir été *excommunié* et *interdit* par la cour de Rome, c'eût été un scandale dont l'autorité du gouvernement ne devait pas rester entachée. Ce prêtre fût resté lui-même odieux à la portion des paroissiens désignés sous le nom de *Marionnettes*, le schisme religieux eût continué avec une nouvelle ardeur entre eux et les *Gasparites*.

Boyer prit donc le parti le plus sage que lui dictait la raison d'État. Il envoya le commandant de la place signifier à M. de Glory et à l'abbé Jérémie de sortir du presbytère pour quitter le pays le plus tôt possible. Cet officier eut ordre en même temps d'emmener avec lui une force armée pour contraindre *Marionnettes et Gasparites* à déguerpir du presbytère et de l'église, et à cesser leur scandaleuse émeute.

Les deux chefs ecclésiastiques eurent chacun la satisfaction d'être accompagnés par leurs partisans respectifs dans les logemens qu'ils leur offrirent, en attendant leur départ sur des navires étrangers [2]. On disait, à cette époque, que l'évêque et l'abbé Jérémie, considérés comme *des martyrs*, selon les croyances de ceux qui leur étaient attachés, des femmes surtout, reçurent chacun une infinité de petits cadeaux en bijoux et en argent, pour subvenir aux frais de leur douloureux voyage. M. de Glory eut, en effet, le

---

1 Haïti eût été peuplée de jésuites, de pères de la foi, de congréganistes, de missionnaires apostoliques, etc., qui auraient fait plus de tort à ce pays qu'ils n'en ont fait à la France elle-même.

2 M. de Glory partit du Port-au-Prince, le 20 août,

malheur de s'embarquer sur un navire qui allait aux États-Unis et qui sombra avec son équipage et ses passagers, dans une tempête qui le surprit aux Débouquemens : on était alors au mois d'août, pendant lequel les ouragans sont si fréquens dans l'archipel des Antilles. L'abbé Jérémie fut plus heureux; et en janvier 1822, il osa revenir au Cap-Haïtien, où le général Magny le fit mettre aux arrêts provisoirement, en attendant les ordres du Président, qui enjoignit de le contraindre à retourner à l'étranger [1].

Nous croyons nous ressouvenir que c'est au départ de ce dernier, que le Président fit venir de l'Anse-d'Eynaud, dont il desservait la cure, l'abbé Joseph Salgado, homme de couleur natif de Venezuela, qui devint curé du Port-au-Prince où il vécut longtemps. Son caractère patient et modéré, sa charité évangélique, ramenèrent peu à peu le calme dans l'esprit de ses paroissiens, et les sobriquets de *Marionnettes* et de *Gasparites* cessèrent pour toujours entre eux.

L'issue de la mission de M. de Glory dut prouver au parti religieux de la Restauration que les Haïtiens étaient à l'abri des embûches dressées sous les auspices de la religion; et il pouvait reconnaître aussi que le choix de son sujet avait été extrêmement maladroit, puisqu'il envoya à Haïti un prélat imbu des préjugés du régime colonial, qui, dans ses emportemens à propos de son pouvoir spirituel, les faisait sentir aux fonctionnaires contre lesquels il luttait. Pour en donner une idée, nous citerons seulement un mot qu'il

[1] *La Concorde* du 20 janvier, n° 3. On avait saisi les papiers de cet abbé, qui furent envoyés au Président; mais il les renvoya pour les lui remettre. Comme il avait confessé le général Richard après sa condamnation à mort, on crut qu'en venant au Cap-Haïtien il avait le dessein de faire fouiller le trésor que Richard y aurait enfoui après le pillage qu'il fit des fonds de Christophe, parce qu'on supposait que ce condamné lui avait indiqué le lieu où il le trouverait.

prononça en chaire pendant un long sermon adressé aux fidèles qui remplissaient l'église, dans le temps de sa plus forte irritation; il leur dit : « Vous êtes d'une espèce distincte de celle des autres hommes, car vous ne leur ressemblez que par la figure. »

Comparons ce langage à celui d'un autre évêque que ce parti religieux avait en horreur, et qui avait dû sa nomination à la constitution civile du clergé, en France. A peu près au moment où M. de Glory allait partir d'Haïti, le Président reçut de H. Grégoire une lettre datée de Paris, le 22 juin 1821, d'où nous extrayons les passages suivans :

« La République d'Haïti, sortie du sein des orages, et qui, depuis 18 ans brillante de jeunesse, subsiste glorieusement, est, par le fait même de son existence, une réponse victorieuse à toutes les impostures disséminées en Europe contre les enfans de l'Afrique.... Les Haïtiens réunis en un corps politique et s'élevant tout à coup au rang des nations civilisées, présentent un des phénomènes les plus étonnans du XIXᵉ siècle. Je m'identifie à leur existence, j'applaudis à leurs succès [1].... En prenant la défense des Africains et de leur postérité, j'obéissais à mon cœur et j'acquittais un devoir. Enfans du même Dieu, nous ne composons qu'une seule famille. Voler au secours des opprimés est une obligation solidaire entre les hommes, entre les peuples.....

[1] Si l'on attribuait ces paroles de Grégoire à l'engouement d'un négrophile, je citerais célles qui suivent, prononcées à la tribune dans la séance du 19 mars 1822, par M. Lainé, ex-ministre de Louis XVIII et l'un des hommes les plus opposés à Grégoire : « Je ne sais » pas, dit-il, si la Providence, dans ses décrets, prépare par Saint-Domingue, l'adoucisse- » ment du sort de la portion *la plus malheureuse de l'espèce humaine.* Il est impossible » de ne pas dire que la population de cette île commence à se civiliser; elle a donné sur » les corsaires et les pirates qui infestent les mers, des exemples qui n'ont pas toujours » été suivis..... » M. Lainé était du conseil privé tenu en janvier 1821, dont j'ai parlé au chapitre précédent; il avait contribué aux résolutions modérées qui y furent prises, et par la suite, il se montra encore favorable aux Haïtiens, notamment après la révolution de 1830.

La liberté d'Haïti, Monsieur le Président, est pour eux (les négriers européens), un objet de jalousie ou même de fureur. La noyer dans des flots de sang, serait leur jouissance. Certes, je n'ai aucun droit de m'immiscer dans votre gouvernement; mais je me croirais coupable, si j'omettais de vous prémunir contre les *piéges* de toute espèce. Qui sait si des *émissaires* astucieux, consommés dans l'art des intrigues, des fourberies, ne se glisseront pas dans vos rangs pour capter votre confiance? La politique qui, en théorie, est une branche de la morale, en est toujours presque l'inverse dans la pratique des temps modernes. Elle est remplacée par un espionnage plus avilisant encore pour ceux qui le soudoyent que pour ceux qui l'exercent, et par des manéges tortueux qui décèlent l'incapacité. Tels n'étaient pas ces grands hommes d'État, Suger, Sully, Turgot, Malesherbes.... Une tentative qui, aux yeux des pervers, promet des résultats plus efficaces, sera *de susciter des préventions, d'allumer des haines entre les couleurs* (entre les noirs et les mulâtres). Dévoiler cette trame, c'est la détruire. Les Haïtiens, quelles que soient *les nuances de l'épiderme,* sentiront plus que jamais *la nécessité* d'étouffer tous les germes de division, de s'unir étroitement et de former ce faisceau indestructible dont un père mourant offrait l'emblème à sa famille. Si ces observations, Monsieur le Président, vous paraissent fastidieuses et superflues, vous les pardonnerez au motif qui les a dictées. »

Voilà un langage digne de celui qui se sentait la mission d'évangéliser les hommes égaux à ceux de toutes les autres races, qui leur prêchait la morale du christianisme. Était-ce dans le même but que le pape Pie VII envoya M. de Glory comme son vicaire apostolique à Haïti? La conduite tenue par cet évêque ne l'a pas prouvé; et elle aurait pu occasionner une renonciation à tous rapports avec la cour de Rome, si le gouvernement haïtien n'était pas pénétré de ses devoirs envers le peuple catholique qu'il dirigeait. Nous ignorons si le Président écrivit au Saint-Père au sujet du renvoi de ce prélat; mais nous savons que deux années après, son gouvernement entretint une correspondance avec la cour de Rome, dans l'intérêt de la religion catholique en Haïti : le moment viendra d'en parler.

Celle de H. Grégoire avec Boyer fut marquée encore par l'expression d'autres sentimens d'attachement à la cause de la race noire et à celle d'Haïti en particulier. Le 20 août, il lui adressa une nouvelle lettre qui lui annonçait un envoi de livres dont il faisait cadeau à la République. « Il vous » importe, disait-il au Président, d'avoir une bibliothèque » publique, une pour le gouvernement, une pour le lycée : » votre sagesse statuera sur l'application des livres que je » vous envoie. » Il lui envoya aussi des écrits publiés en espagnol contre la traite des noirs. « Il serait bon de faire » connaître ces écrits à Santo-Domingo qui, nous dit-on, » projette ou propose même de se réunir à vous. Heureuses » les révolutions et les réunions qui s'opèrent sans effusion » de sang! Il importe de préparer cette réunion, de telle » sorte qu'elle soit de part et d'autre désirable, honorable » et profitable. »

Et après avoir indiqué à Boyer les moyens d'aider les philanthropes européens à l'abolition de la traite, s'il pouvait se procurer des renseignemens certains dans les îles de l'archipel où ce trafic était établi; après lui avoir recommandé une lettre que lui adressaient des Grecs qui habitaient Paris et qui faisaient un appel aux Haïtiens, pour voler au secours de leurs compatriotes insurgés contre la Turquie, Grégoire lui rappelait que, précédemment, il lui avait envoyé des observations sur la réception des bulles, brefs et rescrits de Rome, ainsi que cela se pratiquait dans l'ancienne colonie [1]. Cette partie de sa lettre faisait allusion à la mission de M. de Glory, et il ajouta :

« L'or étant le plus précieux des métaux, est par là même
» le plus exposé aux tentatives des falsificateurs. La reli-
» gion étant ce qu'il y a de plus sacré, de plus cher, de
» plus important pour l'homme, est par la même raison
» exposée aux spéculations des *pharisiens,* qui s'en servent
» pour parvenir à leurs fins. En Europe, trop souvent la
» politique voulut, sous un voile prétendu religieux,
» cacher les trames du despotisme et fit un abus sacrilége
» de ce que la bonté divine accorda à la race humaine pour
» son bonheur en ce monde et en l'autre. Fasse le ciel
» qu'un jour Haïti ait un clergé respectable *élu* ou du moins
» *admis* par la confiance des fidèles et de l'autorité publi-
» que, et qui, institué d'une manière canonique et surtout
» d'après les règles de la sainte antiquité, procure à cette
» vaste contrée tous les moyens d'y propager, d'y maintenir
» dans toute la pureté les principes et les maximes de l'Église
» catholique ! L'exemple est le plus éloquent des prédica-
» teurs ; l'exemple doit en tout concorder avec les discours sur
» la morale évangélique. Malheur à ceux qui, stimulés par l'a-
» vidité des richesses, des honneurs, chercheraient autre
» chose que le salut des âmes ! Quand il s'agit d'Haïti, la ten-
» dresse m'entraîne... J'étendrais mes observations sur d'au-
» tres objets, si je ne craignais, Monsieur le Président, d'en-
» trer en quelques détails *sur les pièges* qu'on pourrait tendre,
» *sur les trames* qui peut-être s'ourdissent, etc., etc. »

---

[1] A ce sujet, Grégoire lui indiqua même la page 588 du 1er volume de la *Description de Saint-Domingue,* par Moreau de Saint-Méry, où il est fait mention du refus fait par Louis XV de permettre l'enregistrement d'un bref de Benoit XIV, relatif à des affaires religieuses dans les colonies, rendu en 1745, et que des prêtres voulaient exécuter au Cap.

Comme on peut le voir, la sollicitude de Grégoire pour Haïti ne se bornait pas à adresser à son chef des conseils utiles pour se tenir en garde contre les piéges que la politique du gouvernement français lui tendait sous le voile de la religion, mais à se prémunir aussi contre les empiétemens de la cour de Rome dont la condescendance envers « le Fils aîné de l'Église » avait motivé la mission de M. de Glory. Ce qu'il lui disait à l'égard des bulles, etc., émanés du chef de la catholicité, n'était que ce qui se pratiquait dans l'ancienne colonie en vertu des ordres des rois de France, que ce qui avait toujours eu lieu depuis des siècles en France même ; et il est clair que le gouvernement haïtien avait *le même droit,* de soumettre de tels actes à son examen et son approbation préalables : le résultat de la conduite de l'évêque vicaire apostolique venait d'ailleurs de le prouver [1].

Des personnes dont la disposition à se soumettre au joug papal revêt le caractère de l'orthodoxie, pourront blâmer les insinuations de Grégoire relativement à une sorte de constitution civile du clergé en Haïti, comme il en a été en France, en 1792. Mais, sans prétendre nous établir juge en cette matière épineuse et délicate, nous ferons seulement remarquer qu'elles étaient toutes naturelles de la part de l'auteur du livre sur les *Libertés de l'Église gallicane,* et qu'il se montra en cela conséquent à ses convictions. Toujours est-il que ses sentimens religieux et catholiques se manifestent dans sa lettre, et qu'aux yeux d'un Haïtien, il était *plus digne* d'être évêque que le prêtre-colon qui ac-

---

1 A la page 56 du 7e volume de cet ouvrage, nous avons cité une loi du 18 mars 1807, rendue par H. Christophe et son conseil d'État, où il était dit : « qu'aucun acte du Pape » ou de ses délégués ne pouvait avoir son effet sans le consentement préalable du généra- » lassime. » Christophe eut raison, et le Président d'Haïti devait exercer le même droit.

cepta la mître pour venir remplir à Haïti la mission politique où il a échoué.

En envoyant en cadeau des livres achetés à ses frais pour commencer l'établissement d'une bibliothèque, Grégoire prouvait encore qu'il ne donnait pas des conseils stériles à ce sujet ; et l'on va voir à quel point il poussait sa délicatesse. En même temps qu'il avait conçu l'idée de cet envoi, Boyer avait eu une pensée analogue : c'était de lui faire un don au nom de la nation. Le Président lui fit expédier par un navire français, une quantité de café de choix qui n'était pas moindre de 25 mille livres, en lui écrivant qu'il le priait d'accepter cette denrée pour son usage, présumant qu'il aimerait à boire du café cultivé et récolté par les mains d'hommes libres, reconnaissans envers lui qui avait tant aidé à leur émancipation civile et politique. Mais, le 24 août, quatre jours après sa précédente lettre, Grégoire lui écrivit celle qui suit :

« Monsieur le Président, — Sans doute, vous avez pensé que, vieillard et homme de cabinet, l'usage du café entrait dans le régime le plus convenable à mon âge et à mes travaux : l'envoi que vous me faites est inspiré par une bienveillance délicate. Je suis tenté 1° de donner à cet acte la plus grande publicité, afin de fournir aux courtisans, aux colons possesseurs d'esclaves, aux négriers, etc., un nouveau prétexte pour élever sur cette annonce un nouvel échaffaudage de calomnies et d'injures, ou du moins pour accuser de sensualité un des hommes les plus restreints dans ses goûts diététiques ; 2° je suis tenté de ne pas vous remercier, afin que l'ingratitude *apparente* ajoute au mérite du présent. D'ailleurs, chez moi, l'émotion du cœur émousse l'esprit ; les expressions m'échappent quand il s'agit de remercîmens. Dans toute ma vie, j'ai soigneusement écarté ce qui pouvait me constituer dans le cas d'en faire. On a quelquefois taxé de fierté déplacée, cette conduite qui, cependant, n'est qu'une suite de mon amour pour l'indépendance.

» Voltaire accepta un présent de gibier de la part de M. d'Aranda. Cette citation est un peu profane : les suivantes ne le sont pas.

» Venance Fortunat et Sainte-Radegonde s'envoyaient des fleurs et des fruits. Je me rappelle la lettre par laquelle un illustre Père de l'Église, Saint-Ambroise, remerciait quelqu'un de lui avoir envoyé des truffes.

» Je croirais vous offenser, Monsieur le Président, si je refusais un envoi que vous avez entouré des formes les plus aimables, et je me reproche une longue indécision qui, depuis longtemps, le retient au Hâvre et empêche son arrivée ici. Comme Saint-Ambroise, j'aurai soin que *l'envoi* soit justifié par *l'emploi;* mais avant de terminer cette lettre, permettez-moi de rappeler ce que sans cesse j'ai eu soin d'inculquer à Haïti et ailleurs.

» Indépendant du côté de la fortune, indépendant par mes principes, j'ai resserré d'ailleurs tous mes besoins dans le cercle le plus étroit. Il en est un cependant qui doit toujours stimuler une âme chrétienne et qui me poursuivra jusqu'au tombeau : c'est de trouver des occasions pour faire du bien aux hommes, quelles que soient leurs dispositions à mon égard. Les Haïtiens ont sur mon cœur des droits inaltérables. Comme moi, à l'école de l'adversité, ils ont bravé ses rigueurs. Au milieu des tourmentes, leur carac·tère a pris une trempe énergique et qui assure la jouissance d'une liberté d'autant plus chère, qu'elle est leur conquête ; et récemment encore, vous y avez puissamment contribué.

» Agréez et partagez avec eux, Monsieur le Président, mes sentimens d'estime et de tendre amitié.

Signé : GRÉGOIRE, ancien évêque de Blois.

Grégoire avait hésité, en effet, à accepter ce présent, ou plutôt il ne le refusa pas, ainsi qu'il l'a dit au Président. Mais sait-on l'usage qu'il en fit? Il chargea le négociant du Hâvre, à qui ce café avait été consigné, de lui en envoyer *deux livres*, de vendre le reste et de garder le produit de cette vente à ses ordres. Il invita à dîner quelques personnes qui partageaient ses sentimens envers la race noire, afin de leur offrir le plaisir de goûter avec lui du café ré colté par les Haïtiens. Et quant à la somme retenue par le négociant, il l'employa en partie à la publication de quelques ouvrages qu'il rédigea sur la morale religieuse, expressément pour Haïti où il les expédia; l'insurrection de la Grèce, que toute l'Europe assistait alors, profita de l'autre partie de cette somme, quelque minime qu'elle fût.

Voilà le vrai chrétien, le vrai prêtre qui disait à Boyer que « l'exemple doit en tout concorder avec les discours » sur la morale évangélique; » le vrai philanthrope, ami de tous les hommes, quelle que soit leur couleur ou leur contrée!

La lettre qu'il transmit au Président, de la part des Grecs résidant à Paris, était signée par quatre d'entre eux : *A. Coray*, un savant illustre, *A. Vogoridy, C. Polychroniades* et *Ch. Clonares*. Elle était éloquemment écrite, car ces hommes éprouvaient un vif désir de voir triompher leurs compatriotes soulevés contre l'oppression barbare des Turcs; et de même qu'ils faisaient tout en Europe pour inspirer de l'intérêt en faveur de cette sainte cause, de même ils employèrent un langage propre à exciter celui des citoyens d'Haïti et de leur chef, en comparant le sort des Grecs vaincus depuis trois siècles, au sort des Africains et de leurs descendans, qui avaient gémi pendant une aussi longue période sous l'oppression du régime colonial. Ils concluaient à demander à Boyer 30 mille fusils et des moyens pécuniaires, soit à titre de don ou de prêt, et à le convier d'envoyer un bataillon des troupes haïtiennes, en désignant l'île d'Hydra comme le port sur lequel ces secours pourraient être dirigés.

Certes, Boyer n'était pas insensible aux malheurs éprouvés par les Grecs, ni indifférent au succès que tous les cœurs généreux leur désiraient dans leur lutte commencée contre leurs oppresseurs dans cette même année, et plus d'un Haïtien éprouvait ce sentiment de sympathie. Mais le Président d'Haïti avait des devoirs à remplir envers son pays d'abord, avant de songer à secourir un peuple en insurrection, placé à plus de 2500 lieues : la raison d'État devait prépondérer sur l'enthousiasme. Etait-ce moins d'une année après la réunion du Nord, au moment où tout marchait vers celle de l'Est, qu'il aurait envoyé des troupes haïtiennes en Grèce pour combattre contre les Turcs? Et où trouver la flotte qu'il eût fallu avoir pour les y transporter? Et les dépenses qu'aurait occasionnées une telle expédition, si elle avait pu se faire? Le Président aurait démuni les arsenaux du pays, pour envoyer aux Grecs les 30 mille fusils que demandaient ceux résidant à Paris, — le trésor public, des fonds recueillis dans le Nord après la mort de Christophe?

Nous aurions vraiment tort de produire, à ce sujet, d'autres considérations politiques, afin de réfuter les paroles insensées qui ont été proférées ou écrites en forme de reproches contre Boyer, à propos de l'appel qui lui fut adressé par les quatre Grecs de Paris au nom de leur propre pays; car il y a de ces idées qui se réfutent d'elles-mêmes. Pétion avait pu secourir les réfugiés de la Côte-Ferme, parce qu'il s'agissait surtout de faciliter l'émancipation, promise solennellement, de milliers d'hommes de notre race qui étaient courbés sous le joug de l'esclavage. Mais si Bolivar avait rempli sa promesse en proclamant leur liberté, n'étaient-ils pas restés esclaves? Et que faisait le *Libérateur* dans cette même année, à l'égard de la généreuse République qui lui ouvrit ses arsenaux et ses trésors, où lui et ses nombreux compatriotes trouvèrent une si franche hospitalité? Ne cédait-il pas aux exigences des Américains du

Nord, pour *écarter* Haïti de son Congrès de Panama où il prétendait constituer une amphictyonie des États indépendans de l'Amérique ? Les préjugés de couleur et de race qui régnaient alors parmi les représentans de ces États, n'auraient-ils pas surgi en Grèce à l'apparition des Haïtiens qui s'y seraient rendus ?...

Pénétré de ses devoirs envers son pays, Boyer répondit à la lettre qu'il reçut des quatre Grecs. Il leur dit franchement qu'il ne pouvait, quant à présent, satisfaire à leurs désirs et leur demande de secours, vu la situation où il se trouvait, mais qu'il le ferait aussitôt que les circonstances le lui permettraient. Il entendait par là des secours en argent; mais il est évident qu'il ne faisait en cela qu'une réponse honnête pour ne pas donner lieu à croire qu'il était peu sympathique à cette cause; car il dut prévoir que la prochaine incorporation de l'Est à la République allait occasionner d'énormes dépenses. C'est ce qu'il dit même dans sa lettre en réponse à celles de Grégoire; et il remercia celui-ci de l'envoi des livres et des conseils qu'il lui avait donnés sur différens sujets, notamment sur la religion catholique qu'il voudrait maintenir dans toute sa pureté.

Le 18 juillet, le Président d'Haïti avait publié un ordre du jour pour annoncer que la délivrance de toutes concessions de terrains, à titre de don national, était provisoirement suspendue, afin de mettre les nombreux concessionnaires antérieurs en mesure de fixer leurs abornemens, et le gouvernement à même de savoir où il y aurait encore des portions disponibles, surtout dans les départemens de l'Artibonite et du Nord. Cet acte recommanda aux officiers militaires exerçant la police des campagnes de veiller à la

mise en valeur, par la culture, des concessions déjà délivrées, pour augmenter les produits du sol destinés à la consommation intérieure et à l'exportation à l'étranger par le
commerce. Ainsi, ces deux branches de la prospérité publique, agriculture et commerce, étaient toujours l'objet de
la constante sollicitude du chef de l'État; et bien souvent il
revint sur ses prescriptions à cet égard.

La session législative avait été prorogée au 1er août : ce
ne fut, cependant, que le 9 que put avoir lieu l'ouverture
des travaux de la Chambre des communes. Dans son discours, Boyer déclara que les troubles politiques ayant empêché la nomination de ceux des communes de l'Artibonite
et du Nord, à l'époque prescrite par la constitution, il avait
d'abord pensé à l'ajourner en 1822 où la première législature verrait arriver le terme de son mandat; mais qu'il
venait de se raviser, en invitant ces communes à élire leurs
représentans pour cette présente session. Il félicita le pays
de la fin de la guerre civile, du calme survenu depuis les
dernières agitations, de la situation prospère de ses finances,
du zèle des fonctionnaires publics à remplir leurs devoirs,
du dévouement de l'armée, toutes choses qui garantissaient
la sécurité et l'avenir de la patrie, dont la liberté et l'indépendance seraient défendues jusqu'à extinction, s'il était
besoin. Il recommanda à la Chambre des communes de
porter toute son attention sur le projet du code civil qu'il
lui avait soumis dans la session de 1820.

Par l'organe de son président Lafargue, l'un des représentans des Cayes, la Chambre répondit d'une manière analogue à ce discours, et une accolade nationale donnée par
lui au Président d'Haïti, fut l'expression la plus évidente
des félicitations qu'il reçut, pour sa conduite, à l'occasion
de la réunion du Nord et dans les événemens de la présente

année [1]. Dans la séance du lendemain, la Chambre décida, avec raison, qu'elle ne poursuivrait ses travaux qu'à l'arrivée, dans son sein, des représentans de l'Artibonite et du Nord. Le 3 septembre, elle se constitua en majorité par l'admission des 27 élus qui, réunis aux 29 de l'Ouest et du Sud, formaient la représentation nationale à 56 membres.

Le Président lui soumit le projet du 3e livre du code civil; et reprenant les précédens projets proposés en 1820, elle examina et vota successivement ces parties du code jusqu'aux dispositions du *conseil judiciaire* inclusivement. Mais, dès le 7 septembre, quatre jours après sa constitution en majorité et avant le vote d'aucune loi, elle arrêta qu'un projet « d'adresse au peuple » lui serait présenté par un comité, pour inviter les citoyens à suivre rigoureusement le vœu de la constitution dans les prochaines élections de février 1822, relatives à leurs représentans. Cette préoccupation est remarquable.

Dans la séance du 24, un message du Président d'Haïti, transmit une liste de 15 candidats; le 25, un autre message accompagna une nouvelle liste de 15 candidats, parmi lesquels la Chambre élut, chacun de ces jours, cinq sénateurs, en procédant comme elle avait fait en 1817. Boyer, de même que Pétion, avait groupé ces candidats par fractions de trois. Le Sénat, qui avait déjà 14 membres, se trouva ainsi au complet [2].

---

1 Ce baiser échangé entre les deux présidens tenait aussi aux usages entre francs-maçons. Boyer étant le Grand-Protecteur de l'Ordre maçonnique en Haïti, le président de la Chambre étant presque toujours franc-maçon comme lui, on agissait ainsi dans le but de rappeler ces relations fraternelles qui étaient propres à entretenir l'harmonie entre les deux pouvoirs.

2 On remarquera encore cette particularité, par rapport à ce qui ent lieu en 1839. Les sénateurs élus en 1821 furent Sannon Roche, Stanislas Latortue, Golard, Filliàtre et Manigat, citoyens de l'Artibonite et du Nord; — Lerebours, Gayot, Linard, Bazelais et J. Thézan, de l'Ouest. Cependant, Manigat et Bazelais habitaient le Sud en ce temps-là.

Cinq lois seulement, indépendamment des titres du code civil, furent votées dans cette session : 1° sur la division du territoire des quatre départemens en arrondissemens et communes, et fixant la résidence des autorités civiles et militaires ; 2° déterminant la distance des communes à la capitale, afin de pouvoir régler surtout les indemnités de voyage accordées aux représentans pour s'y rendre ; 3° accordant un délai de 5 années aux personnes qui avaient souffert de l'incendie du 15 août 1820, au Port-au-Prince, pour se libérer envers leurs créanciers ; 4° additionnelle à celle des douanes pour fixer le tonnage des navires étrangers ; 5° enfin, sur les patentes à prendre en 1822. La Chambre déchargea le secrétaire d'État des finances de la responsabilité de ses comptes rendus pour l'année 1820 [1] ; et elle termina ses travaux, le 16 novembre, par le vote et la signature de son adresse au peuple. Il est à remarquer qu'elle s'était abstenue d'un pareil acte en 1818, 1819 et 1820. La forme et le ton de cette nouvelle adresse étaient bien différens de ceux que nous avons signalés dans l'adresse de 1817. La Chambre disait au peuple :

« L'inappréciable harmonie qui règne entre le Sénat, la
» Chambre des représentans et le Président d'Haïti, est
» le garant du bonheur dont vous jouissez sous la protec-
» tion éclairée du gouvernement que vous avez créé...

» Vos représentans ont été à portée d'apprécier *le choix
» judicieux* du Sénat qui a investi le président Boyer de la
» première magistrature de la République. Son expé-
» rience, sa sagesse et son entière coopération avec le pou-

---

[1] Dans l'année 1820, les *recettes* avaient produit 2,213,440 gourdes, et les *dépenses* s'élevèrent à 1,809,228 gourdes. On exporta du pays 25,200,000 livres de café, 345,000 livres de coton, 435,000 livres de cacao, 413,000 livres de sucre, 1,870,000 livres de campêche.

» voir législatif, donnent à vos représentans la flatteuse
» espérance de voir les affaires publiques se perfectionner
» de plus en plus, et la gloire de la nation s'établir invaria-
» blement. Vos représentans éprouvent une satisfaction bien
» agréable en trouvant l'occasion de rendre ici **un hom-**
» **mage** solennel et éclatant au rare mérite du premier ma-
» gistrat de la République, si digne de votre amour [1]... »

L'adresse se termina en recommandant aux citoyens « de
» donner, dans les prochaines élections, des représentans
» mus par le *patriotisme* le plus éclairé, dirigés par la *sa-*
» *gesse*, et possédant les *lumières* indispensables à des lé-
» gislateurs. »

Dans la séance du 24 septembre, et d'après le n° 2 du
Bulletin des lois de cette année : « Le représentant Pierre
» André a lu un discours que la Chambre se propose d'exa-
» miner à huis clos, avant de prendre une détermination. »
Et dans celle du 26, on lit encore : « Le représentant Saint-
« Martin a lu un discours *faisant suite* à celui du représen-
« tant Pierre André, lesquels deux discours portant des ré-
« flexions *sur le commerce*, la Chambre a arrêté qu'ils se-
« ront adressés au Président d'Haïti. » Le 8 octobre, un
message du Président en accusa réception. Le *Bulletin des
lois* ne dit pas son contenu.

La Chambre les avait donc pris en considération, et par
le seul fait du renvoi de ces deux discours au pouvoir exécutif, elle lui témoigna le désir qu'il portât toute son atten-

---

1 C'est en 1821 que fut placé, dans la salle des séances du Sénat, le grand tableau allégorique qui fut peint en France et envoyé par Barincou, et qui représentait la République
d'Haïti au milieu des quatre parties du monde, etc. Ce tableau glorifiait l'élection de
Boyer à la présidence, de même que la Chambre approuvait ce choix du Sénat dans ce
passage de son adresse; et son *buste*, très-ressemblant, figurait sur cette toile. Mais, en
1843, le buste fut *badigeonné* : il est vrai que Président d'Haïti, Sénat et Chambre des
communes avaient été emportés par la tempête qui éclata dans cette année.

tion, et sur *l'objet* dont ils traitaient, et sur *les vues* des deux orateurs, le premier étant l'un des représentans du Port-au-Prince, le second, un de ceux du Cap-Haïtien.

Nous ne possédons plus le discours de Pierre André, qui fut imprimé à cette époque, et nous ne pouvons en parler que d'après nos souvenirs; mais nous avons sous les yeux celui de Saint-Martin qui fut publié sur le n° 23 de *la Concorde*, du 14 octobre 1821 : ce dernier servira à expliquer l'autre auquel *il faisait suite*, selon l'expression du *Bulletin des lois*. Il est important d'y donner quelque attention; car, s'ils ne furent pas *la cause* du grave événement survenu dans la session de 1822, ils y contribuèrent pour quelque chose; surtout en ce qui concerne ces deux représentans.

Si nos souvenirs sont exacts, le discours de Pierre André était basé sur cette idée : — « que l'État, la République » s'appuyait sur trois colonnes : *l'agriculture, le commerce* » et *l'armée;* que, de même que les Haïtiens *seuls* pouvaient » être militaires et propriétaires-agriculteurs, de même ils » devaient être en possession du commerce du pays, pour » mieux supporter les charges qui leur incombaient comme » citoyens. » Suivant cette idée, la conclusion naturelle qui en découlait, c'est que les *étrangers* n'étaient nullement intéressés à la prospérité d'Haïti, où ils faisaient cependant de grosses fortunes au détriment de ses enfans.

Dans son discours, Saint-Martin eut un enthousiasme lyrique pour celui de son collègue; il comparait « l'énergie » républicaine qui animait la Chambre à *une batterie élec-* » *trique* constamment chargée, et il était certain, disait-il, » que l'étincelle du patriotisme, partant dans cette en- » ceinte, devait produire la commotion la plus spontanée. » *Levons-nous!* mes estimables collaborateurs, pour ren- » dre hommage aux talens et au civisme de l'honorable ora-

» teur qui, dans votre dernière séance, a judicieusement et
» mathématiquement prouvé *que l'existence des agents de*
» *commerce étrangers,* sous le rapport de spéculation com-
» merciale, *nous menaçait d'une ruine et d'une décadence*
» *inévitables !* »

Ce préambule suffirait pour faire connaître le précédent discours ; mais la Chambre les ayant recommandés tous deux au pouvoir exécutif, étant devenue l'organe de ses deux membres auprès de lui et de la nation *qu'elle représentait,* il est convenable de poursuivre :

« Je ne reviendrai pas, continua Saint-Martin, sur tous les principes et les conséquences qui ont été démontrées et qui n'ont point échappé à vos méditations ; nous en éprouvons trop le funeste effet pour n'avoir pas été obligés d'en gémir en silence. Quel est celui de nous qui, depuis notre existence politique, n'a point remarqué avec une douloureuse émotion, que notre *soumission* et notre *dépendance* étaient absolues dans le système *du commerce ?* Quel est celui de nous qui, chérissant sa patrie, ne s'est point senti cruellement *offensé,* lorsqu'il a vu qu'une de ses principales branches de prospérité ne sert *qu'à enrichir* et *à nourrir l'orgueil* de ceux qui n'ont jamais eu le mérite de nous apprécier ? Aurions-nous brisé nos chaînes, déchiré le voile qui obscurcissait les idées philosophiques et libérales ? Aurions-nous démontré à tous les peuples de l'univers qu'Haïti est invulnérable par sa situation sur le globe et les vertus héroïques de ses habitans ? Aurions-nous offert au monde étonné l'exemple d'une détermination qui a pour base — *indépendance ou la mort,* — pour nous courber *honteusement* sous la puissance de ceux que nous avons repoussés et vaincus ? Non, et à jamais, non ! Soyons vraiment *indépendans* chez nous ; mettons *le complément* à nos œuvres si nous voulons être dignes de nous, dignes de la patrie qui nous donna le jour et que nous avons illustrée, dignes enfin des peuples libres et indépendans de la terre!

» Aux Haïtiens *seuls* est réservée la défense de la patrie! aux Haïtiens *seuls* appartiennent sa gloire et ses périls! En résulterait-il donc, qu'après avoir vaincu et chassé l'ennemi de leur territoire, que *des trafiquans d'outre-mer, à leur détriment,* viendraient leur disputer le fruit de leurs travaux, fruit qu'ils ont gagné au prix de leur sang? Aux Haïtiens *seuls* doit appartenir *la rose....* Hélas! ils n'en ont que *les épines.*

» Si nous établissons une comparaison entre *les consignataires étrangers* et *les hommes* qui nous ont si longtemps opprimés, nous verrons que ces derniers, dans le plus grand nombre, recueillaient *des richesses immenses* par le produit de notre sol, et qu'aujourd'hui tout sert à la prospérité *des usurpateurs trafiquans,* et nos ressources et le concours des commerçans de pays étrangers, lorsque des expéditions du dehors laissent des pertes, elles ne donnent pas moins *de grands bénéfices aux consignataires* par le prélèvement *de leurs commissions.* Il en résulte donc que, ne pouvant nous maîtriser de front, on nous soumet encore *à un joug* qu'il est malheureux de devoir appeler : *le système colonial de commerce.* Ce système *odieux* ne s'est établi qu'à la faveur de circonstances impérieuses, et la roue des événemens *doit le faire disparaître* devant l'éclat dont brille en ce moment l'étoile d'Haïti !

» Répétons avec l'orateur patriote *qui a levé l'étendard de l'indépendance commerciale* dans la République, que nous devons prouver aux peuples des deux hémisphères, qui viennent nous visiter dans des vues d'échange de marchandises et des produits de l'industrie, que *la civilisation* a fait parmi nous des *progrès* rapides et surprenans ; qu'une urbanité plus franche que celle qu'on remarque ailleurs assure *à l'étranger commerçant* tous les droits et tous les égards qu'on doit trouver dans la société. Que la puissance de notre gouvernement protége et fasse respecter ses intérêts, et il ne pourra alors qu'admirer notre sage organisation. Nous aurons fait, dans cette hypothèse, le dernier pas vers le but que nous désirons atteindre, — celui d'inspirer à toutes les nations des sentimens d'amitié et de considération pour nous.

» Nos relations au dehors deviendront *plus utiles* et plus honorables, et ces mêmes relations nous unissant aux peuples étrangers par *le seul lien* que nos institutions autorisent, nous feront connaître, sous le rapport politique, par les plus heureux effets.

» La prudence et les lumières du chef qui nous dirige, *détermineront les qualités que doit avoir l'Haïtien qui gérera les intérêts qui lui seront confiés;* cette garantie *pour l'étranger,* et les obligations sacrées que ce nouveau mandataire aura à remplir, revêtiront, *sans doute,* les nationaux *de la confiance qu'ils méritent.*

» J'appelle donc, citoyens législateurs, toute votre attion sur cette grande question qui est d'un intérêt majeur pour l'existence et la prospérité de la patrie; et, d'après les puissantes considérations qui vous ont été déjà soumises, je me résume en appuyant *la proposition* déjà faite, de soumettre *nos vues* sur cet objet au pouvoir exécutif, pour qu'il puisse les méditer dans sa profonde sagesse. Et de plus, je demande que *l'impression* du discours de notre collègue Pierre André soit ordonnée.

» Honorés par les fonctions que nous remplissons, dirigés par un chef *immortel,* et aidés dans nos travaux par le premier corps de l'État (le Sénat), nous avons, par des efforts constans, *à assurer* la félicité publique ; et, lorsque nous rentrerons dans nos foyers, rien ne doit flatter davantage nos sentimens d'amour pour la patrie que le témoignage d'intérêt que nous recevrons de nos concitoyens. »

Il n'y avait, ce nous semble, nulle équivoque dans *les vues* manifestées par ces discours, et que la Chambre adopta : c'est que *les étrangers* devaient être *exclus* du commerce de *consignation* dans le pays, comme ils l'étaient du droit de cité et de propriété ; aux Haïtiens *seuls* devait être réservée *la gestion* des intérêts des commettans ou spéculateurs des autres pays, qui envoient des marchandises en Haïti pour être vendues et avoir ses denrées en échange ; le chef de l'État déterminerait *les qualités* qui rendraient les citoyens aptes à exercer une telle gestion, ce qui serait *une garantie* pour le commerce étranger et ce qui inspirerait en leur faveur la confiance qu'ils méritent.

En présence de telles vues, de tels désirs, que devenait donc l'art. 218 de la constitution ? Il disait : « La personne » *des étrangers* ainsi que *leurs établissemens* de commerce » sont placés sous la loyauté et la sauvegarde de la na- » tion, » — après que l'art. 26 des dispositions générales de celle de 1805 eût dit : « Les *comptoirs* et les marchan- » dises *des étrangers* seront sous la sauve garde et la ga- » rantie de l'État, » et que le 25° eût assuré sûreté et pro- tection à leurs personnes.

Par ces mots de *comptoirs* et d'*établissemens*, le fait de la *résidence* dans le pays, d'*étrangers* admis à y exercer le commerce, était reconnu, consacré depuis le 1er jan- vier 1804 ; de son côté, durant quatorze années, H. Christophe l'avait maintenu. Seulement, la législation locale avait successivement réglementé à quelles conditions les étrangers seraient assujettis pour exercer le commerce de consignation, notamment par la loi du Sénat en date du 23 avril 1807, précédée du rapport rédigé par Daumec, qui blâma les décrets de Dessalines relatifs à la consignation des navires aux négocians *haïtiens ou étrangers*, dans les ports ouverts d'après le numéro de leurs patentes, et à leurs chargemens obligés en sucre, café et coton.

Ce rapport disait en outre : « Le commerçant étranger,
» *naguère avili*, attend avec le sentiment de l'impatience
» les lois que vous allez décréter sur le commerce... *Sans*
» *marine* pour exporter ses denrées, Haïti jouit de *l'avantage*
» de voir arriver dans ses ports les hommes de tous les
» climats... Ceux qui sollicitent encore la loi sur les consi-
» gnations *par numéro*, renonceraient à leurs projets s'ils
» voulaient se donner la peine *de réfléchir* sur la *situation poli-*
» *tique* d'Haïti et sur ses rapports commerciaux. Mais, dira-
» t-on, *les étrangers* ne se consigneront point *aux naturels du*
» *pays*, si la loi ne les y oblige pas ; ils donneront toujours
» *la préférence* à leurs compatriotes. Ce calcul est faux, il
» est destitué de tout système raisonnable. Un négociant
» *haïtien* qui tiendrait son rang dans le commerce et qui
» s'y distinguerait *par sa bonne foi et une réputation bien*
» *acquise*, forcera sans doute l'étranger à établir des re-
» lations avec lui. Du reste, c'est ici *une affaire de con-*
« *fiance :* elle ne se commande point... »

Et c'était après la consécration de tels principes, si équi-tables, si judicieux, que le gouvernement de la République viendrait à formuler, en 1821, les aberrations consignées surtout dans le discours du représentant Saint-Martin? La situation politique d'Haïti était-elle différente alors qu'anté-rieurement? A l'égard « des *qualités* que devait avoir
» *l'Haïtien* qui gérerait les intérêts qui lui seraient confiés

» (par la consignation des navires et de leurs marchan-
» dises), qui seraient *une garantie* pour l'étranger, par les
» obligations sacrées qu'il aurait à remplir, et qui le revê-
» tiraient, *sans doute*, de la confiance qu'il méritait, » ce
représentant, et la Chambre avec lui, voulaient plus encore
que le règlement de Toussaint Louverture, du 8 mai 1801;
il y était dit :

« Tout armateur arrivant dans la colonie est obligé de
» consigner sa cargaison à un négociant domicilié. Nul
» n'est admis à être consignataire, s'il n'est : 1° *citoyen*
» *français;* 2° si, dans quelque circonstance, il a manqué
» à ses engagemens; 3° s'il n'a une fortune suffisante pour
» établir une responsabilité; — sauf *les exceptions* à faire
» en faveur des négocians *étrangers* à qui le gouvernement
» *se réserve* d'accorder le même droit, après avoir *examiné*
» les services qu'ils auraient rendus à la colonie, leur bonne
» foi, leur crédit et leur moralité. »

Ainsi, l'on voit que Toussaint Louverture restait juge
suprême de toutes *les qualités* exigées d'un individu pour
être *consignataire,* qu'il fût Français ou étranger. Aussi
disions-nous, à propos de son règlement, que : » Logique
» en tout, son despotisme tenait dans ses mains tous les
» individus de la colonie [1]. »

Saint-Martin ayant dit que : « La prudence et les lu-
» mières du chef qui nous dirige, — de ce chef immortel, —
» *détermineront les qualités,* etc., » il est clair que sa proposition, agréée par la Chambre des communes, tendait à
revêtir Boyer, ou tout autre président, de la même omni-
potence que celle exercée par Toussaint Louverture; car
une loi à ce sujet eût vainement établi des conditions de ca-

____

[1] **Voyez** les pages 344 et 345 du 4ᵉ volume de cet ouvrage.

pacité; parmi ces conditions il en est qui seraient restées toujours dans le domaine *de l'arbitraire* du gouvernement; de là *des intrigues* pour obtenir ses faveurs, un système de *corruption,* de *vénalité,* etc., etc.

Dans la narration des faits passés en 1820, nous avons cité divers actes de Boyer tendant à assurer au « com- » merce national » les avantages que les lois lui garantis- saient, pour pouvoir lutter contre « le commerce étranger » établi dans la République, et notamment ses ordres à l'é- gard des encanteurs publics et ses instructions aux com- mandans d'arrondissemens et de places [1]. Mais nous avons parlé aussi du *Mémoire* que lui présentèrent les commer çans haïtiens du Port-au-Prince, à son retour du Sud après la pacification de la Grande-Anse, contenant des considé- rations étendues non-seulement sur le commerce, mais sur l'agriculture : mémoire publié dans *l'Abeille haïtienne* e dont la rédaction fut attribuée à Milscent [2]. À ce sujet, nou nous avons dit que l'esprit public, dans la capitale, subis sait *l'influence* de quelques personnes qui semblaient crée une certaine *opposition* au Président.

D'un autre côté, la situation relativement prospère du pays après la réunion du Nord et la compression des der nières conspirations, la perspective de la prochaine incor poration de la partie de l'Est, l'extension que prenait l commerce français en Haïti et l'établissement de plusieur Français dans divers ports : tout concourait naturellement exciter le désir de voir *les nationaux* en possession de tou les avantages possibles et sous tous les rapports. Il n'es donc pas étonnant que *la rivalité des intérêts* entre eux e

---

1 Voyez pages 421 et 423 du 8e volume de cet ouvrage.
2 Voyez page 420 dudit volume.

les étrangers, occasionna cette sorte *de jalousie* qu'on voit percer dans le discours de Saint-Martin, en termes âpres et sans déguisement, de même qu'on ne doit pas s'étonner que l'enceinte de la représentation nationale, dont le mandat allait expirer, devînt l'arène où ces aspirations pouvaient trouver de l'écho : les dernières paroles prononcées par ce représentant ne cachaient même pas « qu'en » rentrant tous dans leurs foyers, ils seraient *flattés* de re- » cevoir un témoignage d'intérêt de leurs concitoyens. » Le régime *parlementaire* le voulait ainsi.

Il faut savoir aussi que pendant le séjour de Boyer au Cap-Haïtien, le 13 mai, les commerçans nationaux du Port-au-Prince organisaient un « cercle du commerce haïtien » ou société par actions » pour cette ville ; et que le 24, à leur exemple, ceux du chef-lieu du Nord installaient une » chambre de commerce national du Cap-Haïtien. » L'une et l'autre association avaient pour membres, des citoyens honorablement connus dans le commerce et dans l'ordre civil et militaire ; — au *Port-au-Prince*, Linard, président du cercle ; Jean Élie, vice-président ; J. Ardouin, Noël Piron et Savary, secrétaires ; Gayot, S. Arrault, Preston, Jeanton, etc. [1] ; — au *Cap-Haïtien*, le général Jacques Simon, président ; le général A. Dupuy, vice-président ; les citoyens Carvalho, Roubeaux, Charles Poux, Valentin Ricardo, Omer Maurice, etc.

A l'égard de cette dernière, nous lisons ces lignes insérées dans la *Concorde* du 3 juin, n° 4 : « Cette réunion, » dirigée par le patriotisme, a pour but d'établir des rela- » tions régulières entre lesdits négocians et les commer-

---

1 Doyen du tribunal de cassation, Linard fut élu sénateur le jour même où le représentant Pierre André prononça son discours ; Gayot également. Noël Piron devint doyen du tribunal civil par l'élection de Gayot au sénatoriat.

» çans, leurs compatriotes, dans les divers ports de la Ré-
» publique; enfin, de s'occuper essentiellement de tout
» ce qui se rattache à cette principale branche de la pros-
» périté publique. »

Quant au cercle du Port-au-Prince, nous avons également sous les yeux ses statuts ou projet d'organisation de la « société par actions, » qui lui fut présenté avec un rapport par une commission tirée de son sein : le 14 juin, le cercle l'approuva et en ordonna l'impression. Dans le rapport, il est dit que le chef de l'État avait donné aux commerçans de cette ville des témoignages non équivoques de sa protection; que les membres du commerce national vivant isolément, leur but était de se réunir et d'établir des rapports avec ceux des autres ports de la République; que leur association par actions, réunissant leurs capitaux, ce serait un moyen d'assurer l'existence et la prospérité du commerce national, de lui donner dans le pays et *à l'étranger*, la considération et l'éclat qu'une confiance illimitée accorde, etc. « La société par actions annonce *aux nations*
» *étrangères* que le commerce haïtien travaille *à acquérir*
» une telle consistance, qu'il doit s'attendre, dans l'avenir,
» *à commander la considération et la confiance. Sans ces*
» *mobiles puissans*, nous ne serons jamais rien dans la ba-
» lance du commerce. «

C'étaient là de judicieuses pensées, de légitimes aspirations; et le rapport démontrait la nécessité de donner une telle direction aux fonds de la société, que les opérations commerciales pussent se faire désormais *au comptant*, afin de détruire le système ruineux *des crédits* dont on abusait dans le pays. Il prévoyait qu'en admettant « tous
» les citoyens d'Haïti » à former le capital *indéterminé* de la société, par actions de *cent gourdes* chacune, avec le

temps il serait possible de fonder « une compagnie d'assu-
» rance » pour *le cabotage* et même pour les voyages *au
long-cours* que les spéculateurs feraient à l'étranger : une
bourse pourrait s'établir plus tôt dans chaque port ouvert,
et par la suite une « banque nationale » se fonderait également, et une « société d'agriculture » se formerait à
l'instar de celle du commerce. Les art. 3 et 17 du projet
disaient :

« L'emploi des fonds de la société se fera sur place,
» *en achats de denrées du pays,* sur lesquelles *seulement*
» il sera *spéculé* pour être réalisées en temps convenable
» sur le marché. — La société prendra tout l'accroisse-
» ment que le cercle jugera convenable par la suite. »

Un régisseur, deux administrateurs des fonds, un ma-
gasinier et un caissier étaient les agents de la société. Les
autres dispositions étaient en rapport avec celles-là, pour
la comptabilité, etc., etc.

Enfin, le cercle disait : « Bien que le chef de l'État nous
» ait donné des témoignages non équivoques *de sa protec-
» tion,* il ne peut travailler à la prospérité du commerce
» national *qu'autant* que celui-ci *se rendra digne* de l'at-
» tention du gouvernement, et nous ne pouvons *le devenir*
» qu'en persévérant dans nos entreprises. »

On ne pouvait ni penser ni parler mieux que ne faisait
le cercle de commerce du Port-au-Prince, et l'on voit sa
déclaration par l'article 3 de son acte d'organisation :
— qu'il *spéculerait* seulement sur *les denrées du pays,* par
achats et par ventes. Il était dans la loi, qui réservait aux
seuls *nationaux* d'être « spéculateurs en denrées, » bien
qu'elle laissât la faculté aux *étrangers* d'en acheter pour
opérer leurs retours : ce qu'ils auraient pu continuer de
faire avec le cercle lui-même.

Malheureusement, en dehors de cette association, se trouvaient des hommes dont les idées exagérées excitaient à dépasser le but qu'elle se proposait d'atteindre. Parmi eux, nous citerons Jean-Baptiste Béranger, esprit atrabilaire, avons-nous déjà dit, qui avait pris le surnom de « sauvage malfaisant » depuis la mission de D. Lavayssé; il ne rêvait qu'*expulsion des étrangers* et disait que leurs navires devaient être tenus dans les rades ou ports, *à distance*, pour décharger leurs cargaisons et recevoir ensuite les denrées du pays, afin de ne leur laisser aucune autre communication à l'intérieur. A côté de lui et dans le même esprit, figurait Félix Darfour, nouveau débarqué depuis trois ans dont nous avons signalé déjà les excentricités[1]. Ces deux hommes passionnaient le débat que soulevait la question née de l'organisation à laquelle les commerçans nationaux voulaient parvenir, et les deux discours prononcés dans l'enceinte de la représentation nationale n'étaient propres qu'à agiter davantage l'esprit public.

On conçoit facilement que les commerçans étrangers, consignataires, se voyant menacés de la perte de leurs patentes et de leur position dans le pays où ils faisaient des affaires fructueuses, durent être émus par toutes les paroles prononcées contre eux, surtout celles qui avaient revêtu un caractère *officiel* et qui avaient porté la Chambre des communes à recommander *les vues* de ses orateurs au pouvoir exécutif. Ils adressèrent aussi leurs doléances à ce pouvoir

[1] Il ne faut pas méconnaitre que la conduite de l'évêque de Macri contribua à toutes ces idées exagérées et exclusives; que l'esprit du Nord, tenu constamment hostile aux Français par Christophe, por a son contingent dans cette circonstance. Alors parut en Haïti un mémoire des ci-devant colons de Saint-Domingue, présenté au roi et aux chambres de France, auquel Juste Chanlatte fit une réponse imprimée au Port-au-Prince, le 20 novembre 1821. Les colons provoquaient une expédition à main armée contre les Haïtiens : de là encore l'idée d'*exclusion radicale.*

qui devenait en quelque sorte *l'arbitre* de la solution désirée, ils le firent dans les termes les plus propres à le rendre gracieux à leur égard. Parmi ces étrangers, figuraient en première ligne les sieurs Goupil, Martelly, Duroure et autres *Français*, qui se croyaient plus spécialement menacés d'une déchéance, sinon d'une expulsion, d'après certains passages du discours de Saint-Martin [1]. Il est probable qu'ils n'ignoraient pas la mission remplie au mois de mai précédent par M. Dupetit-Thouars, leur compatriote, sans en connaître absolument le but et le résultat : l'occasion dut leur paraître convenable pour en appeler aussi « à la pru- » dence et aux lumières du chef immortel » qui présidait aux destinées de la République.

Il n'en fallait pas davantage pour porter Boyer à ne voir « qu'intrigues et manœuvres coupables » dans les associations formées par les commerçans nationaux, à raison des discours prononcés à la Chambre et de l'adresse de celle-ci qui se terminait, en recommandant aux citoyens de nommer à la prochaine législature, des représentans possédant *des lumières*. La vivacité de son caractère le fit

---

[1] Quelque temps après, il parut au Port-au-Prince une petite brochure contenant une lettre de Martelly adressée au grand économiste J.-B. Say, et la réponse de ce savant, sur les questions soulevées par les discours des deux orateurs de la Chambre : leurs idées y étaient combattues et condamnées, comme contraires à la prospérité d'Haïti. Nous ignorons si ce fut réellement J.-B. Say qui était l'auteur de la réponse à lui attribuée, mais elle avait une conclusion toute naturelle.

Dans la relation des faits de 1820, nous en avons omis un qui eut quelque influence aussi sur les discours prononcés à la Chambre. Il s'était formé à la capitale une *société* dont le but était de se livrer aux divertissemens décens, tels que bals, musique, etc. Dirigée par le général Bonnet, avant la réunion du Nord, elle était composée de la plupart des commerçans nationaux et autres citoyens, et des Français que nous venons de nommer, Goupil, Martelly, etc. Mais, au premier bal qui eut lieu, accompagné de banquet, le vin de Champagne échauffa les têtes ; une querelle survint entre l'Haïtien Saint-Félix Doutre et le Français Eymond, qui exerçait la médecine et la chirurgie ; le premier frappa le second qui lui riposta par un coup de bistouri, heureusement peu profond. La *société* fut dissoute dès ce premier jour ; on pensa qu'il y avait *incompatibilité d'humeur* entre Haïtiens et Français ; de là, l'irritation qui s'exhala, en 1821, de part et d'autre.

considérer tout cet ensemble de choses comme un plan formé contre son autorité. En outre, les circonstances politiques où se trouvait le pays lui parurent assez graves pour nécessiter du calme dans les esprits. Il venait de reprendre les négociations avec le gouvernement français, tout se préparait dans l'Est d'Haïti pour la fusion désirée de part et d'autre, et ce n'était pas dans de telles circonstances, assurément, qu'on devait menacer « les étrangers de toutes les nations » de la déchéance d'une position acquise depuis la déclaration de l'indépendance. Aussi, le langage de Boyer en cette occurence fut incisif à l'égard de ceux qu'il soupçonnait d'entente entre eux, et les associations commerciales n'eurent point de suite. Ce fut fâcheux pour le pays, en les envisageant sous le seul aspect que présentait leur organisation, par celles qui s'étaient formées au Port-au-Prince et au Cap-Haïtien.

On peut, selon nous, dater l'origine de l'*Opposition* contre Boyer, dans la Chambre des communes, à propos des faits que nous venons de relater. On la verra éclater dans ce corps, renouvelé intégralement quelques mois après ; mais elle existait aussi dans le public, et on en verra la signification dans les individualités qui furent élues à la représentation nationale [1].

Au moment où la Chambre allait terminer les travaux de la session législative, le 9 novembre le Sénat, de son côté, adressait au Président d'Haïti un message délibéré *à huis clos*, où il lui exprimait son désir qu'il fût procédé à

---

[1] A ce sujet, nous ferons remarquer que l'Opposition prit naissance au Port-au-Prince même ; que Hérard Dumesle n'était pas membre de la première législature où elle commença à poindre ; que s'il devint membre de la deuxième législature, élue en 1822, il n'assista pas à la session de cette année dont nous parlerons bientôt. Et s'il devint, longtemps après, le chef de l'Opposition parlementaire, cela tient à des causes qui seront relatées plus tard.

la *révision* de la constitution de 1816, mais en demandant
à Boyer quelle était son opinion à cet égard. Le lendemain, le Président y répondit de sa propre main, en ces
termes :

> « Citoyens sénateurs,

> » Je viens de recevoir votre message du 9 courant, par lequel
vous m'invitez de vous faire connaître mon opinion sur celle que
vous m'y manifestez, de voir procéder à une nouvelle révision de la
constitution avant le temps prescrit par cette loi fondamentale.
Vous alléguez, pour motiver cette précipitation, la circonstance de
la guerre civile qui existait lorsque, dans le temps fixé, cet acte important fut révisé; et vous observez que le bien ou le salut public,
qui doit passer avant toute autre considération, peut excuser cette
anticipation.

> » Entièrement dévoué au bonheur de ma patrie, mon vœu le
plus ardent sera toujours pour tout ce qui pourra tendre à sa prospérité, et c'est dans ce sentiment, joint à la franchise qui me ca-
ractérise, que je dois vous avouer que, selon moi, *les motifs spécieux*
que vous déduisez ne pourraient pas *justifier* l'adoption d'un tel
projet. D'abord, le devoir et la prudence commandent aux principaux mandataires de l'Etat, de donner l'exemple *de la fidélité* au
contrat sur lequel repose la garantie nationale ; et l'expérience doit
fortement faire sentir que l'on doit méditer lentement *et surtout
avec sagesse*, sur les nouvelles dispositions à y introduire.

> » Je conclus donc, citoyens sénateurs, par vous représenter que
mon opinion serait d'attendre l'époque déterminée par l'art. 227
de la constitution, pour procéder légalement à la révision dont est
question.

> » J'ai la faveur de vous saluer avec une haute considération.

> » Signé : BOYER. »

Nous ne saurions dire si la réponse de Boyer fut déli-
bérée entre lui et les trois grands fonctionnaires qui concouraient au gouvernement, ou plutôt à l'administration
de la République; mais la précaution qu'il eut d'écrire lui-
même son message semble exclure cette participation.

C'était une grave question que le Sénat soulevait par le sien, justement au temps où la Chambre des communes venait d'en agiter une autre non moins importante, et que l'esprit public était travaillé par des idées qui demandaient l'exclusion des étrangers de l'exercice du commerce. Réviser la constitution dans ce moment, ç'eût été donner une libre carrière aux passions déraisonnables, non-seulement à l'égard des étrangers, mais aussi quant à l'organisation du pouvoir politique. Le Président d'Haïti eût couru le risque de voir amoindrir, restreindre ses attributions, alors que, pour la réalisation de *l'unité politique* par *l'unité territoriale*, il avait au contraire besoin de toute la latitude que lui donnait la constitution. Boyer n'aurait pas pu, comme Pétion, en faire rédiger une nouvelle pour *corriger* uniquement les imperfections que contenait celle de 1816; il aurait fallu, dans l'état des choses, s'abandonner au jugement des membres de l'assemblée de révision.

Et puis, les allégations du Sénat, fondées sur ce que l'acte fondamental avait été révisé pendant la guerre civile, ne tendaient à rien moins que de dire que : l'Artibonite et le Nord n'ayant pas eu leurs députés à l'assemblée réunie en 1816, la constitution qu'elle avait faite était *nulle* pour ces deux départemens.

Peut-être faut-il voir dans ce raisonnement spécieux, une infiltration de l'esprit des généraux du Nord qui avaient tenté de résister à sa réunion à la République, dont quelques-uns venaient de conspirer contre ce résultat si avantageux pour sa force, à l'intérieur comme à l'extérieur. Or, d'après l'esprit de la constitution de 1806, votée par les députés des quatre départemens, tous les actes du Sénat avaient considéré ceux de l'Artibonite et du

Nord placés sous le régime de Christophe, comme en état de *révolte*; et cette situation, produite par sa tyrannie, ne pouvait pas empêcher ce corps de faire procéder à la révision de cet acte à l'époque qu'il avait assignée. Par la même raison, les députés de l'Ouest et du Sud, restés fidèles à cet acte, avaient pu légalement s'en occuper et donner à la République la constitution de 1816 : donc, les institutions nouvelles créées par cette dernière, les attributions étendues données au Président d'Haïti et sa nomination à vie, l'élection de Pétion et celle de Boyer à ce titre, tout était dans le droit légal et constitutionnel.

D'ailleurs, en secouant le joug de Christophe, l'armée et les populations de l'Artibonite et du Nord, n'avaient-elles pas accepté avec joie la constitution de la République et le régime qu'elle avait établi? Ne venaient-elles pas de se refuser à soutenir l'entreprise audacieuse des Richard, des Romain et consorts, qui était comme une sorte de protestation contre ce régime? Sous tous les rapports, la proposition du Sénat était donc dénuée de fondement. Boyer avait raison de lui répondre que ses motifs étaient *spécieux*. Il ne lui exposa que les dispositions mêmes de la constitution, qui ne permettaient sa révision qu'après neuf années, sans doute pour éviter d'émettre les autres considérations majeures dont nous venons de parler, parce qu'il est souvent de la prudence d'un gouvernement de ne pas faire valoir toutes ses raisons. Celles qu'invoqua le Président portèrent la conviction dans le Sénat, qui renonça à ses idées de révision du pacte social; et peu après, ce corps put reconnaître de nouveau qu'il pensait judicieusement.

Tandis que des représentans prononçaient des discours à

la Chambre, le Président d'Haïti s'adressait à l'armée de la République qu'il prévoyait devoir mettre en mouvement bientôt, afin de compléter définitivement l'œuvre sacrée des fondateurs de l'indépendance nationale. Le 30 septembre, il ordonna qu'une revue générale des troupes eût lieu, le 18 octobre suivant, pour l'inspection des armes, du fourniment et de l'équipement militaire, et en même temps pour payer un mois de solde à tous les corps. Cet ordre fut suivi d'un autre relatif aux réparations des routes publiques et des fortifications des côtes, et de l'invitation aux autorités civiles et militaires de solenniser la fête prochaine de l'indépendance avec la plus grande pompe [1].

Dans ces circonstances, un étranger, arrivé au Port-au-Prince, présentait à Boyer une lettre où se trouvait la preuve la plus évidente que l'indépendance d'Haïti n'était plus *une question*, mais *un fait reconnu et admis* par le gouvernement qui, depuis, a prétendu le contraire, et qui, dans cette même année 1821, obtenait de Bolivar un acte de faiblesse et d'ingratitude, en faisant exclure du congrès de Panama les ministres que la République aurait pu y envoyer. Citons cette lettre qui fait savoir de quoi il s'agissait :

A S. E. le général **Boyer**, Président d'Haïti.

Département d'Etat, Washington, le 13 mars 1821.

Le commodore Jacob Lewis, citoyen des États-Unis, a fait savoir à ce département qu'il a des réclamations sur le gouvernement d'Haïti dont vous connaissez déjà la nature. Il lui est d'une grande importance d'en obtenir le règlement immédiat, et il a sollicité l'interposition de ce gouvernement en faveur de l'agent, M. W. D.

---

[1] C'est dans ce temps-là que, le 14 octobre, le Président promut au grade divisionnaire trois généraux de brigade, commandans d'arrondissement très-méritans par leurs services : Marion, Nicolas Louis, et Brun Leblanc.

Robinson, qu'il a employé dans la poursuite de cette affaire. C'est donc avec plaisir que je cède à sa requête, en recommandant M. Robinson à l'appui et à la protection de V. E., et en demandant pour lui les facilités les plus propres à le mettre à même d'accomplir l'objet dont il s'agit, avec toute la promptitude compatible avec l'entière justice des parties.

Je suis, avec une haute considération, Monsieur,

Votre très-humble et très-obéissant serviteur,

Signé : John Quincy Adams.

Dans l'insignifiant congrès de Panama, il s'agissait de s'asseoir à côté de ministres que le fils d'une négresse africaine y eût envoyés, et le gouvernement des États-Unis ne pouvait pas exposer les siens à cette *dégradation ;* mais, dans cette lettre, il s'agissait de recommander la réclamation *d'argent* qu'un citoyen de l'Union avait à faire, et ce gouvernement ne croyait pas *se dégrader* en qualifiant *ce nègre* de *général,* d'*Excellence,* et de *Président d'Haïti.*

Boyer répondit à *l'honorable* J. Q. Adams, secrétaire d'État des États-Unis, qu'il pouvait compter que le sieur Robinson étant admis à produire les titres sur lesquels il fondait la réclamation de J. Lewis, et qui seraient comparés avec les papiers de l'administration, il serait décidé ce que la justice et l'équité prescrivaient. Sur la production de ces titres, le Président nomma une commission pour les examiner et faire un rapport sur le mérite de la réclamation ; elle était composée du secrétaire d'État Imbert, du secrétaire général Inginac, du trésorier général Nau, et des sénateurs N. Viallet et Éloy.

Il serait fastidieux de mentionner ici tous les détails relatifs à cette affaire. Il suffit de dire que Robinson réclamait : 1° 574,950 livres de café ; 2° la somme de 132,781 dollars et 67 centimes, pour son constituant, à raison des

fournitures de poudre, de munitions de guerre, d'habille-
mens et de provisions qu'il avait faites au gouvernement
de Dessalines, dont en dernier lieu il avait éprouvé des injustices. Mais, d'après les pièces mêmes fournies par cet
agent et celles de l'administration haïtienne, la commission
qui conféra avec lui le convainquit : 1° que cette énorme
quantité de café avait été livrée, ou à Jacob Lewis ou à des
négocians étrangers chargés par lui de ce recouvrement;
2° que sur 75,946 gourdes et 16 centimes, montant de la
cargaison du navire *l'Empereur*, vendue à Dessalines et
livrée à son associé Brocard, résidant à Saint-Marc, il avait
été payé, alors même, la somme de 47,314 gourdes et
35 centimes; d'où il résultait une balance de 28,631 gourdes et 83 centimes, pour laquelle, en vertu de l'arrêté de
Pétion, du 20 août 1807 [1], Jacob Lewis avait *compensé* avec
l'administration le montant de droits à l'importation de
nouvelles marchandises, s'élevant à 19,851 gourdes et
72 centimes : ce qui laissait un simple reliquat de
8,780 gourdes et 11 centimes dû sur les marchandises vendues à Dessalines.

La commission conclut à dire au Président que c'était *la
seule* somme qui revenait à Jacob Lewis. Mais, sur une
nouvelle réclamation de son agent Robinson, qui montra
d'ailleurs un esprit d'équité dans cette opération, Boyer
consentit à distraire une somme de 3,000 gourdes de celles
compensées pour droits d'importation; et M. Robinson
reçut effectivement, pour *solde définitif* de toutes ses réclamations, celle 11,780 gourdes et 11 centimes. Il donna
à l'administration une quittance conçue en ces termes :

« Je reconnais avoir reçu du trésor général la somme de

---

1 Voyez la mention de cet arrêté à la page 147 du 7e volume de cet ouvrage.

» onze mille sept cent quatre-vingts gourdes et onze cen-
» times, *pour solde définitif de toutes les réclamations et
» répétitions quelconques et de quelque nature qu'elles puis-
» sent être,* que le sieur Jacob Lewis ou ses associés pour-
» raient prétendre pouvoir faire au gouvernement de la
» République d'Haïti.

  » Port-au-Prince, le 6 de décembre 1821.

                    » Signé : D. ROBINSON. »

Le lecteur pourrait se demander : A quoi bon reproduire
dans une histoire le texte d'un tel document ? Mais nous lui
répondrions : Avec un gouvernement tel que celui des
États-Unis, ayant de tels citoyens, un pays comme Haïti
doit conserver dans ses archives diverses les preuves de sa
libération, *en fait d'argent,* sous toutes les formes possibles.
Convaincu de cette nécessité, Boyer fit publier à ce sujet une
petite brochure, en janvier 1822, où nous trouvons la plus
grande partie des documens produits dans cette affaire.

CHAPITRE III.

Dans le cours de l'année 1821, les idées d'indépendance avaient progressé dans l'Est d'Haïti ; mais les esprits étaient loin de s'entendre sur la forme qu'il faudrait donner à cette révolution.

Dans cet état de choses, on y forma, en vertu de la constitution des cortès, *la diputacion provincial*, assemblée représentative de la province ou colonie, chargée de contribuer aux mesures locales que le gouverneur pour l'Espagne jugerait utiles à sa meilleure administration. Les idées révolutionnaires y trouvèrent naturellement accès : elles y éclatèrent. Antonio Martinez Valdès, l'un de ses membres, en ayant manifesté avec plus de hardiesse qu'aucun de ses collègues, fut accusé, arrêté et mis en prison par ordre du gouverneur Kindelan, et jugé comme *auteur* principal du projet tendant à l'indépendance de la colonie. Mais il dut son acquittement, plus à l'insuffisance de preuves du délit qu'à son entière innocence [1].

Au fait, Valdès n'était qu'un *complice :* le véritable auteur du plan conçu à ce sujet était Nuñez de Cacérès, ancien *auditor de guerra* ou juge militaire, qui fut compromis dans l'instruction du procès, qui s'en défendit assez bien pour ne pas être arrêté, et pour fixer sur lui les regards de tous ceux qui aspiraient à l'indépendance.

Depuis longtemps, Nuñez y rêvait. Après avoir rempli sa charge avec toute la distinction de son esprit éclairé, il crut avoir des droits à une position plus élevée, non dans la partie de l'Est, mais dans une autre des possessions de l'Espagne encore soumises à sa puissance. Il sollicita du gouvernement métropolitain une charge de *oidor* ou juge à l'audience royale de Quito, cour de justice souveraine ; mais il éprouva un refus qui blessa son orgueil, et dès lors il n'attendait qu'une occasion de se venger de la métropole. Les circonstances survenues en 1820 dans la Péninsule

---

[1] A.-M. Valdés est le même personnage qui devint sénateur d'Haïti, en 1824, après avoir rempli les fonctions d'administrateur des finances à Santo-Domingo.

l'ayant fait appeler aux fonctions de *juez de lettras*, ou juge en première instance de toutes les affaires civiles, les jugemens qu'il rendait étaient sujets à appel à l'audience royale de Puerto-Principe de Cuba. Or, malgré son intégrité et l'impartialité qu'il mettait dans ses décisions, un de ses justiciables dirigea contre lui une prise à partie qui fut portée à cette cour souveraine, dans la même année 1821 où tout marchait dans l'Est vers une révolution. Quoique connu particulièrement à Puerto-Principe où il avait jadis exercé les fonctions d'avocat-rapporteur près de l'audience, Nunez se voyait menacé d'aller s'y défendre et peut-être d'y être condamné : de là sa résolution prise de précipiter la déclaration de l'indépendance de l'Est, et il devint le chef du complot qui s'ourdissait. Dans ces entrefaites, le gouverneur Kindelan fut remplacé par le général Pascual Real qui n'en avait pas la vigueur. Nunez put conspirer plus à son aise. Mais tandis que la plus grande partie de ses concitoyens inclinaient pour la réunion de l'Est à la République d'Haïti, sa fierté castillane le portait à vouloir y ériger un État indépendant qui ne ferait avec elle qu'un traité d'amitié, d'alliance et de commerce. Néanmoins, reconnaissant la faiblesse de la population et de ses moyens d'action, il conçut en même temps l'idée de faire entrer le nouvel État dans la Confédération de la Colombie, formée définitivement en 1820 par Bolivar, avec la République de Venezuela et celle de la Nouvelle-Grenade [1].

L'idée de Nunez n'était évidemment que l'égarement

---

1 Le 11 décembre 1819, Venezuela et la Nouvelle-Grenade furent réunis sous le nom de République de Colombie ; le 12 juillet 1820, le congrès de Cuenta sanctionna leur union. En 1831, la dissolution de cet Etat eut lieu, et trois républiques se formèrent alors de leurs départemens : Venezuela, la Nouvelle-Grenade et l'Equateur. Nunez de Cacérès contribua beaucoup à cette dissolution, lorsqu'il quitta Santo-Domingo et se réfugia à Caracas, où il devint journaliste et secrétaire du général Paëz.

d'un patriotisme pointilleux et décevant; car l'origine espagnole, commune aux habitans de l'Est d'Haïti et à ceux
de la Côte-Ferme, ne suffisait pas pour la justifier. La
Colombie était trop éloignée pour qu'ils se confédérassent
jamais : les alliés naturels de l'Est étaient les Haïtiens dont
le sang africain circule également dans les veines de ses
habitans. Aussi, la grande majorité parmi eux, formant le
vrai peuple, ne partagea pas la manière de voir du *juez
de lettras*, qui n'eut autour de lui qu'une faible minorité.

Dans cette situation, le 15 novembre un brigantin américain entra dans le port du Cap-Haïtien, venant de Monte-
Christ et ayant à son bord l'administrateur financier de
cette petite ville, le capitaine de la garde nationale, la
famille du commandant de la place et environ 80 autres
femmes ou enfans. Ils déclarèrent qu'ils avaient quitté
Monte-Christ, à l'approche de bandes d'insurgés qui venaient pour s'en emparer après avoir proclamé une « République dominicaine. » Mais quatre jours ensuite, le 18, le
général Magny reçut une dépêche apportée par trois députés de Monte-Christ et signée du commandant de ce
lieu, nommé Diégo Polanco, qui l'informait que les habitans avaient arboré le pavillon *haïtien*, en lui demandant
sa protection et le priant de faire connaître l'intention du
gouvernement à ce sujet : la dépêche portait la date du
15 novembre. En même temps, Magny en recevait une
autre de la même date, signée du commandant Andres
Amarante et de quatre habitans de Laxavon, qui lui annon-
çaient que le pavillon *haïtien* avait été arboré aussi dans
ce bourg, en lui demandant des munitions de guerre afin
de pouvoir soutenir leur réunion à la République, si l'on
tentait de l'attaquer[1]. Il paraît que dans le mouvement de

<hr>

1 Ces faits sont rapportés d'après le nᵒ 28 de *la Concorde* du 18 novembre, et les dé-

Monte-Christ, le chef d'escadron Charles Arrieu avait joué un des principaux rôles, mais en faveur de la patrie haïtienne.

L'impulsion était donnée, le mouvement révolutionnaire avait commencé par ces actes de deux localités rapprochées des anciennes limites françaises et espagnoles. La nouvelle en parvint rapidement dans toute la partie de l'Est. On attribua naturellement ces faits aux menées du gouvernement haïtien, et le bruit courut que son armée allait pénétrer bientôt sur ce territoire.

Le gouverneur Pascual Real se devait à lui-même de s'assurer, s'il était possible, de l'exactitude des renseignemens qui lui étaient parvenus. Déjà, étant dans le Nord et apprenant son arrivée à Santo-Domingo, Boyer avait envoyé auprès de lui et pour le complimenter, l'adjudant général Campos Thabarrès qui passa par Saint-Yague, afin de voir ses anciens compatriotes et de semer des idées de réunion à la République[1]. A son tour, le gouverneur envoya son neveu au Port-au-Prince, porteur d'une lettre qui répondait aux complimens de Boyer, mais effectivement chargé de voir s'il faisait des dispositions militaires pour entrer sur le territoire de l'Est.

Il fut facile au Président de pénétrer le but réel que s'était proposé le gouverneur, et il lui répondit poliment. Quelques jours après le retour de l'envoyé de Pascual Real, il expédia lui-même trois officiers pour mieux rassurer ce gouverneur sur ses intentions pacifiques : c'étaient le colo-

___

pêches mentionnées figurent parmi les pièces publiées en 1830, par ordre de Boyer. Le journal constate que les personnes arrivées au Cap-Haïtien étaient dans le plus grand dénûment, tant leur fuite de Monte-Christ avait été précipitée : elles furent secourues par les soins de Magny et des habitans, et elles purent retourner peu après au lieu de leur domicile.

1 C. Thabarrès était le même officier que Christophe avait envoyé en mission auprès de Juan Sanches. Voyez tome 7, p. 300, 301 et 406.

nel Frémont, le chef de bataillon Papilleau et le capitaine
Viau. Leur mission n'était évidemment que de s'enquérir
de l'état des esprits, de les prédisposer à la réunion en leur
montrant l'uniforme haïtien dans ces conjonctures. Mais
à leur arrivée à Santo-Domingo, Pascual Real n'y était
plus : le 5 décembre il était parti avec sa famille et quelques fonctionnaires sur un navire anglais. Les envoyés
du Président d'Haïti, ne pouvant reconnaître l'autorité qui
avait succédé à celle du gouverneur espagnol, Frémont et
Viau retournèrent au Port-au-Prince pour faire leur rapport sur le changement survenu à Santo-Domingo, et Papilleau fut contraint d'y rester, parce qu'il était malade
dès son arrivée. Néanmoins, comme il était un causeur
infatigable qui parlait fort bien la langue espagnole, il se
fit soupçonner d'avoir reçu secrètement la mission du Président, de prolonger son séjour afin de fomenter un parti
en faveur de la République. Ses discours ayant été interprétés dans ce sens, il se vit forcé d'adresser à Nunez de
Cacérès, chef de la révolution, une lettre où il garantissait
la neutralité de la République.

Les événemens passés à Monte-Christ et à Laxavon
avaient contraint Nunez de Cacérès à agir, sous peine de
se voir abandonné par ceux dont il avait fait ses partisans.
Ils embauchèrent la majeure partie de la faible garnison
de Santo-Domingo, où se trouvaient des noirs qui avaient
été dans les bandes de Jean François et Biassou ; et dans la
nuit du 30 novembre au 1er décembre, ils s'emparèrent
des principaux postes de la place. Alors Nunez fit réveiller le gouverneur Pascual Real, à qui il notifia que son
autorité cessait dès cet instant et qu'il était prisonnier.

Ce dernier souscrivit sans hésiter à la révolution prévue par lui et qu'il était impuissant à empêcher : il demanda, pour prix de sa facile condescendance, la permission de se retirer à l'étranger avec sa famille et ceux des officiers ou fonctionnaires publics qui restaient fidèles à l'Espagne. Rien ne convenait mieux à Nunez et aux autres révolutionnaires qui allaient se mettre à leur place; car c'est toujours là le plus délicieux résultat de toute révolution.

Celle du 1er décembre s'effectua ainsi sans coup férir. Au jour, la population de Santo-Domingo se réveilla *indépendante* de l'Espagne et vit le pavillon *colombien* substitué à celui de cette ancienne métropole. Nunez et ses collaborateurs avaient préparé les deux principaux actes qui devaient faire connaître au monde entier, l'existence de l'État qu'ils fondaient. C'étaient : 1° la déclaration d'indépendance du *peuple dominicain;* 2° l'acte constitutif du gouvernement provisoire de *l'État indépendant de la partie espagnole d'Haïti.*

Le premier récapitulait tous les torts de l'Espagne envers la plus ancienne de ses colonies en Amérique, tous les griefs des habitans de celle-ci, à partir de l'ordre qu'envoya *le Divan espagnol* pour démolir les villes maritimes de Bayaha, Yaguana, Monte-Christ et Puerto de Plata[1]. Il rappelait, au contraire, les nombreuses preuves de dévouement et de fidélité que les habitans avaient toujours données à l'Espagne, notamment en se révoltant contre les

1 En 1606, la cour d'Espagne ordonna la démolition et l'abandon de ces villes pour concentrer leur population dans l'intérieur de l'Est de la colonie, vu le dépeuplement do celle-ci. Les reproches de Nunez de Cacérès remontaient à une époque bien reculée ! *Bayaha* devint le Fort-Dauphin des Français, *Yaguana*, la ville de Léogane, quand ils s'établirent dans la partie occidentale d'Haïti.

Français pour replacer la colonie sous son obéissance, malgré la cession qui en avait été faite par Charles IV. A propos de ce dernier fait, l'acte d'indépendance n'oublia pas de faire ressortir l'injustice et l'ingratitude du cabinet de Madrid, qui n'avait donné aucune récompense aux hommes qui y contribuèrent le plus; et il·désigna plus particulièrement don Manuel Carabajal, — le lieutenant de Juan Sanches, — et don Pedro Vasquez qui en mourut de chagrin. Comme de coutume en pareil cas, cet acte promettait pour l'avenir le sort le plus heureux aux habitans du nouvel État, qui renonçaient pour toujours à l'Espagne. Il se terminait par ces cris : Vive la Patrie! Vive l'Indépendance! Vive l'Union à la Colombie !

Par le second acte, en 39 articles, *la partie espagnole d'Haïti* se formait en un *État libre, indépendant et républicain*, qui entrerait par un traité postérieur, en alliance avec la République de Colombie pour composer un des États de cette Union, afin de faire cause commune avec elle et de suivre en tous points les intérêts généraux de la Confédération. A cet effet, un député devait être envoyé auprès de Bolivar pour lui annoncer le changement politique survenu à Santo-Domingo, et lui manifester le désir des habitans de l'Est, avec pleins pouvoirs de traiter de leur accession, après avoir pris connaissance de la constitution générale de la République de Colombie. Un autre député serait envoyé immédiatement auprès de Boyer, pour lui proposer de faire un traité d'amitié, de commerce et d'alliance, pour la commune défense et la sécurité des deux territoires, en cas d'invasion étrangère ou de machination à l'intérieur contre leur liberté et leur indépendance[1].

---

1 Art. 1er, 4, 5 et 6 de l'acte constitutif. Le territoire de l'Est fut divisé en cinq arrondissemens.

Le nouvel État devait être dirigé par une junte de gouvernement provisoire, composée de Nunez, gouverneur politique (président), de Manuel Carabajal, capitaine-général
de l'armée *libératrice*, et de députés des cinq arrondissemens : — J.-V. Moscoso, A.-M. Valdès, L.-J.-N. de Arre-
dondo, Juan Ruiz et V. Mancebo. M. Lopez de Umerès en
était le secrétaire. C'étaient les mêmes personnages qui
avaient signé la déclaration d'indépendance.

L'article 9 admettait comme *citoyens* de l'État « tous les
» hommes *libres*, de quelque couleur et religion qu'ils fus-
» sent, nés sur son territoire ou en pays étranger, pourvu
» que ces *étrangers* y eussent trois années de *résidence* ou
» qu'ils fussent *mariés* à une femme indigène ; ils devaient,
» en outre, faire constater ces circonstances par-devant les
» alcades municipaux, afin d'obtenir une *lettre civique*,
» scellée du sceau de l'État et signée par le secrétaire du
» gouvernement. »

Et l'article 10 disait « qu'après avoir obtenu cette let-
» tre, les impétrans *étrangers* recevraient une *lettre de na-
» turalisation* délivrée par le pouvoir législatif. Mais ni
» celle-ci ni la lettre civique ne leur donneraient *jamais* le
» droit d'obtenir des *emplois* dans le gouvernement, dans
» la judicature, dans les finances, les municipalités, ni au-
» tres fonctions civiles ou politiques, — excepté dans les
» emplois *militaires*. » Suivant l'article 33, ces prohibi-
tions et exceptions étaient applicables à tout *Espagnol d'Europe*.

Les autres dispositions de l'acte constitutif étaient de
celles que l'on trouve dans presque toutes les constitutions,
sur les droits et les devoirs des citoyens, sur les garanties
publiques, les bases d'organisation judiciaire, administrative, etc. Et, en attendant qu'une représentation nationale

fût déterminée, la junte du gouvernement provisoire ferait tous règlemens que nécessiteraient les circonstances, lesquels auraient force de lois. L'administration et le gouvernement de l'État étaient enfin dévolus provisoirement à la junte.

Le premier des quelques actes qu'elle publia ensuite fut un décret sur l'administration de la justice, en daté du 4 décembre. Une cour supérieure fut établie, pour juger en appel toutes les causes civiles et criminelles dans tout l'État, dont la décision aurait été rendue en première instance par les alcades des communes. Elle se composait de trois juges, d'un officier du ministère public, d'un rapporteur et d'un greffier; et ce décret fixait leurs émolumens en prescrivant de traiter ces magistrats, soit verbalement, soit par écrit, de *Seigneurie*. Il en était de même, en vertu de ce décret, à l'égard des membres de la junte, et le Président de l'État était qualifié d'*Excellence*, les alcades, de *Grâce*.

Avant de songer à la formation d'une armée, la junte décréta, le 7 décembre, la création d'une « médaille de distinction, » pour en décorer tous les individus qui avaient contribué d'une manière réelle et effective aux succès obtenus sur « les Français, » surtout à ceux qui avaient pris part « à la mémorable affaire de *Palo-Hincado*, » où le général Ferrand fut défait.

Un troisième décret fixa trois fêtes nationales : 1° celle de l'indépendance, le 1er décembre de chaque année; 2° celle de la prise de possession de la place de Santo-Domingo (en 1809), le 11 juillet; 3° celle du 7 novembre, en mémoire de la bataille de Palo-Hincado. Ce même décret prescrivit minutieusement les cérémonies religieuses qui seraient observées à la solennisation de ces fêtes, la place qu'y tiendrait le Président de l'État, etc.; de même que par le premier, sur l'institution de la cour supérieure, les formes judiciaires, le papier timbré à employer dans les actes de procédure, etc., tout était réglementé avec soin.

L'esprit de *l'avocat* l'emportait en Nunez de Cacérès sur celui de *l'homme politique;* et l'on reconnaît aussi que dans l'établissement des fêtes nationales et la création de la médaille de distinction, le citoyen de la partie de l'Est d'Haïti était aussi fier que ceux de la partie occidentale des succès obtenus contre *les Français*. Comme eux encore, il restituait à son pays le nom d'Haïti que lui donnèrent les infortunés aborigènes.

Mais, en maintenant *l'esclavage* dans le nouvel État, c'était oublier l'exemple que les Haïtiens avaient tracé dans leur acte d'indépendance et leurs constitutions successives, s'exposer à une lutte ultérieure avec eux, méconnaître les droits naturels des Africains et de leurs descendans, et se priver en même temps des seuls élémens de la formation d'une armée pour soutenir l'indépendance proclamée le 1er décembre [1].

Cette inconséquence était d'autant plus frappante que, reconnaissant l'extrême besoin que la partie de l'Est avait d'augmenter sa population, en y appelant *les étrangers* pour en devenir *citoyens*, la junte déclarait qu'ils ne pourraient *jamais* occuper aucun emploi civil ou politique, mais seulement ceux de l'ordre militaire. Elle voulait donc n'en faire que des troupes mercenaires, en quelque sorte, qui auraient pu, avec le temps, devenir dangereuses pour la sécurité de

---

[1] Il faut dire, à la louange de Nunez de Cacérès, qu'il imita la conduite de Bolivar, en donnant ce jour-là *la liberté* à une douzaine d'esclaves qu'il possédait à Santo-Domingo. Il fit armer les hommes parmi eux pour servir comme soldats, et ne voulut plus de leur service personnel, à titre même de domestiques, afin de leur prouver qu'il leur avait donné la liberté avec sincérité. Ces faits font présumer qu'il aurait déclaré la liberté générale des esclaves, si, comme Bolivar, il n'avait pas trouvé de l'opposition parmi les maîtres.

l'État. L'égoïsme et l'orgueil du *naturel* de l'Est perçaient encore dans la disposition qui *excluait* des mêmes emplois tout *Espagnol* d'Europe, alors que dans cette partie il s'en trouvait un assez grand nombre : ils étaient déjà, ou fonctionnaires publics, ou habitans possesseurs d'esclaves, ou commerçans, et ayant ainsi de la fortune et de l'influence dans les affaires. Aussi leur antipathie pour la révolution opérée se montra ardente, dès qu'ils virent appelés aux fonctions du nouvel État une foule d'incapacités qui entouraient le Président, et qui n'avaient d'autre mérite que d'être *indigènes* et d'avoir été conspirateurs avec lui. En même temps, ceux des indigènes de Santo-Domingo qui avaient fait secrètement une démarche auprès de Boyer, par la mission de Jose Justo de Sylva, ne cachèrent plus leurs sympathies pour la cause haïtienne et augmentèrent le nombre des opposans au système adopté par Nunez de Caçérès.

L'œuvre de cet avocat était ainsi frappée de mort à sa naissance, et dans la ville même où il l'avait produite. Monte-Christ et Laxavon s'étant réunis à la République d'Haïti, dès le 15 novembre, on ne peut s'étonner si les autres communes du Nord-Est se prononcèrent aussi dans le même sens. La ville de Saint-Yague, la plus importante, forma une *junte centrale provisoire* et adressa à Boyer la dépêche suivante, qui résumait le vœu de presque tous les habitans de la partie de l'Est :

Très-Excellent Seigneur,

Les patriotes soussignés, au nom de la junte centrale provisoire de Saint-Yague, mus par des sentimens non équivoques, à la vue de l'acte constitutif du 1er décembre relatif à *l'indépendance dominicaine unie à la République de Colombie*, ont l'honneur de *dénoncer* à Votre Excellence cette œuvre informe et anti-sociale qui a excité le mécontentement universel lors de sa publication à Santo-

Domingo. Cette constitution imprudente établit des distinctions entre le paysan (*paysano* ou habitant) et le militaire, entre le pauvre et le riche, entre les différens districts de cette partie, et *maintient l'esclavage* au mépris des bases fondamentales de toute société politique. Elle n'assure, en outre, aucun dédommagement au pauvre soldat qui essuie de longues fatigues sans paye, et ruine le commerce des malheureux cultivateurs. Enfin, pour ne pas distraire trop longtemps Votre Excellence, nous lui disons qu'un tel acte, conçu dans la vue de faire prospérer quelques particuliers, en sacrifiant des milliers de pères de famille respectables, offre des taches si monstrueuses, que tous les citoyens dévoués à leur pays ont déterminé de recourir à Votre Excellence, pour qu'elle daigne prêter l'oreille à leurs réclamations et se souvenir qu'Elle a promis d'être *le pacificateur et l'ami* des habitans de cette partie [1]. Qu'Elle nous accorde les secours nécessaires pour parvenir à l'indépendance, et que la constitution de la République d'Haïti nous régisse désormais ! *Nous la désirons avec la liberté générale des esclaves* : nous demandons à vivre tous dans l'union et la fraternité. Tel est le but de la députation que nous envoyons à Votre Excellence. Nous espérons qu'Elle aura confiance en nous, et qu'Elle nous secondera dans notre glorieuse entreprise.

Les députés que nous envoyons à Votre Excellence sont les sieurs Juan-Nunez Blanco, Fernando Morel de Santa-Cruz, Jose Peralto et Jose-Maria Salicedo. Nous ne manquerons pas de tenir Votre Excellence sur les avis, espérant qu'Elle nous accordera tous les secours dont nous aurons besoin, avec la célérité qu'exige une entreprise de si haute importance.

Cet acte fut expédié à Boyer à la fin de décembre, après que le pavillon *haïtien* eût été arboré à Saint-Yague, et la junte centrale, composée d'un certain nombre de citoyens, qui le signèrent, l'envoya en communication à Puerto-Plata, à la Véga, à Cotuy, à Macoris, en invitant leurs habi-

---

[1] Dans sa lettre à Kindelan, publiée en espagnol par ce gouverneur. Voyez-là au chapitre 1er de ce volume.

tans à y adhérer : ce qui eut lieu. Successivement, ces derniers adressèrent aussi leur soumission à Boyer, et bientôt après les communes de Saint-Jean, de Las Matas, de Banica, de Hinche, de Neyba et d'Azua imitèrent l'exemple tracé par Saint-Vague.

Pendant que tout marchait dans l'Est vers la solution désirée, le Président d'Haïti, informé de cet état de choses et des actes proclamés à Santo-Domingo, par le rapport de Frémont et de Viau, adressait au Sénat le message suivant en date du 25 décembre :

Citoyens sénateurs,

L'art. 40 de l'acte constitutionnel a donné à la République, pour limites, toute l'étendue de l'île de l'Est à l'Ouest et du Nord au Sud, et les îles qui en dépendent. Tant que nous avions à pacifier certaines parties du Sud, de l'Ouest et du Nord, il eût été imprudent de songer à donner à nos frères de l'Est la direction naturelle qu'ils doivent avoir, en les faisant rentrer sous les drapeaux de la patrie; car il eût été raisonnable de penser que les hommes qui, dans une autre circonstance, leur avaient donné une direction opposée à leurs intérêts et aux nôtres [1], auraient encore cherché à faire naître en eux de l'opposition. Et plutôt que de faire gémir l'humanité en fournissant aux méchans et aux insensés l'occasion de répandre le sang humain, toutes les veilles, toute la sollicitude du gouvernement n'ont tendu qu'à opérer une révolution morale qui, en amenant nos frères de l'Est à partager les avantages de notre constitution, aurait fourni une garantie puissante aux Haïtiens en général, contre ceux qui, tôt ou tard, pourraient vouloir lui disputer sa liberté et son indépendance.

Cette révolution avait déjà commencé sa marche. Les bonnes dispositions des habitans des anciennes frontières, les communi-

---

1 Lors de l'insurrection de l'Est contre les Français, en 1808 et 1809.

cations de quelques citoyens notables des parties les plus distantes, me faisaient espérer que bientôt les choses arriveraient à leur maturité naturelle, lorsque tout à coup, des hommes qui paraissaient être vendus aux cabinets étrangers ont proclamé à Santo-Domingo, le 1er de ce mois, une déclaration d'indépendance et une constitution provisoire, toutes diamétralement opposées aux intérêts communs du peuple de toute l'île.

Sénateurs, vous connaissez les deux actes qui nous sont parvenus sur cette affaire ; il n'est pas besoin d'en rappeler ici le contenu.

Voilà la République placée dans une crise politique de la plus haute importance, et qui demande un concours aussi prompt qu'énergique de toutes les autorités auxquelles sont confiées les destinées d'Haïti.

Si la responsabilité de la tranquillité publique, du maintien de l'État dans son intégrité pèse sur moi, sénateurs, le dépôt sacré de la constitution est aussi sous votre responsabilité. Je viens donc proposer à vos sages délibérations les solutions écrites aux questions suivantes :

1° Pouvons-nous souffrir que, contre les dispositions de l'art. 40 de la constitution, un État séparé de la République se forme et se maintienne dans l'Est de notre territoire ?

2° Si les habitans de l'Est de notre territoire étaient, en tout ou en partie, sourds à la voix pacifique du gouvernement, quel parti faudrait-il prendre à leur égard ?

3° Pouvons-nous, dans aucun cas, souffrir que des *principes* constitutifs *contraires* à ceux qui nous régissent et que nous avons tous juré d'observer, soient établis sur la même terre que la nôtre ?

Voilà ce qu'il importe de décider avec la plus grande promptitude.

N'oublions pas que nous occupons une île dont toutes les côtes, étant accessibles, nécessitent que toute sa population soit *une et indivisible et sous une même direction*, pour fournir à son indépendance des garanties indispensables à son maintien.

Le cas est urgent, citoyens sénateurs ; vos délibérations doivent être promptes, et j'attendrai vos avis pour me décider sur ce que mon devoir m'impose de faire en cette circonstance extraordinaire.

J'ai l'honneur, citoyens sénateurs, de vous saluer avec une condération bien distinguée.

Signé : BOYER.

Ce message résumait tous les principes politiques adoptés dans l'acte d'indépendance du 1er janvier 1804, pour constituer la Nationalité Haïtienne dans l'île entière, et reproduits dans les diverses constitutions publiées depuis cette époque : — unité de territoire, unité politique, liberté générale pour tous lés Haïtiens, exclusion des hommes de la race blanche de la société.

La réponse du Sénat ne pouvait être douteuse en présence des actes publiés à Santo-Domingo. Ils érigeaient un État distinct de la République d'Haïti, maintenaient *l'esclavage* dans cet État et appelaient *les étrangers* au droit de cité et de propriété ; et tout en excluant ces derniers des emplois civils et politiques, ils leur ouvraient les rangs de l'armée à former, comme pour les convier à venir s'emparer de l'Est afin d'assujétir sa population.

Le Sénat s'associa donc à la pensée du Président d'Haïti, et le laissa d'autant plus libre d'agir selon le vœu de la constitution et les circonstances, que ce corps n'ignorait pas le vœu réel de la majorité des populations de l'Est, transmis au Président.

Dès la réception de la nouvelle des événemens accomplis à Monte-Christ et à Laxavon, à la mi-novembre, Boyer se préparait à tirer parti de ceux qui allaient infailliblement survenir dans les autres lieux : en conséquence, il avait envoyé l'ordre aux divers commandans d'arrondissemens de tenir les troupes prêtes à entrer en campagne, selon qu'il le déciderait ultérieurement. Les dépêches qu'il reçut successivement des différentes villes, annonçant leur réunion spontanée à la République, le portèrent à mander deux régimens du Sud et un autre de l'Ouest, au Port-au-Prince, tandis que trois de ceux de l'Artibonite se rendaient au Cap-Haïtien pour se réunir à cinq autres du Nord.

Le 19e anniversaire de l'indépendance d'Haïti fut célébré avec un plus grand enthousiasme que d'ordinaire, car chacun comprenait que le vœu de ses illustres fondateurs serait définitivement accompli dans cette année 1822. A la capitale, après le discours prononcé par le Président d'Haïti, le sénateur Panayoty, président du Sénat, en prononça un aussi sur l'autel de la patrie, qui était comme un gage donné à la nation de la bonne entente existante entre ces deux pouvoirs [1].

Le 7 janvier, une proclamation du chef de l'État appela les électeurs de toutes les communes à nommer leurs représentans pour composer la 2e législature, le mandat de la précédente étant expiré; et à raison des circonstances du moment qui obligeaient le Président à s'absenter de la capitale, l'ouverture de sa première session fut prorogée au 1er août.

Le colonel Frémont, chef de la mission envoyée auprès de Pascual Real, avait été porteur d'une dépêche de Nunez de Cacérès au Président d'Haïti, en date du 19 décembre, notifiant la révolution qu'il opéra à Santo-Domingo : Boyer n'y avait pas répondu. Mais le 10 janvier, il en reçut une nouvelle, datée du 5, alors que Nunez savait les événemens accomplis dans tout le Nord-Est en faveur de la réunion à la République, et qu'il était convaincu de ne pouvoir plus maintenir l'État distinct qu'il avait érigé. Sur le point de

---

1 Il y eut banquet et bal au palais de la présidence, dans la soirée du 1er janvier : on était dans la joie.

pénétrer dans l'Est à la tête d'une armée, le Président d'Haïti devait l'informer dans quel but il y allait, afin de le rassurer ainsi que ses collaborateurs dans l'œuvre du 1er décembre : c'est ce qu'il fit par la dépêche suivante en date du 11 janvier. Il importe de la produire intégralement pour prouver sur quels principes le gouvernement haïtien se basa dans l'un de ses actes les plus glorieux, et démontrer, à la louange de Boyer, que ses procédés envers les habitans de l'Est d'Haïti ne furent pas ce qu'à l'étranger on en a dit[1]. L'histoire devra y recourir aussi dans la suite des temps, pour apprécier bien des événemens.

Jean-Pierre Boyer, Président d'Haïti,

Au citoyen José Nunez de Cacérès, chef politique de Santo-Domingo.

Citoyen,

Hier, j'ai reçu votre dépêche du 5 courant avec le document qui l'accompagnait. Comme le bien de mon pays est l'objet de tous mes soins, je vais entrer franchement avec vous dans toutes les explications que nécessite la situation actuelle de la partie de l'Est d'Haïti. Si la vérité qui me dirige peut être appréciée par ceux qui sont à la tête des affaires à Santo-Domingo, et si le but de leurs sollicitudes n'est que la parfaite régénération de cette partie de l'île, soumise depuis longtemps à l'humiliation et à la misère, cette régénération s'effectuera aussi promptement que pacifiquement, à la satisfaction de tous ceux qui y ont un intérêt réel.

Depuis la proclamation de notre indépendance, nous n'avons jamais entendu que l'île d'Haïti fût divisée ; *toute son étendue, y compris les îles adjacentes, forme le territoire de la République :* ainsi le détermine l'art. 40, tit. 2, de notre constitution généralement connue sur tout le globe *La République est une et indivisible :* art. 31. C'est ce qui, en établissant la garantie de l'indépen-

---

[1] Voyez notamment les assertions de M Lepelletier de Saint-Rémy, pages 331 et suivantes du 1er volume de son ouvrage si souvent cité dans celui-ci.

dance, m'impose les obligations auxquelles je ne puis déroger sans me rendre coupable, tant envers les populations actuelles qu'envers leur postérité la plus reculée.

C'est donc le moment de se demander : Pourquoi la partie de l'Est n'a-t-elle pas été réunie à la République dès la promulgation de l'acte constitutionnel ? Parce que les nouveaux établissemens ne peuvent arriver à leur point de perfection, sans avoir préalablement passé par la filière des malheurs et des catastrophes, qui occasionnent souvent la destruction de l'entreprise ; et quand il n'en est pas ainsi, il est nécessaire qu'une longue expérience, fruit du temps seul, vienne prêter son concours à l'achèvement de l'œuvre qu'on s'est proposée. C'est ce qui est arrivé dans la République. Son histoire des dix huit années écoulées, — personne ne l'ignore, — est là pour le prouver : il est inutile de s'étendre à ce sujet.

Les calamités souffertes par notre gouvernement sont ce qui l'a empêché jusqu'ici de songer à la réunion de tout le territoire ; car, si dans son voisinage, la partie orientale gémissait alors sous le poids des préoccupations et des privations, néanmoins elle était tranquille ; et à cette époque, il eût été inhumain de l'exposer aux horreurs de la guerre civile, quand on n'était pas en position de réunir toutes les volontés à un même centre. Les sentimens de générosité furent également ce qui s'opposa à ce que mon prédécesseur excitât ceux qui sollicitèrent des moyens de lui pour secouer le joug de l'ancienne métropole, comme il avait fait en donnant des armes et des munitions à Don Juan Sanches de Ramirès, quand la généralité de ses concitoyens eurent résolu d'expulser ceux qui, par un traité, avaient obtenu la possession du pays. Je déclare qu'étant animé des mêmes sentimens, je me suis conduit de la même manière, en refusant constamment de protéger les divers partis qui m'ont manifesté l'intention d'entreprendre de se soustraire à toute domination étrangère.

Ennemi du désordre et de toute effusion de sang, j'étais décidé à ne jamais donner assistance à aucune portion des citoyens de l'Est, étant convaincu que le temps n'était pas éloigné où je pourrais y opérer une révolution toute morale, qui, en changeant la malheureuse situation où ils se trouvaient, aurait pour résultat de réunir sans choc, sans violence, mes compatriotes de la partie orientale sous la protection tutélaire des lois de la République. Ce temps était indiqué par la pacification du Nord. Je reçus des envoyés de la partie de Saint-Yague, de Saint-Jean et même de Santo-Domingo, qui m'assurèrent de leur volonté de jouir des avantages de nos institutions. Mais, afin de ne pas les exposer aux calamités inévitables d'un changement d'état, opéré par la voie des armes, je leur conseillai la patience ; et je me déterminai en dernier lieu à faire une démarche ostensible en faveur du peuple, en faisant savoir mes intentions au brigadier général Pascual Real, et ce que la prudence et l'humanité nous prescrivaient à l'un et l'autre. C'est dans ce but qu'eut lieu la mission dont le colonel Frémont était le chef : à son arrivée à Santo-Domingo, il trouva consommé le changement survenu le 1er décembre dernier.

A peine les actes publiés à Santo-Domingo furent-ils connus, que les mêmes habitans de l'intérieur me les adressèrent, en protestant que, s'ils avaient montré quelque enthousiasme à la nouvelle de ce changement, c'est qu'ils croyaient qu'il était conforme à l'acte constitutionnel, et que l'indivisibilité du gouvernement d'Haïti serait la condition essentielle de cette résolution. Je ne me lassai pas de les exhorter à la modération, et j'espérai, pour me déterminer, le retour de mes envoyés.

Le colonel Frémont arriva et me remit votre dépêche en date du 19 décembre. Je me félicitai de ce qu'il n'y eut pas de sang versé dans l'événement du 1er de ce mois ; je conçus une pleine estime pour tous ceux qui avaient empêché son effusion. Mais je déplorai l'erreur qui a dicté l'organisation d'un gouvernement séparé de de celui qui était déjà établi par la loi fondamentale de l'État, et qui se déclarait devoir faire partie de la République de Colombie. Toujours enclin à l'indulgence et à juger les hommes par la pureté de mes principes, j'ai pensé que ceux qui avaient dirigé le changement du 1er décembre, pouvaient s'être trompés dans le choix des moyens, et qu'ils avaient été dominés par des circonstances que j'ignorais ; et je conclus que s'il en était ainsi, ils ne tarderaient pas à revenir de leur erreur, parce que nécessairement, le peuple, plus désabusé, se ferait entendre. Je ne fus pas longtemps à voir se réaliser ma manière de penser, et vous devez savoir que je suis bien informé. Ceux qui ont déclaré qu'ils arboraient le pavillon

haïtien ont donc fait leur devoir ; ils ont connu leurs vrais intérêts et ils doivent être à l'abri de toute insulte.

Citoyen, vous avez trop de pénétration pour avoir confondu le
premier enthousiasme du peuple, en voyant disparaître le pavillon
de l'Espagne, avec les sentimens manifestés de sa volonté qui est,
aujourd'hui, de vivre sous les mêmes lois que le reste des Haïtiens.

Il ne faut pas se faire illusion : *deux États séparés* ne peuvent
exister ni se maintenir indépendans l'un de l'autre *dans l'île* qui
nous a vus naître ; et *quand même* l'acte constitutionnel d'Haïti
n'aurait pas décidé la question de son *indivisibilité*, la raison et la
conservation de tous ses habitans l'auraient *exigé* impérieusement.
Il suffit de s'intéresser de bonne foi à la prospérité de cette île pour
convenir de cette vérité, parce que, pour être effectivement indépendant, il est nécessaire de posséder dans son sein les moyens de
défendre cette indépendance. La République, j'aime à le dire, a
acquis, après beaucoup de tourmentes, tous ces moyens et peut
trouver en elle-même les élémens nécessaires à la conservation de
sa liberté et de son indépendance.

Comme mes devoirs sont tracés, je dois soutenir tous les citoyens
de la République. Les habitans de Laxavon, Monte-Christ, Saint-
Yague, Puerto Plate, Las Caobas, Las Matas, Saint-Jean, Neyba,
Azua, la Vega, etc., etc., ont reçu mes ordres et y obéissent. Je
vais faire *une tournée* dans toute la partie de l'Est avec des forces
imposantes, non comme conquérant (à Dieu ne plaise que ce titre
entre jamais dans ma pensée), mais comme *pacificateur et conci-
liateur* de tous les interêts en harmonie avec les lois de l'État.

Je n'espère rencontrer partout que des frères, des amis, des fils
à embrasser. Il n'y a point d'obstacle qui sera capable de me rete-
nir : chacun peut être tranquille pour sa sécurité personnelle et celle
de ses propriétés. Et quant à vous, citoyen, que je crois animé,
comme vous me l'avez annoncé, du seul intérêt de la patrie, ouvrez
votre cœur à la joie, à la confiance, parce que l'indépendance
d'Haïti sera indestructible par la fusion de tous les cœurs en un
seul et même tout. Vous vous assurerez des droits à mon estime,
vous conserverez des titres précieux envers tous vos concitoyens,
en arborant à Santo-Domingo, dès la réception de la présente dépêche, *l'unique pavillon* qui convient à l'existence des Haïtiens et

qui est celui de la République. J'espère que votre réponse, qui ne devra pas tarder à être dans mes mains, sera conforme à ce que vous impose le pays qui vous a vu naître.

J'ai l'honneur, citoyen, de vous saluer avec une considération distinguée.

Signé: BOYER.

Cette dépêche raisonnait trop bien la situation des choses, pour que Nunez de Cacérès ne fût pas convaincu de la nécessité de se prêter de bonne grâce à la solution pacifique que lui recommandait le Président. Ensuite, la soumission spontanée de toutes les communes de l'intérieur et l'armée qui allait y pénétrer, rendaient toute résistance impossible et même inutile. Le 18 janvier, elle parvint au *chef politique* qui s'empressa de réunir à l'hôtel de ville, les magistrats municipaux et tous les fonctionnaires civils et militaires; il leur en donna connaissance, et leur dit : qu'il fallait répondre à l'attente du Président d'Haïti. Quelques mécontens firent entendre des paroles d'opposition, qu'ils auraient été certainement impuissans à soutenir; mais Nunez passa outre et fit arborer le pavillon haïtien, le 19 janvier.

Le même jour, il en informa le Président et fit publier sa dépêche qu'il accompagna d'une *adresse* aux habitans de l'Est. Il y fit d'abord une apologie de sa conduite pour se défendre contre ses détracteurs; il avoua que la révolution du 1er décembre, à Santo-Domingo, n'avait été que la suite du mouvement en faveur de l'indépendance commencé dans les communes de Laxavon et de Monte-Christ; et en recommandant à ses concitoyens une parfaite soumission à l'autorité du Président d'Haïti, d'avoir confiance en ses principes et ses promesses de garantie pour leurs personnes et leurs propriétés, il leur annonça une ère de prospérités dont

ils jouiraient avec abondance, sous l'empire et la protection
de la constitution haïtienne qui assurait à tous les citoyens les droits imprescriptibles de la nature : la liberté,
l'égalité, la sûreté personnelle, la paix sociale.

On pouvait trouver une fine ironie dans sa manière de
s'exprimer à ce sujet, et cette partie de son adresse expli-
quera son discours prononcé à l'hôtel de ville le 9 février
suivant : jusque là, l'autorité publique continua d'être
exercée par lui à Santo-Domingo.

Le 12 janvier, le Président publia un ordre du jour
pour annoncer que, les citoyens de l'Est lui ayant adressé
leur soumission aux lois de la République, une armée placée
sous les ordres de chefs sages et expérimentés allait y pénétrer. Cet acte recommanda aux troupes la plus exacte discipline, le maintien de l'ordre dans leurs rangs, en mena-
çant de la peine *de mort* tout individu qui violerait le droit
de propriété; il fut publié en français et en espagnol, et en
voyé dans les communes de l'Est pour rassurer leurs habitans. Et le 15, un ordre général de l'armée en marche
dénomma les généraux qui en faisaient partie et les corps de
troupes qui la composaient.

Il y avait huit généraux de division : Borgella, Bonnet,
Prophète Daniel, Jacques Simon, Prévost, Placide Lebrun
Toussaint et Pierrot ; sept généraux de brigade : Bergerac
Trichet, Frédéric, Quayer Larivière, Beauregard, Sainte-
Fleur, Riché et Dupuy, et l'adjudant-général Voltaire :
puis un grand nombre d'officiers de l'état-major général qui
se réunirent à ceux employés près de ces généraux et du
Président d'Haïti, et les deux régimens d'infanterie de la
garde, trois de la garde à cheval, un autre de la grosse cavalerie, des détachemens d'artillerie, et douze régimens
d'infanterie de ligne : les 13e et 15e du Sud; les 11e et 23e,

de l'Ouest ; les 7ᵉ, 8ᵉ et 14ᵉ, de l'Artibonite ; et les 5ᵉ, 6ᵉ, 26ᵉ, 27ᵉ et 28ᵉ, du Nord.

Telle était cette armée, forte d'environ 14,000 hommes. Elle fut divisée en deux corps : — le premier, sous les ordres de Borgella, passant par la route de Saint-Jean et d'Azua, précédant le Président d'Haïti qui suivait la même route ; — le second, sous les ordres de Bonnet, débouchant par Laxavon pour passer par Saint-Yague et la Véga. Ces deux corps devaient se réunir sous les murs de Santo-Domingo, pour entrer dans cette ville avec le chef de l'État ; mais le premier était le plus important, étant composé de 8 régimens d'infanterie et de toute la garde [1].

Le 15 janvier, le Président d'Haïti publia une proclamation, datée du Port-au-Prince et commençant ainsi : « L'heure est enfin arrivée où tout le territoire d'Haïti doit » jouir des bienfaits de notre constitution : c'est pour l'ac- » complissement de cet objet important que nous allons » diriger nos pas dans la partie de l'Est de cette île. » Cet acte était adressé spécialement aux fonctionnaires publics de tous rangs dans les quatre départemens de la partie occidentale ; il leur prescrivait le maintien de l'ordre et de la tranquillité, sous la responsabilité personnelle de cha- cun et particulièrement des commandans d'arrondissement, pendant l'absence du chef de l'État. « Nous déclarons, au » nom de la nation, disait-il en terminant, que fidèle à » notre devoir, nous ne manquerons pas, le cas arrivant, » de poursuivre et de livrer à la rigueur de la loi, ceux qui

---

1 Borgella avait sous ses ordres les 5ᵉ, 7ᵉ, 8ᵉ, 11ᵉ, 13ᵉ, 15ᵉ, 23ᵉ et 26ᵉ régimens, et Bonnet, les 6ᵉ, 14ᵉ 27ᵉ et 28ᵉ régimens, la grosse cavalerie et un détachement des carabi- niers de la garde. Les corps de cette garde marchaient sous les ordres directs du Président. Bergerac Trichet et Frédéric commandaient chacun une division du 1ᵉʳ corps ; Quayer Larivière et Dupuy, chacun une brigade du 2ᵉ corps. Les généraux J. Simon, Prévost et P. Lebrun étaient dans ce dernier corps, et les autres généraux, dans le premier.

» ne se seront pas conformés aux présentes dispositions. »
Et le 16 janvier, il quitta la capitale.

Si l'armée en campagne se conduisit comme le prescrivit
le Président et telle qu'on devait l'attendre de troupes aussi
disciplinées que l'étaient celles de la République, sous le
commandement de généraux comme Borgella et Bonnet, il
faut dire également que les commandans d'arrondissement
et tous les fonctionnaires de la partie occidentale répondirent parfaitement à l'attente du chef de l'État.

Le premier corps de l'armée pénétra sur le territoire de
l'Est dès le 20 ; le second ne put partir du Fort-Liberté
que le 28, à cause de la réunion des troupes que les pluies
de la saison contrarièrent dans le Nord. Le 31, Bonnet entra à Saint-Yague, aux acclamations de sa belle population.
Le lendemain, il fit chanter un *Te Deum* en actions de grâces
à l'Éternel qui avait inspiré les habitans de tout le Nord-
Est à se réunir à la République. Suivant l'ordre du Président d'Haïti, le général Prévost prit le commandement de
l'arrondissement de Saint-Yague ; le général J. Simon alla
prendre celui de Puerto-Plate ; l'adjudant général C. Thabarrès celui de Macoris. Bonnet partit avec les troupes pour
la Véga où il installa le général de division Placide Lebrun
comme commandant de cet arrondissement. Le dimanche
5 février, Prévost publia la constitution de la République
en présence de la population de Saint-Yague dont il reçut
le serment de fidélité à cet acte : la même cérémonie fut
remplie dans les autres lieux par les généraux qui en prirent le commandement. Le général Bonnet quitta la Véga
pour se diriger par Cotuy sur Santo-Domingo.

Le premier corps de l'armée passa quelques jours à
Saint-Jean d'où il se remit en route le 2 février : le 8, il
était rendu en entier au bourg de San-Carlos qui touche à

Santo-Domingo. A Azua, à Bany, comme dans les autres bourgs, le Président d'Haïti fut accueilli avec les démonstrations de la joie la plus vive de la part des populations ; les généraux, les autres officiers et les soldats eux-mêmes reçurent les témoignages de leur satisfaction, par leur empressement à porter des vivres qui étaient régulièrement payés.

Ce fut une marche triomphale pour ce corps d'armée comme pour celui sous les ordres du général Bonnet, un triomphe obtenu par l'influence des institutions de la République sur les esprits, par la sagesse de son gouvernement qui, dans les trois mémorables circonstances de la pacification du Sud, en 1812, de la pacification de la Grande-Anse et de la pacification du Nord, en 1820, avait prouvé que son unique ambition était de réunir tous les citoyens d'Haïti sous les mêmes lois, pour les faire participer aux mêmes avantages.

Le samedi 9 février, à 6 heures du matin, Boyer inspecta les troupes ; elles étaient dans une tenue admirable. Immédiatement après, le général Borgella pénétra dans l'enceinte de Santo-Domingo par la porte *del Conde* : il marchait avec son état-major en tête des huit régimens de son corps, défilant par pelotons ; puis venait la garde à pied. Le Président d'Haïti, en costume de colonel, était précédé d'un grand état-major et escorté des officiers généraux Pierrot, Toussaint, Prophète Daniel, Riché, Sainte-Fleur, Beauregard, Voltaire et Inginac, secrétaire général : la garde à cheval terminait cette colonne.

A la porte *del Conde* se trouvaient Jose Nunez de Cacérès et les magistrats de la ville, venus pour y recevoir le chef de la République ; les troupes de cette cité, s'élevant à environ 500 hommes, formaient une haie des deux côtés de la rue *del Conde.* Le carillon des cloches des nombreuses églises, la salve d'artillerie tirée de tous les forts de la place, le bruit des tambours, le son de la musique, les cris de : *Viva el senor Presidente!* poussés par la population accourue sur les lieux : tout contribuait à faire de cette journée, l'une de celles dont Boyer devait se ressouvenir le plus. Successeur heureux du grand citoyen dont la bienfaisante politique avait jeté les bases de toutes les prospérités de la patrie, marchant sur ses traces, imitant sa modération intelligente, il recueillait ainsi, l'un après l'autre, les glorieux fruits de son gouvernement.

En voyant Nunez de Cacérès, Boyer descendit de cheval et lui donna une accolade, en signe de la satisfaction qu'il éprouvait de sa résignation à reconnaître l'autorité de la République, pour ne pas compromettre le sort de ceux de ses concitoyens qui avaient partagé ses premières idées; car c'était leur tracer un exemple utile à leur bonheur personnel, que de les persuader de la nécessité de se rallier au vœu général. Cet acte, qui décelait les sentimens fraternels et patriotiques du chef qui se trouvait en ce moment à la tête d'une puissante armée, fut d'un heureux effet sur tous les assistans. Ensuite, le Président remonta à cheval et se rendit sur la place de la cathédrale où il inspecta les régimens de sa garde, à l'arsenal et sur d'autres points que le général Borgella avait fait occuper de suite, puis il se porta au palais des anciens gouverneurs pour l'Espagne; là s'étaient rendus Nunez de Cacérès avec les magistrats de la ville et les citoyens les plus notables.

Le Président leur dit : « J'éprouve un vif plaisir à me » trouver au milieu de vous; mais ce plaisir serait bien » plus vif si j'étais assuré, citoyens, que la réunion qui

» vient de s'opérer vous est aussi agréable qu'elle l'est à
» tous les autres citoyens de la partie occidentale de la
» République [1]. » Ces paroles furent accueillies avec un
chaleureux enthousiasme. Boyer savait en inspirer à ses
auditeurs, par la facilité de sa diction, par sa dignité dans
ses fonctions et surtout par la physionomie agréable, prévenante, qui le distinguait dans ses heureux momens; car
alors toute la bonté de son cœur se reflétait sur sa figure et
dans son regard.

Après avoir pris possession de Santo-Domingo militairement, par la puissance des armes, le Président d'Haïti,
reconnaissant la nécessité de sanctionner ce fait par l'investiture de l'autorité civile et politique dans toute la partie de l'Est, appuyée de la consécration religieuse, invita
Nunez de Cacérès et les magistrats d'aller avec lui au
Cabildo ou Municipalité, afin de constater régulièrement
cette cérémonie par un procès-verbal, pour se rendre ensuite à la cathédrale et assister à un *Te Deum* chanté en actions de grâces.

La vanité et l'orgueil de Nunez de Cacérès attendaient ce
moment, il paraît, pour se manifester par une sorte de protestation contre sa déchéance de la haute position qu'il
s'était créée dans l'Est, par la révolution éphémère du 1er décembre. Indépendamment des défauts de son caractère qui
le portèrent toujours à lutter contre ses supérieurs, —
témoin les tracasseries qu'il suscita à Juan Sanches et aux
autres gouverneurs, — lui qui n'avait été poussé à l'indépendance, dans ces derniers temps, que pour se venger du
gouvernement espagnol, ainsi que nous l'avons dit, il ne

____

[1] Relation du secrétaire général Inginac, insérée dans *le Télégraphe*, et *la Concorde* du
24 mars 1822, n° 12.

put se soumettre franchement à descendre du rang où il s'était placé.

Il adressa donc à Boyer, dans la salle du Cabildo remplie de fonctionnaires, de citoyens et d'officiers de tous grades, un discours qu'il prononça *en espagnol*, bien qu'il parlât fort bien *le français*, non-seulement dans la pensée d'embarrasser le Président dans la réponse que celui-ci lui ferait, mais pour être mieux compris de ses anciens complices ou adhérens et de ses autres compatriotes. Il essaya d'abord de se disculper d'avoir adopté le pavillon *colombien*, en disant que ce n'était pas un signe d'adhésion particulière ni d'incorporation à la Colombie; mais que c'était en vue d'honorer la mémoire de Colomb qui avait découvert l'Amérique. Ensuite, il prétendit qu'entre les populations des deux anciens territoires d'Haïti, la différence d'origine, de langage, de législation, de mœurs, d'habitudes, était une cause puissante pour s'opposer à leur réunion en un seul et même État, et que *l'avenir* se chargerait de prouver, par les faits, que cette assertion est fondée; qu'il avait promis à ses compatriotes de leur procurer l'indépendance, et qu'il espérait qu'ils rendraient justice à ses intentions, si le résultat de son œuvre politique avait tourné autrement qu'il ne le désirait. Il termina enfin son discours, en manifestant l'espoir que le Président d'Haïti les défendrait et les protégerait de son bras puissant, afin de les rendre heureux, etc. [1].

Toutefois, Nunez promit fidélité à la République et à son gouvernement; ensuite, il fit présenter au Président les clefs de Santo-Domingo sur un plat d'argent, en signe de la

---

[1] Le général Prévost fit publier, le 5 mars suivant, une lettre adressée aux habitans de l'Est, en réfutation du discours prononcé par Nunez de Cacérès : elle parut sur les nos 21 et 22 de la *Concorde,* au mois de juin.

soumission de cette ville et du territoire de l'Est, dont elle était la capitale. C'était renouveler ce qui s'était fait à l'égard de Toussaint Louverture.

S'adressant alors à tous ceux qui assistaient à cette cérémonie, Boyer leur exprima le regret de n'avoir pu comprendre toutes les parties du discours prononcé par Nunez, afin d'y répondre de point en point. Mais il déclara qu'en venant dans l'Est, il n'était mu par aucune ambition, et que ce n'était que pour remplir son devoir, aux termes de la constitution; et il rappela qu'il avait déjà fait sa profession de foi à cet égard, dans sa dépêche du 11 janvier, traduite en espagnol, imprimée et publiée par les soins de Nunez.

« Je reçois avec satisfaction, ajouta-t-il, les protestations
» que vous me faites de la soumission et de la fidélité que
» vous jurez à la République. Quant aux clefs de la ville qui
» me sont offertes, *je ne les accepte point*, parce que je ne
» suis pas venu ici *en conquérant*, que ce n'est pas la force
» des armes qui m'y a amené, mais bien *la volonté* des habi-
» tans qui m'ont *librement* appelé pour les garantir des
» droits et des avantages dont ils n'ont jamais joui. En
» conséquence, je déclare, comme chef de l'État, que je
» ferai tous mes efforts pour que ceux qui augmentent au-
» jourd'hui la famille haïtienne ne soient jamais dans le
» cas d'éprouver aucun regret de la démarche qu'ils vien-
» nent de faire [1]. »

Ces paroles furent accueillies par les acclamations de tous les citoyens, particulièrement de ceux de Santo-Domingo qui y trouvaient une garantie, franchement et loyalement donnée, que leurs droits seraient respectés par le gouvernement de la République. On se rendit ensuite à la cathédrale,

---

[1] Relation du secrétaire général Inginac, publiée dans les journaux.

où l'archevêque Pedro Valera, vieillard vénérable, entonna lui-même le *Te Deum* en actions de grâces. Un procès-verbal des deux cérémonies fut dressé par le Cabildo. Le Président d'Haïti fut enfin reconduit à son palais par le même cortége, et là, l'archevêque vint, à la tête de son clergé, lui faire visite et le complimenter sur la prise de possession de la partie de l'Est, qui réunissait tous les Haïtiens sous les mêmes lois [1].

Dans l'après-midi, la division Bonnet entra à Santo-Domingo.

On ne trouva pas la plus petite somme au trésor public, pas la moindre provision de bouche dans les magasins de l'Etat. Le gouvernement dut comprendre que, pendant longtemps encore, il faudrait pourvoir aux dépenses de tous genres par les ressources de la partie occidentale.

Le premier soin du Président fut d'organiser les différens services publics. Il nomma le général Borgella commandant de l'arrondissement de Santo-Domingo, dont les limites prirent dès lors, et peu après encore, les proportions du vaste département du Sud-Est, ci-devant de l'Ozama [2].

Le général Beauregard eut le commandement de cette place; le colonel Carrié, celui de l'arsenal et du fort appelé

---

[1] Peu de jours après l'entrée de l'armée à Santo-Domingo, un soldat fut condamné à mort par le conseil de guerre, pour avoir commis des violences sur des habitans de la campagne. Ce malheureux allait être exécuté, quand l'archevêque Pedro Valera vint lui-même auprès de Boyer le prier de lui faire grâce; le Président y consentit. Cette démarche du prélat, faite au nom de la religion, porta Boyer à le vénérer; et l'armée partageant ce sentiment, on n'eut plus à réprimer un seul acte d'indiscipline.

M. Lepelletier de Saint-Rémy a été bien mal renseigné, quand il a parlé de cet archevêque en ces termes : « Nous voudrions ne pas dire que l'évêque de Santo-Domingo fut » accusé de s'être fait l'agent de cette malheureuse intrigue (la réunion de l'Est), et que » l'on évalue à cent mille gourdes le prix qui lui fut compté en retour de la nationalité » de son pays. » — T. Ier, p. 333.

[2] Le général de division Francisque remplaça Borgella dans le commandement de l'arrondissement d'Aquin, après être resté sans emploi depuis l'affaire des Gonaïves.

la Force qui en est le siége[1]. Le général Dupuy fut envoyé commandant de l'important quartier de Seybo et de Higuey; le général Riché, à Bayaguana ; le général Bergerac Trichet, à Azua; les colonels Hogu, à Bany, et Saladin, à Las Matas, et le chef d'escadron D. Dalmassy, à Saint-Jean. Les 500 hommes de troupes trouvées à Santo-Domingo commencèrent la formation de deux régimens d'infanterie, dont le premier fut confié au commandement de Paul Aly, promu colonel, qui était un ancien compagnon de Jean-François et de Biassou.

Le tribunal civil fut organisé et eut pour doyen J.-J. Del Monte, ancien magistrat versé dans la législation espagnole, possédant une vaste instruction d'ailleurs et une profonde érudition. José de la Cruz Garcia fut nommé juge de paix ; le conseil des notables remplaça le Cabildo par ses principaux membres. L'administration des finances fut confiée à A.-M. Valdès; celle du trésor au vieillard Lavastida; celle de la douane à E. Valencia. Enfin, tous les emplois civils furent occupés par des *indigènes* de Santo-Domingo, parmi lesquels on remarquait Thomas Bobadilla, nommé commissaire du gouvernement près le tribunal civil, citoyen de beaucoup de capacité. L'ancienne *université* de cette ville fut rétablie avec plusieurs professeurs de mérite, et une école primaire fondée à côté de celles tenues par des particuliers.

La constitution de la République n'admettant sur tout son territoire que des hommes libres et égaux en droits, partout où l'armée haïtienne passait pour se rendre dans celui de l'Est d'Haïti, elle brisait les fers *des esclaves*. Afin de

____

1 Carrié avait précédemment perdu le commandement des grenadiers à cheval de la garde.

consacrer leur régénération civile et politique, le 17 février, Boyer procéda lui-même à la touchante et pieuse cérémonie de la plantation de l'arbre de la Liberté, sur la place de la cathédrale, au milieu de toutes les troupes qui n'avaient cessé de combattre pour assurer ce droit sacré et imprescriptible, en présence de la population de l'antique cité qui eut l'honneur de recueillir les restes de Colomb. Il prononça en cette occasion un discours éloquent et chaleureux, dans une improvisation qui ne put être retenue, faute de sténographes. Le vicaire général Jose Aybar avait béni le majestueux palmiste; il chanta ensuite, dans la cathédrale, une grand'messe solennelle en actions de grâces, à laquelle assistèrent le chef de l'État, les officiers de tous grades et tous les fonctionnaires publics réunis aux citoyens des deux sexes. Par ordre du Président, les commandans militaires, dans toutes les autres communes, firent également planter des arbres de la Liberté et procéder à une semblable cérémonie.

Dès le 9 février, Boyer avait publié une proclamation adressée au peuple haïtien, qui devenait comme un manifeste pour les nations étrangères. Il y disait que le pavillon d'Haïti flottait sur tous ses points, en vertu de sa constitution et de la volonté de ses habitans liés à jamais par les mêmes intérêts; que leur réunion, commencée depuis trois ans, n'avait fait verser aucune larme. « Qui méconnaîtrait,
» dans cette heureuse révolution, la puissance de Dieu qui
» règle les destinées des peuples?... Haïtiens ! en vain nos
» ennemis prétendraient alarmer les puissances étrangères
» sur la réunion de tout notre territoire : les principes éta-
» blis par les articles 40 et 41 de notre constitution, qui
» nous donnent l'Océan pour limite, sont aussi générale-
» ment connus que ceux consacrés par l'article 5 du même

» àcte et par lesquels nous nous sommes engagés à ne for-
» mer jamais aucune entreprise tendant à troubler la paix
» de nos voisins. — Peuple agriculteur et guerrier, les
» Haïtiens ne s'occuperont que des intérêts de leur patrie,
» ils ne se serviront de leurs armes que pour défendre leur
» indépendance nationale, si on était assez injuste pour
» l'attaquer; toujours généreux, toujours hospitaliers, ils
» continueront d'agir avec loyauté envers ceux des étran-
» gers qui, habitant parmi eux, respecteront les lois du
» pays. — Ma destinée était sans doute d'être l'instrument
» dont la divinité devait se servir pour faire triompher notre
» cause sacrée : c'est à sa protection que je rapporte les
» succès qui ont accompagné mon administration, depuis
» que les rênes de l'État ont été placées dans mes mains.
» J'ai constamment fait tout ce qui a dépendu de moi pour
» m'en rendre digne; toute ma vie sera consacrée de même
» à remplir religieusement les obligations que m'imposent
» la gloire et la prospérité d'Haïti. J'ai le droit de compter
» sur le concours de tous mes concitoyens, et j'y compte-
» rai pour élever la nation au rang qu'elle doit occuper
» dans le monde civilisé. »

Ces modestes et patriotiques paroles venaient ensuite
d'un appel au souvenir des compagnons de « l'immortel
» Pétion, » pour tout ce qu'ils avaient déjà fait. « Voyez
» sans orgueil, leur disait Boyer, le triomphe de vos ef-
» forts et de votre persévérance; vous fûtes toujours do-
» ciles à la voix de votre chef et prêts à tout sacrifier à la
» patrie : continuez à vous montrer dignes de ce que vous
» avez été. »

Une question politique de haute importance surgissait de
la publication de la constitution de la République dans cette
partie de l'Est. Ce pacte fondamental repoussait du sein de

la société haïtienne tous les hommes de la race blanche, et cependant il s'en trouvait un assez grand nombre sur ce territoire, qui étaient Européens ou réellement des descendans pur sang d'Européens, ou enfin qui y avaient toujours été considérés comme tels. Eux tous, mêlés aux indigènes de race africaine, descendans des Espagnols, avaient accepté la République d'Haïti et ses lois comme ces derniers. Fallait-il *les exclure* des avantages de l'égalité des droits, après avoir proclamé la liberté des esclaves? La constitution, enfin, devait-elle être rigoureusement exécutée à l'égard de ces hommes dont beaucoup étaient propriétaires de biens immeubles?

L'équité la plus stricte devait résoudre ces questions vitales. Peut-être que, parmi les hommes dont s'agit, un certain nombre avaient répugné ouvertement ou secrètement à voir flotter dans l'Est le pavillon haïtien; mais, du moment qu'ils s'étaient soumis aux circonstances, comme avaient fait Nunez de Cacérès et ses adhérens, la raison voulait qu'ils fussent admis et considérés comme *Haïtiens*, s'ils étaient *propriétaires de biens fonds* et s'ils prêtaient *serment de fidélité* à la République et à sa constitution. Ce fut la décision que prit le Président d'Haïti. Il donna ses instructions à cet effet aux divers commandans d'arrondissement; par là, on évitait de comprendre dans les mêmes avantages les étrangers de plusieurs nations commerçantes qui n'étaient établis dans l'Est qu'à ce titre, et on agissait ainsi, de même qu'en 1804, 1806 et 1816.

Nunez de Cacérès lui-même, restant sans emploi, mais citoyen de la République, reçut les appointemens affectés au sénatoriat, dignité à laquelle il aurait pu être appelé par la suite, si sa conduite continuait à inspirer toute confiance en lui. Manuel Carabajal fut promu au grade d'ad-

judant-général à l'état-major général : c'était un vieillard
déjà presque aveugle.

Mais, pendant que Boyer prenait à Santo-Domingo une
mesure politique qui conciliait les exigences de la constitution du peuple haïtien, avec ce que réclamait l'équité par
rapport aux hommes de la race blanche trouvés dans l'Est,
les individus de cette race, établis sur la presqu'île de Samana, agissaient d'une façon qui eût pu le porter à revenir
sur sa décision, si les principes qui le guidaient n'étaient
pas fondés sur la raison et la justice, qui ne doivent pas
subir des variations au gré des événemens.

Après la déclaration de l'indépendance d'Haïti, un certain nombre d'anciens colons français, réfugiés dans l'Est
sous la protection du général Ferrand, s'étaient fixés sur la
presqu'île de Samana où ils avaient fondé des établissemens
agricoles. Lorsque la population indigène se souleva contre
ce général pour expulser les Français, des navires de guerre
anglais avaient pénétré dans la baie et forcé le commandant
de la presqu'île à capituler, le 10 novembre 1808; et en
mettant les indigènes insurgés en possession de ce lieu, les
Anglais leur avaient imposé la condition de respecter les
personnes et les propriétés françaises [1]. Ainsi garantis, les
colons de Samana continuèrent d'y résider sous le nouveau
régime fondé par Juan Sanches et ses successeurs, qui main-
tinrent *l'esclavage* dans l'Est : ces colons possédaient des
esclaves comme les autres planteurs. Ils ne s'émurent point
de la révolution du 1er décembre opérée par Nunez de Cacérès, puisqu'ils n'étaient pas menacés de perdre leurs pro-

____
[1] Voyez tome 7, page 252.

priétés *pensantes.* Mais lorsque survinrent les événemens passés dans le Nord-Est, en faveur de la République d'Haïti, ils comprirent que c'en était fait de l'esclavage ; ils craignirent une nouvelle expulsion de Samana, comme celle qui les avait frappés dans la partie occidentale. Cette crainte était fort naturelle de leur part, et ils avisèrent.

Or, en ces momens d'inquiétude, la frégate française *la Duchesse-de-Berry,* sous le commandement de M. Douault, arriva dans la baie de Samana qui, depuis les premiers jours de 1821, était fréquentée par les navires de guerre de la même nation. La présence de ces colons les y attirait; ils veillaient aussi sur les côtes, pour la protection qu'ils devaient aux bâtimens marchands sortis de France et se rendant dans les ports haïtiens, contre les corsaires des indépendans de la Côte-Ferme dont nous avons parlé au commencement de ce volume. La frégate venait même de capturer deux de ces corsaires commandés par deux Français, nommés Rossignol et Mouchette, qui avaient pris et pillé un navire brémois dans ces parages. Après avoir relâché ce dernier, le commandant Douault amena les corsaires dans la baie : l'un d'eux se nommait ou fut nommé *l'Utile.* Peu de jours après le brig *le Silène,* capitaine Cuvillier, vint joindre la frégate.

Il faut dire ici, qu'au moment où Boyer allait partir du Port-au-Prince, un autre brig de guerre français y était arrivé et avait demandé et obtenu la permission de faire de l'eau. Le capitaine déclara qu'il était en croisière pour capturer les navires qui se livraient à la traite des noirs [1]. Et déjà, M. le comte Donzelot, gouverneur de la Martinique, s'était joint à l'amiral Jacob, commandant la station

1 Voyez les Mémoires d'Inginac, page 61.

navale, pour solliciter du Président la même autorisation de s'approvisionner d'eau et de bois, en faveur de tous navires de guerre français qui se trouveraient dans les parages d'Haïti, pour la même cause. A son arrivée à Saint-Jean, le Président avait été informé que *la Duchesse-de-Berry* était dans la baie de Samana.

Les colons de cette presqu'île voyant l'agitation des indigènes qui désiraient d'arborer le pavillon haïtien, proposèrent au commandant Douault de s'en emparer « pour la France; » mais il refusa péremptoirement de commettre un tel acte, n'y étant pas autorisé. Cependant il leur conseilla d'avoir recours au comte Donzelot; et à cet effet, ils formulèrent une adresse qui, étant soumise à ce commandant, fut déclarée *inacceptable* à cause des termes *peu mesurés* dans lesquels ils parlaient des Haïtiens et de leur chef. Une nouvelle adresse fut rédigée par le même individu, — *A. Couret,*[1] — qui était attaché au colon *Clarac,* lequel était le plus grand propriétaire de la presqu'île et commerçant au bourg de Samana. En conséquence, la goëlette *l'Utile* fut expédiée, le 25 janvier, pour apporter cette adresse à la Martinique : deux des colons montèrent à son bord. *L'Utile* y arriva le 9 février seulement, ayant été contrariée par les vents.

Mais, dès le 30 janvier, Nunez de Cacérès, qui savait la marche de l'armée haïtienne, avait écrit une lettre au commandant Douault pour l'inviter à sortir de la baie de Samana, afin que Boyer ne crût pas à une connivence entre

____

[1] A. Couret, qui devint l'un des représentans du Port-au-Prince, en 1837, et qui fut membre de l'Opposition dans la Chambre. Je parle aussi affirmativement, parce que je tiens d'un témoin oculaire une note sur les événemens passés à Samana. Ce que je dis du commandant Douault repose sur des documens que j'ai lus au ministère de la marine, à Paris.

eux. Cet officier ne suivit pas cette injonction, par la raison qu'il dut attendre ce que déciderait le gouverneur Donzelot.

A l'arrivée de *l'Utile* à Fort-Royal, ce gouverneur jugea naturellement qu'il ne pouvait être sourd aux cris de détresse poussés par les colons français de Samana, dans le moment où cette presqu'île allait infailliblement passer au pouvoir des Haïtiens. Par le brig de guerre venu au Port-au-Prince à la mi-janvier, il était informé de la prochaine entrée de Boyer sur le territoire de l'Est. S'il s'était borné à vouloir seulement enlever ces colons et leurs familles, pour les porter dans les îles françaises, rien n'eût été plus conforme à ses devoirs. Mais, en combinant ses mesures avec l'amiral Jacob, celles qu'ils prirent décelaient une arrière-pensée.

Ils ne pouvaient raisonnablement s'emparer de la presqu'île « au nom de la France, » puisqu'elle était censée être toujours une portion de la colonie *espagnole* insurgée alors contre sa métropole. La France étant l'alliée de l'Espagne, c'était donc au nom de cette dernière puissance que le gouverneur et l'amiral voulaient agir. A cet effet, le drapeau royal *espagnol* devait être rétabli sur la presqu'île ; et, dans la juste crainte que les indigènes de ce lieu ne voulussent imiter ceux du reste de l'Est en se soumettant à la République, il fallait des forces de débarquement pour soutenir l'entreprise. En conséquence, le vaisseau *le Jean-Bart*, monté par l'amiral Jacob ; les frégates *l'Africaine* et *la Junon*, la corvette *l'Aigrette*, les goëlettes *l'Hirondelle* et *l'Utile*, furent disposées pour aller se réunir à la *Duchesse-de-Berry* et au *Silène* dans la baie de Samana. La corvette *le Tarn* partit en même temps que les autres navires : elle avait à son bord quatre cent quinze hommes d'infanterie et d'artillerie, deux canons de campagne, des munitions de guerre et quatre cents fusils destinés à l'armement des colons et des indigènes qui se rangeraient autour d'eux. Il avait fallu sept ou huit jours pour ces préparatifs : le 16 février, la flottille quitta Port-Royal et arriva le 19 à l'entrée de la baie de Samana.

L'amiral français pouvait s'entendre dire : *Il est trop tard!* En effet, le pavillon *haïtien* avait déjà remplacé celui de la Colombie depuis environ vingt jours, par la résolution énergique des indigènes de la presqu'île ; la constitution de la République avait été proclamée dans toutes les localités de l'Est ; et la veille, le 18 février, le général de division Toussaint avait pris possession du bourg de Samana avec un corps de troupes venu de Santo-Domingo sous ses ordres. Pour rétablir le drapeau d'Espagne sur la presqu'île, il aurait fallu maintenant livrer bataille aux Haïtiens, prendre sur soi une immense responsabilité ; car alors la France elle-même eût été entraînée à agir contre l'ancienne colonie de son alliée ; ce qu'elle n'avait pas voulu faire contre sa propre ancienne colonie de Saint-Domingue, ainsi que nous l'avons déjà dit.

Peu de jours après le départ de la goëlette *l'Utile* pour la Martinique, le colon Clarac avait sollicité le commandant Douault d'envoyer une barge de sa frégate au bourg de Samana, afin d'enlever les marchandises qu'il y avait dans son magasin et de les porter à bord du brig français *l'Irma,* navire marchand de Bordeaux venu là à sa consignation. La barge était armée d'une pièce de canon et montée par cinquante hommes. Aussitôt son arrivée, la population du bourg s'était ameutée. Elle s'opposa à l'enlèvement des marchandises, fit tirer le canon d'alarme pour réunir à elle les autres citoyens de la presqu'île, et Juan Bagu, homme énergique, fit hisser le pavillon *haïtien* au mât du fort en remplacement de celui de la *Colombie*. Le commandant Manuel Machado, qui jusque-là avait été irrésolu, subissant le vœu des indigènes, se mit à leur tête [1]. L'officier de la barge, ne pouvant résister, abandonna la partie et se retira à bord de la *Duchesse-de-Berry*, dont le commandant l'approuva. Sa prudence lui censeillait une conduite expectante jusqu'à l'arrivée des instructions de son amiral et du comte Donzelot.

Dans ces entrefaites, la réponse de M. Douault à la lettre de Nunez de Cacérès, du 30 janvier, étant parvenue à Boyer, le Président lui avait adressé une autre lettre, le 10 février, qui l'invitait à se retirer de la baie de Samana ; et ce fut ce jour même qu'il expédia le général Toussaint pour aller prendre le commandement de la presqu'île. Cet officier mit toute la diligence possible à se rendre à ce poste. Il n'avait que de faibles embarcations pour transporter ses troupes de Savana-la-Mar au bourg de Samana. Le commandant Douault ne gêna point son passage à travers la baie, et dès son arrivée au bourg, le général Toussaint lui écrivit une lettre polie, mais ferme, par laquelle il le sommait, au nom du Président d'Haïti, de quitter la baie.

M. Douault ne pouvait guère faire autrement. Il ne voyait pas revenir les colons envoyés à la Martinique ; il dut penser que leur démarche n'avait pas été accueillie, et les faits étaient accomplis à Samana. Le 19 février, il fit sortir de la baie la *Duchesse-de-Berry* et le *Silène ;* mais à l'entrée de cette baie, il rencontra la flottille sous les ordres de l'amiral Jacob, à qui il fit son rapport des événemens survenus de-

---

[1] Le 10 février, il publia une proclamation à la population de Samana, qu'on lit parmi les documens imprimés en 1830.

puis le départ de l'*Utile*. Les colons français se trouvaient
ainsi abandonnés à la discrétion de l'autorité haïtienne,
après une conduite compromettante pour leur sûreté.

La situation où ils s'étaient placés n'eût certainement pas
exposé leur vie avec un chef d'État comme Boyer, dont les
principes s'inspiraient du droit des gens et des sentimens
puisés à la source de l'humanité; mais il est *possible* qu'il
eût jugé qu'il était de son devoir de ne pas souffrir la présence de ces colons sur la presqu'île de Samana, où ils auraient pu, par la suite, appeler de nouveau des forces françaises. La sûreté de l'indépendance nationale aurait *peut-
être* exigé leur expulsion; sauf à les indemniser de la perte
de leurs propriétés *immobilières*.

De son côté, l'amiral Jacob dut reconnaître qu'il était de
son devoir de ne pas abandonner ses compatriotes; et,
s'exagérant sans doute les dangers qu'ils couraient en présence des troupes haïtiennes, il prit la résolution de pénétrer dans la baie de Samana avec toute sa flottille et les
deux navires qui venaient d'en sortir; il le fit dans la même
journée du 19 février. Il adressa aussitôt une lettre au général Toussaint pour lui déclarer qu'il n'était entré dans la
baie qu'afin de protéger les colons français, et ce général
lui répondit en le sommant d'en sortir, ainsi qu'il avait agi
à l'égard du commandant Douault. Mais cet amiral vit
accourir auprès de lui les colons, qui le supplièrent de les
enlever, ainsi que leurs anciens *esclaves*, pour les transporter à Porto-Rico.

En même temps Diégo de Lira, ancien commandant de
Savana-la-Mar, que le général Toussaint avait laissé à ce
poste avec une vingtaine de soldats sous les ordres d'un
officier, trahissant la confiance qu'on avait en lui, écrivit à
l'amiral que le vœu des habitans de son voisinage et de

ceux de Seybo était en faveur de la cause royale d'Espagne. Il finit par lui demander des armes et des munitions ; et le 26 février, l'amiral envoya débarquer au bourg de Savana-la-Mar 100 fusils et 6,000 cartouches qui furent expédiés à Seybo.

Dès lors, la conduite de l'amiral Jacob prenait un caractère d'hostilité envers la République d'Haïti : il espérait sans doute que les habitans eux-mêmes faciliteraient le projet primitivement arrêté entre lui et le comte Donzelot : de rétablir le pavillon espagnol, au moins, sur la presqu'île de Samana.

Avisé du débarquement opéré à Savana-la-Mar, qui avait contraint sa faible garnison de replier dans l'intérieur, Boyer expédia de suite le diligent général Quayer Larivière à la tête du 27e régiment, avec ordre d'occuper le bourg en en chassant les Français, s'il les y trouvait. Il prit ensuite une autre résolution : ce fut d'enjoindre à tous les commandans d'arrondissement de la partie occidentale de l'île, de mettre un *embargo* sévère sur les navires français qui étaient dans les ports de commerce, et d'empêcher le départ du pays de tous Français qui voudraient le quitter pour d'autres pays étrangers. C'étaient *des otages* que le Président prenait alors, à raison des vues qu'il supposait naturellement à l'amiral Jacob et au gouverneur de la Martinique ; et il ne pouvait faire moins en cette circonstance. Cependant, il ordonna de respecter la personne et les propriétés des Français retenus ainsi.

Cette mesure produisit dans les départemens occidentaux une effervescence considérable, que les esprits exaltés augmentèrent par des clameurs inopportunes contre la France et son gouvernement. Il y en eut parmi eux qui disaient hautement, qu'il fallait renouveler les scènes désastreuses de 1804, comme si le droit des gens ne devait pas protéger les Français et leurs propriétés de commerce, même malgré les torts de l'amiral Jacob [1].

A l'arrivée du général Quayer Larivière, Diégo de Lira et quelques habitans s'enfuirent de Savana-la-Mar et se réfugièrent à bord des navires français ; et déjà, le général Dupuy avait pris possession de Seybo avec des troupes. Personne ne convenait mieux que Dupuy pour assurer l'autorité du gouvernement dans ces localités éloignées de Santo-Domingo : son habileté politique et ses mœurs douces et affables gagnèrent pour toujours à la République, les anciens vainqueurs de Palo-Hincado dont les habitudes, quelque peu sauvages, se ressentaient de leur vie de pâtres [2].

Dès le 20 février, le Président avait écrit une lettre au général Toussaint, en lui annonçant l'envoi de la cargaison de comestibles qu'il fit acheter pour approvisionner les troupes sous ses ordres et provenant de la goëlette anglaise *l'Hester*, capitaine Bull. On avait obtenu de ce dernier de se rendre à Samana, en lui payant un fret en sus, et il fut porteur de la lettre de Boyer qui annonçait à ce général que, sur tous les points de l'Est, son autorité était reconnue. Le Président était assuré que le pavillon britannique et les marchandises seraient respectés par l'amiral Jacob. En effet, celui-ci se borna à intercepter la dépêche de Boyer ; reconnaissant qu'il n'y avait plus rien à

---

1 J'ai été à même d'entendre J.-B. Béranger dans ces circonstances, et il n'était pas le seul! Mais il faut dire qu'on croyait les Français en possession de Samana, ou venus pour enlever les anciens esclaves de cette presqu'île.

2 Le général Dupuy ne tarda pas à fonder à Seybo une loge maçonnique et à y initier les principaux habitans ; les principes libéraux professés par les francs-maçons firent évanouir toute idée d'opposition contre la République, dont la maçonnerie offre une image parfaite.

attendre en faveur de l'Espagne, il laissa la goëlette anglaise continuer sa route pour débarquer les provisions au bourg de Samana. En même temps, il fit écrire au général Toussaint « que son objet, en venant dans la baie, n'était à » d'autre fin que pour offrir une protection aux colons » français et à divers habitans espagnols qui l'avaient réclamée du gouverneur de la Martinique, et qui, en rai- » son des changemens survenus dans l'Est, préféraient » abandonner son territoire pour se retirer en d'autres » lieux. En conséquence, il fit demander à ce général de ne » pas s'opposer à leur embarquement ; car il se proposait » de sortir de la baie très-incessamment [1]. »

Le général Toussaint ne pouvait désirer mieux que cela, pourvu que les anciens esclaves, devenus citoyens de la République, restassent sur la presqu'île de Samana : ce qu'il fit savoir à l'amiral Jacob par une lettre en réponse à celle qui lui avait été adressée. En conséquence de son adhésion, le 5 mars, 160 colons français ou habitans espagnols s'embarquèrent sur la frégate *la Junon* qui les transporta à Porto-Rico. Cependant, le colon Clarac réussit à emmener avec sa famille quatre petits enfans noirs ; et le sieur *A. Couret*, qui le suivit à Porto-Rico avec sa propre mère, emmena aussi un petit enfant noir que cette dame élevait [2].

Le 6 mars, l'amiral Jacob lui-même partit sur le vaisseau *le Jean-Bart* pour se rendre à Brest ; il avait atteint le terme de sa station dans les Antilles. Le 10, le commandant

---

1 Extrait du journal *l'Etoile haïtienne*, fondé à Santo-Domingo, en février 1822.

2 Quelques années après, A. Couret vint s'établir à Santo-Domingo, où il fut ensuite employé au bureau de l'enregistrement : de là, il se rendit au Port-au-Prince où il se fixa dans le commerce. Etant natif de l'Ouest, parent du citoyen Gourjon et homme de couleur comme ce dernier, l'indulgence de Boyer à son égard, pour sa conduite à Samana, lui valut une élection, sollicitée par lui, à la charge de représentant ; et dans la Chambre, il se fit membre de l'Opposition contre le gouvernement de Boyer ! Nous aurons occasion de citer ses actes.

Douault, monté sur un canot de *la Duchesse-de-Berry* où étaient aussi un certain nombre d'hommes armés, ayant voulu débarquer sur un point de la presqu'île, essuya le feu d'un poste haïtien auquel il ne fit pas rispoter, afin de ne pas engager une lutte intempestive; et le 16, tous les navires de guerre et marchands français sortirent de la baie de Samana, sous les ordres du commandant Epron qui montait sur la frégate *l'Africaine*.

Telle fut ce que l'on a appelé « l'équipée de Samana : » entreprise qui eût pu occasionner la guerre entre la France et Haïti, si Boyer n'avait pas agi avec modération, si les officiers français n'avaient pas mis à temps assez de prudence pour éviter une rixe avec les Haïtiens.

Le 10 février, le Président d'Haïti avait adressé au Sénat un message où il l'informait de son entrée à Santo-Domingo, qui consommait la réunion des départemens de l'Est aux autres départemens de la République, en lui envoyant copie du procès-verbal de prise de possession dressé la veille. Il disait à ce corps politique de l'État, qu'il ne tarderait pas à quitter cette ville pour visiter les communes du Nord-Est. Le 5 mars, au moment où il allait partir, il adressa un autre message au Sénat, qui relata d'une manière circonstanciée la tentative des Français sur Samana, en annonçant leur départ de la baie. Mais il était alors mal informé lui-même, puisque les navires de guerre n'en sortirent que quelques jours après. Il écrivit en même temps aux commandans d'arrondissement de lever l'embargo sur les navires marchands français, de laisser toute liberté aux Français, comme antérieurement.

Quand on eut connaissance de cette mesure, en France, l'émotion publique la fit juger diversement, les journaux en retentirent ; mais le ministère français l'apprécia avec calme, car il savait ce que des circonstances pareilles imposent ordinairement à tous les gouvernemens. D'ailleurs, il ne pouvait croire que, sans instructions de lui, le comte Donzelot et l'amiral Jacob eussent agi de manière à compromettre réellement le sort des Français admis à Haïti, à nuire aux bonnes relations établies entre ce pays et la France, et il avait une assez haute opinion de Boyer pour penser qu'il n'abuserait pas de son pouvoir. C'est ce qui ressort de la réponse modérée que fit le marquis de Clermont-Tonnerre, ministre de la marine, à une adresse de la chambre de commerce du Hâvre, qui se préoccupa avec raison des intérêts majeurs que ce port avait dans les affaires commerciales avec Haïti [1].

Bientôt après, on apprit que l'embargo était levé sur les navires français par la retraite de la flotille de la baie de Samana, et que de nouveaux débouchés étaient ouverts aux produits de la France dans les ports de la partie de l'Est, qui allaient prendre une autre importance sous l'administration haïtienne.

---

[1] J'ai eu occasion de lire ces documens dans les cartons du ministère de la marine. J'y ai vu aussi qu'après l'expédition faite à Samana, le comte Douzelot conçut l'idée qu'il communiqua au ministre de la marine, de la *cession* de Samana, avec une portion de la grande île d'Haïti, que la France pourrait obtenir de l'Espagne, afin de fonder sur cette presqu'île un formidable établissement maritime.

Depuis, M. Lepelletier de Saint-Rémy s'est approprié cette idée dans son ouvrage intitulé : « Etude et solution nouvelle de la question haïtienne. » En parlant de l'expédition navale dont s'agit, cet auteur a représenté ce fait comme ayant été provoqué « par » un appel de la population de l'Est » au gouverneur de la Martinique, tandis qu'il n'a eu lieu que sur celui des colons français établis à Samana. Voyez sa narration, tome 2, pages 248 à 254. L'événement et ses circonstances y sont relatés bien autrement que je viens de le faire, d'après les documens qu'il m'a été permis de consulter. Il cite un vaisseau nommé *le Colosse*, quand le seul qui se trouvait parmi les navires de guerre était *le Jean-Bart*.

CHAPITRE IV.

Si l'organisation et la tenue militaire des troupes de

l'Artibonite et du Nord, à leur réunion à la République, n'avaient nécessité d'autre changement que celui de l'uniforme qui, parmi elles, était distinct dans chaque régiment, les insignes étant les mêmes pour les divers grades, il n'en était pas de même dans la partie de l'Est où les officiers et le peu de troupes composant l'état militaire portaient le costume et les insignes de l'armée espagnole. En ordonnant la formation de deux régimens d'infanterie et de quelques compagnies d'artillerie à Santo-Domingo, le 16 février, le Président émit un arrêté pour déterminer les décorations ou insignes militaires de tous grades, depuis le caporal jusqu'au général de division, pour toute l'armée de la République. Trois jours après, un ordre du jour prescrivit une revue de solde dans tous les départemens.

Une autre mesure plus importante appela l'attention du chef de l'État : celle qui consistait à faire concourir les citoyens des nouveaux départemens réunis sous sa constitution, à la représentation nationale dans la Chambre des représentans des communes. En l'absence de toutes dispositions antérieures, il dut prendre en considération, et l'état de la population et la situation actuelle des villes et bourgs qui pouvaient être classés comme *communes*. Il y en eut quatorze de désignés dans un arrêté publié le 27 février : Santo-Domingo, Saint-Yague, Higuey, Seybo, Samana, Cotuy, La Véga, Puerto-Plate, Bani, Azua, Neyba, Las Matas, Saint-Jean et Monte-Christ. Les deux premières villes durent nommer deux représentans chacune, comme chefs-lieux des départemens du Sud-Est (Ozama) et du Nord-Est (Cibao), et les autres un seul représentant ; en outre, un suppléant pour chacun. Ces deux départemens nommèrent donc seize représentans et 16 suppléans, dans les élections qui eurent lieu du 1er au 10 mars, au terme de l'arrêté présidentiel.

Ainsi, la Chambre devait être désormais composée de soixante-douze représentans : vingt-neuf pour les départemens de l'Ouest et du Sud; vingt-sept pour ceux de l'Artibonite et du Nord; et seize pour ceux du Sud-Est et du Nord-Est [1].

Dans le précédent chapitre, on a vu que Boyer ne partageait pas l'avis du Sénat au sujet d'une révision anticipée de la constitution. Mais ayant trouvé Bruno Blanchet fixé à Santo-Domingo depuis l'année précédente, il conçut l'idée de se préparer au moins à cette mesure, au moment où la Chambre des communes allait se renouveler intégralement, après la réunion de tout le territoire d'Haïti sous les mêmes lois. Le savant auteur principal de la constitution de 1806 devait lui paraître l'homme qui était le plus capable de proposer les modifications que les nouvelles circonstances politiques indiqueraient pour le pacte social. A cet effet, le Président le chargea de lui présenter ses vues, avant de quitter Santo-Domingo pour aller dans le département du Nord-Est.

Blanchet accepta cette tâche qui n'était pas sans difficultés, malgré son âge avancé et une maladie de langueur qui minait son tempérament naturellement faible. Ce fut de sa part un nouveau dévouement à la République qu'il avait contribué à fonder et qui était sortie triomphante de toutes les luttes intestines que l'égarement des passions lui avait

1 Dans la session de 1821, le territoire des quatre départemens de la partie occidentale avait été divisé par une loi, en arrondissemens militaires et financiers; et les communes, paroisses et quartiers furent déterminés. Mais il n'y eut jamais de loi pour la division du territoire de la partie de l'Est; tout continua à y être réglé administrativement. Il y eut 7 arrondissemens militaires, 2 financiers, 10 communes non représentées à la Chambre, etc.

Ainsi, la République d'Haïti avait 6 départemens, 27 arrondissemens militaires, 13 financiers, 76 communes et 34 paroisses et quartiers; de plus, 8 juridictions de tribunaux civils.

suscitées. Bien que l'inexorable mort soit venue interrompre cette œuvre d'un citoyen éclairé, il est intéressant pour l'histoire de produire ses dernières pensées sur le pacte social de son pays et sur les élémens qui devaient en former la nationalité : elles feront regretter qu'il n'ait pu achever cet important travail. Voici quelques lignes qu'il écrivit lui-même et que nous transcrivons d'après le manuscrit que nous possédons :

« Je pense qu'une constitution ne doit contenir que ce qui détermine les formes de gouvernement, c'est-à-dire les rapports de ceux qui gouvernent avec ceux qui sont gouvernés.

» Dans la nôtre, nous trouvons des dispositions générales, des maximes de morale qu'il est bon d'y conserver, afin que le peuple, les ayant sans cesse sous les yeux, s'en pénètre l'esprit et le cœur.

» Toutes les dispositions variables, suivant les circonstances qui peuvent survenir, doivent être écartées d'une constitution; car le pouvoir législatif ne pouvant plus les abroger, on est exposé, à tout moment, d'en venir à une révision. »

Sa faiblesse, résultant de sa maladie, ne lui permettant pas de continuer à écrire, Blanchet dicta les observations suivantes sur les quelques articles de la constitution qu'il eut le temps d'examiner [1] :

« L'art. 34 doit être *retranché*, parce que c'est au corps législatif à déterminer les fêtes nationales. Des circonstances mémorables peuvent devenir des fêtes pour la nation ; et comment pourrait-on les consacrer, si la constitution n'en

---

[1] Ce fut à C. Ardouin, jeune secrétaire et aide de camp du général Borgella, que Blanchet dicta ses observations. Voilà comment je possède ces notes et les quelques lignes émanées de Blanchet.

a point parlé et si on ne laisse pas la latitude nécessaire au corps législatif de le faire?

» Les art. 35 et 36 doivent être *retranchés*. Quand le temps est arrivé, qu'il est reconnu nécessaire de créer et d'organiser ces institutions suivant les circonstances et les lumières du siècle, le corps législatif le fait en changeant le mode au besoin[1].

» 37, *inutile*. La différence des mœurs et usages des deux peuples éloignera pour un temps l'époque à laquelle des codes de lois uniformes pour la République pourraient être faits.

» 38 doit être conçu ainsi : — « Aucun *étranger*, n'im-
» porte sa nation, depuis le *blanc* jusqu'au *métis*, ne pourra
» jouir des droits civils ni acquérir de propriétés dans la
» République. »

» 39. — « Les *blancs* qui étaient admis dans la Répu-
» blique à la publication de la constitution du 27 décembre
» 1806, et qui, par un acte authentique, avaient renoncé à
» leur nation primitive, en jurant de vivre soumis aux lois
» du pays, sont reconnus *Haïtiens* et jouiront des droits
» de citoyens. »

» 40. On doit désigner les îles adjacentes qui forment le le territoire de la République, pour ôter toute crainte aux îles étrangères qui nous avoisinent.

» 41 doit être ainsi conçu: « La République d'Haïti est
» divisée en départemens, arrondissemens et communes,
» dont les limites seront déterminées par la loi. »

» On doit laisser au corps législatif la latitude nécessaire d'augmenter ou de diminuer le nombre de départemens, suivant la population et le cas.

---

1 Ces deux articles prescrivaient l'établissement des hospices et des écoles publiques à divers degrés d'enseignement.

» 50, *inutile et impolitique.* Laissons au temps et à la politique du pays de juger s'il est nécessaire d'avoir chez nous un évêque ou un archevêque, de telle ou telle manière.

» 54 doit être conçu ainsi : — « Le pouvoir législatif » *est exercé par le Sénat,* concuremment avec la Chambre » des communes et par le Président d'Haïti.. »

» 56 doit être conçu ainsi : — « La Chambre des com-» munes se compose de *six députés* par département[1]. »

» 58. L'institution des *notables* étant *inutile,* ce passage doit être retranché.

» Pour la nomination *des députés,* voici la manière de s'y prendre :

» Du 1er au 10 février, les assemblées communales » nomment leurs députés qui, du 10 au 20, se rendent au » chef-lieu du département pour se former en assemblée » électorale, qui nomme le nombre de députés mentionné » en l'art. 56. »

» 62 doit être conçu ainsi : — « Chacun des six députés » aura un suppléant pour le remplacer à la Chambre des » communes, en cas de mort ou d'empêchement quelconque, » la Chambre devant être toujours au complet. »

» Le deuxième paragraphe de cet article est *inutile.*

» 69, *inutile.* Les affaires importantes de la République peuvent nécessiter la présence du chef de l'Etat dans une des parties éloignées de la capitale, et ces mêmes affaires

---

1 L'art. 54 de la constitution disait : « Le pouvoir législatif *réside* dans une Chambre » des représentans des communes et dans un Sénat. » Mais on remarquera que, par la nouvelle rédaction qu'il proposait, B. Blanchet donnait le pas au Sénat sur la Chambre, et que le pouvoir législatif ne *résidait* ni dans l'un ni dans l'autre corps, mais était *exercé* par les deux et par le chef de l'Etat. En outre, si la Chambre restait celle « des communes, » ses membres n'étaient plus « des représentans, » mais « des députés. » Il est fâcheux qu'on n'ait pu savoir la suite des idées que cet homme éclairé aurait exprimées sur notre organisation politique, d'après l'expérience qu'il avait faite par suite de nos troubles civils.

peuvent nécessiter aussi des lois indispensables ; alors la Chambre doit avoir le droit de s'assembler dans l'un des chefs-lieux de département.

» 72. La session doit être *prolongée*.

» 79. Les délibérations de la Chambre doivent être discutées et résumées par le président de la Chambre.

» 80. Les membres de la Chambre diminuant, on doit porter à *mille gourdes* leurs appointemens, sans frais de route.

» 81. Il doit y avoir *incompatibilité* entre toutes fonctions publiques et celles de députés. Ils doivent être absolument éloignés de toutes fonctions commissionnées par le gouvernement.

» 90. On doit ajouter à cet article : — « seulement pendant leur session. » Les députés retournant dans leurs foyers doivent être au même rang que leurs concitoyens, afin qu'ils soient observateurs des lois et qu'ils donnent l'exemple des bonnes mœurs et du patriotisme [1].

» 91. Au lieu de donner connaissance à la Chambre, on doit la donner au comité du Sénat. Si la Chambre n'était pas assemblée, faudrait-il la convoquer pour un seul membre [2] ? »

Plusieurs de ces idées de Blanchet sont très-intéressantes. D'abord, au moment où les départemens de l'Est venaient de se réunir à la République, on voit qu'il ne croyait pas que des codes de lois pussent être rédigés pour y être appliqués comme dans les autres départemens, du moins

---

[1] Cet art. 90 était relatif « à la contrainte par corps pour dettes. »

[2] Dans le cas d'accusation ou de dénonciation quelconque contre un membre de la Chambre.

dans une époque rapprochée, et cela par rapport à la différence de langage entre les deux populations. Cependant, c'était un grand moyen d'établir la nationalité haïtienne sur une base solide ; car si la législation faisait une différence entre elles, ce serait en quelque sorte préparer leur *séparation*. La population de l'Est étant de beaucoup plus faible en nombre, tout devait tendre à se l'assimiler par l'effet des lois et des institutions communes à tout le territoire de la République et présentant des garanties efficaces pour tous les citoyens [1].

A l'égard des articles 38 et 39 de la constitution, on ne doit pas s'étonner de voir que Blanchet persévérait dans les idées exprimées par les articles 27 et 28 de 1806, et les fortifiait même par l'*exclusion* des *métis*, placés sur la même ligne que les *blancs*, dont il est si difficile de les distinguer [2]. L'acte *authentique* dont il s'agit dans la nouvelle rédaction proposée s'entend « des lettres de naturalisation » délivrées aux blancs qui, en 1804, en les recevant, avaient renoncé effectivement à la France et prêté serment entre les mains de Dessalines, de vivre soumis aux lois d'Haïti, etc. [3]. Par la même raison, et sans qu'il en soit fait mention dans ce projet d'article, « les blancs propriétaires » dans l'Est, qui venaient d'être *admis Haïtiens* en prêtant serment de fidélité à la République, auraient joui du bénéfice de cet article.

---

1 On lit dans *la Concorde* du 7 avril 1822, nº 14, que, suivant une lettre du secrétaire général Inginac à Colombel, datée de Santo-Domingo, le 5 mars, il y avait 80,000 âmes seulement dans toute la partie de l'Est, d'après les renseignemens reçus des personnes les plus compétentes pour le savoir ; et certes, à cette époque, il y avait plus de 700,000 âmes dans la partie occidentale. Si le langage différait entre les deux populations, leur origine était la même, à peu de chose près, et la connaissance de la langue française pouvait se propager dans l'Est.

2 Et notez que B. Blanchet avait le teint fort clair et très-rapproché de celui des *métis*, quoique issu de la race africaine, ainsi que tous les membres de sa famille.

3 Voyez au tome 6 de cet ouvrage, p. 60.

Comme tous les hommes de la génération qui prit les armes, en 1790, contre le système colonial, qui lutta contre tous les blancs jusqu'à la fin de 1803, Blanchet avait fait son expérience politique. Se trouvant à Santo-Domingo à la fin de 1821, au moment de l'indépendance proclamée par Nunez de Cacérès, il avait vu à l'œuvre ceux qui maintenaient l'esclavage dans l'Est, qui répugnaient à se soumettre à la République ; et en mars 1822, où il dictait ses idées, il était encore sous l'impression de la tentative faite sur Samana par des navires français appelés dans la baie par les colons de cette presqu'île : de là sa persévérance dans l'exclusion des blancs de la société haïtienne [1].

Une autre de ses idées nous frappe, celle qui est relative à la faculté que l'art. 50 donnait au Président d'Haïti de s'adresser au Saint-Père le Pape pour avoir un évêque dans le pays ; Blanchet la repoussait comme « inutile et impolitique. » Cependant il y avait un archevêque à Santo-Domingo en ce moment ; mais Blanchet avait pu savoir, sans doute, que ce prélat n'agréait pas sincèrement l'incorporation de l'Est à la République, puisqu'il se refusa, peu après, à étendre sa juridiction spirituelle sur les prêtres de la partie occidentale, en prétendant qu'il n'avait été institué que « pour la colonie espagnole. » L'archevêque persévéra pendant près de deux ans dans ces fâcheuses dispositions : nous dirons plus tard ce qu'il fit ensuite. En outre, la mission évidemment politique qui avait été confiée à M. de Glory, en 1821, par la cour des Tuileries, d'accord avec la cour de Rome, la tournure qu'elle avait prise au Port-au-Prince,

---

1 Voyez, du reste, au tome 2, p. 139, comment B. Blanchet et son frère, le général Blanchet jeune, souffrirent des persécutions des blancs colons de la Grande-Anse, parce qu'ils étaient *mulâtres*.

tout devait contribuer à influencer l'opinion émise par l'ancien législateur.

On voit ensuite qu'il opinait en faveur du *double vote* pour la formation de la Chambre des communes, comme il en avait été pour celle du Sénat dans le système de 1806. En proposant de réduire le nombre des *représentans* à six *députés* par département, ce mode de nomination devenait une nécessité et permettrait aussi de choisir les citoyens les plus éclairés dans chaque département. Il pensait que les élus ne devaient appartenir par aucun lien au pouvoir exécutif, qui nommait à toutes les charges publiques, rétribuées ou non, afin qu'ils fussent entièrement indépendans dans leurs votes.

La mort ayant mis fin à l'œuvre que Bruno Blanchet avait entreprise, le général Borgella lui fit faire des obsèques dignes de ses anciens services et du rang de secrétaire d'État et de secrétaire-général qu'il avait occupé dans la République; il fit placer son cercueil dans les caveaux de la cathédrale de Santo-Domingo où, jadis, on ne mettait que ceux des plus hauts personnages qui y décédaient [1].

Les notes imparfaites que nous venons de produire furent adressées *en copie* à Boyer. Mais le projet qu'il semble avoir conçu d'une révision de la constitution fut abandonné, probablement par suite de la composition de la nouvelle Chambre des représentans et des événemens qui survinrent dans la session de cette année.

Le Président partit de Santo-Domingo le 10 mars pour se

---

[1] Bruno Blanchet mourut à Santo-Domingo le 13 avril 1822, âgé de 62 ans. On voit que Borgella oublia généreusement les torts qu'il avait à lui reprocher dans la scission du Sud; il devint le protecteur de ses enfans.

rendre dans le département du Nord-Est. Cette ville reçut en garnison plusieurs régimens des troupes des autres départemens, qui fournirent des détachemens dans divers bourgs de son arrondissement. La division Bonnet, une brigade sous les ordres du général Frédéric et la garde du gouvernement marchaient avec le chef de l'État. Il fut accueilli à Cotuy, à la Véga et à Saint-Yague, avec les démonstrations du plus vif enthousiasme, par les autorités civiles et militaires et les populations de ces divers lieux. C'est à la Véga qu'il signa, le 12 mars, l'arrêté d'après lequel de nouveaux numéros furent donnés aux régimens d'infanterie : ainsi, le 3e devint le 1er ; le 4e, le 2e, etc. Le licenciement des 1er et 2e régimens, ordonné au Cap-Haïtien l'année précédente, et l'existence de deux autres sous le même numéro 10, motivèrent cette mesure qui *déplut* à tous ces corps de troupes ; car chacun d'eux s'était fait une réputation militaire dans le cours des guerres du pays, et ils répugnaient à perdre leurs anciens numéros. On considéra généralement que Boyer méconnaissait en cela l'esprit qui anime les officiers et les soldats [1].

C'est en se rendant dans le Nord-Est qu'il apprit les élections des représentans du Port-au-Prince [2]. C'étaient les citoyens B.-A. Laborde, défenseur public et capitaine à l'état-major général ; J.-B. Béranger, défenseur public, et Pierre André, juge au tribunal de cassation, nommé à cette charge peu après la session législative de 1821, où il avait figuré comme membre de la première législature. Ces représen-

---

[1] Le président C. Hérard aîné rétablit les anciens numéros, par un arrêté daté d'Azua, le 12 avril 1844. C'est une singularité remarquable, que la première mesure fut prise au moment où l'Est venait de se réunir à la République, et la seconde, au moment où cette partie venait de s'en séparer.

[2] Voyez les Mémoires d'Inginac, page 63.

tans eurent pour suppléans les citoyens J. Ardouin aîné, J. Élie et Dumas. Suivant ce qui fut rapporté à cette époque, le Président aurait fort mal accueilli l'élection de Laborde et de Béranger surtout, et il aurait manifesté pour les citoyens de la capitale, à cause de leurs votes en faveur de ces élus, des sentimens qui ne pouvaient que blesser leur honneur [1].

Ceux qu'il éprouva pour les habitans du Cap-Haïtien furent bien différens. Arrivé aux limites de cet arrondissement et de celui du Fort-Liberté, il y trouva le général Magny qui l'attendait près d'un arc de triomphe rustique, élevé par les nombreux concessionnaires de la plaine du Quartier-Morin qui entouraient ce digne fonctionnaire. Complimenté par lui pour la réunion de l'Est qui venait de compléter l'unité politique d'Haïti, le Président reçut ces hommages d'un cœur franc et loyal en donnant l'accolade patriotique à Magny. Pour entrer au Cap-Haïtien, il pouvait choisir entre les deux routes qui y conduisent; décidés à lui rendre les plus grands honneurs, les citoyens de cette ville avaient érigé un arc de triomphe à chacune des deux entrées; ce fut par celui dressé à la Fossette |que Boyer passa. C'était « un arc à plein cintre, de 24 pieds de hauteur sur » 18 de largeur, richement décoré, portant dans la face » d'entrée les attributs allégoriques de la Liberté, avec » cette devise : *Reconnaissance nationale*, *à J.-P. Boyer*, » *Président d'Haïti*. La face intérieure avait les attributs du » commerce, offrant dans un ruban aux couleurs natio-

---

[1] On a dit alors que Boyer s'exprima ainsi : « Je ne connais qu'un honnête homme au » Port-au-Prince : c'est M. Rouanez. » Ce dernier était le jeune frère de l'ancien secrétaire d'Etat de Christophe ; il avait habité Philadelphie pendant longtemps et il vint dans la République en 1818, après la mort de Pétion. Nommé notaire public d'abord, il devint ensuite notaire du gouvernement, sénateur, etc,

» nales cette autre devise : *Gage d'amour des habitans du*
» *Cap-Haïtien.* » Toute la population avait suivi les autorités civiles et militaires à cet arc de triomphe où Boyer mit
pied à terre et fut complimenté, en leur nom, par une jeune
personne dont les paroles exprimaient la candeur de son
âme. Il se rendit ensuite au palais national, au milieu des
troupes de la garnison placées sur deux haies, au bruit des
tambours, des fanfares de la cavalerie, de toute l'artillerie
de la place et des cloches de l'église de la paroisse[1].

Un tel accueil ne pouvait que réjouir le cœur de Boyer. Il
avait fait venir sa famille au Cap-Haïtien, et il y résida environ un mois, au milieu de fêtes qui se renouvelaient
chaque jour. Elles n'empêchèrent pas que le Président donnât activement des soins aux affaires publiques ; et après
avoir visité les arrondissemens du Borgne, du Port-de-
Paix, des Gonaïves et de Saint-Marc ; il revint au Port-au-
Prince le 6 mai.

Les citoyens de la capitale, désirant lui faire une réception pompeuse pour consacrer leur joie, comme ceux du
Cap-Haïtien, de la réunion des départemens de l'Est, et le
féliciter de cet important succès de son gouvernement,
avaient érigé aussi un bel arc de triomphe, décoré avec
goût, à l'entrée nord de la place[2]. Les autorités devaient
s'y porter à l'arrivée du chef de l'État, avec l'élite de la population, et cette cérémonie toute civique aurait été suivie
de réjouissances publiques. Mais, non-seulement on ne put
être fixé sur le jour précis où Boyer ferait son entrée au
Port-au-Prince, il y arriva de onze heures à minuit, alors

---

[1] Ces détails sont pris du n° 13 de *la Concorde*, du 31 mars 1822.

[2] Cet arc de triomphe fut érigé sur les dessins et par les soins de J. Ardouin aîné, qui
possédait des connaissances en architecture civile.

qu'on le croyait encore à Saint-Marc : le bruit des tambours de la garde à pied et des trompettes de la garde à cheval apprit aux habitans, déjà couchés, que le Président d'Haïti était rendu à son palais. Évidemment, il n'avait pas voulu accepter les ovations qu'on lui préparait. C'était la seconde fois qu'il refusait un accueil public des citoyens de la capitale; mais du moins, à son retour de la pacification de la Grande-Anse, il avait donné des motifs fondés pour ne pas accepter ces honneurs sous un arc de triomphe. Après avoir reçu si cordialement ceux des citoyens du Cap-Haïtien, c'était faire gratuitement une injure aux citoyens de sa ville natale.

Quelle en était la cause? Uniquement l'élection des deux représentans qu'il n'agréait pas. Boyer s'en exprima assez à ce sujet, pour qu'on le sût. Mais, s'il était mécontent des électeurs qui avaient voté pour eux, les autres et les familles qui ne prirent aucune part quelconque aux élections, devaient-ils subir aussi l'effet de ce mécontentement? Et pourquoi cette bouderie impolitique, lorsqu'aucun agent du gouvernement n'avait été chargé, ainsi que cela se pratique ailleurs, de diriger les choix des électeurs; de leur faire pressentir au moins qu'en élisant tel ou tel citoyen, ils lui déplairaient? Le corps électoral est-il tenu de deviner les sympathies ou les aversions du chef de l'État? Si ce dernier suppose qu'il est assez éclairé, assez bien intentionné, pour ne choisir que des représentans dignes de son estime, — de même que le gouvernement se dirige dans le choix des fonctionnaires publics, — les élus doivent être acceptés sans rancune contre les électeurs, comme on accepte tout citoyen nommé à une fonction publique par le gouvernement. En cela, il y a parité de position entre les deux pouvoirs qui nomment. Le gouvernement *ne viole pas*

la constitution du pays, qui lui a donné *le pouvoir dirigeant*
dans la société, quand ses organes *indiquent publiquement*
au corps électoral les meilleurs choix à faire pour une des
branches du corps législatif,—tout en lui laissant cependant
la liberté d'en *préférer* d'autres, — de même que l'opinion
publique *n'entrave* ni le pacte social ni l'autorité du gouvernement, quand elle honore certains citoyens de son estime
et les *désigne* par cela même au choix du chef de l'État, pour
exercer les fonctions de la communauté. Mais, c'est ce dont
le président Boyer s'est le moins préoccupé durant toute
son administration. Dans ces vingt-cinq années, la Chambre
s'est renouvelée cinq fois : de là des élections abandonnées
à toute la liberté des citoyens dans les communes et parmi
lesquelles il y eut constamment des choix qui lui déplurent;
de là aussi une *opposition* de la part des *élus* que le Président *n'agréait pas*, qu'il ne chercha jamais à rapprocher de
son gouvernement [1], — opposition qui avait sa source dans
des personnalités, qui n'avait pas une grande influence dans
les premiers temps, mais qui finit par en acquérir suffisamment sur l'opinion publique, après bien *des fautes* et même
des torts de la part de Boyer, pour le renverser du pouvoir,
au détriment de la République tout entière.

Avant de relater les graves événemens qui survinrent
pendant la session législative de cette année, parlons de
quelques actes du chef du gouvernement et de faits qui

---

1 Le caractère de Boyer le portait à croire que ce serait donner trop d'importance à un
citoyen quelconque, que de le rechercher, de lui faire la moindre avance, dans le but de
l'attacher à son gouvernement. Dans les derniers temps de son administration, souvent il
désirait appeler des hommes aux fonctions publiques; mais alors il leur faisait insinuer
par des tiers l'idée de les solliciter eux-mêmes, pour ne pas avoir l'air d'offrir ces emplois,
et presque toujours il voulait qu'on lui adressât des demandes par écrit. Trahi presque
toujours aussi par ces intermédiaires, il perdait ainsi le mérite qu'il eût eu à s'adresser
lui-même à ceux qu'il voulait employer.

furent très-rapprochés de ces événemens et qui y contribuèrent.

Le 10 mai, à peine de retour à la capitale, le Président rendit un arrêté qui ouvrit le port de Saint-Marc au commerce étranger, en affranchissant de tous droits à l'importation, durant une année, les matériaux de construction propres à la réparation des maisons de cette ville. Lorsqu'il y passa, il avait fait la promesse de cette mesure au général Bonnet et aux habitans qui la sollicitèrent, dans le but de relever Saint-Marc et de provoquer plus d'activité dans la production du coton que fournit la plaine de l'Artibonite.

Un mois après, le Président adressa à tous les commandans d'arrondissement, une circulaire pour leur rappeler et à tous les fonctionnaires publics de leurs commandemens, que la loi s'opposait à ce que les étrangers eussent la faculté de trafiquer ailleurs que dans les ports ouverts, et qu'ils devaient interdire toute pratique à cet égard, pour protéger l'industrie des nationaux. On ne peut reprocher à Boyer aucune négligence à ce sujet, car sa sollicitude pour le commerce haïtien le porta souvent à de semblables actes, afin de réveiller celle des fonctionnaires.

Quelques jours ensuite, le 15 juin, il adressa une proclamation « aux habitans de la partie de l'Est, » qui fut imprimée dans les langues française et espagnole, afin de leur recommander de se livrer avec ardeur à la culture des terres si fertiles de cette portion de la République, si bien arrosées par de nombreuses rivières. Il leur rappela le langage paternel qu'il leur avait tenu dans le cours de son voyage récent; entrepris sur leur appel spontané pour effectuer le vœu de la constitution, compléter l'indépendance nationale par la réunion de tout le territoire d'Haïti

sous les mêmes lois ; que ces lois accordaient des propriétés en concessions gratuites aux fonctionnaires publics, aux
officiers militaires et à tous les citoyens qui auraient commencé des travaux de culture sur les terres du domaine de
l'Etat, et qu'ils n'avaient qu'à en demander les titres au
gouvernement. « Je vous donnerai, leur dit-il, au nom de
» la nation, pour vous et votre postérité, en toute pro-
» priété et pour toujours, la concession des terres mises en
» valeur.... Haïtiens, la religion qui nous unit tous, vous
» apprend que c'est outrager le Créateur que de vivre dans
» l'indolence et la paresse. Vos oppresseurs vous ont en-
» tretenus dans ces vices pour mieux vous subjuguer. Ils
» vous ont ensuite calomniés, en cherchant à faire croire
» que la vie oisive était dans votre naturel. Vos frères et
» vos libérateurs vous rendent justice ; ils ont la convic-
» tion que si vous n'avez pas mieux fait, c'est parce que
» votre énergie était étouffée et que vous étiez tenus dans
» la stupeur.... Que partout les chétives cabanes soient
» remplacées par des lieux propres à la conservation de la
» santé et à l'augmentation de la population ; que les pro-
» duits de l'agriculture mettent enfin les pères de famille
» à même de donner à leurs enfans l'éducation convena-
» ble, pour jouir et conserver tous les précieux dons de la
» liberté et de l'indépendance. Haïtiens, mes concitoyens,
» le sort a voulu que je me trouvasse dans la position
» d'être considéré ici-bas comme votre père ; écoutez-moi
» comme tel ; soyez confians, et vous serez heureux. Ma
» sollicitude est de vous faire changer d'état ; empressez-
» vous à vous mettre dans la civilisation, à l'unisson de vos
» frères de l'occident de l'île, et comme eux, vous serez
» bientôt fiers et invincibles. »
Ce langage de père de famille honorait les nouveaux ci-

toyens qui se rallièrent à la patrie érigée sur ce sol si-longtemps bouleversé par les révolutions. Il produisit son fruit, car avec le temps, cette partie de l'Est *décupla* ses produits agricoles livrés à l'exportation pour l'étranger, indépendamment de l'abondance des denrées alimentaires servant à la nourriture de la population. A l'ombre des lois protectrices de tous les intérêts, le commerce de la partie occidentale et celui des lieux mêmes provoquèrent cette production [1]. Celle des bestiaux progressa également, par une plus grande facilité donnée à leur vente dans l'Ouest, où les propriétaires se livraient de préférence à la culture des terres. De nombreux citoyens de cette dernière partie allèrent se fixer dans l'autre; ils y communiquèrent leurs industries de toutes sortes. Les garnisons de troupes laissées là pendant quelques années contribuèrent encore à cette prospérité, par le travail des soldats employés souvent à la culture, en même temps qu'ils y dépensaient leur solde. Enfin, la création de corps militaires dans l'Est y forma les hommes au maniement des armes, et le gouvernement ordonna l'élargissement et le bon entretien des routes publiques, toujours si négligées sous l'administration espagnole : les communications devinrent plus actives.

Ce fut le 8 août qu'eut lieu l'ouverture de la session législative. On trouve dans le discours que prononça Boyer à cette occasion, un indice de ce qu'il *pressentait* de la réunion de la nouvelle Chambre des communes.

« Citoyens représentans, dit-il, par un heureux concours » de circonstances extraordinaires, toute l'étendue du ter- » ritoire d'Haïti a été réunie, sans effusion de sang, sous

---

1 En 1822, il n'y eut que 588,000 livres de tabac exportées de l'Est; en 1842, ou en exporta environ 5,000,000 de livres. Le bois d'acajou, de 2,600,000 pieds réduits, fut porté à plus de 6,000,000 à l'exportation, etc.

» l'empire des lois de la République…. Une nouvelle ère,
» pour ainsi dire, vient donc de commencer pour les Haï-
» tiens. Nulle partie de notre sol n'est plus maintenant sous
» la domination d'aucun pouvoir étranger. Mais, si ce
» grand résultat ajoute un nouvel éclat à la gloire de la na-
» tion, combien ne devons-nous pas, par *la loyauté* de nos
» actions, continuer à prouver au monde civilisé, qu'Haïti
» est digne des bienfaits que la Providence a répandus sur
» elle ! Combien les citoyens appelés à l'honneur de siéger
» à la représentation nationale ne doivent-ils pas, se péné-
» trant de l'importance de leurs obligations, *se prémunir*
» *dans leurs combinaisons politiques, contre les dangereuses*
» *erreurs de l'esprit de secte,* pour ne consacrer entièrement
» leurs travaux qu'à l'unique et puissant intérêt de la pa-
» trie[1] ! Notre situation toute particulière, le machiavélisme
» des ennemis de la liberté et de notre indépendance, tout
» nous prescrit *de nous méfier de la turbulence des passions,*
« de mettre à profit les utiles leçons de l'expérience, afin de
» fortifier de plus en plus *la fraternité et l'union* que récla-
» ment l'affermissement de nos institutions et la consolida-
» tion du bonheur commun. Il n'y a aucun doute, citoyens
» représentans, que votre patriotisme ne soit en harmonie
» avec les mesures législatives que le bien public requerra:
» aussi sera-ce avec confiance que j'appellerai votre at-
» tention sur celles qui seront soumises à la sagesse de vos
» délibérations…. »

Pour bien saisir le sens de ces paroles du chef de l'Etat, il
faut qu'on sache que dès le 29 juillet, quarante-huit représentans sur soixante-douze avaient siégé à la Chambre,

---

[1] Cette phrase et la précédente semblent avoir fait allusion aux discours prononcés dans
la session de 1821, pour retirer aux étrangers le commerce de consignation.

sous la présidence du doyen d'âge, et que dans la même séance, un bureau fut formé pour procéder à la vérification du pouvoir des élus. Il fut composé de Laborde, président ; de Béranger et Caminéro, secrétaires. Dans une seconde séance du même jour, prolongée jusqu'à neuf heures du soir, une douzaine de représentans furent admis, d'après les procès-verbaux de leur nomination. Le lendemain, 30, la plupart des autres le furent également ; et ce jour-là, Laborde déclara « qu'il *renonçait* à sa qualité de militaire pour pouvoir rester représentant, » et Pierre André *renonça* aussi à la charge de juge au tribunal de cassation par le même motif, et ce, en vertu de l'article 81 de la constitution [1]. Le 1er août, la Chambre procéda à la formation nouvelle de son bureau qui devait rester en fonctions durant tout le mois. Mais, si elle conserva les deux secrétaires nommés le 29 juillet, elle remplaça Laborde par J.-S. Hyppolite, représentant du Cap-Haïtien, réélu de même que Saint-Martin qui avait siégé avec lui l'année précédente. Ce changement opéré dans la présidence, pour ouvrir la session, indique que la Chambre se préoccupait de la convénance de ne pas placer à sa tête, un de ses membres qu'elle savait n'être pas agréé par le chef de l'État, d'après tout ce qui s'était dit à ce sujet.

Dès le 3 août, elle lui fit savoir qu'elle était constituée en majorité, afin de savoir quel jour il fixerait pour l'ouverture de la session, cette formalité devant avoir lieu par le Président d'Haïti en personne. Une députation lui fut envoyée à cet effet, et Pierre André en faisait partie ; mais, dans la séance du 5, ce représentant adressa une lettre à la

---

[1] Art. 81. Il y a incompatibilité entre les fonctions des représentans des communes, et toutes fonctions publiques salariées par l'Etat.

Chambre pour lui exposer *des motifs* qui s'opposaient à ce qu'il *cumulât* cet office avec la charge salariée de directeur de l'école nationale lancastérienne, à moins que la Chambre ne prît *ces motifs* en considération. En présence de l'art. 81 de la constitution, qui avait déjà porté ce représentant à renoncer à la charge de juge au tribunal de cassation, la Chambre déclara qu'elle acceptait *sa démission*, et elle appela le suppléant Ardouin aîné pour le remplacer : ce qui se fit dans une seconde séance du 5[1]. Le 7, une nouvelle séance eut lieu pour l'admission de deux nouveaux représentans, et celle de l'ouverture de la session n'arriva que le lendemain, cinq jours après que le Président d'Haïti eut été averti de la constitution de la Chambre, et bien qu'il eût fixé sa réunion au 1er août.

Le discours de son président Hyppolite, en réponse à celui du Président d'Haïti, fut très-convenable. Il y rappela que l'année précédente, « la Chambre, au nom de la nation, » s'était félicitée de l'heureux événement qui avait réuni à » la République, les parties du Nord et de l'Artibonite qui en » étaient séparées par une guerre qui avait duré trop long- » temps; » et il ajouta que dans la circonstance actuelle, la législature avait un nouveau motif de se réjouir pour la réunion de l'Est. « Cette réunion, dit-il, est d'autant plus » honorable pour nous, qu'aucune provocation de notre » part n'y a donné lieu : les Haïtiens de la partie de l'Est » nous ont appelés à leur secours, nous y avons volé. Cet » heureux événement ne s'est opéré que par la libéralité » de nos institutions.... C'est donc *à nous, mandataires de*

---

1 Lorsque le citoyen Pierre André fut élu représentant, il était déjà juge au tribunal de cassation et directeur de l'école nationale. Ces deux emplois n'étaient pas incompatibles entre eux, mais l'un et l'autre, étant salariés, ne pouvaient être exercés par un représentant.

» *ce peuple* trop longtemps malheureux ; c'est *à nous* de sa-
» crifier nos veilles pour répondre à sa confiance. Et com-
» ment pouvons-nous espérer d'y parvenir ? C'est en faisant
» *des lois* qui, discutées avec sagesse, pourront faire fleurir
» *l'agriculture* et prospérer *le commerce :* ce qui doit pro-
» duire en dernier résultat l'augmentation de notre popu-
» lation, garante de notre bonheur.... » Puis, rappelant
encore que l'année précédente, le président de la Chambre
avait donné au Président d'Haïti une accolade patriotique
pour sa sagesse dans la réunion du Nord et de l'Artibonite,
il lui donna de nouveau « ce sincère témoignage de la recon-
» naissance nationale, qui doit cimenter l'union qui existe
» entre la Nation et le Magistrat qu'elle a établi *le gardien*
» *de ses institutions.* » S'adressant alors à ses collègues, il
leur dit : « Représentans, comme votre président, je
» crois pouvoir *promettre*, et nul de vous ne me désavoue,
» que tous nos efforts tendront à maintenir *l'harmo-*
» *nie* qui existe entre le Sénat, le Président d'Haïti et
» nous. »

Si le discours du chef de l'État témoigna de quelque
crainte relativement « à l'esprit de secte, à la turbulence des
passions » qui pouvaient se manifester dans la Chambre, et
qu'il chercha à porter ses membres *à s'en prémunir*, on
peut reconnaître aussi que dans le discours du président
de cette Chambre, il y avait un passage sur « l'agriculture
et le commerce qui réclamaient des lois », lequel décèle
que les représentans se préoccupaient des propositions qui
avaient été faites dans son sein, l'année précédente, en faveur de ces deux industries nationales, par Pierre André et
Saint-Martin : propositions qui furent adoptées par la Chambre et adressées au Président d'Haïti pour qu'il y donnât
toute son attention et en fît l'objet de projets de lois qui

relevaient de son initiative. Or, quoique ce fût une nouvelle législature, les représentans de l'année précédente, qui avaient accueilli ces propositions, en faisaient encore partie, et à eux se joignaient de nouveaux membres peut-être *plus résolus à espérer* que Boyer présenterait ces projets de loi, et *à les demander* s'il ne les envoyait pas. Ainsi, dès l'ouverture de la session législative, les deux pouvoirs se montraient dans une sorte de méfiance mutuelle. Et si l'on réfléchit aux effets produits sur l'esprit de la population du Port-au-Prince, par le dédain que Boyer manifesta pour son arc de triomphe et les honneurs qu'elle se préparait à lui décerner à cette occasion, dédain qui semblait prouver les paroles qui lui furent attribuées lorsqu'il apprit l'élection de Laborde et de Béranger, on reconnaîtra que la situation était déjà très-tendue. Elle allait le devenir bien autrement encore !

Plusieurs protestations avaient été adressées à la Chambre, les unes directement par les concurrens des représentans élus dans diverses communes, les autres par le Président d'Haïti d'après des rapports faits par le ministère public, conformément à l'article 65 de la constitution. Parmi ces dernières, se trouvait celle qui était relative à l'élection de Saint-Laurent (Roume de) et de Hérard Dumesle, nommés représentans des Cayes. Mais, hors les opérations faites à Saint-Marc, qui furent annulées, la Chambre passa *à l'ordre du jour* sur toutes les autres protestations. Elle eut plusieurs séances qui furent consacrées à la discussion de son règlement intérieur, jusqu'à celle du 19 août, où elle arrêta d'adresser un message au Président d'Haïti, afin de lui dire qu'elle ne pourrait s'occuper du travail relatif au vote *des impôts publics*, que lorsqu'il lui ferait parvenir les comptes des recettes et des dépenses de la République que le Secrétaire d'État des finances doit lui rendre chaque année [1].

Mais, pendant que la Chambre des communes s'exprimait ainsi, le même jour, le Président d'Haïti s'adressait « au peuple et à l'armée », dans une proclamation qui leur rendait compte de trames ourdies par le général *Paul Romain* et de sa mort violente à Léogane, où il avait la ville pour prison depuis la fin d'avril 1821.

Sur la recommandation du Président, l'honorable général Gédéon, sénateur, commandant de cet arrondissement, avait pour Romain les plus grands égards, la bienveillance franche et cordiale que la fraternité d'armes inspire aux braves militaires, et il le recevait journellement chez lui au sein de sa famille, dans l'espoir de ramener cet ancien serviteur du pays aux sentimens de fidélité qu'il devait à la République dont le gouvernement avait épargné sa vie l'année précédente. Mais Romain était loin de lui savoir gré de toutes ses bontés, et de renoncer aux projets aussi haineux qu'ambitieux qui l'avaient rendu le chef de la conspiration du Nord et de l'Arbonite. Comme le gouvernement ne poussait pas la rigueur jusqu'à lui interdire toutes relations avec ces départemens, avec les amis qu'il y avait et des membres de sa famille qui surveillaient ses propriétés, Romain employait cette tolérance à y faire colporter sourdement des imputations malveillantes contre le Président personnellement, en le représentant comme « *le chef d'une faction* qui voulait livrer Haïti aux blancs, aux Fran-

---

[1] L'objet que ce message avait en vue était le vote du budget des dépenses publiques. Voyez la citation du discours du représentant Pierre André, président de la Chambre, à la page 269 du 8e volume de cet ouvrage. La deuxième législature voulait procéder comme la première avait agi en 1817 ; cependant, la loi de 1819 sur les attributions des grands fonctionnaires avait écarté déjà l'idée d'un budget, devenu si malencontreux en 1818.

çais. » Boyer n'ayant pas agi avec violence contre les commerçans de cette nation, à propos de l'équipée de Samana, et comme eût fait H. Christophe dans une pareille ocurrence, l'ancien *Prince du Limbé*, fidèle aux traditions de son *roi*, voyait sans doute dans cette conduite la preuve la plus convaincante de la *trahison* du Président d'Haïti[1].

Qu'imagina-t-il alors? Il adressa au vertueux général Magny une lettre *supposée* écrite par les généraux Gédéon et Lamothe-Aigron, pour lui ouvrir les yeux et le convier à se joindre à eux, afin de *renverser* le Président du pouvoir. Romain lui expédia cette lettre par un jeune homme du Nord, nommé *Jacques-Pierre Lamotte*[2]. Mais, étonné de recevoir par cet individu une lettre semblable; indigné de cette trame ourdie contre ses deux collègues, ses deux frères d'armes qu'il savait incapables d'une telle perversité, Magny fit arrêter immédiatement le messager de Romain auquel il fit subir un interrogatoire : ses aveux le convainquirent de ce qu'il présumait; J.-P. Lamotte dénonça Romain et fut mis en prison. Magny expédia aussitôt un de ses aides de camp auprès du Président d'Haïti, porteur d'une dépêche de lui, de la lettre attribuée aux généraux

---

1 Vers le mois de juin, un Français, portant le nom de *Daure*, était venu au Port-au-Prince, chargé de répandre un écrit signé *P.-H.-J. Sévigny*, ancien ingénieur, qui traitait, en apparence, des rapports politiques et commerciaux à établir entre la France et Haïti, mais dont les idées et le but étaient de semer la division entre les Haïtiens, par ces éternelles distinctions coloniales entre *le noir et le mulâtre*. Le Président l'avait fait contraindre à retourner en France. A cette occasion, F. Desrivières-Chanlatte publia, au mois d'août, une réfutation de cet écrit perfide, après en avoir publié un autre, intitulé : *Considérations diverses sur Haïti*, pour prouver l'aptitude de la République à être reconnue indépendante par la France. Toutes ces circonstances, après l'équipée de Samana, tenaient l'esprit public dans une certaine agitation, au moment où la Chambre des représentans se réunissait, et le général Romain voulait en profiter pour parvenir à son but.

2 Ce J.-P. Lamotte avait été le secrétaire de Casimir Noël, l'un des conspirateurs des Gonaïves, à la fin de février 1821.

Gédéon et Lamothe-Aigron et de l'interrogatoire subi par le messager emprisonné.

Boyer ne fut pas moins indigné que le brave commandant de l'arrondissement du Cap-Haïtien, de la persévérance de Romain dans ses projets criminels; il renvoya l'aide de camp avec invitation d'expédier J.-P. Lamotte au Port-au-Prince par un garde-côtes qui en partit aussitôt pour le Cap-Haïtien. Peu de jours après, le prisonnier y était rendu et déposé à la maison d'arrêt où il subit un nouvel interrogatoire; il accusa alors les généraux Magny et Nord Alexis. Le Président estimait trop ces divers généraux, pour ajouter foi à ces calomnies inventées par Romain et colportées par son obscur agent. Lamothe-Aigron était à Jacmel dont il commandait l'arrondissement : une dépêche présidentielle l'en avisa, parce qu'il était malade et ne pouvait se rendre à la capitale. Mais Gédéon fut mandé de Léogane : son irritation fut à son comble, lorsqu'il reconnut et la perfidie et l'ingratitude du traître qu'il accablait de ses bontés. Le Président lui dit de retourner à son commandement, de surveiller Romain, et qu'à l'arrivée de son messager, il lui enverrait l'ordre de l'expédier sous escorte pour être confronté avec ce dernier et jugés tous deux par la même commission militaire. Effectivement, le chef d'escadron Souffrant, aide de camp du Président, fut envoyé à Léogane dans ce but. Mais, arrêté par une garde sous les ordres du colonel Loret, commandant de la place de Léogane, afin d'être acheminé au Port-au-Prince, Romain (fut-il dit alors) aura fait résistance, en essayant de se saisir du fusil d'un soldat, puis en prenant la fuite : en ce moment, la garde fit feu et une balle l'atteignit mortellement[1].

---

[1] Suivant *le Télégraphe* du 18 août 1822.

Tel fut le rapport *officiel* que le Président reçut de cet événement. Mais, sachant combien l'on est prompt à supposer des crimes politiques aux chefs d'État, et surtout dans la situation où se trouvaient les esprits à la capitale depuis la réunion de la Chambre des représentans, il crut qu'il ne pouvait trop s'assurer des faits qui avaient occasionné la mort de Romain. A cet effet, il manda le général Gédéon et le colonel Loret, et les questionna publiquement au palais où se trouvaient bien des officiers : leurs déclarations confirmèrent le rapport qu'il avait reçu. C'est pourquoi la proclamation du Président dit à ce sujet : » Respon-
» sable de sa personne et chargé de le surveiller (Romain)
» strictement, le général Gédéon lui ordonna la maison
» d'arrêt : il refusa formellement d'obéir et se mit dans le
» cas qu'on déployât contre lui la force armée, à laquelle
» il osa résister de nouveau : c'est cette résistance qui, à
» mon très-grand regret et contre mes intentions, a causé
» la mort du général Romain, lequel sans doute a pré-
» féré d'ensevelir ainsi son crime, plutôt que de paraître
» devant des juges dont la sévère équité aurait bientôt
» dévoilé ses abominables machinations. Telle a été la fin
» d'un homme qui, parce qu'il avait combattu comme tant
» d'autres pour son pays, s'était persuadé qu'il pouvait
» l'asservir à sa loi et à ses caprices[1]. »

1 Le président Boyer, causant un jour avec moi, en 1840, me dit : « Voyez comment
» les chefs de gouvernement sont à plaindre ! Qui n'a pas cru, en 1822, que ce fut *par mes*
» *ordres* que le général Romain a été tué à Léogane, au lieu d'être jugé et fusillé d'après
» la loi ! Eh bien ! quand ce fâcheux événement arriva, je mandai ici Gédéon et Loret, et
» ce dernier m'affirma publiquement, devant ce général, que Romain avait saisi le fusil
» d'un soldat pour s'en servir et résister à la garde. Je dus accepter cette explication de
» sa mort violente, mais je ne restai pas entièrement convaincu. En 1827, après le décès
» de Gédéon, je fis venir Loret ici et lui demandai de m'avouer si *réellement* Romain avait
» résisté à la garde qui le conduisait. Loret me dit que *non*, qu'il avait reçu l'ordre de
» Gédéon de faire tuer Romain et de déclarer les faits comme il fit alors, parce qu'il était

Cet événement, regrettable par ses circonstances, puisque Romain eût pu être convaincu d'une odieuse trame par-devant la commission militaire, condamné à mort et exécuté comme Richard l'avait été au Port-au-Prince; cet événement fut accueilli dans cette ville avec des soupçons offensans pour l'autorité et l'honneur du Président d'Haïti. Aussi lit-on ce qui suit dans sa proclamation : « Cette cir-
» constance, en éclairant la nation, en donnant de nou-
» velles preuves de son inébranlable volonté, a cependant
» fait penser *à quelques intrigans d'une autre nature*, que
» le moment était favorable *pour donner l'essor à leurs*
» *projets*, en se rendant *les échos complaisans des paroles*
» *séditieuses* du général Romain. L'opinion publique a ar-
» rêté *les complots de ces hommes pervers*, et la vigilance
» du gouvernement *les poursuivra*, jusqu'à ce que le glaive
» de la loi les ait frappés. Citoyens, le gouvernement, fort
» de la droiture de ses principes, marchera toujours d'un
» pas ferme pour vous faire jouir de cette paix qui fait le
» désespoir de vos ennemis et pour laquelle vous avez fait
» les sacrifices les plus héroïques. *Les discours des méchans,*
» *les menées des ambitieux* ne l'intimideront jamais; mais
» ils troubleraient votre repos, ils tourmenteraient vos
» familles, si vous ne vous empressiez de les étouffer vous-
» mêmes, en *dénonçant* aux magistrats préposés à la garde
» de la tranquillité publique, *ceux qui colportent ces bruits*
» *inquiétans, ceux qui, par leurs propos séditieux*, tendent
» à alarmer votre confiance. Pénétrez-vous bien qu'en
» tout pays, il existe *de ces êtres atrabilaires, remuans et*

» présumable que je pardonnerais de nouveau à ce coupable avec lequel il fallait en finir.
» Loret approuva Gédéon, en ajoutant qu'il avait partagé son opinion. Je le blâmai sévè-
» rement à ce sujet, mais c'était tout ce que je pouvais faire. »

» *envieux*, qui ne sont jamais satisfaits de tout ce qu'on
» fait pour eux, et dont les goûts ne peuvent être flattés *que*
» *par les innovations qu'ils proposent* [1]... »

Un paragraphe de cette proclamation s'adressait ensuite
aux magistrats, et un autre à l'armée, pour réveiller et exciter leur zèle dans ces circonstances. Quant à *J.-P. Lamotte*,
jugé comme complice de Romain, il fut condamné à mort
et exécuté après l'événement survenu à Léogane.

Il est facile de reconnaître que certains passages de la
proclamation de Boyer faisaient allusion à des représentans
et à d'autres personnes auxquelles il attribuait des projets
subversifs de l'ordre public, surtout si on les rapproche de
quelques paroles prononcées dans son discours à l'ouverture de la session. Il faut dire aussi qu'on tenait à la capitale bien des propos malveillans qui, rapportés au Président, lui faisaient croire à un esprit séditieux, factieux, qui
voulait s'introduire dans la Chambre des représentans,
non-seulement pour s'*opposer* à son pouvoir, mais pour *le*
renverser : de là cette aigreur qui perce dans ses paroles.

Le contre-amiral Panayoty, sénateur, avait un vaste logement où, de tout temps, il se plaisait à recevoir ses
amis et des voyageurs qui, venant à la capitale, n'y trouvaient point d'hôtels garnis pour se loger : cet usage est
d'ailleurs dans les mœurs du pays. D'un caractère bienveillant et enjoué, Panayoty suppléait d'ailleurs au manque
d'une famille, par la société des hommes qui le visitaient
souvent et qui se sentaient attirés chez lui par son affabilité,
et là ils se rencontraient pour causer *en toute liberté*.

Or, il avait pour compagnon, chez lui, Ph. Liétout, se-

---

[1] Cette phrase avait un rapport évident avec le discours prononcé à l'ouverture de la
session législative par Boyer lui-même.

crétaire rédacteur du Sénat, dont la conversation spirituelle et anecdotique ne contribuait pas moins à ces réunions ; et, malheureusement peut-être, depuis longtemps, J.-B. Béranger occupait l'une des chambres de sa maison. Ce dernier y recevait particulièrement F. Darfour, qui avait fait sa connaissance dès son arrivée de France, en 1818. L'un et l'autre prenaient part aux conversations générales de cette société habituelle ; et dans notre précédent volume comme dans celui-ci, nous avons déjà fait connaître les idées, les sentimens et le caractère de Béranger, et divers faits de F. Darfour qui prouvaient ses prétentions, sa présomption et ses incartades envers des citoyens dignes de son respect, et sa malveillance envers le Président qui avait cependant beaucoup fait pour lui[1]. De plus, à l'occasion de la session législative, les représentans Saint-Martin, du Cap-Haïtien, dont on a lu le discours *sur le commerce*, dans la session de 1821, au chapitre II de ce livre, et Saint-Laurent, des Cayes, vinrent loger aussi chez l'amiral Panayoty[2]. A cette époque, on disait que les citoyens Dugué, notaire du gouvernement, Noël Piron, doyen du tribunal civil, et bien d'autres se joignaient à ceux-là, journellement, pour parler des affaires publiques.

Il était tout naturel qu'elles occupassent l'esprit des citoyens éclairés en général, après les glorieux événemens qui réunirent tout le territoire d'Haïti sous la même constitution, et que chacun imaginât *des plans* pour la meilleure administration du pays, *des réformes* à y faire pour *progres-*

---

[1] Voyez au tome 8 de cet ouvrage, pages 379, 381, 390 et 422.

[2] Saint-Laurent était un ancien ami de Panayoty, et Saint-Martin avait servi sous ses ordres, en qualité de commissaire général de notre flotte. Capturé, en 1814, sur un de nos bâtimens par ceux de Christophe, Saint-Martin eut l'insigne bonheur d'échapper à la mort, étant le fils d'une dame que Christophe estimait. C'est ce que nous avons appris par tradition orale.

ser, faire prospérer l'agriculture, le commerce national, etc.; et l'on a vu, quant à ces deux industries, ce qui était dans les idées de la Chambre des communes par le passage cité du discours de son président : elle semblait réclamer du Président d'Haïti des projets de lois à ce sujet.

Mais, est-il présumable que, dans les entretiens, les conversations dont il s'agit, soit chez l'amiral Panayoty, soit ailleurs, on se bornât à l'expression de simples *vœux*, sans *critiquer* en même temps certaines mesures du gouvernement dans l'administration du pays, sans *blâmer* son abstention dans certaines autres que l'on jugeait utiles à sa prospérité[1] ? Pour croire ainsi, il faudrait n'avoir aucune expérience des procédés de l'esprit humain; et ce qui n'était d'abord que *vœux*, que *désirs*, devenait *projets à réaliser*. Par quel moyen y parviendrait-on ! La Chambre n'était-elle pas, constitutionnellement, *la représentation nationale*, formée des représentans du peuple? N'avait-elle pas des *pouvoirs égaux* à ceux du Sénat, au moins *égaux* à ceux du Président d'Haïti qui n'était qu'un magistrat chargé d'*exécuter* les lois? Si le pacte social lui accordait l'*initiative* des propositions pour en faire, rien n'empêchait que la Chambre des communes n'en *provoquât* de lui, puisque, d'après l'art. 58 de cet acte, c'était elle « qui statuait sur l'admi-
» nistration; — qui formait et entretenait l'armée; — qui
» faisait des lois et règlemens sur la manière de l'organi-
» ser et de la gouverner (l'armée); — qui fixait la valeur,
» le poids et le type des monnaies ; — qui établissait l'éta-
» lon des poids et mesures ; — qui consacrait définitive-
» ment et pour toujours l'aliénation dès domaines natio-
» naux; — qui faisait toutes les lois nécessaires pour

---

[1] Voyez ce qui a été déjà dit sur ce sujet, à la page 422 du 8e volume.

» maintenir l'exercice des pouvoirs définis et délégués par
» la constitution, etc. » Toutes ces attributions étaient
compétentes à la Chambre; et si ce même article 58 se terminait en disant : «En un mot, la Chambre des représen-
» tans exerce l'autorité législative concurremment avec le
» Sénat », on n'y voyait pas figurer le Président d'Haïti :
son *initiative* dans les projets de lois devenait simplement
une obligation à laquelle il était tenu, si « les mandataires
du peuple » jugeaient convenable de l'exiger de lui [1].

Et qu'on ne dise pas que nous faisons là des « supposi-
tions gratuites, » à propos des événemens de 1822, puisque
plus tard on a voulu mettre à exécution cette *théorie* constitutionnelle : or, il y avait assez d'hommes éclairés dans
la seconde législature pour la concevoir alors, ainsi que d'autres l'ont manifestée par la suite.

Tel était l'état des choses et des esprits, au moment où
un grand coupable et son complice venaient de périr, le
premier violemment, le second suivant les formes légales.
Dans ces circonstances, le chef du gouvernement avait pris
une attitude aussi *défensive* que *menaçante* pour ceux qui
essaieraient d'attenter à son pouvoir, tout-puissant sur l'armée surtout; mais les imprudens n'en tinrent aucun
compte.

La Chambre des communes consacra encore plusieurs
séances, les 21, 23, 26 et 28 août, à des détails de son intérieur, à l'admission de quelques-uns de ses membres re-
tardataires. Dans la séance du 28, elle prit lecture d'une
pétition qui lui fut adressée par Hérard Dumesle, l'un des

---

[1] Voyez, dans ce chapitre, la nouvelle rédaction proposée par B. Blanchet. Il est certain
que la session de 1821 avait fait prévoir une lutte prochaine entre la Chambre et le Président.

représentans du Cayes : « Cette pétition n'étant pas faite
« dans les formes voulues par les lois, il a été arrêté que la
« Chambre s'en tiendrait à sa décision sur la *validité* des
« élections de la commune des Cayes, sauf au député Hérard
« Dumesle à se rendre à son poste, d'après la lettre qui le
« mande[1]. »

A raison des faits qui précèdent, on pouvait s'attendre à
une explosion « d'opposition légale, constitutionnelle, »
dans la Chambre des communes, contre le Président d'Haïti.
Mais il était réservé à un esprit présomptueux, ambitieux,
qui s'égarait dans ses singulières prétentions, à un cœur ingrat et haineux, de venir jeter un brandon de discorde
entre cette branche du pouvoir législatif et le pouvoir exécutif. Ce fut *Félix Darfour* qui voulut bien jouer ce rôle
dangereux, ne pouvant croire sans doute qu'il y perdrait
seul la vie. La proclamation du Président, du 19 août,
contenait cependant des avertissemens dont il devait profiter ; mais que ne peuvent l'envie et toutes les mauvaises
passions qu'elle suscite ? Darfour fut-il seul à concevoir le
projet qu'il manifesta authentiquement ? Nous entendons
par là, qu'il a pu avoir des complices hors de la Chambre.

Suivant le *Bulletin des lois*, dans la séance de la Chambre, du 28 août, on avait pris lecture d'un message du Président d'Haïti qui accusait réception de deux actes que la
Chambre lui avait adressés, et des *observations* avaient été
faites sur celui du Président : la Chambre avait décidé
« que ces observations seraient *reproduites* à la prochaine
» séance *publique*, pour pouvoir statuer sur la réponse que

---

[1] Toutes nos citations relatives aux actes de la Chambre des communes sont tirées des
numéros 1er et 2 du *Bulletin des lois* de cette année. On y voit que dans la séance du
16 septembre, la Chambre reçut une lettre de H. Dumesle, en réponse à celle qui le
mandait à son poste ; il disait qu'il ne pouvait s'y rendre, à cause d'une grave maladie.

« *nécessite* ce message. » Mais le 30, à sept heures du matin, la séance fut ouverte *en comité général*, c'est-à-dire *à huis-clos*, dans la partie haute du local où le public n'était pas admis. Là, « un membre a pris la parole et a exposé à la « Chambre, qu'il n'y avait pas *un motif fondé* pour entrer « *en discussion publique* sur le contenu de ce message ; que » *les termes génériques* dont s'est servi le pouvoir exécutif « dans ledit message ne pouvaient pas être pris *dans le* « *sens particulier* que *quelques membres* veulent l'interpré-« ter (lui donner). Un autre membre a proposé *d'ajourner* « ladite réponse[1]. Les avis étant partagés, la question est « mise aux voix par le président, et la Chambre a décidé, *à* « *la majorité*, qu'il n'y avait pas lieu à la discussion de ce « message qui, par sa nature, *n'exigeait* pas non plus *une* « *réponse*, puisqu'il tendait à accuser réception à la Cham-« bre de ses deux messages du 19 du courant. »

L'un de ces messages demandait au Président d'Haïti les comptes généraux de recettes et de dépenses qu'il devait lui transmettre, au terme des articles 73 et 221 de la constitution, et il est vraisemblable que ce fut à cette occasion que le message du Président aura suscité des observations. Sans pouvoir dire quels furent « les termes génériques dont il se servit, » ni quelles furent « les observations » faites à ce sujet, nous ferons remarquer cependant que si « quel-» ques membres de la Chambre leur donnaient un sens » particulier, » du moins la majorité repoussa cette inter-prétation. Alors, la Chambre continua sa séance en *comité général*. Nous ne pouvons mieux faire que de citer encore le *Bulletin des lois*.

---

[1] Dans quel but cet ajournement, si quelques membres trouvaient matière à interpréta-tion dans ce message du Président d'Haïti ?

» Le président de la Chambre (Hyppolite), après avoir
» donné connaissance d'une *lettre* à lui adressée par le ci-
» toyen *F. Darfour*, lui annonçant que sous le même pli il
» trouvera *une pétition* par lui adressée à la Chambre, la
» question a été mise aux voix sur l'ouverture de ce paquet.
» Un membre a demandé et a observé *que cette pétition de-*
» *vait être décachetée et lue en séance publique*, car Darfour
» aura sans doute fait part de sa pétition *à des citoyens* de
» là ville *avec d'autres observations pour appuyer son idée.*
» Un autre membre a pris la parole et demandé à la Cham-
» bre que le paquet contenant la pétition de Darfour *lui*
» *soit renvoyé sans en prendre connaissance*, tant par la
» fausse application de l'article de la constitution invoqué
» par sa lettre au président, que parce que la Chambre n'é-
» tait pas habile à recevoir *des pétitions* des particuliers.
» La discussion suivie et venant à la délibération, *la majo-*
» *rité relative* a été, et *pour l'admission* et *pour la lecture* de
» ladite pétition en séance *publique*. »

Ce jour-là, les citoyens étaient nombreux dans la salle
où le public était admis; on semblait prévenu de l'envoi de
cette pétition, et l'on venait sans doute pour en entendre la
lecture. Le *Bulletin des lois* continue :

« Étant au lieu des *séances publiques*, la lecture de la
» pétition a été commencée, *et le contenu a bientôt jeté l'hor-*
» *reur et l'indignation parmi les membres.* Un d'eux de-
» mande que la lecture soit *suspendue*, mais un autre *con-*
» *trarie* cette opinion; et lecture finie, la discussion s'est
» ouverte sur l'*usage* que la Chambre devait faire de cette
» pièce. Plusieurs membres ont fait diverses observations
» et témoigné *leur outrance contre l'auteur.* La discussion
» fermée et la question mise aux voix par le président, la
» Chambre a arrêté que, conformément à l'art. 163 de la

» constitution [1], *elle ne pouvait pas s'occuper* de la pétition
» du citoyen Darfour, laquelle resterait *déposée* au bureau
» pour délibérer en *comité général* sur l'*usage* qu'il con-
» viendrait de faire, *vu la nature offensante et séditieuse de*
» *cet écrit*. La séance a été levée. »

On voit comment la Chambre des communes procéda, à propos de la pétition de **F. Darfour**, et pourquoi elle attira la foudre sur quelques-uns de ses membres. Celui qui en demanda la lecture en séance publique, — « parce que son
» auteur en aurait probablement fait part à des citoyens de
» la capitale, avec d'autres observations pour appuyer son
» idée, » — celui-là paraît en avoir eu une connaissance préalable. Que se proposait-il, et que se proposait cette *majorité relative* qui repoussa l'opinion *contraire*, tendant à *renvoyer* la pétition *sans la lire*, sur la seule lecture de la lettre qui accompagnait cette pièce ? N'était-ce que du scandale qu'on voulait produire en facilitant ainsi l'expansion au grand jour des sentimens haineux du hardi pétitionnaire ? ou bien, reconnaissait-on que la Chambre était assez assise dans l'opinion, que le Président d'Haïti, surtout, était assez fort, assez puissant, pour ne pas paraître craindre l'effet de la pétition d'un factieux aussi impuissant que haineux ?

Il est inutile de scruter l'intention qu'on a pu avoir en cette occurrence ; mais remarquons que, puisque la lecture de la pétition fit éclater « de l'horreur et de l'indignation
» parmi les représentans ; que plusieurs d'entre eux témoi-

---

1 « Art. 163. — Au Sénat seul il appartient d'examiner et de décréter la culpabilité du Président d'Haïti. »

Donc, la pétition de F. Darfour était dirigée contre le président Boyer ; elle portait des accusations contre lui, elle demandait *au moins* sa mise en jugement par la Chambre des communes ! La rédaction du *Bulletin des lois* nous autorise à cette interprétation.

» gnèrent qu'ils étaient outrés, mécontens contre son au-
» teur ; que la Chambre reconnaissait qu'elle n'avait pas le
» droit d'admettre une accusation contre le Président
» d'Haïti ; qu'enfin elle jugeait que cet écrit était d'une
» nature offensante et séditieuse, » devait-elle lever sa
séance publique, ajourner toute délibération à ce sujet pour
s'en occuper à huis-clos ? Elle aurait dû, au contraire, statuer immédiatement sur cette pétition, faire ce qu'elle fit
tardivement le lendemain, dans une séance extraordinaire,
en adressant la pétition au Président d'Haïti par un message
qu'une députation lui apporta avec cette pièce *offensante et
séditieuse*. Mais alors les faits étaient accomplis ; la démarche de la Chambre n'avait plus le mérite qu'elle eût pu lui
donner.

Corps législatif et pouvoir politique en même temps, elle
aurait dû comprendre qu'elle était dans l'*obligation* de concourir au maintien de la paix publique, en *dénonçant* sur-le-
champ au pouvoir exécutif, chargé des mesures à prendre,
le factieux qui avait tenté de la troubler. En *déclinant* ainsi
son devoir constitutionnel, elle a donné lieu au Président
d'Haïti et à bien des citoyens sensés de croire que, si elle
n'était pas *de connivence* avec le coupable, du moins elle
subissait *la pression* de quelques-uns de ses membres qui
auraient pactisé avec lui : de là le déplorable événement
qui survint dans l'après-midi du 30 août.

Félix Darfour assistait à cette séance publique et il entendit la lecture de sa pétition. Les débats qu'elle occasionna parmi les représentans ne l'émurent point ; il ne fut
pas plus ému lorsque Saint-Martin, dit-on, indigné comme
plusieurs de ses collègues, fit remarquer qu'il était présent
et proposa *de le faire arrêter*.

On a dit aussi, à cette époque, que ce fut lui, Saint-Martin, qui demanda la suspension, la cessation de la lecture de la pétition, et que Laborde opina au contraire pour la continuation, mais en ajoutant : « que la République était » assez fortement constituée, pour n'avoir pas à craindre » les tentatives d'aucun individu dans le but de renverser » son gouvernement. » Si ces traditions orales sont exactes, on doit d'autant plus regretter que la Chambre se soit désemparée sans prendre la résolution que son devoir lui indiquait.

Mais, parmi les nombreux citoyens qui assistaient aussi à cette séance, se trouvait le capitaine Calix Bonneaux, aide de camp du Président d'Haïti. Il accourut aussitôt au palais et raconta au Président les faits qui venaient de se passer en sa présence. On en sait assez déjà du caractère de Boyer, pour juger de l'impression que le rapport de son aide de camp dut produire sur son esprit : à ses yeux, la Chambre des communes, ou du moins quelques-uns de ses membres *conspiraient* avec F. Darfour contre son pouvoir, son autorité, contre le gouvernement national tout entier, pour jeter le pays dans une affreuse anarchie ; la pétition, jugée *séditieuse* par la Chambre elle-même, ne tendait à rien de moins ; le pétitionnaire, enfin, provoquait la guerre civile entre les citoyens, et ses complices se rendaient dupes de ses perverses intentions.

Et une telle pétition était produite, accueillie dans la Chambre des communes, quelques jours seulement après les menées ténébreuses de Paul Romain !...

Telle fut, telle ne pouvait manquer d'être la pensée de Boyer, en apprenant l'audacieuse entreprise d'un homme, étranger au pays, qu'il avait accueilli à son arrivée et comblé de ses faveurs, jusqu'à lui permettre de publier un journal, sans frais aucun, en se servant des presses de l'imprimerie nationale : journal qui lui servit à répandre des doctrines insidieuses et qu'il cessa lui-même de faire paraître, quand le public n'en voulut plus. Toute la conduite antérieure de Félix Darfour dut revenir à la mémoire du Président, pour ne voir en lui qu'un artisan de discordes civiles. Et si Pétion, toujours si calme malgré son caractère résolu, s'indigna hautement de la séance démagogique du Sénat, le 17 décembre 1808, qui occasionna l'ajournement de ce corps durant plus de deux années, que ne devait pas éprouver Boyer après la séance de la Chambre des communes, lui dont le caractère était sujet, malheureusement, à tant d'emportemens ?

Aussi vit-on bientôt plusieurs officiers supérieurs, suivis de soldats, parcourant les rues de la capitale pour opérer l'arrestation des individus évidemment *désignés* par le chef de l'État. Si nos souvenirs sont fidèles, ces officiers étaient: le colonel Patience, du 1er régiment d'artillerie ; le colonel Frémont, le chef d'escadron Souffrant, le capitaine C. Bonneaux, trois aides de camp du Président ; le chef de bataillon Bouzy, du 8e régiment d'infanterie ; le capitaine Saint-Rome fils, adjudant de place, et d'autres dont les noms nous échappent.

Félix Darfour fut le premier appréhendé au corps et conduit en prison, mis aux cachots et aux fers. *Jean-Baptiste Béranger*, *Saint-Laurent* et *Saint-Martin*, représentans, furent arrêtés chez l'amiral sénateur Panayoty et conduits également en prison. Dès le commencement de ces arrestations, la plupart des membres de la chambre s'étaient réunis dans son palais, et *Laborde* se trouvait parmi eux; les officiers y allèrent le chercher et le conduisirent aussi en prison. Enfin, les citoyens *Noël Piron*, doyen du tribunal civil ; *Pierre André*, directeur de l'école nationale primaire, et *Dugué*, notaire du gouvernement, subirent le même sort .

Ces arrestations en plein jour n'avaient pu s'opérer sans agitation, sans qu'une grande foule suivît les officiers : de là la part attribuée *au peuple* dans cette mesure toute gouvernementale; aussi eut-elle lieu avec *le plus grand ordre,* si l'on peut s'exprimer ainsi.

Si l'on se livre à une investigation, pour trouver *les causes* de l'arrestation de chacune des personnes dénommées ci-dessus, on pourra dire : — que *F. Darfour* ne pouvait y échapper, par son audace même à présenter sa coupable pétition ; — que *J.-B. Béranger* y était désigné, par ses relations intimes avec le pétitionnaire , par son caractère atrabilaire qui le portait à censurer publiquement les actes du Président, qui lui fit croire qu'à la Chambre il pouvait en provoquer le redressement, même violemment ; — que *Saint-Laurent,* connu par son esprit d'intrigues, affichait aussi des prétentions de régenter le gouvernement ; — que *Saint-Martin ,* distingué entre tous par une loquacité impitoyable pour ses auditeurs, payà ainsi son fameux discours prononcé à la session de 1821 ; — que *Laborde* subit ce désagrément pour avoir renoncé à sa qualité militaire en faveur de la députation, ce qui fit sans doute supposer qu'il avait *de grandes vues* dans ses fonctions législatives, et d'autant plus, qu'antérieurement, quand il défendait la cause de militaires ou autres accusés par-devant les tribunaux, il signalait souvent *des infractions* de formes légales de la part

---

1 Sachant qu'on le cherchait pour l'arrêter, Dugué s'était réfugié chez un ami. Apprenant cela, le colonel Victor Poil vint dans la soirée devant la maison où il se tenait, et dit à haute voix : « Je sais où est le f.·. Dugué, et je l'invite à se rendre en prison, sans « crainte ; car il ne court aucun danger. » Et Dugué y fut accompagné par son ami. Les égards que le colonel eut pour lui étaient dictés par ses sentimens de fraternité maçonnique, étant tous deux de la même loge.

du général Boyer, commandant de l'arrondissement du
Port-au-Prince [1] ; — que *Noël Piron*, un des secrétaires du
cercle de commerce de cette ville, l'année précédente, avait
pris à cœur l'inutilité de sa formation, les espérances déçues
à ce sujet, et ne se gênait pas pour se plaindre incessamment, que le Président ne donnait aucun encouragement au
commerce national ; — que *Pierre André* avait, le premier, donné le signal de *réformes* à introduire dans la législa-
lation relative à ce commerce, à l'agriculture et à l'armée,
par son discours à la Chambre, en 1821, et qu'il venait de
prouver une vacillation singulière, en renonçant à la charge
de juge au tribunal de cassation pour l'office de représentant, et témoignant le désir de rester à la Chambre, malgré
sa place rétribuée de directeur de l'école primaire ; — que
Dugué, enfin, quoique notaire du gouvernement, se plaisait
à censurer ses actes sans ménagement, par l'effet d'un caractère irascible.

Au sujet de l'appréciation des causes de toutes ces arrestations, nous pourrions en appeler au souvenir de tous
ceux qui, comme nous, en furent les témoins oculaires;
mais nous ne prétendons pas dire, néanmoins, que le président Boyer *n'avait aucun autre motif* pour les ordonner.
Nous en jugeons encore par le résultat définitif qu'elles
eurent.

Quoi qu'il en soit, le 31 août la Chambre des communes
se réunit et chargea une députation de plusieurs de ses

---

1 J'ai quelquefois entendu Laborde, défenseur public, démontrer les irrégularités que
le général Boyer commettait, en dénonçant les prévenus à la commission militaire, en sa
qualité de commandant d'arrondissement : il ne suivait pas les formes prescrites par la loi
sur ces conseils spéciaux, et il était mécontent du défenseur public qui réclamait leur
exécution. Chacun sait, d'ailleurs, que le président Boyer avait de l'éloignement pour
ces officiers ministériels dont la chicane lui paraissait nuisible à la bonne administration
de la justice.

membres d'apporter au Président d'Haïti la pétition de Félix Darfour, accompagnée d'un message ; puis, elle reforma son bureau pour diriger ses travaux pendant le mois de septembre : Caminéro, un des représentans de Santo-Domingo, fut élu président [1].

Le même jour, avant d'avoir reçu la pétition incriminée, le Président dénonça *Félix Darfour* au général Thomas Jean, commandant de la place et provisoirement de l'arrondissement du Port-au-Prince, « comme ayant fait et » signé *un écrit séditieux* qu'il présenta à la Chambre des » représentans et qui y fut lue publiquement la veille, dont » le but était de fomenter la discorde, d'allumer la guerre » civile en portant les citoyens à s'armer les uns contre les » autres ; et que, nouveau *Christophe*, il a insinué dans cet » infâme écrit les principes les plus subversifs, en s'ap» puyant sur le mensonge et la calomnie, pour essayer de » détruire la confiance dans le gouvernement, etc. » Cette dénonciation, par lettre du Président, ajouta : « La cla» meur publique a dénoncé le coupable ; l'opinion des ci» toyens patriotes l'a jugé, et en l'arrêtant *par un mouve» ment spontané*, on allait l'immoler, si les agents de la » police n'avaient interposé leur autorité pour faire triom» pher les lois, en plaçant le criminel sous leur empire, afin » que, passant par un jugement régulier, il soit frappé du » glaive terrible de la justice [2]. »

---

1 On raconta alors que J.-S. Hyppolite, président de la Chambre, étant allé au palais, se plaignit à Boyer de ce que les officiers étaient venus arrêter Laborde dans le local même de la Chambre, sans respect pour la représentation nationale ; et que Boyer lui ayant répondu avec colère « que la Chambre favorisait les factieux, » il sortit du palais en montrant une grande irritation. Il est certain qu'Hyppolite resta longtemps en froideur avec Boyer ; après avoir cessé d'être représentant dans la deuxième législature, il n'accepta de nouvelles fonctions publiques qu'en 1840. Dès lors, Boyer ne cessa de lui donner des preuves de son estime.

2 La lettre du Président au général Thomas Jean fut écrite par Inginac. Dans ses Mé

En conséquence, le Président ordonna au général Thomas Jean de faire réunir de suite la commission militaire, afin de juger Félix Darfour, sans désemparer ; et que des *témoins* y comparaîtraient pour déposer sur le contenu de la « pétition que l'indignation a fait disparaître. » Nous ignorons si, l'ayant reçue ensuite de la députation de la Chambre, le Président l'aura transmise à ce général pour être placée sous les yeux des juges ; mais cela est présumable.

La commission militaire procéda à ce jugement avec toute la célérité habituelle à un tel tribunal. L'accusé Félix Darfour se défendit lui-même ; il montra beaucoup de courage et ne chercha pas à présenter aucune excuse pour atténuer les assertions consignées dans sa pétition [1]. Enfin, il fut condamné *à mort*, à une heure avancée de la soirée. Le lendemain, 1er septembre, étant un dimanche, l'exécution de ce jugement n'eut lieu que le lundi 2, dans la matinée. A ce terrible moment, Darfour conserva tout son courage, en présence des troupes de la garnison et de la foule qu'un si triste spectacle attire toujours.

Comme on le voit, aucune des autres personnes arrêtées

moires de 1843, il a dit : » J'avais entendu parler des menées de Darfour qui s'efforçait, disait-on (et je le crois), de susciter *des divisions de couleur*, en portant les uns à la méfiance contre les autres. On répétait qu'il avait *un parti* dans la Chambre des représentans et dans le Sénat, dont le but était de renverser l'ex-président. Je ne fis aucune attention à ces bruits, et je fus *surpris* le jour que j'appris que Darfour, ayant été à la Chambre des représentans, alors en séance, donner lecture d'une pétition véhémente contre le chef de l'Etat, en le dénonçant *d'avoir vendu le pays aux blancs*, venait d'être arrêté et conduit en prison, après avoir été sur le point de périr par l'exaspération de ceux qui l'avaient arrêté, et qu'il allait être jugé militairement. Plusieurs membres de la Chambre furent signalés comme impliqués dans le projet de Darfour, ainsi que des membres du Sénat : les uns furent éloignés pendant quelque temps de la capitale, et les autres donnèrent leur démission. » — Page 66.

1 F. Darfour exerçait les fonctions de *défenseur public*, après avoir été commissionné *arpenteur*. Boyer lui avait donné ces charges où il pouvait gagner une existence honorable.

le même jour ne fut mise en cause avec Félix Darfour, qui subit seul la punition qu'il encourut par son odieux écrit. Tout porte à croire que son audacieuse accusation, dirigée contre le Président d'Haïti, n'était qu'une ramification de la trame ourdie par Paul Romain dont il était un complice ignoré jusqu'alors, puisque cette accusation reposait principalement sur les mêmes faits imputés au Président; ou, qu'adoptant les soupçons injurieux qui planaient sur le Président, à propos de la mort violente de ce général, Darfour aura cru qu'il pouvait profiter des dispositions que montraient certains représentans à faire une vive opposition à Boyer, pour le dénoncer à la Chambre et provoquer ainsi son renversement par la voie révolutionnaire.

Les art. 149 et 159 de la constitution donnaient au Président d'Haïti *le droit* et même lui prescrivaient *le devoir*, de faire arrêter par ses propres ordres, et Darfour et les autres personnes, mais sous la condition de les dénoncer par devant le tribunal compétent à les juger, s'il était informé qu'ils tramaient une conspiration contre la sûreté intérieure de la République. Mais, à vrai dire, s'il avait des *suspicions* contre les représentans qui furent arrêtés, de *conniver* avec Darfour, et contre les autres personnes considérés comme leurs complices, il eût été difficile d'en fournir la preuve. La simple lecture de la pétition avait soulevé une louable indignation dans le sein de la Chambre, et il n'est nullement présumable que les représentans ni les autres personnes, arrêtés en même temps, eussent conçu *le même projet* que l'auteur de la pétition. Boyer préféra attribuer ces arrestations « à un mouvement spontané de patriotes, » du moins celle de Darfour, d'après sa lettre au général Thomas-Jean : ce qui devenait plus commode.

Mais l'histoire est inflexible; elle ne peut transiger avec les faits passés à la vue des contemporains.

Cependant, on va voir que la Chambre et le Sénat adoptèrent la même version dans leur adresse au peuple. Suivant la constitution, les représentans arrêtés étaient justiciables de la haute cour de justice, et les art. 205 à 210 de cet acte donnaient le moyen suffisant pour les faire juger : le ministère public seul n'y était pas désigné, mais le Président d'Haïti aurait pu investir un fonctionnaire de cette attribution [1].

Les trois pouvoirs politiques reculèrent devant *l'obligation* de convoquer cette haute cour; et dans sa séance du 2 septembre, agissant évidemment sous la pression des événemens, la Chambre des communes décida ce qu'il suit, d'après le *Bulletin des Lois.*

« Le président ayant fait un exposé des événemens qui
» se sont passés à la dernière séance (le 30 août), et par
» suite desquels plusieurs de ses membres ont été arrêtés
» et conduits en prison *par le peuple,* a soumis à la Cham-
» bre qu'il était urgent de pourvoir aux moyens de donner
» des preuves ostensibles de son dévouement à la patrie et
» de son attachement au pouvoir exécutif. Plusieurs mem-
» bres ont opiné pour que ceux d'entre eux *arrêtés par le*
» *peuple,* fussent déclarés *déchus* de leur qualité de députés
» et leurs suppléans appelés à les remplacer. Cette propo-
» position ayant été *approuvée à la majorité absolue et*
» *presque unanime,* les députés *Laborde, Saint-Martin,*
» *Béranger* et *Saint-Laurent* ont été déclarés *exclus* de la

1 Le grand juge était le président né de la haute cour; mais dans le cas où il serait lui-même accusé par devant elle, le Président d'Haïti avait *le droit* de désigner un autre grand fonctionnaire pour la présider : à plus forte raison devait-il nommer celui qui remplirait les fonctions du ministère public, en vertu de l'art. 152 de la constitution.

» Chambre des représentans des communes; et il a été dé-
» cidé que leurs suppléans sont appelés à les remplacer
» dans leurs fonctions, que communication sera donnée au
» pouvoir exécutif de cette détermination, et qu'elle (la
» Chambre) doit s'occuper de l'adresse qui sera faite au
» peuple. »

Ainsi, il est constaté par ce procès-verbal, qu'il n'y eut
pas « complète unanimité » parmi les représentans pour
l'*exclusion* de leurs collègues ci-dessus dénommés, et il est
probable que la plupart de ceux qui opinèrent en faveur de
cette mesure inconstitutionnelle étaient sous l'influence de
l'*intimidation* exercée par le Président d'Haïti; car, à moins
d'être aveuglés par la passion, les membres d'un tel corps
ne prennent pas de semblables résolutions qui les privent
eux-mêmes des *garanties* établies par une constitution [1].

Malheureusement pour le pays et pour Boyer lui-même,
la facilité avec laquelle la Chambre des communes prononça
l'exclusion de ceux de ses membres qui voulaient faire opposition à son pouvoir, devint *la règle* qu'on suivit par la
suite et dont on abusa étrangement.

Par son caractère, Boyer ne pouvait employer ce que
nous avons appelé les *séductions* du pouvoir, beaucoup
plus *agréables*, pour se créer dans la Chambre une majorité
compacte qui pût paralyser *les opposans :* il préféra *l'intimidation.* Mais ce moyen, s'il plaît davantage à la vanité d'un
chef d'État, a certainement plus de danger pour lui-même,

---

[1] Il faut convenir, néanmoins, que les circonstances prêtaient singulièrement à l'emploi de *l'intimidation*, pour arrêter toute velléité d'*opposition* dans la Chambre des communes. La trame ourdie par le général Romain, sa mort violente, l'exécution de son complice, instrument de ses desseins, avaient forcé le gouvernement de prendre une position menaçante par rapport aux propos qu'on tenait à la capitale; et c'est dans ce moment même que la Chambre commit l'imprudence de donner lecture publiquement de la pétition incendiaire de F. Darfour, sans remplir ensuite son devoir de corps politique !

par la haine secrète qu'il entretient dans les cœurs, par l'irritation dissimulée des esprits, non-seulement de ceux qui en sont victimes, mais de ceux qui servent d'*instrumens* aux répugnances du pouvoir, même du public qui finit toujours par se rallier à ceux qui lui semblent *opprimés*. Et cependant quel chef posséda, autant que Boyer, l'art séduisant de gagner les cœurs, de désarmer les préventions, sinon de convaincre les esprits? Quel chef trouva, plus que lui, un peuple disposé à l'obéissance et à seconder son autorité? Son illustre prédécesseur avait parfaitement nivelé le terrain politique pour lui. Il y avait sans doute encore des prétentions individuelles, des ambitions présomptueuses ; mais il est impossible qu'il n'en soit pas ainsi dans toute société qui tend à se perfectionner, et un gouvernement éclairé ne doit pas s'en étonner : son devoir consiste à les annuler par les moyens les plus doux, accompagnés toutefois de fermeté, s'il ne peut les attirer dans sa sphère d'activité.

Enfin, le 2 septembre même, la Chambre des communes signa une « adresse au peuple » pour l'informer des faits qui venaient de se passer. Cet acte dit que d'abord les représentans étaient animés du désir de contribuer au bien public. « Mais bientôt un caractère *d'opposition* chercha à
» se manifester, et à peine *l'harmonie*, qui doit régner en-
» tre les pouvoirs, *a été menacée*, qu'un esprit méchant et
» révolutionnaire croit trouver le moment de développer
» ses projets. Oui, *Félix Darfour*, homme artificieux et traî-
» tre à la société, a voulu jeter la discorde et exciter une
» guerre civile parmi les Haïtiens, en mettant sous les yeux
» de la Chambre, le 30 août dernier, un écrit reconnu bien-
» tôt *séditieux, mensonger et calomnieux, attentatoire* à
» l'honneur et aux prérogatives du Pouvoir exécutif.....

» Instruit de ce pamphlet, *le peuple* se porta en foule de
» toute part, arrêta et conduisit dans les prisons les citoyens
» *Béranger, Laborde, Saint-Laurent, Saint-Martin*, repré-
» sentans, simultanément avec les citoyens *Pierre André*,
» jugé au tribunal de cassation [1], et *Noël Piron*, doyen du tri-
» bunal civil de cette ville. Les diverses attributions de ces
» personnes, accusées cumulativement *par le peuple*, nous
» ont portés *à croire que l'arrestation des quatre représentans*
» *sus-mentionnés devait être l'effet de quelques motifs parti-*
» *culiers* [2]. La voix publique les a *signalés* comme des
» citoyens dont les lumières ne se tournent que vers *l'in-*
» *novation et en opposition* avec la marche déjà établie et
» consacrée par nos institutions... Compatriotes, *exempte*
» *de tout blâme*, la Chambre des communes doit l'être aussi
» *de tout soupçon*, et dès lors que quelques-uns de ses
» membres *sont accusés* par l'opinion bien manifestée *par le*
» *peuple*, ils doivent *n'être plus admis* dans son sein... »

Si la Chambre se disait « exempte de tout blâme et de
tout soupçon, » le Sénat, dans son « adresse au peuple, »
datée du 31 août, déclarait le contraire; en voici un extrait :

« Citoyens, — Le Président d'Haïti, par sa proclamation
» du 19 de ce mois, vous a rappelé les calamités qui vous ont
» affligés pendant de longues années. Ce chef infatigable
» venait d'y mettre un terme, et il ne cesse, par ses veilles
» et sa sollicitude, d'assurer votre bonheur et de préparer
» un avenir heureux à vos neveux..... Mais un homme dont
» on connaît à peine le pays; un homme que le gouverne-

---

[1] Il paraît qu'après avoir renoncé à cette charge de juge pour rester représentant, et
que renonçant ensuite à cette dernière pour rester directeur de l'école nationale primaire,
Pierre André aura repris sa qualité de juge qui n'était pas incompatible avec cette direction; autrement, on ne comprendrait pas qu'il ait été ainsi qualifié dans l'adresse de la
Chambre.

[2] Cette phrase est remarquable, à cause même des circonstances où elle a été publiée.

» ment avait comblé de bienfaits ; un homme qui avait
» *déjà* cherché à troubler l'Etat *par des écrits incendiaires,*
» *Darfour,* ce factieux, ourdissait dans les ténèbres, les
» moyens de porter la désolation dans la République.
» Vendredi, 30 de ce mois, cet homme perfide et plein
» d'audace, présenta à la Chambre des représentans une
» pétition qui tendait à pervertir l'esprit public et à renver-
« ser l'édifice national. Après la lecture de cet écrit infer-
» nal, *la Chambre ayant trop longtemps gardé le silence sur*
» *la dénonciation de son coupable auteur, le peuple indigné*
» *de cette conduite tiède, d'un mouvement spontané, se réunit*
» *et arrêta ce factieux.* Dans cette sainte insurrection,
» quatre députés (membres) de la Chambre des représen-
» tans, *signalés* depuis quelque temps par l'opinion publi-
» que, comme cherchant à troubler le repos du peuple par
» leurs manœuvres liberticides, furent également arrêtés
» avec deux membres du corps judiciaire..... Le Sénat,
» dans la journée du 30 de ce mois, a admiré en vous l'at-
» titude d'un peuple fier qui connaît ses droits, dans l'a-
» néantissement de ses tyrans..... »

Le Président d'Haïti ne pouvait garder le silence dans de
telles conjonctures et après ces actes du Sénat et de la
Chambre des communes : le 9 septembre, il publia unelon-
gue proclamation adressée « au peuple et à l'armée. » Cet
acte résuma d'abord les antécédens révolutionnaires du
pays d'où résultèrent son indépendance et la fixité de ses
institutions, en dépit de toutes les tentatives faites pour en-
rayer sa marche vers la prospérité :

« Qui eût pensé, continue-t-il, qu'après le dénoûment
tragique de toutes ces conspirations, un autre agitateur aurait osé encore élever la voix pour abuser les citoyens et
pour lancer parmi eux les brandons de la discorde? Mais

Darfour, que la République avait accueilli, qu'elle avait adopté, auquel la clémence du gouvernement avait *déjà* accordé une fois la vie[1], l'ingrat respirait, et son âme dévorée du feu de l'ambition, méditait en secret le renversement de l'ordre social... Enfin, la foudre éclata, et l'imprudent qui l'avait attirée sur sa tête périt consumé par elle... Puisse ce dernier exemple n'être pas oublié comme les précédens! —Vous êtes déjà instruits comment le criminel *Darfour*, enhardi *par l'appui de quelques citoyens pervers et par l'esprit novateur de quelques membres de la Chambre des communes,* qui, il faut le dire, avaient *usurpé* la représentation nationale, sonna le tocsin de la guerre civile dans une adresse lue publiquement à la séance que cette Chambre a tenue le 30 août dernier. Cet infâme libelle a soulevé votre indignation; d'un mouvement *spontané*, vous vous êtes jetés en foule sur son coupable auteur et sur tous ceux qui en avaient été, *ou les conseillers ou les protecteurs*; vous les avez mis en état d'arrrestation.... Le glaive de la loi, en frappant le délit qui venait de vous outrager, vous a donné une satisfaction digne de vous; et la Chambre des communes, en déclarant, *par un acte authentique,* en date du 2 de ce mois, que les citoyens *Béranger, Laborde, Saint-Laurent* et *Saint-Martin,* étaient *exclus* de son sein, pour avoir montré une conduite *opposée au système d'union* qui, seul, fera notre salut, vous a prouvé *que les intentions de la majorité de ses*

---

[1] A l'occasion de ses écrits antérieurs où il se montrait factieux, insinuant des imputations perverses contre le gouvernement, il avait été question de son arrestation et de son jugement; mais le Président patienta, en considérant qu'il n'avait aucune influence sur l'esprit public. A cette époque, bien des personnes ont pensé que F. Darfour pouvait être « un agent secret » envoyé de France pour semer la division parmi les Haïtiens, par cela même qu'il déblatérait contre les Français et les blancs en général. Ses provocations contre eux semblaient être une manœuvre perfide pour se créer le moyen d'accuser le gouvernement du pays de *tiédeur,* sinon de *connivence* avec eux. Mais il suffisait qu'il fût l'intime de Béranger pour avoir ces idées exagérées.

membres sont pures et qu'elle veut franchement coopérer avec les deux autres pouvoirs constitués, à la consolidation de votre félicité. Enfin, le Sénat vous a confirmé également, par son adresse du 30 août, qu'il est toujours prêt à seconder le pouvoir exécutif, pour opposer un rempart inexpugnable aux attaques qui seraient dirigées contre votre organisation sociale.—La journée du 30 août *fera éternellement époque* dans les fastes de la nation, parce qu'elle perpétuera le souvenir glorieux de votre énergie et de votre sagesse, parce qu'en *affermissant* davantage le gouvernement que vous vous êtes donné, elle n'a fait naître *aucun de ces désordres* dont nous eussions pu gémir un jour ; parce qu'elle laisse après elle une leçon d'expérience plus extraordinaire et plus frappante pour ceux qui auraient la folie, dans la suite, de vouloir créer plusieurs partis dans l'État .... »

La proclamation finit par engager le peuple à avoir confiance dans le gouvernement, qui ne cesserait de veiller à la conservation de ses droits ; de se livrer aux travaux agricoles et à l'industrie ; « de se tenir en garde contre *les intri-* » *gans,* contre *les ambitieux et les prôneurs de réformes* qui » masquent toujours *des vues particulières* sous l'apparence » du bien général. » Un de ses paragraphes s'adressa plus particulièrement à l'armée : « Militaires, ... je vous ai tou- » jours vus debout, prêts à défendre la patrie : elle est satis- » faite de vos services..... »

Par suite de ces divers actes des pouvoirs constitués et du mécontentement publiquement manifesté par Boyer contre Panayoty, pour avoir souffert chez lui les réunions dont nous avons parlé, ce sénateur donna sa démission le 2 septembre, mais en des termes mesurés qui permettaient un rapprochement entre le contre-amiral et le Président d'Haïti[1]. Et un avis du grand juge notifia au public la *destitution* de ceux des fonctionnaires qui relevaient de son département: Pierre André, Noël Piron, Dugué, Béranger et Laborde, ces ces deux derniers en leur qualité de défenseurs publics.

Une sorte de bannissement à l'intérieur fut aussi imposée à ces personnes arrêtées le 30 août, avec faculté laissée à chacune d'elles de choisir le lieu de leur résidence. Laborde alla à Jérémie; Béranger, aux Gonaïves; Saint-Martin, au Cap-Haïtien ; Saint-Laurent, aux Cayes, lieux de leur domicile ; Noël Piron, à l'Anse-à-Veau ; Pierre André et Dugué, à Saint-Marc. Après quelques mois de séjour en ces différents endroits, à l'exception de Saint-Martin et de Saint-Laurent, tous les autres citoyens revinrent à la capitale où ils étaient domiciliés. Bientôt, chacun d'eux reprit l'exercice des fonctions qu'ils remplissaient auparavant ou occupa des emplois plus élevés dans la hiérarchie civile. La colère du Président étant apaisée, la modération avait repris son empire sur son cœur [2].

Le lecteur comprendra que si nous avons donné tant d'extension à cette affaire du 30 août et à ses suites, c'est que nous avons voulu caractériser l'un des faits les plus importans du gouvernement de Boyer, par les conséquences qu'il a eues. On voit dans quelles circonstances déplo-

---

[1] Dans ces circonstances, le général Bazelais donna aussi sa démission de *sénateur*; sa lettre du 14 octobre, datée du Port-au-Prince, fut motivée sur sa maladie ; il était encore commandant des arrondissemens de Jérémie et de Tiburon. Peu après, Panayoty alla commander celui de Saint-Jean.

[2] Quelque temps après, Béranger fut nommé juge au tribunal civil des Gonaïves, puis commissaire du gouvernement près ce tribunal. Mais dans cette dernière charge, il commit tant d'actes arbitraires, jusqu'à faire subir *la torture* à des accusés, que Boyer fut contraint de révoquer *ce patriote libéral* qui avait tant crié contre *le despotisme* du Président. Ah ! si Boyer avait eu un autre caractère !.....

rables il fut amené à exercer sur la Chambre des communes une pression, une intimidation qui garantit pendant de longues années la tranquillité publique, la marche paisible de l'administration ; mais qui, devenant un *moyen*, une *règle* pour son gouvernement, ne pouvait manquer de *l'aveugler* lui-même sur le résultat définitif de cet *abus* de sa puissance. Car, si l'opinion publique se rangea de son côté, par rapport à l'audacieuse entreprise de F. Darfour, à l'imprudence commise par la Chambre, à la modération *relative* dont il fit preuve envers les représentans et les autres citoyens suspectés et arrêtés, cette opinion ne pouvait *toujours* approuver que des *représentans* fussent *exclus* de la Chambre, contrairement au texte précis de la constitution de 1816 et parce qu'ils auraient manifesté un esprit ou des idées d'*opposition* au pouvoir exécutif. On dit, avec raison, « que l'opinion est la reine du monde, » et que « les gouvernemens périssent par l'excès de leurs principes, » deux vérités dont Boyer sembla ne pas se pénétrer, pour éviter à son pays la funeste révolution qui le renversa du pouvoir.

Dans le cours de la session, il fut rendu plusieurs lois, après que la Chambre eût déchargé le secrétaire d'État de toute responsabilité par rapport aux comptes généraux de l'année 1821, en ces termes : « La Chambre... donne au » secrétaire d'État des éloges mérités sur l'administration » générale des finances, et s'entretient des ressources de » l'État, qui ne peuvent que s'accroître sous le gouverne- » ment du chef sage et éclairé qui tient le timon des affaires » publiques... [1] » Une loi abrogea celle de 1818 qui avait

1 L'année 1821 avait donné 3,570,691 gourdes de *recettes*, et occasionné 3,461,993, gourdes de dé. e..ses. On exporta du pays 20,925,000 livres de café, 820,000 livres de coton

établi un droit sur l'entrée, dans la partie occidentale, des bestiaux venant de l'Est, et ce, à raison de la réunion de toute l'île sous le même gouvernement. Celle sur les patentes, pour 1823, eut égard à l'infériorité du commerce et de l'industrie en général dans cette même partie de l'Est, par rapport à la classification des communes. Une autre établit désormais les fonctions de membres des conseils de notables comme purement *honorifiques*, à l'exception de leurs greffiers [1]. Jusqu'alors, le produit des amendes et autres frais judiciaires versés au greffe du tribunal de cassation était perçu par le greffier de ce tribunal et à son profit, par un oubli de la loi ; une nouvelle loi y obvia, en établissant sa régie au profit du trésor public. Enfin, la loi sur les douanes remania les divers droits perçus dans cette administration, de manière à accroître encore les revenus de l'État.

Dès la réunion du territoire des départemens de l'Est à la République, le gouvernement avait à résoudre des questions très-importantes, par rapport aux diverses natures de propriétés établies dans cette partie sous le régime espagnol : régime qui avait un caractère de féodalité incompatible avec les lois républicaines de l'État, et qui accordait

---

265,000 livres de cacao, 601,000 livres de sucre, 3,649,000 livres de campêche : le tout en chiffres rond·.

Que l'on compare *l'exportation* du *coton* et du *sucre* de cette année avec celle des mêmes produits æn 1820, tirés principalement du Nord et de l'Artibonite après la réunion de ces départemens, et l'on verra que le royaume de Christophe ne produisait pas une si grande quantité de ces denrées qu'on le croyait généralement.

[1] Le système d'économie suivi par Boyer ne pouvait laisser échapper l'occasion de la réunion de l'Est, pour retrancher du budget des dépenses les appointemens accordés aux notables depuis 1817. La loi compensa ce retranchement par ces mots : « Considérant que » les fonctions des membres des conseils de notables doivent être purement honorifiques, » ce qui ne peut que donner plus d'éclat au caractère national ; et que les citoyens appelés » à ces places distinguées, en les remplissant avec zèle et patriotisme, auront bien mérité » de la République et devront s'attendre à recevoir des marques de la bienveillance du » gouvernement, en acquérant des titres à la reconnaissance publique. »

aussi au clergé des priviléges dépendant des institutions
monastiques qui existaient à Santo-Domingo, où il y avait
encore des couvens, lesquels ne pouvaient plus être maintenus sous le régime nouveau [1]. Afin de résoudre ces questions selon l'équité, qui servait toujours de base aux décisions du gouvernement en matière de propriété, le Président d'Haïti voulut s'entourer des lumières d'hommes
capables de l'éclairer dans la marche qu'il devait suivre
pour concilier les intérêts respectifs des particuliers, des
corporations religieuses et de l'État. En conséquence, il
forma une commission composée des citoyens Frémont,
Colombel, J. Paul fils, Rouanez, Doleyres et Caminéro,
pour examiner une masse de pétitions et de titres de propriétés qui lui étaient parvenus. Par une lettre qu'il adressa
aux membres de cette commission, le 26 août, le Président
les invita à lui donner leur opinion sur ce qu'il leur paraîtrait juste de décider à l'égard des propriétés : 1° parce que
les propriétaires de ces biens ne se trouvaient pas dans la
République, pour avoir quitté le pays longtemps avant les
événemens qui ont amené le changement d'état de la partie
de l'Est; 2° parce que d'autres ont quitté la République,
quoique avec permission, mais avec l'intention formelle de
ne plus y revenir, ayant déclaré que leurs vues ne s'accordaient pas avec le système de notre gouvernement; 3° enfin,
parce que d'autres biens qui se trouvent grevés d'hypothèques, n'étant pas dans le cas de satisfaire aux rentes
des capitaux pour lesquels ils ont été hypothéqués, étaient
abandonnés.

Le 12 octobre, la commission présenta un rapport étendu

---

[1] Les couvens de la Regina et de Santa-Clara où se trouvaient quelques religieuses.
Depuis longtemps il n'y avait plus de moines.

sur les questions qui s'offrirent à son examen. Parmi ses membres, le citoyen Caminéro, président de la Chambre des communes, était celui qui pouvait éclairer ses collègues sur les difficultés existantes ; car il possédait une connaissance approfondie de la législation espagnole et de tout ce qui était relatif à la mission qu'ils reçurent [1]. Ce rapport divisa les questions à résoudre en cinq propositions qu'il examina successivement :

« I. Les biens des individus de la partie de l'Est qui se
». sont absentés avant l'année 1806, époque de la publica-
» tion de la constitution (celle du 27 décembre), et qui ne
» se trouvent point aujourd'hui habiter le territoire de la
» République, doivent-ils appartenir à l'État? »

L'avis de la commission fut à cet égard : — que la loi ne pouvant avoir d'effet rétroactif, et la constitution de la République n'ayant été proclamée dans l'Est que le 10 février 1822, les propriétaires de ces biens, *quoique absens,* ne pouvaient en être expropriés ; mais qu'un délai devait leur être accordé pour rentrer en Haïti et y résider, afin de jouir de la qualité de *citoyen* et d'être mis en possession de leursdits biens , — sinon, la faculté pourrait leur être donnée, dans le même délai, d'en disposer légalement, pourvu que de telles aliénations eussent lieu en faveur de citoyens d'Haïti et passées sur son territoire, soit par les propriétaires eux-mêmes, soit par leurs fondés de pouvoirs : et faute par eux de se conformer à ces dispositions, lesdits biens seraient alors acquis à l'État.

« II. Les propriétés des individus qui se sont expatriés
» depuis l'époque du 1er décembre 1821, jour où la partie

---

[1] Caminéro avait reçu une instruction classique, et il parlait le français et l'anglais aussi bien que l'espagnol.

» de l'Est se déclara indépendante, sous le commande-
» ment du citoyen Nunez, et depuis l'entrée du Président
» d'Haïti à Santo-Domingo jusqu'à ce jour, doivent-elles
» faire partie des domaines nationaux ? »

La solution de cette question fut la même que celle
relative à la première. La commission opina cependant
que, si ces divers propriétaires absens venaient à décéder
avant l'échéance du délai qui leur serait accordé, dans ce
cas, leurs biens passeraient aux mains de leurs héritiers
légaux et haïtiens.

« III. Cette proposition est relative aux biens qui se
» trouvent grevés d'hypothèques, pour des sommes accor-
» dées en faveur des ci-devant couvens, et dont les arréra-
» ges et le montant des hypothèques absorbent la totalité
» de leur valeur actuelle. »

A ce sujet, la commission fit un historique des faits qui
avaient eu lieu sous le gouvernement d'Espagne, par rapport aux anciens couvens dont les droits échéaient naturellement au gouvernement haïtien, et elle fut d'avis que,
« vu l'état de pauvreté et de langueur où la partie de l'Est
» fut assujettie pendant longtemps, et pour favoriser le dé-
» veloppement de l'industrie de ses habitans et les atta-
» cher aux institutions de la République », son gouvernement pourrait se relâcher sur la rigueur de ses droits, en
faisant abandon de tous les arrérages de ces hypothèques,
en indiquant d'ailleurs des moyens pour régler équitablement les intérêts respectifs de l'État et des particuliers, soit
qu'il s'agisse de biens urbains ou ruraux, par une commission spéciale qui serait formée dans l'Est et qui entendrait
les parties intéressées, afin de faire son rapport au gouvernement sur chaque cas.

« IV. Est-il convenable de maintenir dans la partie de

» l'Est les institutions connues sous le nom de *majorats ?*

La commission s'étaya à ce sujet d'une décision qui avait été décrétée par les cortès d'Espagne. Cette assemblée avait *aboli* les majorats dans l'Est et ordonné le partage des biens qui les constituaient, entre les héritiers légitimes, attendu que les possesseurs n'étaient point propriétaires absolus, mais seulement usufruitiers. L'avis de la commission fut d'adopter la même décision.

« V. Ne serait-il pas convenable d'abolir les chapellenies
» laïques ou mixtes, fondées dans la partie de l'Est, qui ne
» peuvent être considérées comme propriétés privées, en
» s'entendant avec les propriétaires? »

Ces chapellenies étaient des institutions, ou laïques ou mixtes, ayant pour objet d'assurer des rentes aux descendans de père en fils, de ceux qui les avaient fondées. Les cortès d'Espagne les avaient également *abolies,* à cause du caractère de féodalité dont elles étaient revêtues comme les majorats, en ordonnant des arrangemens entre les parties intéressées. La commission conseilla au gouvernement de maintenir cette décision.

Enfin, elle résuma son intelligent rapport de la manière suivante :

« 1° Sont irrévocablement *à l'État* toutes les propriétés reconnues appartenir au gouvernement antérieur.

» 2° Tous les édifices des couvens de Saint-Dominique, Saint-François, la Mercie, Régina et Sainte-Claire, ainsi que diverses maisons, hattes, animaux, sols ou emplacemens, qui, d'après les divers états soumis à la commission, appartenaient en totalité à ces couvens.

» 3° Tous les édifices et dépendances des hospices de Saint-André, Saint-Lazare et Saint-Nicolas, sis à Santo-Domingo, avec les propriétés à eux reconnues.

» 4° Les biens de tous les Français qui se trouvaient sous séquestre par le ci-devant gouvernement espagnol de cette partie, et qui ne se trouveront pas avoir été rendus à leurs ci-devant propriétaires par ledit gouvernement espagnol.

» 5° Tous les biens reconnus appartenir aux personnes qui ont coopéré à l'agression des Français à la baie de Samana, au commencement de la présente année, et qui ont *émigré* avec eux.

» 6° Tous les cens ou chapellenies ecclésiastiques qui, par vétusté ou prescription, sont tombés au profit de l'archevêché et ont été accordés à des prêtres particuliers pour en percevoir les revenus, lesquels prêtres sont morts ou absens du territoire de la République.

» 7° La cathédrale (de Santo-Domingo) a aussi plusieurs hypothèques fondées en sa faveur avec les fonds provenant de la fabrique : la commission croit que ces biens doivent appartenir *à l'État* et rentrer dans les catégories déjà établies. »

Le 17 octobre, le Président d'Haïti adressa un message, avec ce rapport, au Sénat à qui il offrit de lui soumettre tous les documens examinés par la commission, en lui demandant son opinion sur l'objet de ce rapport. Le 29, le Sénat lui répondit et adhéra à la solution présentée sur toutes les questions dont s'agit. Il en fut de même de la Chambre des communes à laquelle le Président adressa un message le 2 novembre et qui y répondit le 7. Ainsi, les représentans de l'Est contribuèrent à l'adoption des vues de la commission. De cet accord entre les trois pouvoirs constitués, sortirent des mesures administratives et législatives par rapport aux propriétés, dont la mention sera faite dans leur ordre chronologique.

L'année 1822, déjà si féconde en événemens déplorables,

malgré le grand succès obtenu par les institutions politiques pour le complément de la nationalité haïtienne,
cette année se termina par un affreux désastre survenu
dans la capitale de la République. Le 16 décembre, vers
7 heures du soir, un incendie éclata tout à coup dans une
pharmacie située dans la Grande-Rue : il fut impossible
d'en arrêter les progrès sur les lieux mêmes, à cause des matières inflammables que renferment ordinairement de tels
établissemens [1]. Bientôt le feu se communiquant aux maisons voisines de celle où se tenait la pharmacie, construites
comme elle en bois et couvertes en aissantes, le vent dis-
persa des flammèches au loin sur les toits de plusieurs
autres, et l'incendie se propagea ainsi sur tout le quai du
commerce. Plus de 200 propriétés servant de magasins aux
négocians, aux marchands, ou de logemens aux particuliers, furent dévorées en peu d'heures. Malgré l'activité
mise par les autorités civiles et militaires et la présence
même du chef de l'État sur les différens points du sinistre,
tous les efforts auraient été impuissans par l'effet du vent,
quand même on aurait eu de nombreuses pompes à feu et
un service organisé préalablement pour les employer. Les
pertes subies par les propriétaires, les locataires et le commerce, furent immenses. En août 1820, les marchands en
détail avaient été surtout frappés par l'incendie de cette
époque; cette fois, c'étaient les négocians consignataires et

---

1 Après un long séjour dans le pays, M. Cruchon, pharmacien français très-honorable,
s'était décidé à aller revoir sa patrie; avant de partir, il laissa son établissement au sieur
Bellenou, son compatriote, pour le diriger. Mais ce dernier fit venir aussitôt de France
tous les objets, toutes les drogues nécessaires à la fondation d'une nouvelle pharmacie ;
ces choses venaient d'arriver et se trouvaient encore à bord d'un navire dans la rade,
quand le feu prit dans l'établissement de M. Cruchon. Cette circonstance et l'empressement que Bellenou mit à installer le sien, le firent généralement soupçonner d'avoir in-
cendié celui qu'il gérait, afin de n'en avoir pas la concurrence; mais il n'y eut que des
soupçons à son égard.

les marchands en gros. Le 18, un arrêté du Président d'Haïti affranchit de tous droits à l'importation, les divers matériaux nécessaires à la construction des maisons, qui viennent ordinairement de l'étranger.

Peu de jours avant cet incendie, un navire français était arrivé, ayant à son bord le grand tableau allégorique qui a été placé derrière le maître-autel de l'église du Port-au-Prince, et qui symbolise la lutte des indigènes contre l'armée française, et la déclaration de l'indépendance d'Haïti après son expulsion du territoire. Ce tableau est l'œuvre de M. *Lethiers*, homme de couleur de la Guadeloupe, résidant alors à Paris, et dont le grand talent comme peintre d'histoire lui valut l'honneur d'être admis à l'Académie des beaux-arts de France. Il en fit hommage à la République d'Haïti, afin de glorifier le courage de la race noire dont il faisait partie et qui sut conquérir sa liberté, alors que la France rétablissait l'esclavage dans ses autres colonies, moins favorisées que l'ancien Saint-Domingue.

Si ce peintre de notre race voulut, par son œuvre, honorer la patrie qu'elle érigea au milieu des Antilles, un vrai philanthrope français, qui publia l'histoire de la lutte glorieuse qu'elle soutint, *Civique de Gastines*, était venu quelques mois auparavant prouver, par sa présence dans la République, la haute estime qu'il portait aux Haïtiens. Après avoir adressé à Louis XVIII une lettre qu'il fit imprimer à Paris, dans laquelle il signalait la haine odieuse de la faction coloniale pour les noirs, et *l'impéritie, les vues étroites* des ministres français, disait-il, qui ne comprenaient pas les avantages qui résulteraient pour le commerce de la France, de la reconnaissance de l'indépendance d'Haïti, il adressa aussi une pétition à la chambre des députés dans le même but, afin de provoquer son intervention dans la solution de cette question. Civique de Gastines fit également publier cette pétition. Il y faisait savoir que, « mis *à l'index* de la police, par la faction coloniale, pour » sa lettre au roi, il expiait chaque jour par de nouvelles » persécutions, le désir d'avoir voulu servir la France et » l'humanité. » Mais ce fut bien autre chose après qu'il eut publié sa pétition où il désapprouvait les missions de D. Lavaysse et F. de Médina, de Fontanges et Esmangart, de l'évêque de Glory *et autres ambassades occultes*, disait-il. Il y disait en outre : « Que le ministère emploie tous ses » efforts pour augmenter le nombre *des citoyens ;* mais qu'il » renonce à la manie, *pitoyable* dans le xixe siècle, de créer » *des chevaliers, des comtes, des vicomtes, des ducs et des* » *marquis !...* Qu'il reconnaisse, enfin, que la vraie gloire, » *seule noblesse,* consiste à labourer un champ, à mourir » pour la défense de sa patrie ou à l'enrichir du produit de » son industrie, mais non à vivre dans une condamnable » *oisiveté,* n'ayant d'autres titres pour participer à la gloire » nationale et à l'estime de leurs concitoyens, que *des cor-* » *dons, des rubans et des parchemins* indignes du vrai mé- » rite, puisqu'ils sont, le plus souvent, le prix de l'intrigue » et l'ornement de la médiocrité. »

De telles idées, indépendamment de celles exprimées dans la pétition sur les droits de l'homme et la souveraineté des peuples, ne pouvaient être accueillies ni par la chambre des députés où dominait une majorité d'ultra-royalistes affiliés à la Congrégation des Jésuites, ni par le ministère présidé par M. de Villèle. Aussi, Civique de Gastines, persécuté dans sa patrie dont il plaidait les intérêts, choisit-il Haïti comme le pays où il devait se réfugier de préférence à tout autre. Doué d'une âme ardente autant que d'un cœur généreux, il y arriva, malheureusement, dans la saison la plus chaude. Débarqué aux Cayes, il y fut accueilli avec empressement et il se rendit bientôt au Port-au-Prince où Boyer le reçut avec la plus grande distinction. Il avait à peine eu le temps de faire la connaissance des fonctionnaires et des citoyens notables de cette capitale, quand la fièvre jaune le saisit : en peu de jours il y succomba, le mercredi 12 juin. Sa mort fut vivement regrettée, et le Président voulut que la nation s'honorât en lui faisant des obsèques dignes des sentimens élevés qu'il professait en faveur de la race noire tout entière et des Haïtiens en particulier. A cet effet, son corps fut placé sur un lit de parade dans la maison du colonel Louis Rigaud où il logeait, puis sur un char funéraire que suivirent le Sénat en corps, les grands fonctionnaires, les magistrats de l'ordre judiciaire, les autres autorités civiles, les officiers militaires et les citoyens réunis en foule ; le convoi était escorté par un détachement de la garde du Président d'Haïti, musique en tête et précédé du clergé. A l'église, après les cérémonies religieuses exécutées avec toutes leurs pompes, le citoyen Pierre André, juge au tribunal de cassation, prononça une allocution où il exprima les vifs sentimens de regret qu'inspirait aux Haïtiens la mort de Civique de Gastines, leur ami, en invoquant les noms des autres philanthropes français et anglais et leur disant : « Voyez nos sincères regrets à la perte » de l'un de vos plus dignes émules[1] ! »

---

[1] La relation des obsèques de Civique de Gastines fut publiée dans *le Télégraphe* du 6 juin et reproduite dans *la Concorde* du 7 juillet ; le numéro du 14 publia tout entière la pétition du noble défunt adressée à la chambre des députés de France. Son corps fut inhumé dans le cimetière extérieur de la ville. A la page 313 de son *Voyage dans le Nord*, publié en 1824, Hérard Dumesle a consacré des lignes en l'honneur du philanthrope dont les cendres reposent en paix en Haïti, de même que celles du célèbre docteur Montègre, qui y vint, en 1819, pour étudier les causes de la fièvre jaune, et qui en mourut lui-même peu après son arrivée au Port-au-Prince.

Nous croyons que c'est par le même navire qui apporta le tableau allégorique peint par M. Lethiers, que M. Fournier Pescay, docteur en médecine, arriva au Port-au-Prince. Homme de couleur né au Cap-Haïtien, il avait été envoyé fort jeune en France; il y fit les plus brillantes études et devint un littérateur aussi distingué que médecin habile; à ce dernier titre, il était membre de l'Académie de médecine de Paris. Revenu dans son pays avec l'intention de s'y fixer, il fut accueilli par le président Boyer dont il devint peu après le médecin ordinaire. Avec lui arrivait un jeune médecin français, M. Jobet, dont la destinée était de séjourner plus longtemps dans la République.

CHAPITRE V.

Pendant que le ministère français expédiait à Haïti

M. Liot qui y avait déjà paru neuf années auparavant avec la mission secrète d'observer le pays[1], et qui devait, cette fois encore, s'aboucher secrètement avec Boyer, un autre Français, le général Jacques Boyé, qui a figuré dans nos précédens volumes[2], arrivait au Port-au-Prince dans le mois de décembre 1822. Il n'était plus au service de la France, mais à celui de la Russie. En 1819, étant à Saint-Pétersbourg, il avait ouvert avec Boyer une correspondance où il lui offrait d'être utile à la cause d'Haïti, s'il était possible, et le Président le chargea de présenter au ministère russe certaines propositions touchant la reconnaissance de notre indépendance nationale. Ces propositions avaient été communiquées à M. le comte de la Ferronnaye, ministre des affaires étrangères de France, au congrès des Souverains qui se tint à Laybach en 1821, et c'était par suite de cet incident que le Président lui avait témoigné le désir de le voir[3].

Le 24 janvier 1823, M. Liot débarqua à Jacmel d'où il vint de suite à la capitale ; le 27, il fut présenté au Président par son secrétaire Colombel. Envoyé par M. le marquis de Clermont-Tonnerre, ministre de la marine et des colonies, il était chargé de notes confidentielles qu'il communiqua à Boyer, et dont le but était de porter le Président « à faire une démarche de convenance, » à envoyer

---

[1] Voyez pages 55 et 56 du tome 8 de cet ouvrage. Il avait rempli sa mission à la fin de 1813.

[2] Voyez notamment au 5e volume, les pages 326 à 328 et 460.

[3] Avant de venir à Haïti, J. Boyé publia à Amsterdam une brochure ayant pour titre : » De la République d'Haïti et de son indépendance, par un Français, ami de la justice » et de la vérité. » Il en fit hommage à Boyer. Après l'historique des évènemens qui amenèrent l'indépendance d'Haïti, il discuta la question de sa reconnaissance par la France, de manière à prouver que l'intérêt des deux pays y gagnerait beaucoup, par l'extension que prendrait le commerce français dans cette ancienne colonie ; et il concluait en engageant cette puissance à faire un traité de commerce avec les Haïtiens qui possédaient leur sol par droit de conquête, y exerçant par suite le domaine et la souveraineté.

auprès du gouvernement français un ou plusieurs agents pour faire des ouvertures sur l'affaire de l'indépendance, attendu que ce gouvernement avait déjà envoyé lui-même des missions qui avaient été infructueuses. Le Président promit, en effet, à M. Liot que le désir du ministre français serait satisfait [1].

Mais, presque convaincu que sa démarche n'aboutirait point, il ne se pressa pas de la faire. Jugeant, du reste, qu'il pourrait la confier en toute sûreté au général J. Boyé, dont les sentimens élevés et l'esprit de justice lui étaient connus depuis si longtemps, il attendit que ce général eût séjourné quelques mois à Haïti pour le charger de cette mission importante. Le 5 mai suivant, Boyer lui donna ses pleins pouvoirs et ses instructions, à l'effet de proposer au gouvernement français « la conclusion d'un *traité de commerce* entre » la France et Haïti, qui devrait avoir pour base *la recon-* » *naissance* de l'indépendance nationale. »

Il n'était pas question d'*indemnité*, cette fois, 1° parce que, lors de la mission de MM. de Fontanges et Esmangart, en 1816, ces commissaires avaient écarté cette offre faite par Pétion, pour proposer eux-mêmes une sorte de « souveraineté constitutionnelle » en faveur de la France; 2° parce que, depuis la mission secrète de M. A. Dupetit-Thouars, en 1821, où Boyer avait proposé l'indemnité de nouveau, le gouvernement français semblait ne pas en agréer l'idée, puisqu'il avait gardé le silence à ce sujet.

----

1 Cet agent partit du Port-au-Prince, le 8 février. Le ministre français l'avait chargé de dire à Boyer que, Placide Louverture ayant voulu aller à Haïti, il s'y était opposé, dans la pensée que le Président ne verrait pas avec plaisir que l'un des fils de Toussaint Louverture y retournât; et, dans son rapport au ministre, M. Liot lui fit savoir que Boyer serait non-seulement satisfait du retour de ce jeune homme dans sa patrie, mais qu'il avait chargé Mme Isaac Louverture de dire à son mari, que s'il voulait aussi y revenir, il l'accueillerait. On ne saurait trop louer ces dispositions bienveillantes de la part du Président; les fils de Toussaint Louverture n'en profitèrent point, probablement par ce veto du ministre français.

Muni de ses pouvoirs et des instructions du Président, le général Boyé quitta Haïti dans le courant de mai.

Ce général atteignit Amsterdam après une longue traversée. Le 4 juillet, il annonça sa mission à M. de Clermont-Tonnerre, en lui envoyant copie de ses pouvoirs et lui disant : que le Président d'Haïti lui ayant recommandé de tenir sa mission secrète, il ne pouvait se rendre à Paris où il était connu de bien des personnages qui n'ignoraient pas son voyage à Haïti, ni la confiance que lui accordait le Président ; mais qu'il était disposé à s'aboucher avec toute personne que le gouvernement français désignerait à cette fin, soit à Amsterdam même, soit à Bruxelles, Hambourg ou Saint-Pétersbourg, ou tout autre lieu au gré de ce gouvernement. Le ministre français ne lui répondit que le 21 juillet et accepta Bruxelles où se rendrait son envoyé, dès qu'il apprendrait la présence du général en cette ville. Huit jours après, sa lettre parvint à ce dernier qui l'informa qu'il allait partir pour s'y rendre à l'hôtel de Bellevue. Ce ne fut que le 16 août que M. Esmangart y arriva lui-même et logea dans le même hôtel. Après six jours de conférences, ils ne purent tomber d'accord.

Le général Boyé proposait la conclusion d'un *traité* dont le premier article serait que : « le Roi de France, renonçant à toutes prétentions sur l'île d'Haïti (ci-devant Saint-Domingue), *reconnaîtrait* tant pour lui que pour ses successeurs, la pleine et entière indépendance de la République d'Haïti. — Les navires des deux nations seraient réciproquement admis, sous leurs pavillons, dans les ports ouverts des deux Etats, excepté dans les colonies françaises où ceux d'Haïti ne pourraient aller. — Pendant *cinq années consécutives*, les marchandises françaises, importées à Haïti par navires français, seraient

» *exemptes de tous droits* d'importation. — A l'expiration
» de ces cinq années, ces marchandises ne payeraient que
» *six pour cent*, à l'importation, au lieu de douze pour cent
» que fixait le tarif des douanes haïtiennes. — Les pro-
» duits du sol d'Haïti, importés en France par navires haï-
» tiens, et les marchandises qu'ils exporteraient de France,
» payeraient les droits à l'importation et à l'exportation,
» sur le pied de la nation la plus favorisée. — Les bâti-
» mens de guerre, nécessaires à la protection du commerce
» seulement, seraient respectivement reçus dans les ports
» ouverts des deux pays. — Enfin, quand elles le jugeraient
» convenable, les deux parties contractantes enverraient
» dés agents diplomatiques et commerciaux et les entretien-
» draient, l'une auprès de l'autre, et ils jouiraient, en
» leur qualité, des prérogatives garanties par le droit des
» gens. »

Certes, la franchise de *tous droits* à l'importation durant
cinq années et leur réduction *à moitié, indéfiniment,* constituaient, en faveur de la France, une large *indemnité* à payer
par Haïti pour obtenir la reconnaissance de son indépendance, et dont l'évaluation eût pu motiver, en France, des
répartitions équitables aux anciens colons ou à leurs
ayants-droits, de la manière que le gouvernement français
l'aurait jugé convenable. Le général Boyé, basant ses cal-
culs sur le commerce de la France avec Haïti, dans l'année
1822 où il s'éleva à 15 millions de francs, estimait qu'après
le traité, il s'élèverait à 25 millions par an, et que durant
les cinq années de franchise, la République ferait un sacrifice de 3 millions et ensuite de quinze cent mille francs,
annuellement dans les deux cas, — le dernier indéfiniment[1].

---

1 Par une telle convention, le commerce français aurait été plus favorisé que celui de

A ces propositions, M. Esmangart répondait : « que la
» *reconnaissance* de l'indépendance d'Haïti, telle qu'il la
» demandait, serait *une humiliation* pour le Roi de France ;
» que cette reconnaissance résulterait *implicitement* d'un
» *traité* conclu entre le Roi et la République, *de puissance à*
» *puissance*, et que le Président d'Haïti devrait *se contenter*
» de cette forme ; » et il cita à ce sujet le traité fait en 1783
entre la Grande-Bretagne et les États-Unis.

Or, l'article 1er de ce traité même justifiait la rédaction
proposée par le général Boyé ; car, « S. M. B. y reconnais-
» sait les Etats-Unis comme Etats libres, indépendans et
» souverains, et renonçait à toutes réclamations ou pré-
» tentions, tant pour elle que pour ses successeurs, sur le
» gouvernement, la propriété et les droits qu'elle pouvait
» avoir sur le territoire des Etats-Unis. »

Après cette objection, M. Esmangart proposait de placer
l'article relatif à la reconnaissance de l'indépendance, *à la*
fin du traité de commerce, en suite des conditions qui seraient stipulées. Ces conditions, c'était *l'indemnité* : il n'admettait pas la combinaison proposée à cet effet ; et, se retranchant derrière la proposition faite par Boyer en 1821,
lors de la mission de M. Dupetit-Thouars, il demandait que
l'indemnité fût autre chose, c'est-à-dire qu'elle consistât
en une somme *d'argent* que la République s'obligerait à
payer. Il fit encore des objections par rapport aux agents
diplomatiques, en disant qu'il suffirait d'entretenir dans les
deux pays des agents *commerciaux*, des consuls : le préjugé de la couleur était évidemment l'unique cause de ces
objections.

---

la Grande-Bretagne, dont les produits payaient 7 pour cent à l'importation depuis 1819,
au lieu de 12 pour cent, en supposant que cette faveur eût été encore maintenue après le
traité fait avec la France.

Enfin, M. Esmangart ne se trouvant pas autorisé à conclure un traité, tel que le proposait le général Boyé, celui-ci rédigea ses propositions, que le négociateur français apporta à Paris pour être soumises à son gouvernement. Il quitta Bruxelles le 22 août, et le 27, il écrivit au général Boyé qu'elles ne pouvaient être admises, qu'on s'en tiendrait *aux offres* précédemment faites par le Président[1].

Le 31, ce général lui répondit que si le Président avait parlé d'*indemnité*, il avait été, sans nul doute, mal compris ; qu'il n'avait pas entendu en proposer de *directes* (en argent), soit envers les anciens colons, soit envers le gouvernement français. Et Boyé ajouta qu'alors même que le Président en eût fait l'offre textuellement et officiellement, rien ne l'empêchait de *modifier* ses vues à cet égard, puisque depuis 1814 ce gouvernement avait gardé le silence sur cette offre, ce qui équivalait à un refus.

Enfin, il dit à M. Esmangart qu'il craignait que, dans l'état des choses, les relations entre Haïti et la France ne prissent un caractère d'aigreur, et qu'il retournait à Saint-Pétersbourg, où il recevrait volontiers toute nouvelle communication que le gouvernement français voudrait lui faire.

En partant d'Amsterdam, le 5 septembre, il écrivit au Président d'Haïti, et lui rendit compte de son infructueuse mission, en lui envoyant copie de tous les documens.

---

1 Les objections faites par M. Esmangart au traité proposé par le général Boyé, reposaient sur ce que le gouvernement de la Restauration « ne voulait pas reconnaître l'indépendance d'*Haïti*, mais concéder celle de *Saint-Domingue*. » Quant à l'*indemnité*, on tenait d'autant plus à ce qu'elle fût stipulée en « espèces sonnantes, » que M. Esmangart lui-même croyait que le trésor de Christophe, recueilli par la République, était de 250,000,000 de francs. Le Président ayant renouvelé l'offre d'indemnité en 1821, on pensait que cette somme fabuleuse était toujours disponible. Voyez au chapitre 1er de ce volume, ce que j'ai dit sur l'une et l'autre question.

De son côté, dès le 25 août, avant d'avoir écrit au général Boyé qu'il n'y avait pas lieu de donner suite à leur négociation, M. Esmangart adressa au Président une lettre pour lui parler de cette négociation, qui n'avait été rompue,. disait-il, que parce que les bases d'un arrangement entre Haïti et la France n'étaient plus *les mêmes* que celles proposées en 1821 par Boyer. Cette lettre fut suivie de deux autres, du 26 octobre et du 7 novembre, où M. Esmangart revenait sur le même sujet, en insinuant que le Président avait eu tort « de charger *un étranger* de ses pouvoirs, le- » quel, par sa position, était indifférent au résultat de la » négociation [1]. »

Comme il insistait pour l'envoi en France de nouveaux plénipotentiaires, c'était dire au Président qu'il devait les choisir parmi les Haïtiens.

Sa dernière lettre du 7 novembre, fut confiée à M. Laujon, qui venait alors à Haïti pour ses affaires commerciales, et à qui il en écrivit, de Saint-Lô, une autre, destinée à être montrée à Boyer, contenant de véritables *instructions* particulières pour le presser dans l'envoi de ses agents : lettre dont la copie fut donnée par ce négociateur-commerçant. Celui-ci n'arriva au Port-au-Prince que dans les premiers jours de janvier 1824, et déclara au Président : que la reconnaissance de l'indépendance d'Haïti par la France, dépendait de la démarche qu'il ferait, en y envoyant des agents pour en traiter avec le gouvernement français.

Nous reviendrons sur ce sujet; en attendant, nous devons

---

1 Loin d'y être *indifférent*, le général J. Boyé, aux yeux du gouvernement français, peut-être aussi à ceux de M. Esmangart, ancien colon, y prenait trop d'intérêt. On devait en vouloir à ce loyal officier français qui avait si bien servi la cause de la liberté, à Saint-Domingue, au milieu des noirs et des mulâtres dont il fut toujours estimé, et qui, en 1823, défendait si bien la cause de l'indépendance d'Haïti. On dut savoir aussi qu'il était l'auteur de la brochure publiée à Amsterdam, où il soutenait les droits de la race noire.

mentionner les divers actes de l'administration haïtienne dans le cours de l'année 1823.

Dès le 22 janvier, un arrêté du Président d'Haïti nomma une commission de sept membres, « pour recevoir toutes » les réclamations ayant pour objet les propriétés placées » sous le séquestre dans la partie de l'Est, les examiner » avec soin, et faire au gouvernement un rapport motivé » sur chacune de ces réclamations, en se conformant aux » principes établis dans l'opinion de la commission spé- » ciale du 12 octobre 1822, laquelle avait reçu la sanction » du Sénat et de la Chambre des représentans. » Cette commission particulière siégeait à Santo-Domingo, sous la direction du général Borgella, et ses autres membres étaient les principaux fonctionnaires civils de cette ville. Sa composition devenait une garantie de l'équité qui serait mise dans l'examen des réclamations relâtives à tous ces biens séquestrés.

Et, le 8 février, une proclamation du Président, rappelant toutes les mesures qu'il avait prises pour assurer le respect des personnes et des propriétés dans l'Est, par l'organisation du service public et l'installation des tribunaux chargés de la distribution de la justice, accorda un délai de *quatre mois*, à partir de sa date, aux habitans de l'Est qui avaient émigré de cette partie avant le 9 février 1822, pour y rentrer et jouir de leurs biens ; mais elle *excepta*, comme de raison, « les fauteurs et adhérens de l'expédition » française qui avait été envoyée de la Martinique, et qui » s'était portée dans la baie de Samana en février 1822. »

Comme la proclamation du Président, du 9 du même mois, à son entrée à Santo-Domingo, avait rassuré tous les propriétaires sur la jouissance de leurs droits, ce nouveau délai leur étant accordé, c'était un intervalle de *seize mois* pendant lequel ils pouvaient profiter de l'équité du gouvernement de la République à leur égard. Ceux qui n'en usèrent point, ne purent donc pas accuser le gouvernement de les avoir expropriés des biens qui restèrent acquis au domaine public.

Peu de jours après la proclamation du Président, parut le règlement intérieur de l'*Académie d'Haïti*, fondée à la capitale, sous la direction du docteur F. Pescay [1]. Suivant cet acte, on devait y donner des leçons de *médecine théorique* et de *droit*, aux élèves qui s'inscriraient pour l'une ou l'autre de ces branches de connaissances; ces leçons auraient lieu, pendant une heure, quatre jours de la semaine, le matin pour le droit, l'après-midi pour la médecine. Il y aurait eu trois mois de vacances dans l'année, du 1er janvier au 1er mars, et du 1er septembre au 1er octobre. Un établissement pour la clinique serait fondé ensuite. Les examens pour les élèves en médecine furent fixés au nombre de 5, avec désignation des parties de l'enseignement, et à 4 pour les élèves en droit, également avec désignation des cours y relatifs; et tout d'abord, quant aux leçons préparatoires pour le droit, dans le cours de la première année, elles auraient pour objet la littérature et l'éloquence. Du reste, ce règlement contenait toutes les dispositions concernant la police et autres choses nécessaires à un pareil établissement : il reçut l'approbation de la commission d'instruction publique, le 15 mars suivant. Mais cette Académie fut bientôt réduite aux proportions d'une simple *Ecole de médecine* attachée à l'hôpital militaire du Port-au-

---

[1] L'ouverture de cette académie eut lieu le 15 janvier. L'Etat devait y placer six élèves à ses frais, et on y eût admis six autres; mais le règlement fait ensuite en admettait beaucoup plus.

Prince [1]. Quant au droit, il n'en fut plus question. La cause de cet avortement hâtif fut dans la mort trop prématurée, malheureusement, de Delille Laprée, directeur du Lycée national; cette direction fut donnée au docteur F. Pescay, qui ne pouvait être remplacé dans celle de l'Académie [2].

Après une circulaire du Président d'Haïti aux commandans d'arrondissement, du 8 mars, pour la répression de la contrebande dans les ports et sur les côtes de la République, tant dans l'intérêt du fisc que dans celui du commerce national, le 20 du même mois il fit paraitre une proclamation qui *interdit* toutes relations, toutes communications entre Haïti et les îles de l'archipel des Antilles, au vent et sous le vent, et toute expédition de navires haïtiens dans les autres pays étrangers. Les motifs de ces défenses étaient fondés sur les sentimens malveillans pour les Haïtiens, manifestés journellement dans ces îles dont les caboteurs tentaient toujours néanmoins d'introduire en contrebande, sur les côtes d'Haïti, leurs produits similaires, tels que sucre, tafia et rhum, et les marchandises manufacturées en Europe, tout en proscrivant le pavillon de la République dans leurs ports. Et quant aux relations avec les autres pays étrangers,—sur ce que le gouvernement avait été avisé de quelques insultes faites à ce pavillon dans les hautes mers. En conséquence de ces défenses, à partir du 1er mai suivant, tous bâtimens étrangers ou nationaux qui y contreviendraient, seraient confisqués avec leurs chargemens,

---

1 Le docteur Jobet devint professeur à l'école de médecine, où il fut remplacé plus tard par le docteur Cévest, arrivé au Port-au-Prince, en 1823 ou 1824. Cette école ne fut jamais installée comme elle aurait pu et dû l'être : néanmoins, de jeunes praticiens en sont sortis avec avantage pour le pays et à leur honneur personnel.

2 D. Laprée mourut vers octobre 1823. Ce fut une perte pour le lycée qu'il dirigeait depuis sept ans, avec un talent remarquable dans l'enseignement et un dévouement sans bornes pour le pays et pour la jeunesse qu'il instruisait.

et les Haïtiens punis d'emprisonnement, les capitaines durant une année, les matelots durant trois mois. Les garde-côtes de l'Etat furent autorisés à exercer une surveillance active pour maintenir ces dispositions, en capturant les navires ou caboteurs délinquans.

A peine cette proclamation eut-elle paru à l'étranger, que le gouverneur de l'île danoise de Saint-Thomas et autres adjacentes, expédia un navire de guerre au Port-au-Prince, avec une dépêche adressée à Boyer et remise par M. Decastro fils, homme de couleur et sujet danois, par laquelle ce gouverneur sollicitait le Président, d'autoriser la continuation des relations commerciales entre ces îles et la République. A son imitation, le gouverneur hollandais de Curaçao fit une semblable démarche, tous deux promettant, du reste, d'avoir pour les Haïtiens et leurs navires, les considérations dont ils avaient toujours joui dans ces colonies. Mais le Président, en accueillant leurs envoyés avec distinction, ne voulut point déroger à une mesure générale, qu'il avait jugée utile et convenable à la dignité du pavillon haïtien [1].

Le 10 avril, il ouvrit la session législative, en prononçant un discours où se trouvaient exprimées des idées en rapport avec cette mesure et à la disposition où il était de donner ses pouvoirs au général J. Boyé, pour essayer de traiter avec le gouvernement français. Après avoir parlé de la tranquillité qui régnait dans toute la République, de sa

---

[1] Cette mesure fut prise, en vue surtout de la Jamaïque où les autorités ne pouvaient contenir la haine qu'éprouvaient l'assemblée coloniale et les colons, pour Haïti. En décembre suivant, on arrêta deux hommes de couleur, *Louis Leccine* et *John F. Scoffery*, sujets anglais, qu'on accusait d'être les agents de Boyer, chargés de bouleverser cette colonie. Le brig de guerre *l'Hélicon* vint les déposer à Jacmel. Ils se rendirent ensuite à Londres où le Parlement leur rendit justice, sur la plainte qu'ils lui portèrent. C'étaient deux hommes éclairés.

prospérité croissante, par suite de l'expérience acquise par le peuple dans les événemens passés, lesquels montraient le danger des discordes civiles, et la nécessité de l'union entre tous les citoyens pour pouvoir mieux résister aux ennemis extérieurs, le Président rappela comment, depuis son indépendance, Haïti avait agi envers les nations étrangères, avec une loyauté et une magnanimité exemplaires, dans l'espoir que son existence politique serait enfin reconnue par elles; et cependant, cette conduite n'avait encore produit de la part de leurs gouvernemens que des actes qui attestaient l'absurde préjugé de la couleur réprouvé par la philanthropie[1]. Il en concluait que la plus grande unanimité de sentimens était impérieusement commandée aux Haïtiens. Il dit ensuite que la force de l'Etat s'accroissait par des témoignages certains du dévouement des citoyens de l'Est à son gouvernement libéral; que l'agriculture était partout en progrès; que les finances étaient dans une situation satisfaisante, et qu'il avait fait opérer des réformes dans des vues d'économie; qu'enfin, l'armée montrait toujours un excellent esprit, et que toutes les institutions se consolidaient, pour faire espérer à la patrie les plus heureuses destinées.

Déjà, par une circulaire du 16 janvier, adressée aux doyens des tribunaux civils, le grand juge leur avait notifié que le vœu du gouvernement était que, dans tous différends qui surviendraient entre *des étrangers*, pour affaires *de commerce*, les tribunaux devraient *s'abstenir* d'abord d'en connaître, pour laisser aux parties le soin de les faire décider par des arbitres de leur choix; et qu'ils ne pour-

[1] La Grande-Bretagne venait de reconnaître l'indépendance des colonies espagnoles, sous le ministère de G. Canning.

raient juger ces différends, qu'après que cette voie aurait été suivie infructueusement et que les parties elles-mêmes recourraient à eux. En cela, le Président voulait suivre un principe analogue à celui qui est établi dans la loi du 24 août 1808, par rapport aux délits commis par des étrangers au préjudice d'autres étrangers, à raison desquels les tribunaux haïtiens doivent *s'abstenir* de prononcer aucun jugement, en constatant seulement les faits. Par rapport aux différends commerciaux, l'affaire qui eut lieu entre Dravermann et Hoog indiquait l'utilité de cette décision, et il est probable qu'elle fut encore motivée par quelque plainte à ce sujet [1]. Le 11 avril, une nouvelle circulaire du grand juge aux mêmes doyens leur prescrivit de suivre les dispositions du code d'instruction criminelle *français*, en attendant le code *haïtien* sur cette matière, pour l'instruction de toute affaire criminelle, par un seul juge nommé *ad hoc,* au lieu de trois, comme le voulait la même loi de 1808 d'après l'ancienne procédure : ce qui tendait à accélérer l'instruction des procès.

Plusieurs lois furent rendues dans la présente session. La première statua « sur l'état des fonctionnaires civils et » militaires, *démissionnaires* ou *en retraite,* et des officiers » militaires en *non-activité* de service. » Se fondant sur ce que les uns et les autres avaient reçu des dons nationaux, consistant en propriétés territoriales qu'ils pouvaient exploiter, et qu'une « sage et juste économie » devait être portée dans les dépenses publiques, cette loi décida : 1° que tous *fonctionnaires,* civils ou militaires, qui auraient obtenu leur *démission* ou leur *retraite,* ne recevraient ni appointemens ni solde, accordés à ceux qui sont en activité de ser-

___

[1] Voyez au tome 8 de cet ouvrage, page 299.

vice; 2° que les *militaires*, depuis le général jusqu'au sous-lieutenant, qui seraient *sans emploi* par défaut de places vacantes n'auraient droit qu'au *quart* de la solde d'activité[1]; mais ceux qui seraient démissionnaires ou en retraite, rentreraient dans la première catégorie.

Cette loi devait produire divers effets plus ou moins préjudiciables à la bonne administration du pays. D'abord, comme elle statuait surtout pour *l'avenir*, elle devait porter la plupart des fonctionnaires civils et militaires à ne point prendre leur *retraite*, équivalant à leur *démission*, alors même que leur âge ou des infirmités le leur conseilleraient, puisqu'ils n'allaient rien recevoir du trésor national dans le temps où ils auraient le plus besoin de secours; et par là, l'administration serait confiée à bien des hommes *incapables* de remplir les devoirs de leurs charges, puisque d'ailleurs aucune autre loi ne fixait *un âge* où un fonctionnaire ou un officier militaire pourrait être « mis à la retraite » par le gouvernement, dans l'intérêt du service public. Aussi, c'est ce que l'on vit sur la fin de l'administration du président Boyer[2].

Ensuite, s'il était vrai qu'à la promulgation de cette loi, les fonctionnaires civils ou militaires étaient tous en possession de dons nationaux, il fallait prévoir le moment où le gouvernement ne pourrait plus en concéder, faute de terrains disponibles : ce qui arriva, en effet, par une loi rendue le 1er mai 1826. D'un autre côté, celle qui nous suggère ces réflexions, accordait une véritable *pension via-*

---

1 Par la loi de 1808, de tels officiers jouissaient de la *moitié* de leur solde.

2 On a dit alors que son gouvernement était une *gérontocratie;* — un gouvernement de vieillards. Si ce mot révélait l'impatience de la jeunesse d'arriver aux emplois publics, il faut convenir qu'à bien des égards il exprimait la situation réelle des choses. Depuis longtemps, Boyer aurait dû adopter un système contraire qui lui permit de rajeunir son administration.

gère aux officiers militaires non employés par défaut de places vacantes, dans *le quart* de solde qui leur fut accordé à raison de leurs grades, bien qu'ils eussent reçu des dons nationaux comme les fonctionnaires publics de l'ordre civil et de l'ordre militaire; il n'y avait donc pas parité de position entre les uns et les autres. Aussi, frappé de cette conséquence, vit-on le Président employer fréquemment des officiers militaires en non-activité, dans les charges civiles ou judiciaires pour lesquelles ils n'avaient aucune vocation : ce qui n'était pas toujours à l'avantage du service public.

Une autre considération, toute politique, nous semble ressortir des dispositions de la loi de 1823 : c'est qu'à la fin, chacun comprendrait qu'il était dans son intérêt, qu'il était plus convenable de posséder un *grade militaire* que de suivre la carrière civile, puisqu'il y avait un avantage réel pour le temps où l'on arriverait sur ses vieux jours, indépendamment des honneurs attribués à ce grade et qui flattent la vanité et l'ambition des hommes qui en portent les insignes et les décorations.

La conclusion à laquelle nous arrivons forcément, c'est que l'idée de « sage et juste économie » qui motiva la loi n'était pas bien rationnelle, ni en faveur de l'administration publique; c'est qu'il eût mieux valu décréter « le » droit à une pension » pour les fonctionnaires civils et militaires, démissionnaires ou en retraite, après un certain nombre d'années de service, et de même pour les officiers militaires non employés ; mais en fixant aussi un âge où les uns et les autres pourraient être « mis à la retraite » par le gouvernement, afin qu'il pût *rajeunir*, en quelque sorte, cette administration par des hommes moins âgés.

En même temps que la loi précédente, une autre fixa à

nouveau « les appointemens des autorités militaires et la
» solde des troupes de toutes armes en activité de service, »
en abrogeant toutes les lois ou règlemens antérieurs sur le
même sujet. — D'après la loi du 26 avril 1808, les généraux et les colonels, les commamdans d'arrondissement et
de place, ne recevaient jusqu'alors que *la moitié* de leurs
appointemens ou solde, augmentés d'un *supplément;* les
autres officiers des corps de troupes ou faisant partie de
l'armée, que *la moitié* seulement; les sous-officiers et soldats, *la solde entière.* Désormais, eux tous devaient rece-
vois *en totalité* leurs appointemens ou solde, bien entendu,
quant à *la solde,* lorsqu'elle serait *ordonnée* par le Président
d'Haïti. Cependant, « les généraux, les commandans d'ar-
» rondissement, ceux de place et les officiers de santé,
» devaient être payés *tous les mois,* » comme cela se pratiquait auparavant. Mais la nouvelle loi opéra une *réduction* sur les taux fixés en 1808, excepté quant aux colonels
et autres officiers des corps, aux sous-officiers et soldats,
dont la solde fut *augmentée*[1]. Tous militaires absens de
leurs corps, lors d'une revue de solde, ou en congé pour
vaquer à leurs affaires, ou se trouvant dans les hôpitaux,
ne devaient point recevoir leur solde; dans ce dernier cas,
les officiers recevaient *le tiers* de celle qui leur revenait,
ou, en se traitant chez eux, ils avaient droit à l'intégralité
de la solde. Toute fourniture de viande fraîche ou autres
rations en nature cessaient, et tous les militaires actuellement de service, sans distinction de grades, recevaient
50 centimes par semaine comme remplacement de ration.
Les commandans d'arrondissement continuaient à recevoir

---

[1] Suivant la loi de 1808, les généraux de division devaient recevoir, à la paix intérieure, 3,000 gourdes par an : par la nouvelle loi, ils ne recevaient que 2,700 gourdes ;
les autres, en proportion.

600 gourdes par an pour frais de tournée et de bureau, payables à la fin de l'année. Quelques autres dispositions réglementaires étaient insérées dans cette loi du 18 juin, qui prenait en considération l'état de paix intérieure survenu par la réunion de toute l'île d'Haïti sous le gouvernement de la République, et la nécessité d'améliorer la situation de l'armée, en coordonnant les dépenses publiques avec celle du trésor.

Une autre loi du 27 juin créa une « chambre des comp- » tes » pour vérifier la comptabilité générale des finances, accrue depuis 1820 et 1822, et attendu que le secrétaire d'Etat ne pouvait y suffire. Cette chambre était composée de sept membres, dont les fonctions étaient *honorifiques*, et qui pouvaient être nommés par le Président d'Haïti, parmi les fonctionnaires publics ou les citoyens; un secrétaire et deux employés seulement recevaient des appointemens. Ceux qui, étant nommés membres de cette chambre, *refuseraient* d'exercer les fonctions y attachées, sans cause valable, seraient déclarés *inhabiles* à remplir toute autre charge dans la République; mais ceux qui *accepteraient* et qui auraient exercé ces fonctions à la satisfaction du gouvernement, recevraient du Président d'Haïti « *un brevet* en forme de mention honorable, » à l'expiration de leurs fonctions.

Quand on lit cette loi et qu'on considère les attributions qu'elle donnait à la chambre des comptes, les travaux qui lui étaient imposés durant toute l'année, on reconnaît que le président Boyer, seul, pouvait concevoir la pensée de *détourner* des fonctionnaires publics des obligations de leurs charges, et des citoyens de leurs affaires privées, pour les appeler à être membres de cette chambre *gratuitement;* et cela par un esprit d'économie mal entendue.

Aussi, en 1826, fut-il obligé de s'avouer qu'un tel système ne pouvait durer ; et une nouvelle loi réorganisa la chambre des comptes avec cinq membres, jouissant d'appointemens et devenus fonctionnaires pour en remplir les devoirs.

Jusqu'alors, les arpenteurs percevaient le prix du mesurage des travaux dans la campagne, en vertu d'arrêtés du Président d'Haïti ; une loi détermina ce prix, en fixant à *une gourde* par chaque carreau de terre concédé à titre de don national aux officiers militaires ou civils, et à *deux gourdes* pour les petites concessions ou dans le cas de transactions entre particuliers. Et deux autres lois furent rendues, — l'une, pour diminuer l'impôt territorial et le droit d'exportation sur le *coton* [1] ; — l'autre, pour établir l'uniformité du *calcul* dans la vente de toutes les denrées produites dans le pays.

Une grande baisse du prix du coton dans le commerce motiva la première loi, qui eut pour but également de réprimer les fraudes commises par les producteurs, qui, fort souvent, introduisaient des pierres ou autres matières dans les balles ou ballottins, ou du coton de mauvaise qualité. Cette loi prononça, dans ce cas, la *confiscation* du coton au profit de l'État, et étendit cette peine au café, au cacao et autres denrées qui contiendraient de semblables fraudes. L'objet de la seconde loi fut d'abolir l'usage du calcul par *livres, sous et deniers*, ancienne monnaie de compte du pays, pour y substituer le calcul par *gourdes et*

---

1 Antérieurement, l'impôt territorial était de 16 gourdes par millier de livres, il fut réduit à 8 gourdes ; le droit d'exportation était de 30 gourdes par millier de livres, il fut réduit à 15 gourdes. La loi nouvelle voulait provoquer une plus grande production de cette importante denrée, en même temps que son prix vénal était tombé sur les marchés étrangers.

centimes, nouvelle monnaie adoptée depuis longtemps; et la mesure de poids ou quantité, pour toutes les denrées, fut fixée par *quintal* ou cent livres pesant. Toute contravention à ces dispositions dut entraîner aussi la confiscation des denrées au profit de l'État.

Ces deux lois avaient un but d'utilité publique qu'on ne saurait contester. Quant à la répression des fraudes commises par les producteurs de la campagne, de même qu'en ce qui concerne la mauvaise préparation des denrées d'exportation, il est fâcheux de dire que l'incurie de bien des fonctionnaires a presque toujours empêché que ces dispositions n'eussent leur exécution; et cependant n'importait-il pas, dans l'intérêt même de ces producteurs, qu'elles eussent tout leur effet? Tant que les denrées du pays ne seront pas bien soignées, bien préparées, leur prix vénal sera toujours inférieur à celui des denrées similaires des autres provenances, sur les marchés étrangers et par conséquent sur ceux d'Haïti. Le gouvernement lui-même n'a peut-être pas assez veillé à assurer l'exécution de la législation, des règlemens et des ordres qu'il avait édictés à ce sujet. Il eût fallu aussi qu'il se préoccupât de faciliter l'introduction, dans le pays, de toutes les machines, de tous les procédés propres à la bonne préparation de nos denrées; et d'autant plus, que la subdivision des propriétés des anciens colons ayant créé une foule nombreuse de petits propriétaires illettrés, routiniers d'anciens procédés, il est absolument convenable de leur indiquer ce qui peut leur être le plus avantageux pour l'exploitation des terres qu'ils possèdent.

D'un autre côté, il eût été à désirer qu'Haïti se décidât à adopter, pour sa monnaie effective, pour ses différentes mesures, le système métrique inventé en France et fondé sur la nature même des choses, indépendamment de tout esprit de nationalité[1]. En 1823, où la loi ci-dessus était un progrès, en abolissant le vieux calcul par livres, sous et deniers, et plus tard encore, il aurait été impossible, peut-être, d'entrer pleinement dans cette sage innovation ; mais il y a déjà longtemps que cela aurait pu avoir lieu. Si Haïti a emprunté à la France, tout naturellement, une foule de dispositions dans ses diverses constitutions (aussi *nombreuses* que celles de cette ancienne métropole), dans sa législation civile, judiciaire, commerciale et militaire, dans son organisation sous tous les rapports, certes, Haïti ne commettrait pas un plus grand *péché* en adoptant aussi le système décimal, le système métrique de la France, pour ses poids et mesures, de même que la monnaie réelle qui est en rapport avec ce système.

La Chambre des communes et le Sénat votèrent dans cette session plusieurs des lois du code civil ; mais ce travail incomplet ne pouvait permettre leur promulgation, qui exigeait évidemment un examen et un vote d'ensemble pour ce code. Après avoir achevé leurs travaux, ces deux corps constitués publièrent chacun une « adresse aux citoyens de la République, » pour en rendre compte. Dans ces deux actes, ils s'attachèrent à prouver au peuple que la plus parfaite harmonie existait entre eux-mêmes et entre eux et le pouvoir exécutif, afin de recommander l'union

---

1 La monnaie de compte, par livres, sous et deniers, était suivie dans le pays parce qu'il avait appartenu à la France ; mais en même temps, on y avait adopté, même sous le régime français, la monnaie d'Espagne, réelle, effective, qui circulait dans toutes les Antilles. A la déclaration de son indépendance, Haïti conserva celle-ci tout naturellement, et cette monnaie servit de type à sa monnaie nationale, frappée à un titre bien inférieur, et à son papier-monnaie. Mais elle conserve encore l'ancien système français de poids et mesures : donc elle pourrait adopter aujourd'hui le nouveau système qui est mieux raisonné, tant sous ce rapport que sous celui de la monnaie, ainsi que d'autres pays indépendans de la France l'ont déjà fait

entre les citoyens, seul gage de la conservation de la liberté et de l'indépendance nationale, dans la situation où se trouvait la République à l'égard des autres puissances du monde; et ils engagèrent les propriétaires à bien cultiver leurs terres, pour développer la prospérité de l'agriculture et du commerce. Ils n'oublièrent pas non plus de décerner les plus grands éloges au Président d'Haïti, pour son infatigable activité, pour les soins qu'il donnait à toutes les branches de l'administration, et son désir de rendre la patrie heureuse.

L'adresse du Sénat fit allusion à une tournée que le chef de l'État avait faite, au commencement de l'année, dans les arrondissemens de Jacmel, de l'Artibonite et du Nord ; et, après l'avoir qualifié de « *grand homme*, dont la sagesse, » la prévoyance et l'activité faisaient tourner les événe- » mens extraordinaires qui se passèrent à Haïti, au bon- » heur de la République, » le même jour, 14 juillet, le Sénat rendit un décret par lequel il lui accorda, à titre de *don national*, deux habitations sucreries à son choix : ce décret lui fut adressé par un message. Mais cette donation ne reçut pas l'approbation de Boyer, d'après le message suivant qu'il écrivit de sa propre main au Sénat, en réponse au sien, et qui resta dans les archives secrètes de ce corps, à l'insu du public :

« Au Sénat.

» J'ai reçu, citoyens sénateurs, avec votre message du 15 courant, l'acte qui y était joint, par lequel le Sénat exprime, dans les termes les plus satisfaisans, ses sentimens sur les services du Président d'Haïti.

» S'il peut exister de satisfaction pour le citoyen appelé ici, dans les temps difficiles où nous vivons, à la première magistrature de l'Etat, elle ne peut provenir, avec l'approbation de sa conscience, que dans la franche manifestation de l'estime publique. Jugez, d'après cette expression de ma pensée, combien mon cœur est pénétré de gratitude, lorsque les membres du premier corps constitué me donnent, parlant au nom de la nation, d'éclatans témoignages de leur approbation. Cependant, je dois le dire ouvertement, parce que les principes qui me dirigent sont invariables : votre affection et vos suffrages me suffisent. Je regrette que vous ayez pensé devoir décider que je reçusse, à titre de concession nationale, de nouvelles propriétés. Que la République prospère, je serai récompensé au delà de tout ce qui fait le bonheur en ce monde ! En effet, quelle fortune peut égaler l'avantage de coopérer efficacement à consolider la liberté et l'indépendance de son pays ?

» Signé : BOYER. »

Ce message se terminait par de nobles paroles, et le Président n'accepta point le don national qui lui fut accordé spontanément par le Sénat. Comme *général*, sous Pétion, il avait reçu le sien de même que tous ses collègues ; il avait pu, comme eux, acquérir d'autres propriétés du domaine public ; et depuis la réunion de l'Artibonite et du Nord, il avait pris *à ferme* plusieurs des habitations connues auparavant dans ces départemens, sous le nom de « domaine « de la couronne, » et que Christophe faisait exploiter à son profit. Boyer pouvait donc les *acquérir* de l'Etat, — ce qu'il fit ensuite, — et le Sénat, mal avisé, dut se repentir de son initiative intempestive. Ce n'était pas, d'ailleurs, un cas semblable à celui où ce corps accorda à Pétion deux sucreries en don national ; alors Pétion n'avait que des habitations *à ferme*, et au moment où il venait de doter tous les généraux de la République, il était juste que le

Sénat lui décernât aussi une récompense nationale. Boyer s'honora donc en *refusant le don* qui lui fut offert par le Sénat.

Après l'insuccès de la mission confiée au général J. Boyé, et la réception des lettres de M. Esmangart qui prétendait en justifier les causes, la fête de l'indépendance, le 1ᵉʳ janvier 1824, venait fournir une occasion toute naturelle au Président d'Haïti, de manifester ses sentimens personnels et de protester, au nom de la nation, contre l'injustice des puissances étrangères et de la France en particulier, qui persistaient à ne pas vouloir reconnaître le droit acquis par les Haïtiens depuis vingt ans. A cette solennité, Boyer prononça le meilleur des discours qu'il fit en pareille circonstance. S'adressant à ses concitoyens, il leur dit : « Le spectacle majestueux que vous offrez dans » cette auguste cérémonie est un hommage d'autant plus » glorieux au triomphe de la liberté, qu'il est présenté ici » par un peuple qui, sans autre secours que son énergie, et » quoique constamment en butte à de perfides machina- » tions, a su consolider la conquête de ses droits et main- » tenir avec honneur son indépendance nationale. Que les » ennemis de notre émancipation, aveuglés par la haine et » le préjugé, persistent dans leur injustice à notre égard, » que nous importe ! Vous n'en serez pas moins dignes du » rang où votre courage, à l'aide de la Providence, vous a » si heureusement placés. Vous serez toujours fiers d'a- » voir vaincu nos anciens oppresseurs, et vous serez déter- » minés à vous ensevelir sous les ruines de notre pays, plu- » tôt que de vous soumettre au joug ignominieux des ty- » rans qui prétendraient nous asservir, etc. »

Cette dernière phrase n'était pas uniquement à l'adresse des anciens colons de Saint-Domingue et de l'armée expéditionnaire de 1802, mais aussi à celle des Anglais qui avaient été expulsés du sol qu'ils envahirent, à la sollicitation de ces colons. On voit par ces paroles, que le Président était aussi indigné contre le refus du gouvernement français d'entrer dans les arrangemens proposés en son nom par le général J. Boyé, que contre le gouvernement britannique qui, dans l'année 1823, avait *reconnu* l'indépendance nationale du Mexique, de la Colombie, de Buenos-Ayres et des autres républiques de l'Amérique méridionale, malgré ses engagemens pris avec la cour d'Espagne, de même qu'il en avait pris avec le gouvernement de la Restauration, par rapport à Haïti. En effet, au Congrès de Vérone, qui se tint à la fin de 1822, la Grande-Bretagne, représentée par le duc de Wellington, avait obtenu des autres puissances une nouvelle déclaration pour l'abolition de la traite des noirs, confirmant celles du 8 février et du 20 novembre 1815 ; mais, en même temps, elle s'opposa à une intervention armée en Espagne, que la France devait opérer, pour rétablir Ferdinand VII dans son autorité absolue. Contrariée dans ses vues politiques par rapport à la péninsule, — la France y ayant envoyé ses troupes sous les ordres du duc d'Angoulême, — la Grande-Bretagne prit alors la résolution, sous le ministère du célèbre Georges Canning, de reconnaître l'indépendance des colonies espagnoles, en se détachant, dès cette époque, de ce qu'on appelait « la Sainte-Alliance. » Pour justifier cette mesure, M. Canning disait : « que la Grande-Bretagne n'avait en- » freint *aucun traité*, et que la reconnaissance qu'elle accor- » dait aux nouveaux États ne décidait aucune question de » droit ; » c'est-à-dire que l'Espagne restait toujours libre de faire valoir son droit sur ses colonies émancipées. Or, cette assertion n'était pas exacte, car la Grande-Bretagne avait stipulé et promis envers l'Espagne, ce qu'elle stipula et promit envers la France, pour Haïti, dans l'article *secret* du traité de Paris[1]. Le fait est, que la plupart des nouveaux États de l'Amérique espagnole avaient contracté de gros emprunts en Angleterre, et qu'ils ne pouvaient plus en servir les intérêts ; et que, d'un autre côté, ce pays éprouvait déjà un commencement de crise financière et commerciale. Le gouvernement anglais, en reconnaissant l'indépendance de ces États, voulait leur faciliter les moyens de se libérer, en même temps qu'il espérait porter l'Espagne à faire cette reconnaissance qui y eût encore contribué.

Haïti ayant déclaré son indépendance plusieurs années avant aucune des colonies espagnoles, et se trouvant, en 1823, dans une situation plus stable et plus prospère que ces colonies, Haïti pouvait certainement se demander — pourquoi la Grande-Bretagne n'avait pas agi à son égard comme envers elles ? Depuis 1804, cette puissance y faisait un commerce fructueux dans tous les ports ; et si la chute de Christophe avait fait cesser le monopole qu'elle exerçait dans son royaume, du moins, depuis neuf ans, les produits britanniques ne payaient dans la République d'Haïti que *la moitié* des droits d'importation imposés aux produits des autres peuples commerçans. De tels avantages, dans l'intérêt du commerce et des manufactures de la Grande-Bretagne, semblaient devoir la déterminer à reconnaître aussi l'indépendance nationale d'Haïti : ne l'ayant pas fait, le Président de la République dut se croire autorisé à attribuer son abstention au ridicule *préjugé de couleur* ; de là son discours du 1ᵉʳ janvier[2].

[1] Voyez au tome 8 de cet ouvrage, page 132, dans une note.
[2] Peut-être la Grande-Bretagne pourrait dire, pour son excuse, que, depuis 1811, la

Mais, quelques jours après, le 6, il reproduisit sa pensée dans une proclamation « au peuple et à l'armée, » qui devenait une sorte de *manifeste* envers les puissances étrangeres, et parce que cet acte avait une plus grande importance que son discours, et qu'il était destiné à prescrire des mesures de défense générale, pour l'éventualité d'une agression. Après avoir rappelé que l'existence politique d'Haïti datait de vingt années déjà, que l'objet constant du gouvernement de Pétion fut de diriger les esprits vers l'ordre et la civilisation, il dit :

« Animé de son esprit, dès que je fus appelé à lui succéder, je m'efforçai de marcher sur ses traces. Ma sollicitude, entre autres objets d'intérêt public, s'occupait constamment des moyens de conclure des rapports directs et officiels avec les gouvernemens des peuples qui font un commerce avec Haïti : les avantages qu'ils en retirent sont universellement connus. Il était naturel de penser, dans l'état des choses, que des intentions si louables obtiendraient un résultat favorable. La justice, la philanthropie, l'intérêt d'une sage politique, qui doit tendre à consolider la prospérité du commerce, tout s'accordait pour légitimer la conclusion de ce grand objet. Qui pouvait d'ailleurs raisonnablement s'y opposer ? Depuis longtemps nous sommes complétement émancipés. Tranquilles dans notre pays, fidèles à nos devoirs constitutionnels, nous restons absolument étrangers au système colonial ; et, neutres dans les mouvemens qui peuvent ou pourront exister dans les îles

France étant en négociation avec Haïti, il n'y avait pas lieu pour elle de trancher la question par la reconnaissance de notre indépendance. Mais, à notre point de vue national, nous pouvons dire aussi qu'un tel acte de sa part eût porté la France à être plus raisonnable envers nous. Au reste, on a dit, on a pensé, que la Grande-Bretagne avait notifié à la France, que si elle ne se décidait pas à reconnaître l'indépendance d'Haïti, elle s'y déciderait elle-même : de là serait survenue l'ordonnance de 1825.

de cet archipel, on n'a donc aucun reproche fondé à nous faire [1].

» Cependant, quel compte nous a-t-on tenu de nos loyales dispositions ? Comment les divers gouvernemens y ont-ils répondu ? Les uns, par un silence humiliant qui blesse autant la magnanimité de la nation, qu'il est contraire aux règles prescrites par la raison ; les autres, en manifestant des prétentions dont l'injustice révolte et que l'honneur national, d'accord avec nos sentimens et nos devoirs, ne permet, dans aucun cas, d'admettre. Il est évident que l'outrage fait au caractère haïtien est un déplorable effet de l'absurde *préjugé* résultant de la différence des couleurs. Oui, il faut le déclarer authentiquement : ce honteux motif est le seul sur lequel est basée l'injuste politique dont nous nous plaignons. Faut-il une nouvelle preuve de cette vérité ? Nous la trouverons, ô infamie ! dans la *proscription* exercée aujourd'hui, plus que jamais, dans certains pays, contre les hommes de la teinte des Haïtiens [2] ; nous la trouverons dans la reconnaissance ostensible que quelques puissances ont faite, tout en déclinant nos droits, des États républicains récemment établis dans l'Amérique méridionale [3]..... Enfin, l'expérience nous éclaire ; nous ne devons compter que sur notre énergie. Mais, en nous plaignant de l'injustice exercée envers nous, en prenant des précautions pour l'avenir, nous persévérerons toujours dans nos principes de loyauté..... »

En conséquence, la proclamation présidentielle enjoi-

---

[1] Ce passage était une allusion à la récente affaire passée à la Jamaïque, par l'arrestation des deux hommes de couleur et leur déportation à Haïti, sans motif réel.

[2] Encore une allusion à la déportation de Lecesne et John F. Scoffery, et aux iniquités commises à la Martinique envers Bissette, Fabien, Volny, etc., dans cette année 1824.

[3] Par la Grande-Bretagne et les États-Unis.

gnit aux commandans d'arrondissement, de procéder immédiatement à une revue d'inspection des gardes nationales, dans les villes et les campagnes, pour leur complète
organisation, leur armement et équipement ; à une revue
semblable des troupes, à l'inspection des armes et de tous
autres objets de guerre en dépôt dans les arsenaux et les
fortifications du littoral et de l'intérieur, afin de tout maintenir en ordre pour le cas d'une défense générale du territoire de la République. Ces officiers supérieurs durent
faire chacun un rapport circonstancié sur les opérations
qui leur étaient prescrites, et, en se conformant d'ailleurs
aux ordres spéciaux qu'ils avaient déjà reçus du Président,
celui-ci les déclarait *responsables*, envers la nation et le gouvernement, de l'exécution de toutes ces dispositions. Ces
ordres *spéciaux* consistaient à faire transporter dans les
dépôts de l'intérieur, des armes, des munitions de guerre
de toute espèce, à faire planter des vivres en abondante
quantité pour subvenir à la nourriture des populations,
en cas d'invasion étrangère.

Aussi suffit-il de ces dispositions pour mettre tout le
peuple haïtien sur pied ; chacun croyait à une attaque, à
une expédition armée, immédiate, de la part de la France,
seule puissance qui pouvait avoir l'intention d'envahir
Haïti ; et d'un bout de la République à l'autre, on n'entendait que ces mots : « Les *blancs* vont venir nous attaquer,
» préparons-nous à leur résister vigoureusement. » Et à
l'instar du gouvernement, la plupart des familles envoyèrent en dépôt à l'intérieur, dans les montagnes surtout, du
linge, du savon, des salaisons, du sel, des médicamens, etc.
Quoique, en réalité, ces soins fussent superflus,—la France
n'étant disposée à diriger aucune expédition contre
Haïti,—ce fut néanmoins une résolution admirable de la

part de ce jeune peuple, qui croyait son indépendance nationale menacée et qui s'apprêtait à la défendre jusqu'à extinction.

Ce fut dans ces circonstances que, quelques jours après la proclamation du Président d'Haïti, le 17 janvier, M. Laujon arriva au Port-au-Prince avec les lettres que lui adressa M. Esmangart, pour l'engager à envoyer en France des agents dont la mission serait de traiter de la reconnaissance de l'indépendance, d'après les bases proposées par Boyer lui-même, en 1821, lors de la mission de M. Dupetit-Thouars, c'est-à-dire « en payant une indemnité raisonna-» blement calculée. » M. Laujon, intermédiaire pacifique d'une négociation provoquée par l'ancien commissaire de 1816, ne pouvait en croire ni ses yeux ni ses oreilles, de tout ce qu'il voyait et entendait dans la capitale ; il s'attacha à aller de maison en maison auprès des personnes de sa connaissance, pour les rassurer sur les intentions du gouvernement français à l'égard d'Haïti. Ce n'est pas à dire, cependant, que les anciens colons n'eussent été satisfaits de voir la France diriger une expédition contre elle ; les succès que son armée venait d'obtenir en Espagne, dans l'année 1823, ravivaient leur espoir et leur désir à ce sujet ; et leurs pétitions incessantes adressées aux chambres législatives, jointes à des informations particulières que reçut Boyer sur la fin de cette année, avaient contribué à l'émission des actes dont nous venons de parler. C'est ce qu'il dit à M. Esmangart, dans sa lettre du 4 février, en réponse aux siennes, et qui fut confiée à M. Laujon, lequel se décida à retourner de suite en France, à raison de la situation où il avait trouvé la République. Le Président promit d'y envoyer un négociateur, en disant à M. Esmangart: « J'aime à vous » le répéter, Monsieur le Préfet, je suis toujours dans les

» mêmes intentions de traiter *sur les bases* expliquées dans
» mes dépêches des 10 et 16 mai 1821, dont vous m'avez
» rappelé un paragraphe dans une de celles que vous m'a-
» vez adressées [1]. Mes principes sont invariables, et mes
» devoirs sont sacrés : je n'y manquerai jamais. »

Ainsi, par cette déclaration, le Président renonçait aux
combinaisons proposées par le général J. Boyé, dans les
conférences de Bruxelles. Mais il ne se pressa point de faire
partir le négociateur qu'il annonçait, surtout à cause de
l'hiver, qui occasionne toujours de pénibles voyages. Ce ne
fut que le 1er mai que partirent du Port-au-Prince, sur le navire *le Julien Thalès*, non un seul, mais deux négociateurs,
les citoyens Larose, sénateur, et Rouanez, notaire du gouvernement. Nous ajournons ce qui concerne la mission qui leur
fut confiée, afin de parler d'autres actes du gouvernement.

Le 1er avril, le Président d'Haïti procéda à l'ouverture de
la session législative. Dans le discours qu'il prononça à cette
occasion, il dit d'abord que la République jouissait de la
plus parfaite tranquillité, malgré une tentative de révolte
qui avait eu lieu récemment à Santo-Domingo et qui fut
promptement réprimée. En effet, un nommé Ximenès, par-
tisan du gouvernement espagnol, d'accord avec un prêtre
qui desservait l'une des petites paroisses aux environs de
cette ville, avait organisé une conspiration dont le but était
de soulever toute la partie de l'Est au nom et en faveur de
l'Espagne ; mais, découverte à temps par la vigilance du
général Borgella, commandant de l'arrondissement, cette
trame fut déférée par lui à l'instruction et au jugement du
tribunal civil, dans ses attributions criminelles, et il en

---

[1] Voyez ces dépêches de 1821, dans ce volume, pages 47 et 48.

résulta la condamnation *à mort* de Ximenès et de trois autres de ses principaux complices : ils furent exécutés. Sans doute, à cause de l'esprit religieux dominant dans cette partie jusqu'au fanatisme, le tribunal épargna le prêtre de la mort qu'il méritait et ne le condamna, ainsi qu'une vingtaine d'autres complices, qu'à une détention de quelques années. Boyer ajouta à cette clémence bien inspirée, en faisant interner tous ces condamnés dans plusieurs villes de l'Ouest et du Sud; et, quelques temps après, il leur pardonna entièrement, en leur permettant de retourner au sein de leurs familles [1]. Ces actes de bonté, et la vigueur qu'avait mise le général Borgella dans l'arrestation des coupables en les faisant juger par le tribunal civil, au lieu d'une commission militaire, produisirent le plus heureux effet sur l'esprit public dans les deux départemens de l'Est, où il n'y eut jamais d'autres conspirations durant les vingt et une années de leur incorporation à la République d'Haïti, sous le gouvernement de Boyer.

Le discours du Président contenait ensuite ces passages :

« Cependant, il faut en convenir, notre situation politique, eu égard à l'étranger, est vraiment extraordinaire; elle exige impérieusement une attention toute particulière, et commande ici la plus grande unanimité d'opinions. Cette vérité, quoique généralement reconnue, ne saurait être trop répétée; car, lorsqu'il s'agit de la sûreté nationale, on ne saurait trop se prémunir, et l'enthousiasme général ne doit-il pas être sans cesse éveillé pour la défense d'un bien si précieux ? Nous avons déjà fait, sans avoir pourtant obtenu

---

[1] J.-J. Delmonte, doyen du tribunal civil, contribua beaucoup à ce jugement modéré. Ce magistrat éclairé et dévoué à la République s'inspira heureusement du système du gouvernement qui tendait toujours à l'indulgence envers ceux qui jouaient un rôle subalterne dans les conspirations, et le Président n'en conçut que plus d'estime pour lui.

le résultat qu'il était juste d'espérer, les démarches nécessaires auprès des autres gouvernemens, pour établir entre eux et Haïti des rapports officiels et honorables, tels que la raison et l'usage le prescrivent entre États civilisés. Nous sommes fondés à dire que les Haïtiens, dans leurs relations avec les étrangers qui fréquentent nos ports, ont toujours tenu une conduite digne d'un peuple libre. Le gouvernement, de son côté, peut défier la mauvaise foi, même la plus audacieuse, de pouvoir articuler une seule preuve contre la loyauté de ses principes et la pureté d'intention de tous ses actes. Comment, après ces faits, concilier l'étrange procédé de ces puissances envers la République? Cette injustice, je l'ai déjà dit, n'a d'autre fondement qu'un absurde préjugé. Nous en sommes tous convaincus; prenons en conséquence d'actives précautions pour l'avenir. »

Puis, le Président parla de l'état florissant de l'agriculture et des finances du pays, des progrès de l'instruction publique qui donnaient les plus grandes espérances, en faveur de de la jeunesse, et il convia les législateurs à s'unir étroitement avec le pouvoir exécutif pour l'avantage de la nation[1].

Précédemment, il avait adressé à tous les généraux, commandans d'arrondissement ou occupant d'autres fonctions, une circulaire exposant les questions à résoudre entre Haïti et la France, en leur demandant leur avis sur la proposition que Pétion avait faite de payer une *indemnité* à cette puissance, pour parvenir, par cette transaction, à ob-

---

1 En se réunissant dans sa première séance préparatoire, la Chambre des communes forma son bureau pour l'ouverture de la session. Hérard Dumesle fut nommé président pour un mois, et le troisième mois de la session il fut encore appelé à cette charge. Son discours en réponse à celui du Président d'Haïti exprima les mêmes sentimens de patriotisme, et de plus, un éloge à la mémoire de Pétion, en louant également la conduite de Boyer. Ce fut dans cette année qu'il publia son *Voyage dans le Nord d'Haïti*, etc.

tenir qu'elle reconnût l'indépendance nationale; et eux tous lui avaient répondu qu'ils y adhéraient, comme en 1814, en laissant à sa sagesse et à sa sollicitude, d'après les pouvoirs que lui donnait la constitution, de convenir du chiffre de cette indemnité et des autres conditions qu'il jugerait les plus avantageuses à l'État. Si Boyer n'avait pas consulté ces généraux en 1821, quand il fit revivre l'offre de l'indemnité, c'est qu'il se croyait suffisamment autorisé par cette initiative de son prédécesseur, qui avait obtenu l'assentiment général. Mais, après l'infructueuse négociation du général J. Boyé avec l'agent du gouvernement français, au moment où il se décidait à expédier des envoyés en France pour le même objet, il voulut avoir l'avis de ses compagnons d'armes à ce sujet ; et c'était, de sa part, un acte de haute convenance et de prudence en même temps. Il profita de la session législative, qui réunissait à la capitale les représentans et les sénateurs, pour leur communiquer, non par messages, mais en confidence, tous les documens qu'il avait reçus du général J. Boyé et les lettres de M. Esmangart, ainsi que la copie des siennes , afin d'avoir aussi leurs avis. Les législateurs furent également de la même opinion que les généraux. Le chef de l'État se trouvait donc investi de la confiance publique, manifestée par ses principaux organes, et il pouvait agir, dans la limite de ses attributions constitutionnelles, en toute sûreté de conscience.

Profitant des circonstances politiques et de la surexcitation où les esprits se trouvaient depuis la publication de sa proclamation du 6 janvier, le Président émit, le 6 avril, un arrêté dont le but est suffisamment expliqué par les dispositions suivantes: « 1° Toutes les personnes qui ne pourront faire preuve de leurs moyens d'existence et qui se

» trouvent dans les villes ou bourgs, sans exercer une pro-
» fession ou industrie, seront tenus de se retirer dans les
» campagnes où les ressources de l'agriculture leur présen-
» tent une subsistance assurée ; — 2° la plus grande sur-
» veillance devra être constamment exercée pour qu'aucune
» personne en état de santé, puisse se soustraire aux tra-
» vaux agricoles de l'habitation où elle réside; — 3° les
» rigueurs ordonnées par la loi sur la police générale, se-
» ront strictement appliquées contre les vagabonds pris en
« contravention aux dispositions du présent arrêté. » Et
les autorités civiles et militaires furent chargées de son exécution, sous la responsabilité personnelle des commandans
d'arrondissement.

Il y eut alors une véritable disposition de leur part à exécuter cet arrêté, principalement à la capitale et dans les autres villes importantes; mais la négligence habituelle pré-
valut bientôt; on se relâcha peu à peu. Aussi bien, il faut le
dire, ce fut toujours une mesure difficile à exécuter dans le
sein de la République, parce que son régime de douceur ne
comportait pas l'arbitraire qu'exige souvent une telle mesure, à l'égard des individus. Pour les classer comme *vagabonds*, au terme de la loi, ne faudrait-il pas qu'ils eussent
subi un jugement préalable pour faits de vagabondage? A
moins de suivre les erremens des régimes antérieurs, où les
autorités pourchassaient des villes ou bourgs, ceux qui vivaient ordinairement à la campagne, il n'était guère possible d'atteindre le but de cet arrêté; car, dans le cours de
toutes les révolutions du pays, toutes les existences, pour
ainsi dire, s'étaient déplacées ou déclassées. Ce fut sans
doute une chose nuisible à la prospérité de l'agriculture,
et partant au pays tout entier dont elle est la plus précieuse
industrie, que cette tendance constante des campagnards à

affluer dans les villes ou bourgs où la plupart d'entre eux vivent misérablement, quelquefois d'une manière désordonnée; mais il n'était pas possible qu'il en fût autrement, quand ils voyaient les propriétaires préférer ce séjour à celui de leurs habitations rurales, par goût ou par nécessité, quand une foule de séductions les y attirent également dans l'espoir d'y trouver le bien-être. Ce qui s'est toujours vu à Haïti, depuis 1791, s'est vu et se voit encore dans d'autres pays très-civilisés, par une infinité de causes [1]. Mais ce qu'il y eut de singulier, ce qui prouve comment les hommes savent éluder les lois ou se prémunir contre leur rigueur, c'est qu'à cette époque déjà reculée, presque toutes les personnes qui étaient l'objet de l'arrêté du Président, imaginèrent de prendre *une patente* quelconque, afin de prouver qu'elles exerçaient une profession ou une industrie dans les villes ou bourgs qu'elles habitaient; par là, l'effet de la mesure ordonnée fut nul, les autorités civiles et militaires étant paralysées devant cette ingénieuse invention : le fisc en profita, au détriment de l'agriculture qui lui eût procuré un meilleur résultat.

Le 14 avril, toujours dans la préoccupation des affaires extérieures, Boyer fit paraître une nouvelle proclamation « au peuple et à l'armée, » où il disait que le gouvernement était dans l'impérieuse obligation de prendre des mesures de sûreté générale, pour « le salut du peuple qui est la loi suprême. » En conséquence : — « 1°. Très-expresses » défenses sont faites, au nom du salut public, à n'importe

---

[1] Au temps où nous écrivons ces lignes (1858), les journaux de France font remarquer la tendance des paysans de cet empire, à fuir la campagne pour se réfugier dans les villes ; diverses causes contribuent à cette émigration préjudiciable à l'agriculture. Cependant, les propriétaires leur tracent un exemple opposé à celui que donnent les propriétaires en Haïti ; ils résident sur leurs biens et les font cultiver sous leurs yeux.

» quelle autorité, soit civile, soit militaire, de correspondre
» dans n'importe quelle circonstance, avec les gouverne-
» nemens qui seraient en guerre avec la République, ou
» avec leurs agents, sous quelque dénomination que ce soit.
» Au Président d'Haïti seul, selon le vœu de la constitution,
» est réservé ce droit. — 2° Audit cas de guerre, toute au-
» torité ou tout particulier qui, n'importe sous quel pré-
» texte, serait convaincu d'avoir contrevenu à cette dispo-
» sition, sera aussitôt considéré comme *traître à la patrie*
» et puni comme tel. »

Cet acte était motivé, d'ailleurs, « sur les circonstances
» où le machiavélisme des ennemis cherche à fomenter
» dans l'intérieur, des troubles et des divisions. » Mais,
peut-être que M. Laujon y contribua sans y penser, par les
visites qu'il avait faites à diverses personnes, par les paroles de paix qu'il répandait au Port-au-Prince, pendant
son court séjour en cette ville, alors que le Président venait de proclamer qu'il fallait se préparer à la guerre.

Quoi qu'il en soit, cette dernière proclamation était
fondée en raison, — pour se prémunir contre toute tentative d séduction de la part de l'étranger.

Dans le temps où l'indépendance des États de l'Amérique
méridionale venait de se consolider, par la reconnaissance
formelle qu'en fit la Grande-Bretagne, ainsi que les États-
Unis de l'Amérique septentrionale[1] ; se ressouvenant,
d'ailleurs, de la conduite tenue par Bolivar envers Haïti,
qu'il avait exclu du congrès de Panama, Boyer crut devoir
faire une démarche ostensible auprès du gouvernement de

---

1 Dès 1822, le congrès des États-Unis agita la question de l'opportunité de la reconnaissance de l'indépendance de ces nouveaux États, par des traités ; en 1821, ils étaient
déjà reconnus de fait, par le projet du congrès de Panama proposé par Bolivar : de là,
une des causes de la résolution prise par la Grande-Bretagne.

la Colombie pour lui proposer « une alliance purement dé-
« fensive » avec celui de la République d'Haïti.

Il fonda cette proposition sur ce que la République
croyait son indépendance menacée par la France.

Au fait, il ne s'abusait point sur le résultat probable de
cette démarche, d'après le précédent de 1821 ; et, dans
cette pensée, son envoyé fut chargé, en cas de refus, de
réclamer le montant intégral de la valeur de toutes les armes et munitions, de tous autres objets de guerre que la
République avait fournis à Bolivar en 1816, pour lui
donner les moyens de reconquérir sa patrie sur les
Espagnols.

A cet effet, il expédia le citoyen F. Desrivières-Chanlatte,
directeur de l'imprimerie nationale du Port-au-Prince,
muni de ses pleins-pouvoirs, pour se rendre à Santa-Fé de
Bogota, alors capitale de la Colombie, où siégeait le gouvernement. A cette époque, Bolivar se trouvait au Pérou,
et le général Santander, Vice-Président, dirigeait cette
République.

Il accueillit l'envoyé haïtien avec beaucoup d'égards,
mais il déclina la proposition de l'alliance, par la raison,
disait-il, que les traités faits avec d'autres États s'y opposaient. Alors, Chanlatte lui présenta la réclamation dont il
était chargé. Santander n'y fit aucune difficulté ; mais,
comme le trésor colombien ne pouvait disposer de la somme
à payer, et que l'envoyé d'Haïti en eût même été fort em-
barrassé, le ministre des finances lui remit des traites sur
un banquier de Londres, au payement desquelles le plénipotentiaire de la Colombie, en Angleterre, devait
d'ailleurs concourir. Elles furent acquittées, en effet ; et
cette somme fut employée à payer des armes, des munitions, des objets d'équipement et d'habillement dont

Boyer fit venir une immense quantité dans le cours de cette année [1].

La réclamation qu'il fit valoir fut l'objet de quelque critique en Haïti : on prétendit que c'était enlever à la mémoire de Pétion le mérite qu'il avait eu en secourant Bolivar et ses compagnons dans le refuge qu'ils vinrent y chercher.

Mais, à quelle condition principale Pétion avait-il accordé ces secours? A la condition de l'émancipation réelle des esclaves de la Côte-Ferme. Si Bolivar avait déclaré la liberté générale de ces infortunés, pour être fidèle à sa promesse, n'avait-il pas dû souscrire ensuite à l'opposition qu'il rencontra parmi ses concitoyens? Était-ce à lui seul que Pétion entendait donner ces secours? Ces armes, ces munitions, etc., ne profitèrent-elles pas à la cause des Indépendans qui, par ces moyens généreusement fournis, réussirent à expulser les Espagnols de leurs territoires?

Du moment que, dans leur égoïsme, ils refusèrent de reconnaître les droits des milliers d'hommes qu'ils tenaient sous le joug de l'esclavage, qu'ils oublièrent la condition des secours qui leur furent accordés au nom d'Haïti, Haïti avait le droit de réclamer la valeur des objets qu'elle leur fournit.

Et Bolivar lui-même, d'accord avec ses concitoyens, n'avait-il pas montré envers Haïti l'influence des préjugés de couleur, en ne la convoquant pas à son congrès de de Panama? Quel aurait été le but de tous les États de l'Amérique représentés à ce congrès? De s'unir pour s'opposer aux prétentions exorbitantes de la Sainte-Alliance des potentats de l'Europe. Et dans le cas d'une agression

---

1 Je crois que la somme réclamée et payée s'élevait à environ 70,000 piastres.

seulement de la part de l'Espagne contre une de ses colonies émancipées, est-ce que toutes les autres ne prêteraient pas à celle-ci leur appui?

Ce n'était donc qu'un prétexte de la part du Vice-Président de la Colombie, quand il refusait une alliance avec Haïti, pour la secourir à son tour d'une manière quelconque, en cas qu'elle eût été attaquée par la France. Son refus entraînait la restitution de la valeur des objets fournis par la République d'Haïti; Boyer eut donc raison de la faire demander [1].

Le 8 juillet, le Président d'Haïti promulgua une loi rendue par le corps législatif, peü de jours auparavant : cette loi réglait le droit de propriété dans les départemens de l'Est, d'après les principes constitutifs de la République et suivant l'esprit du rapport ou opinion de la commission qui avait été nommée en 1822, pour examiner les diverses questions relatives aux différentes natures de propriétés dans cette partie de l'État. La loi fixait et réglait en même temps le sort du haut clergé et des quelques religieuses de Santo-Domingo, en leur attribuant des appointemens annuels, payables cependant tous les mois, à la charge du trésor public.

Se fondant sur ce principe : — « que d'après le pacte » social des Haïtiens, *le droit de propriété est inséparable* » *de la qualité de citoyen;* » — ensuite : « qu'il importait » de détruire toutes les traces de la féodalité dans cette » portion de l'île, afin que ses habitans, heureux sous les » auspices des principes libéraux, perdent jusqu'au souve-

---

1 A son retour de cette mission, Chanlatte fut élu sénateur, le 14 janvier 1825, en remplacement du colonel Hogn. — Le 2 janvier 1825, le général Santander rendit compte de cette mission au congrès colombien, réuni à Bogota.

» nir de leur ancienne sujétion ; » — la loi déclara *propriétés nationales* et faisant désormais partie du domaine public ; — 1° toutes les propriétés territoriales qui, avant le 9 février 1822, n'appartenaient pas à des particuliers, c'est-à-dire, celles qui appartenaient au domaine public de l'Espagne ; — 2° toutes les propriétés mobilières et immobilières, toutes les rentes foncières et leurs capitaux qui appartenaient, soit au gouvernement précédent, soit à des couvens de religieux, à des monastères, hôpitaux, églises ou autres corporations ecclésiastiques ; — 3° tous les biens mobiliers et immobiliers appartenant soit aux individus qui, absens de l'Est au 9 février 1822, n'y étaient pas rentrés le 10 juin 1823, en vertu de la proclamation présidentielle du 8 février 1823 [1] ; soit à ceux qui, lors de la réunion, avaient quitté Haïti sans prêter le serment de fidélité à la République.

Ses droits étant ainsi déterminés, la loi fit *remise entière* aux particuliers, de toutes les *rentes* qui lui étaient échues et dont les propriétés se trouvaient grevées, soit pour le passé, soit pour l'avenir. Elle réduisit au *tiers* de leur valeur, les *capitaux* également échus à l'État et pour lesquels les biens des particuliers étaient hypothéqués, à la charge par eux de payer ce tiers dans le délai de trois années, à partir du 1er janvier 1825. — Il était impossible d'agir plus équitablement et plus libéralement que ne faisait cette loi, quant à ce qui concernait les droits de la République. Ses dispositions n'ont pas besoin de commentaires.

---

[1] Don F.-F. de Castro possédait de grandes et nombreuses propriétés dans l'Est. Après le 10 juin, il arriva au Port-au-Prince et les réclama ; mais le gouvernement le déclara *forclos*, en vertu de cette proclamation. Il dut regretter de n'avoir pas été assez diligent. C'est le même personnage qui revint en 1830, en qualité de plénipotentiaire nommé par Ferdinand VII, chargé de réclamer la partie de l'Est pour la replacer sous la domination de l'Espagne : réclamation où il échoua également.

En statuant ensuite sur les propriétés *urbaines* des particuliers, leurs titres établissant leurs droits, la loi se borna à ordonner l'extinction des *majorats* et *chapellenies* dont elles étaient grevées, par attermoiement entre les parties. Mais à l'égard des propriétés *rurales* de ces particuliers, la loi contenait des dispositions qui lésaient leurs droits, parce que le gouvernement ignorait encore quelle était leur vraie nature ; et ce, à raison de la constitution de ces propriétés destinées à l'éducation des bestiaux, par la faiblesse numérique de la population de l'Est, depuis que la fondation des nouvelles colonies espagnoles, sur le continent de l'Amérique, eut fait déserter l'île d'Haïti.

A l'origine de l'établissement de celle-ci, le gouvernement d'Espagne avait « concédé en toute propriété » des terres aux officiers de tous rangs et à des particuliers qui s'y fixèrent, pour eux et leurs descendans. On sait que les malheureux Aborigènes furent distribués aussi à ces conquérans, soit pour la fouille des mines d'or, soit pour la culture, et qu'ensuite, au moyen de la traite, les Indiens furent remplacés par les Noirs non moins infortunés. Plus tard, un tribunal spécial, connu sous le nom de *Juzgado de Realengos*, fut chargé de délivrer «des concessions de terre» ou d'en «vendre,» dans les parties de la colonie non occupées. Comme ces propriétés étaient très-étendues et qu'il n'y avait pas moyen de les arpenter, on leur donnait des *bornes* ou lignes de démarcation, à partir de tels ravins à tels autres, de telles rivières ou autres cours d'eau à telles autres, ou à des monticules, des montagnes, etc. D'ailleurs, l'arpentage exact de ces terrains, « concédés ou vendus, » devenait inutile, puisqu'il s'agissait, non de cultiver, mais d'y élever des bestiaux qui paissaient alors en commun dans les prairies ou savanes : aussi bien, les *propriétaires* étaient trop pauvres pour pouvoir supporter les frais qu'occasionneraient de semblables opérations dans ces terrains désignés par le nom de *amparos reales.*

Une autre cause de l'erreur où se trouvaient le gouvernement et le corps législatif qui croyaient, en faisant la loi du 8 juillet, que les habitans de l'Est n'étaient qu'*usufruitiers* de ces propriétés rurales, qu'ils ne jouissaient que d'un droit d'y établir des *hattos* pour l'éducation des bestiaux, c'est que, d'après la loi espagnole sur *les Indes,* en fondant un hameau, un village ou un bourg, on devait y affecter «une lieue de terrain» dans ses environs, lequel terrain était désigné sous le nom de *exidos* et ne pouvait être ni labouré ni planté, parce qu'il servait aux besoins communs de ses habitans et qu'il ne pouvait être occupé que par « les indigens non propriétaires, » sous la surveillance des autorités de ces lieux. Et puis, certaines propriétés rurales étaient grevées aussi de *majorats* ou de *chapellenies*; à cause de ces charges, d'après la loi espagnole, les propriétaires ne pouvaient les *aliéner* et n'en avaient réellement que la jouissance *usufruitière* : ils pouvaient seulement les donner à bail-à-ferme.

Mais quant aux autres, délivrées originairement en « concessions ou vendues » au nom du gouvernement d'Espagne, elles constituaient de véritables « propriétés incommutables. » L'établissement des hattes survenant pour élever des bestiaux, vu l'impossibilité de se livrer aux travaux de l'agriculture et d'arpenter ces immenses terrains, ainsi que nous venons de le dire, ils demeurèrent dans une *indivision* qu'indiquait cet état de choses, et les animaux circulaient librement dans les vastes prairies naturelles appelées savanes. En conséquence de cette indivision nécessaire, à la mort de l'un des propriétaires, sa succession

échéant par égale portion à ses enfans, s'il y en avait quatre, par exemple, ils convenaient entre eux d'*estimer* le
terrain indivis, — soit à la somme de 2,000 piastres, — et
chacun devenait, *fictivement*, propriétaire de 500 piastres,
avec la même faculté que possédait le père commun d'*aliéner* par vente ou autrement une portion quelconque du
terrain qui leur échéait, en lui donnant une valeur d'esti-
mation en piastres, mais pour rester toujours dans l'indivision réelle des terrains.

Les successions se subdivisant ensuite à l'infini, et les
propriétaires aliénant aussi des portions de leur droit, il
s'ensuivit des abus qui portèrent l'autorité publique à décider : — « que nul individu ne pourrait jouir du droit de
» fonder *une hatte, une maison* ou *une clôture*, pour y cul-
» tiver des vivres, sans posséder au moins un titre de ter-
» rain de la valeur de 100 piastres ; et nul ne pouvait non
» plus établir sa demeure dans le lieu où les animaux pais-
» saient en commun, ni dans les endroits où ils étaient
« forcés de passer pour aller se désaltérer dans les cours
» d'eau. Et alors, si un individu voulait se défaire de sa
» propriété, il devait donner la préférence, sur un étran-
» ger, à ses copropriétaires ou à ses voisins immédiats :
» ces derniers avaient neuf jours pour réclamer, à leur
» profit, la nullité de la vente à un étranger de la localité,
» en consignant la somme stipulée au contrat : ce qui s'ap-
» pelait *derecho de tanteo*. »

Ces explications étaient nécessaires pour comprendre la
nature des propriétés, en général, dans l'Est d'Haïti, et
comment la loi du 8 juillet dérogeait aux droits des propriétaires, possesseurs paisibles de ces terrains de temps
immémorial. Induit en erreur sur leur origine, le Président
d'Haïti proposa cette loi à la Chambre des représentans, qui

la vota, sans que les représentans de l'Est pussent ou voulussent éclairer ni la Chambre, ni le pouvoir exécutif, sur les dispositions que nous allons faire connaître [1].

Suivant l'article 5 de cette loi, les habitans de l'Est étant *supposés* n'avoir, la plupart, sur leurs propriétés, qu'un droit commun qu'ils exerçaient dans une étendue de terrain qui n'avait aucunes limites positives, mais dont les bornes étaient plus ou moins reculées et d'une manière indéterminée, selon le plus ou moins de valeur numéraire stipulée dans le titre constitutif; et attendu qu'il importait de faire cesser cet usage, le Président d'Haïti nommait des agents qui, se réunissant aux conseils de notables et aux juges de paix des communes, avaient concurremment la mission de vérifier les titres des possesseurs de droits territoriaux, afin de composer le rôle de chaque commune et d'y marquer la quotité de la somme qui formait la base du droit de chaque occupant, et la prisée exacte d'un carreau de terre dans les différents endroits, en ayant égard à la situation, à la nature et à la qualité du sol. — D'après ces rôles et ces évaluations, disait l'article 6 de la loi, le Président d'Haïti donnerait « en pleine propriété, » à ceux qui seraient reconnus possesseurs de droits territoriaux, la quantité de carreaux qui serait jugée suffisante pour les remplir de leurs droits; et il leur ferait expédier « de nouveaux titres, en retirant les anciens, » de sorte que, chaque habitant pourrait connaître l'étendue de son terrain, qu'il serait alors tenu de faire « arpenter et borner » à

---

1 Le projet de cette loi fut présenté le 23 juin à la Chambre, qui la vota le 30, à *l'unanimité*, suivant le *Bulletin des Lois*, sous la présidence de H. Dumesle ; aucun représentant de la partie de l'Est ne fit la moindre observation pour éclairer leurs collègues et même le pouvoir exécutif. Était-ce par ignorance des choses, ou par mauvaise intention, ou plutôt dans la crainte de déplaire au chef de l'Etat, qui montrait toujours un esprit très-fiscal ?

ses frais. — Et l'article 7 disait qu'au cas où des particuliers auraient aliéné la totalité de leurs droits primitifs et qu'ils occuperaient néanmoins un fonds établi en cultures utiles ou en hattes, la préférence leur serait accordée pour l'acquérir de l'État, soit en don national, soit à titre d'achat, selon que le Président d'Haïti le jugerait convenable. Ceux des particuliers qui auraient encore moins de cinq carreaux de terre seraient obligés d'en acquérir, ou d'autres individus ou de l'État, une quantité pour former au moins ces cinq carreaux, sinon ils seraient tenus de céder leurs terrains à d'autres propriétaires. — L'article 9 décida, ensuite, qu'à l'*avenir* il ne pourrait être établi de hattes de bêtes à cornes ou cavalines, que dans une étendue de 50 carreaux de terre au moins, ni de hattes de pourceaux ou menu bétail, que dans une étendue de 25 carreaux au moins. Les unes et les autres devaient être établies loin des terrains cultivés.

D'après ces dispositions, la loi du 8 juillet voulait établir une *uniformité* impossible, entre les propriétés *rurales* des départemens de l'Est, et celles des autres départemens de la République, où elles avaient été très-limitées, dès l'origine, parce que dans l'ancienne colonie française on se livrait aux travaux de l'agriculture, et qu'il était facile d'arpenter les terrains cultivés ou destinés à l'être, de donner des abornemens à tous les concessionnaires devenus propriétaires. Si cette loi avait pu être mise à exécution, le domaine de l'État eût été agrandi immensément dans l'Est; et ce résultat prévu contribua beaucoup, probablement, à la faire rendre. Mais, évidemment, elle aurait bouleversé de fond en comble le droit de propriété dans cette partie, et détruit la principale industrie de ses habitans clair-semés sur ce vaste territoire, c'est-à-dire, l'éducation des bestiaux:

industrie qui profitait tant aux habitans de l'autre partie de la République. Aussi, dès sa publication dans l'Est, cette loi fut l'objet de vives *réclamations* de la part des propriétaires, et pour mieux dire de toute la population. On remontra au Président, que c'était *violer* un droit consacré par des titres réels, une possession immémoriale, et qu'il était d'ailleurs impossible d'atteindre le but de la loi, que de vouloir contraindre de si pauvres citoyens à faire des frais d'arpentage pour limiter leurs champs, qui devaient rester en commun par rapport aux bestiaux qui y trouvaient leur pâture, lorsqu'ils pouvaient à peine clôturer un petit terrain auprès de leurs cabanes, pour y planter des vivres servant à leur propre nourriture.

Boyer prit ces réclamations en considération ; il craignit surtout d'exaspérer les nouveaux citoyens qu'il avait réunis à la République, deux années seulement avant cette mesure déraisonnable ; et il adressa une circulaire aux commandans d'arrondissement, pour faire *suspendre* l'exécution de la loi du 8 juillet, en ce qui concernait *les propriétés rurales* : car, quant à celles des villes, cette loi ne suggéra aucune réclamation [1]. La raison indiquait alors l'abrogation, dans une autre session législative, des dispositions dont s'agit ; mais les choses restèrent ainsi jusqu'en 1841, où le Président prescrivit de nouveau *l'exécution* rigoureuse de la loi. A cette époque, de nouvelles plaintes, formulées avec une convenance remarquable, de la part de citoyens éclairés de Santo-Domingo surtout, le portèrent encore à contremander ses ordres [2]. On raisonna si bien sur les questions soulevées

---

[1] Dans la même année 1824, la conspiration de Ximenès s'était organisée à Santo-Domingo : l'exécution de cette loi aurait infailliblement amené une prise d'armes générale.

[2] Je possède la copie de la pétition rédigée à Santo-Domingo, en 1841, et qui fut ap-

par cette loi, que Boyer demeura convaincu de son injustice et même de l'impossibilité de l'exécuter à l'égard des propriétés *rurales* : sous ce rapport, elle continua de rester à l'état de lettre morte.

Il n'en fut pas ainsi, quant à ses autres dispositions. Les onze religieuses, plus ou moins âgées, qui étaient cloîtrées dans les couvens de la Regina et de Santa-Clara, y restèrent sans pouvoir se recruter, de même qu'on l'avait résolu longtemps avant la réunion de l'Est ; et la mort vint successivement en diminuer le nombre jusqu'à extinction. La loi leur accorda une pension viagère annuelle de 240 gourdes, et elle fixa en même temps les émolumens de l'archevêque Pedro Valera à 3000 gourdes par an ; ceux du vicaire général du chapitre métropolitain de Santo-Domingo, à 1200 gourdes ; et ceux de chacun des chanoines existans (au nombre de quatre) à 600 gourdes. Le trésor public les payait de mois en mois, et à cette époque la monnaie nationale était au pair avec celle d'Espagne. Il n'y eut que l'archevêque seul qui ne voulut pas recevoir ses émolumens, parce qu'il était mécontent de la suppression des privilèges, des hypothèques et chapellenies revenant au clergé de la cathédrale et dont une foule de propriétés avaient été grevées [1].

Influencé par les conseils insidieux d'un vieillard nommé Moscossos, qui était le notaire de l'archevêché, l'archevêque Pedro Valera, d'un âge presque aussi avancé que le sien, s'était refusé, avons-nous dit, à exercer sa juridiction spirituelle

portée et remise au Président par Thomas Bobadilla, ex-commissaire du gouvernement près le tribunal civil de cette ville. Le sénateur J.-J. Delmonte, T. Bobadilla et d'autres personnes avaient contribué à la rédaction de cette pétition où j'ai puisé les explications que j'ai données ci-dessus.

[1] Anciennement, sous le gouvernement d'Espagne, l'archevêque de Santo-Domingo jouissait d'un traitement fixe de 10,000 piastres, les chanoines, de 2,000, etc., outre les hypothèques et chapellenies revenant à la cathédrale, dont ils profitaient. En France, après le concordat de 1802, les archevêques ne recevaient que 15,000 fr , ou 3,000 piastres.

dans la partie occidentale ; mais après d'instantes invitations de la part du Président, il avait consenti à ajouter à sa qualification de « Archevêque de Santo-Domingo, » celle « d'Haïti ». En conséquence, le 2 décembre 1823, il avait institué comme « vicaire général des départemens de l'Ouest » et du Sud, » l'abbé J. Salgado, curé du Port-au-Prince, avec injonction d'obtenir l'approbation préalable du Président de la République, pour exercer les fonctions à lui déléguées par le bref de sa nomination : ce qui eut lieu à la satisfaction de Boyer [1]. Les autres départemens ne furent point alors pourvus d'un semblable titulaire.

Le 22 janvier 1824, le secrétaire général Inginac, autorisé par le Président, adressa une dépêche au révérend M. Poynter, vicaire apostolique du Saint-Siége, à Londres, dans le but de le porter à faire savoir au Saint-Père, le Pape Léon XII régnant à cette époque, le vif désir que le Président de la République éprouvait, de voir fleurir en Haïti la religion catholique, apostolique et romaine que professaient les Haïtiens, en grande majorité. Cette dépêche informait en même temps le Saint-Père, des scrupules que l'archevêque Pedro Valera avait montrés pour étendre sa juridiction sur toute l'île, bien qu'il venait de le faire envers l'Ouest et le Sud : c'était provoquer par cette voie détournée, un acte du Saint-Siége à l'effet de persuader l'archevêque.

L'espoir du Président fut justifié par le succès de cette démarche : le 24 juillet suivant, le cardinal Jules M. de Somaglio, pro-préfet de la Propagande, lui adressa une dépêche qui l'informa : que le Saint-Père avait pris en considération l'exposé de la situation des affaires religieuses dans la République, l'ardent et pieux désir qu'il

---

[1] Ce bref fut publié dans le *Télégraphe* du 1er janvier 1824.

avait manifesté. « Sa Sainteté, disait-il, estime qu'il est
» indispensable, afin d'atteindre le but, que Monseigneur
» l'archevêque de Santo-Domingo se mette en correspon-
» dance avec le Saint-Siége, pour tout ce qui est relatif aux
» affaires spirituelles de la République et spécialement
» pour cette partie d'Haïti qui fut privée, pendant long-
» temps, de ministres légitimes du sanctuaire, et par con-
» séquent du secours le plus nécessaire de la religion.
» Sa Sainteté désire, sur cet intéressant sujet, d'être in-
» formée si le prélat de Santo-Domingo a, jusqu'à ce
» moment, rempli convenablement les devoirs que lui
» imposent ses fonctions..... Car, sachez que Sa Sainteté
» porte autant d'intérêt aux Haïtiens, qu'aux peuples de
» ses États et de son voisinage. En même temps que j'ai
» l'honneur de vous adresser cette lettre, j'en écris une
» aussi par l'ordre de Sa Sainteté, à Monseigneur l'arche-
» chevêque de Santo-Domingo, afin de lui faire connaître
» les dispositions dont est animé le suprême pasteur de la
» chaire apostolique, et aussi pour lui transmettre les pou-
» voirs que Sa Sainteté daigne lui accorder, par un acte
» de sa volonté. Ces pouvoirs devant subsister sous le bon
» plaisir du Saint-Siége, ont pour objet que Monseigneur
» l'archevêque de Santo-Domingo exerce la juridiction
» épiscopale sur tous les pays actuellement soumis à la
» République d'Haïti, dont Votre Excellence est le chef
» suprême... » Le cardinal Jules de Somaglio dit ensuite
au Président, que sans nul doute, il reconnaîtrait que l'archevêque Pedro Valera ne pouvait, *seul*, suffire à exercer
les fonctions pastorales sur le vaste territoire de la République d'Haïti ; qu'il présumait que ce prélat demanderait
des *coopérateurs* au Saint-Siége, et que le Président serait
disposé à accueillir avec bonté les ecclésiastiques qui pour-

raient se rendre dans la République, à leur accorder le libre exercice de leur ministère et aussi à pourvoir aux moyens nécessaires à leur subsistance [1].

Il est à remarquer tout d'abord, qu'à la première occasion qui s'était présentée où le gouvernement d'Haïti dut s'adresser à la cour de Rome, encore par l'intermédiaire d'un vicaire apostolique résidant à Londres, le gouvernement papal n'avait pas hésité à satisfaire à ses désirs et à reconnaître son existence politique, par les termes de la dépêche du pro-préfet de la Propagande, laquelle portait la suscription : « A Son Excellence Monsieur Boyer, Président de la République d'Haïti. » La cour de Rome fut donc le premier gouvernement, la première des puissances européennes, qui, par ce fait, prit *l'initiative* à cet égard, tandis qu'à la même époque, presque à la même date, comme on le saura bientôt, le gouvernement français refusait encore d'admettre l'indépendance et la souveraineté d'Haïti, comme un droit et un fait notoire. Nous faisons cette remarque, à l'honneur de la religion catholique dont le pape Léon XII était alors le souverain pasteur [2]. Par l'accueil qu'il fit à la démarche du Président de la République, il leva toutes les difficultés que mettait l'archevêque de Santo-Domingo, à étendre complétement sa juridiction spirituelle sur le territoire d'Haïti. Sans doute, le cardinal Somaglio avait quelque raison de dire au Président, que ce prélat, d'ailleurs âgé, ne pouvait suffire, seul, aux soins religieux des âmes dans toute la République. L'archevêché

---

1 La dépêché du cardinal J. de Somaglio fut publiée dans *le Télégraphe* du 17 octobre, et imprimée en brochure, à Santo-Domingo, dans les deux langues française et espagnole, pour être distribuée aux fidèles.

2 Le Saint-Père Léon XII agit mieux que n'avait fait Pie VII ; mais après lui, Grégoire XVI suivit les erremens de ce dernier et parut sous l'influence du gouvernement français, par rapport à Haïti.

de Santo-Domingo devenant le siége métropolitain pour elle, plusieurs évêchés suffragans auraient pu être institués, par exemple, au Port-au-Prince, aux Cayes et au Cap-Haï-tien, afin de compléter la hiérarchie ecclésiastique dans l'État : un concordat avec la cour de Rome eût pu régler les choses de la manière la plus convenable, pour favoriser par la suite la formation d'un clergé national se recrutant de jeunes prêtres haïtiens.

Nous ne pouvons dire quelle fut la réponse de Boyer, à l'ouverture que lui fit le pro-préfet de la Propagande; mais nous présumons que, dans le moment où la loi du 8 juillet venait d'accorder des émolumens au haut clergé de Santo-Domingo, que dans le temps où il fallait se pré-parer à payer une immense indemnité à la France, le Pré-sident aura pensé que la République ne pouvait se donner un tel état religieux, qui aurait nécessité des dépenses con-sidérables. Le seul résultat que produisit la dépêche ro-maine, fut de porter l'archevêque Pedro Valéra à instituer un vicaire général pour le département de l'Artibonite, en la personne de l'abbé Corréa y Cidron, un des chanoines de la cathédrale de Santo-Domingo, dont la résidence fut fixée à Saint-Marc, et un autre vicaire général pour le dépar-tement du Nord, en la personne de l'abbé Pichardo, déjà curé de la paroisse du Cap-Haïtien. De cette manière, la partie occidentale fut pourvue de trois vicaires généraux étendant les pouvoirs spirituels à eux délégués par l'arche-vêque, sur tous les autres pasteurs des paroisses desservies dans cette partie; et l'archevêque lui-même dirigeait ceux des paroisses des deux départemens de l'Est.

La loi du 8 juillet qui les concernait, la loi des patentes

annuellement votée, et un acte déchargeant le secrétaire d'État de la gestion des finances pendant l'année 1822[1], n'avaient pas seuls occupé la Chambre des communes dans sa session de trois mois. Elle avait reçu du Président d'Haïti divers projets de lois faisant suite au code civil, à partir de celle traitant « des contrats ou obligations conventionnelles en général, » jusqu'à celle concernant « la prescription, » qui est la dernière de ce code. Toutes ces lois furent votées et envoyées au Sénat, qui les vota également.

Le *Bulletin des lois* de cette année constate qu'il y eut des discussions à la chambre, entre les représentans, après plusieurs rapports de ses comités, et qu'à la séance du 5 mai, elle reçut du Président d'Haïti un message qui donnait des éclaircissemens motivant la suppression, dans le code haïtien, de la « rescision pour cause de lésion, » en cas de vente ; et ce, d'après des observations que lui avait faites la Chambre, par un message : elle accueillit les motifs du pouvoir exécutif.

Ainsi, « le régime parlementaire » établi par la constitution de 1816, s'entendait de cette manière, — par *messages* entre les pouvoirs qui concouraient à la confection des lois. Par la suite, on continua ce procédé ; ou bien, la Chambre et le Sénat lui-même envoyaient au Président d'Haïti, des *députations* chargées de proposer des rectifications ou

---

1 En 1822, il y eut 2,620,012 gourdes de *recettes*, et 2,728,49 gourdes de *dépenses*; partant un *déficit* de 108,137 gourdes qui fut comblé par une somme égale puisée dans celles provenant de l'ancien trésor de Christophe, lesquelles formaient une caisse particulière à la trésorerie générale : ce déficit fut occasionné par les événemens survenus dans cette année 1822. — L'*exportation* fut de 24,235,000 livres de *café*; 600,000 livres de *coton*; 464,000 livres de *cacao*; 200,000 livres de *sucre*; 589,000 livres de *tabac*; 7,471,000 livres de *campêche*; 2,622,000 pieds réduits de bois d'*acajou*, le tout en chiffres ronds : comme toujours, nous donnons ceux des principaux produits du pays.

amendemens aux projets de lois qu'il avait proposés et qui leur paraissaient en nécessiter.

C'était arranger les choses *en famille*[1]. Mais il survint une époque où la famille se divisa, malheureusement pour la mère commune ! et les plus jeunes parens ne voulurent plus de cette manière de procéder.

En attendant cette époque, alors éloignée, la Chambre des communes ayant terminé ses travaux législatifs, fit une « adresse au peuple » pour lui en rendre compte[2]. Cet acte parla de chacune des lois votées pour le code civil, et de celles sur les propriétés de l'Est et sur les patentes ; après quoi il dit :

« Dans l'exposé de nos travaux législatifs, vous trouverez
» de nouveaux et honorables témoignages de la sollicitude
» de ce chef justement vénéré, dont le génie embrasse à la
» fois tous les intérêts natiónaux. Vous ne sauriez vous re-
» fuser au respect qu'inspire ce code, fruit de ses médita-
» tions, et qui, préparé par vos législateurs, devra recevoir
» le cachet de la sagesse qui distingue le premier corps de
» l'État (le Sénat). Les devoirs que cette œuvre impose à
» chacun des membres de la grande famille haïtienne, doi-
» vent désormais consolider et embellir son existence. Rap-
» pelons-nous toujours, que le peuple le plus digne de la
» liberté, est celui qui se prosterne devant la loi, cette su-
» blime expression de la volonté générale. »

Cette adresse fut signée par H. Dumesle, président; J.-S. Hyppolite et J. Elie, secrétaires de la Chambre ; elle porte

---

1 Il est arrivé plus d'une fois que le Sénat provoqua de cette manière des amendemens aux lois déjà votées par la Chambre. Quand le Président d'Haïti les accueillait, il se chargeait de communiquer ces amendemens à la Chambre, par le président de ce corps qui, toujours, les admettait aussi ; et la loi était alors plus parfaite.

2 Cette adresse porte la date du 30 juin 1824, jour de la clôture des travaux de la Chambre.

évidemment le cachet du style de son président, que l'on remarque également dans plusieurs des rapports de ses comités, sur les dispositions les plus importantes du code civil.

Les éloges faits de Boyer, dans l'adresse de la Chambre, étaient sincères, et il en méritait pour s'être occupé, dès son avènement à la présidence, de faire préparer par une commission ce code qui était nécessaire au pays. Mais, quoique voté dans cette session, par le corps législatif d'accord avec le pouvoir exécutif, il contenait encore des imperfections qu'on allait faire disparaître dans la session de 1825. Nous ajournons donc ici quelques réflexions que nous aurons à faire sur le code civil, par rapport à d'autres lois édictées avant sa promulgation, depuis la déclaration de notre indépendance nationale.

Il est temps de relater ce que firent en France, pour la reconnaissance de ce droit souverain d'Haïti, les deux citoyens que Boyer y envoya munis de ses pouvoirs à cet effet.

CHAPITRE VI.

La mission haïtienne est attendue en France avec une vive impatience. — MM. Larose
et Rouanez y arrivent à la mi-juin : ils sont conduits à Saint-Germain-en-Laye, puis à
Strasbourg et enfin à Paris.—Leurs pleins-pouvoirs et leurs instructions délivrées par le
Président d'Haïti : réflexions sur ces dernières.—M. Esmangart est chargé de traiter avec
eux. — Phases de la négociation.—Le gouvernement français ne veut stipuler que pour
l'ancienne partie française de Saint-Domingue et prétend se réserver l'exercice de la souveraineté extérieure sur Haïti. — Les envoyés haïtiens refusent d'adhérer à ces deux clauses.
— Rupture de la négociation et retour des envoyés à Haïti. — Circulaire du Président
d'Haïti aux généraux commandans d'arrondissement sur cette infructueuse mission, et
leur recommandant de nouvelles mesures pour la défense du pays. — Conférences verbales de Boyer avec les sénateurs : son message au Sénat qui lui demande des avis sur les
mesures politiques à prendre.—Le Sénat lui répond de prendre celles qu'il jugera les plus
convenables dans la situation des choses. — Le Président d'Haïti proclame une déclaration, qui est suivie de la publication de toutes les pièces relatives aux négociations
préparées ou entamées, de 1821 à 1824. — Il convoque le corps législatif pour entrer en
session, en janvier 1825. — Il convoque les généraux de l'armée à la capitale afin de
conférer avec eux, et les renvoie pour célébrer la fête de l'indépendance nationale. —
Essai d'émigration en Haïti, des hommes libres de la race noire habitant les États-
Unis ; origine de cette mesure conçue depuis 1820 et ses phases : elle ne réussit qu'im-
parfaitement. — 1825. Ouverture de la session législative ; discours prononcé à cette
occasion ; justes éloges donnés par la Chambre des représentans, au gouvernement et à
l'administration de Boyer. — Élections de plusieurs sénateurs ; diverses lois rendues :
celle sur les douanes supprime le privilège accordé depuis 1814 à l'importation des produits britanniques. — Le code civil d'Haïti est soumis de nouveau à l'examen et au vote
du corps législatif. — Ce code est rendu exécutoire au 1er mai 1826, et le code de
procédure civile, également voté dans la session, au 1er septembre de la même année.
— Quelques réflexions sur certaines dispositions du code civil.

M. Laujon était reparti du Port-au-Prince dans les premiers jours de février, apportant à M. Esmangart la lettre
du Président, du 4 de ce mois, qui lui annonçait l'envoi
d'un négociateur en France, d'après les désirs incessans

du gouvernement français. Cet interprète des sentimens du préfet de la Manche parvint au Hâvre à la fin de mars, avec l'espoir que ce négociateur y arriverait immédiatement après lui, et il l'avait communiqué au préfet en allant le voir à Saint-Lô. Mais la vivacité française n'avait encore aucune idée de ce que peut la lenteur haïtienne; aussi, M. Laujon, animé d'une ardeur juvénile, malgré ses 70 ans, se désolait-il au Hâvre, où il était resté dans une vaine attente, en y voyant arriver successivement quatre navires sans le négociateur du Président d'Haïti. Son impatience et son étonnement se traduisirent dans une dizaine de lettres qu'il adressa au Président par divers autres navires partis de ce port pour Haïti. Il lui envoya la copie d'une missive qu'il reçut de M. Esmangart, datée de Paris le 4 mai, lequel le relevait du poste où il l'avait placé : ce préfet y exprimait son déplaisir de la défiance que Boyer semblait montrer en cette occasion, ce qui, disait-il, mécontentait et blessait le gouvernement français.

Passant de la préfecture de la Manche à celle du Bas-Rhin, M. Esmangart se rendait à Strasbourg, et il chargea le commissaire de marine du Hâvre de recevoir l'envoyé haïtien, s'il y arrivait, et de le faire accompagner à Saint-Germain-en-Laye, parce que le gouvernement du Roi voulait le soustraire, durant la négociation, aux influences qu'il redoutait de la part des libéraux de Paris, dont plusieurs avaient entretenu une correspondance avec Boyer. On se fondait, à cet égard, sur la faculté qu'avait eue le général J. Boyé de négocier dans tout autre pays que la France.

Mais, pendant qu'on y prenait d'avance ces précautions, *le Julius Thalès* voguait paisiblement avec MM. Larose et

Rouanez, et ce navire atteignit le Hâvre le 14 juin, après quarante-quatre jours de traversée. Ces deux citoyens, qualifiés simplement par le Président d'Haïti de *chargés de mission* près de « Sa Majesté Très-Chrétienne [1], » furent immédiatement conduits à Saint-Germain par le capitaine de port du Hâvre; ils y trouvèrent M. Laujon, nommé pour leur tenir compagnie.

Le 20 juin, M. le marquis de Clermont-Tonnerre, ministre de la marine et des colonies, leur écrivit « de se » rendre à Strasbourg, où ils trouveraient M. Esmangart, » *autorisé à recevoir leurs propositions.* » Arrivés là, ils firent observer à ce préfet, qu'étant si éloignés de Paris, la négociation dont ils étaient chargés serait exposée à des lenteurs inévitables.

Ces observations furent accueillies; mais le lieu des conférences fut fixé à Meaux avant de l'être à Paris même, où M. Esmangart et les envoyés haïtiens se rendirent enfin.

La lettre de *créance* ou les *pleins-pouvoirs* émanés du Président, le 28 avril, et remis aux citoyens Larose et Rouanez, disaient « qu'il avait jugé à propos de faire » des ouvertures officielles au Roi Très-Chrétien, à l'effet » d'obtenir de Sa Majesté *la reconnaissance, en forme au-* » *thentique,* de l'indépendance du peuple haïtien, et de » parvenir ensuite à la conclusion d'un *traité de com-* » *merce* entre la France et Haïti. »

Ils devaient se conformer aux *instructions* qui leur furent remises en même temps, et le Président d'Haïti promettait solennellement de ratifier et confirmer, d'exécuter

---

[1] Boyer a presque toujours évité de qualifier d'un titre quelconque les agents qu'il envoyait en France; aussi MM. Larose et Rouanez y furent-ils traités, tantôt de *Commissaires,* tantôt d'*Envoyés.*

et faire exécuter tout ce qu'ils auraient arrêté en vertu de leurs pouvoirs et de leurs instructions.

Ces *instructions* portaient d'abord, dans leur préambule :

« Le souvenir du passé a rendu le peuple haïtien om-
» brageux sur tout ce qui regarde son existence natio-
» nale ; et rien, désormais, n'est capable, je ne dis pas
» de détruire, mais d'ébranler même dans son esprit
» cette conviction intime, fruit d'une triste expérience,
» — qu'il ne peut y avoir de garantie pour la conserva-
» tion de ses droits civils et politiques, que dans une in-
» dépendance *absolue* de toute domination étrangère, de
» toute espèce de suzeraineté, même de tout protectorat
» d'une puissance quelconque, en un mot, que dans l'in-
» dépendance dont il jouit depuis vingt ans. »

Après avoir ainsi défini le but de l'envoi des plénipotentiaires en France, les *instructions* établissaient en
six articles, les conditions qui limitaient leurs pouvoirs ;
et le Président leur disait :

« 1° Le premier *acte* que vous devrez réclamer, avant
même de convenir des principaux points *du traité de paix
et de commerce*, sera une *ordonnance royale*, par laquelle
S. M. T. C. *reconnaîtra* que le peuple Haïtien *est libre et
indépendant*, et qu'elle *renonce*, dès ce moment et à toujours, tant pour elle que pour ses successeurs, à toutes
prétentions de la France de *dominer* sur l'île *d'Haïti*, appelée par les uns *Saint-Domingue*, et par les autres *Hispa-
niola*.

» Je dois vous prévenir *que cette forme de déclaration est
la seule* qui puisse dissiper tous les nuages de la méfiance
dans l'esprit d'un peuple qui a sans cesse présent à la
pensée le souvenir amer de ce qui lui en a coûté pour

s'être abandonné trop légèrement à sa crédulité. Au reste, le caractère du monarque français ne me permet pas de présumer la moindre *hésitation* de sa part *à accorder l'acte* dont il s'agit, et *sans lequel* le but proposé ne saurait être parfaitement atteint.

» 2° L'ordonnance royale une fois obtenue, vous serez autorisés à convenir, *qu'en témoignage de la satisfaction du Peuple Haïtien pour l'acte de philanthropie et de bienveillance* émané de S. M. T. C., il sera accordé par le gouvernement d'Haïti au gouvernement français, en forme *d'indemnité*, une somme de .... [1], laquelle sera comptée *en Haïti ou en France*, en cinq termes et payemens égaux, d'année en année, soit *en espèces métalliques* ayant cours de monnaie dans la République ou *à l'étranger*, soit *en denrées du pays*, aux agents préposés par le gouvernement français pour cette perception [2].

» Je ne saurais trop vous répéter que le sacrifice que fait la République en faveur de la France, *n'a d'autre but, d'autre fin*, que de *manifester*, d'une manière éclatante, *la satisfaction des Haïtiens d'avoir obtenu*, de S. M. T. C., *par un acte formel et légal, l'approbation et la confirmation de l'état de choses dans lequel des événemens extraordinaires les ont placés*, et dont ils sont en possession depuis un laps de temps *qui semble leur avoir acquis une prescription suffisante contre toute réclamation*. »

Ces deux premiers articles renfermaient, comme on voit, la question *politique et financière* à résoudre entre Haïti et

---

[1] Cette somme ne fut point mentionnée dans les instructions publiées en 1824 ; mais les plénipotentiaires haïtiens devaient proposer d'abord 80 millions de francs, et ne pas consentir au-delà de 100 millions.

[2] Le lecteur est prié de bien faire attention à cette offre de payement ainsi formulée, afin de s'expliquer ce qui arriva ensuite.

la France. Avant de les examiner, parlons de ceux qui concernaient la question *commerciale* et qui devaient lier les intérêts des deux États d'une manière permanente. Il y avait deux articles à ce sujet, et les deux derniers étaient relatifs à des accessoires moins importans.

Par le troisième article des instructions, les plénipotentiaires devaient convenir « que les bâtimens de commerce » français seraient admis dans les ports ouverts de la Ré- » publique, avec les mêmes égards que ceux des autres » nations, et que les marchandises ou productions de la » France ne seraient assujetties qu'aux droits d'importa- » tion que payaient ou que payeraient celles des autres » nations *les plus favorisées* en Haïti. »

Ce qui revenait à dire que les produits français ne paye-raient pas plus que ceux de la Grande-Bretagne, la seule puissance qui fût alors *favorisée* dans ses importations.

Par le quatrième article, les plénipotentiaires devaient obtenir, en réciprocité, « que les produits du sol d'Haïti, » importés en France, soit par bâtimens haïtiens, soit par » bâtimens français, ne payeraient d'autres ni de plus » grands droits que ceux payés pour les produits simi- » laires provenant *des colonies françaises.*

Alors il y aurait eu *réciprocité.*

Le cinquième article était relatif à la *neutralité* qu'Haïti voulait observer dans toute guerre entre la France et d'au-tres puissances maritimes; et qu'en ce cas, comme en tous autres, *les escadres et flottes* de guerre de la France n'au-raient pas la faculté *d'entrer* dans les ports d'Haïti, quoi-que *partiellement,* ses navires de guerre pourraient y être *admis* pour se rafrîchir, s'approvisionner ou se réparer [1].

---

[1] En cas de guerre de la France avec une autre puissance maritime, il pourrait arriver cependant que l'admission d'un de ses navires après combat, pour *se réparer* dans

Enfin, le sixième article avait rapport à l'établissement, en Haïti, d'un chargé d'affaires ou consul général français et d'agents commerciaux, pour veiller aux intérêts du com·merce de la France, de même qu'Haïti pourrait établir, à Paris, *un seul agent* chargé des instructions de son gouvernement, soit pour l'exécution du traité, soit pour entretenir la bonne intelligence entre les deux nations.

Ce qui frappe tout d'abord, dans les *instructions* données par Boyer aux citoyens Larose et Rouanez, ce qui étonna dans le temps les esprits éclairés en Haïti, et en France même encore davantage, c'est que le premier article de cet acte prescrivait l'obtention d'une « ordonnance royale » pour la reconnaissance de l'indépendance d'Haïti, comme donnant *plus de garantie* qu'un *traité* synallagmatique ; comme si le roi de France ne pourrait pas ensuite, *détruire*, *annuller* cette ordonnance par une nouvelle ordonnance, et remettre alors tout en question. Pour agir ainsi, il fallait que le Président ne réfléchît pas sérieusement sur la valeur *ordinaire* de tels actes qui étaient purement *réglementaires*, en exécution des lois, de même qu'en Haïti, les *arrêtés* du Président de la République ne pouvaient avoir la force *des lois* et étaient susceptibles d'être *abrogés*, à la volonté du Président, à cause même de leur nature réglementaire.

Cependant, Boyer avait sous les yeux le projet de traité proposé par le général J. Boyé à M. Esmangart, dont le premier article eût contenu toutes les garanties désirables à ce sujet ; il avait ou pouvait se procurer le traité conclu en 1783 entre la Grande-Bretagne et les Etats-Unis, par lequel « ces États furent reconnus *libres, indépendans et*

l'un des ports d'Haïti, serait considérée par son ennemi comme une violation de la neutralité que la République voulait garder entre elles, — à moins d'accorder la même faculté à tout navire de guerre de cette autre puissance dans une circonstance semblable.

» *souverains,* S. M. B. renonçant à toutes réclamations ou
» prétentions, tant pour Elle que pour ses successeurs, sur
» le gouvernement, la propriété et les droits qu'Elle pou-
» vait avoir sur le territoire des dits États[1]. » Ce traité
devint *une loi obligatoire* pour la Grande-Bretagne, comme
un semblable traité eût été *obligatoire* pour la France à
l'égard d'Haïti, quel que fût son gouvernement[2].

On est encore étonné de l'absence du mot de *souveraineté*
dans ces instructions du Président d'Haïti, attendu que la
diplomatie sait abuser souvent des termes contenus dans les
conventions entre les Etats, et qu'en pareil cas il faut tout
préciser, comme on le voit dans le traité de 1783 ci-dessus.
Ensuite, nous croyons bien que le roi de France ne pouvait
avoir « la moindre hésitation » à rendre une ordonnance
déclarative de notre indépendance, comme émanant de *sa
grâce,* puisque dès la mission de D. Lavaysse, en 1814,
nous avons fait remarquer que « cette forme » était déjà
dans sa pensée, pour *toutes concessions* qu'il voudrait faire
aux Haïtiens, en vertu de *son droit divin;* et que nous avons
encore dit, que cette pensée royale subsistait en 1821,
malgré l'opinion émise à ce sujet par M. Esmangart lui-
même .

Le deuxième article des instructions du Président suggère encore des remarques. On y voit qu'il faisait proposer
une *indemnité* « en témoignage de la *satisfaction* du peuple
» haïtien, pour l'acte de *philanthropie et de bienveillance*

---

1 Tel fut l'art. 1er de ce traité de 1783.

2 Ce qui a eu lieu, enfin, par l'un des traités du 12 février 1838.

3 Voyez tome 8 de cet ouvrage, page 82, et au présent tome, page 39. Les objections
faites par M. Esmangart au général J. Boyé, prouvent encore que le gouvernement de la
Restauration aurait cru *s'humilier* en *reconnaissant* notre indépendance. Peut-être fut-ce
ce motif qui porta Boyer à demander une ordonnance, laquelle aurait porté les clauses
énumérées dans ses instructions et non pas celle qu'on lui envoya en 1825. Dans tous les
cas, ce fut une faute de sa part.

» qui eût émané de Sa Majesté Très-Chrétienne. » Il lui répugnait apparemment de dire, ce qui était vrai cependant, ce qu'avait proposé Pétion à D. Lavaysse : — que cette *indemnité* était consentie en faveur *des anciens colons*, pour leurs *propriétés immobilières* confisquées par suite de leur expulsion d'Haïti. Car Haïti ne pouvait, ne devait pas donner « une indemnité pour un acte de philan- » thropie et de bienveillance; » cela n'avait aucun sens raisonnable. En outre, la reconnaissance de son indépendance souveraine, dérivait nécessairement *du droit naturel* des Haïtiens à conquérir leur liberté civile et politique, *droit* que la France elle-même avait déjà *reconnu et proclamé*, le 4 avril 1792 et le 4 février 1794, par ses décrets « sur l'égalité civile et politique et sur la liberté générale [1]. »

Parler de l'indemnité comme une sorte de *prix* de la reconnaissance de notre indépendance, tandis qu'elle n'était qu'une *clause accessoire* de cet acte, c'était presque méconnaître *les droits* que nous tenons de Dieu, en notre qualité d'hommes *égaux* à tous les blancs du monde [2].

Cette interprétation de la malheureuse pensée de Boyer devient encore plus juste, selon nous, quand on le voit dire ensuite que : « Ce *sacrifice* n'a d'autre but, d'autre fin, que » de manifester, d'une manière éclatante, la satisfaction » des Haïtiens *d'avoir obtenu* de S. M. T.-C., par un acte

---

[1] Que nous importait la loi réactionnaire du 30 mai 1802, qui rétablit la traite et l'esclavage ? La France avait reconnu que nous étions des hommes égaux à tous autres ; elle ne pouvait plus revenir sur cette déclaration de droits, que nous tenions de Dieu et non pas d'elle.

[2] Plusieurs années après l'acceptation de l'ordonnance de 1825 et jusqu'aux traités de 1838, j'ai entendu le président Boyer raisonner bien des fois sur la dette contractée envers la France, comme si elle était *le prix* de la reconnaissance de notre indépendance ; il m'a semblé qu'il tenait ce raisonnement, toujours dans l'espoir d'une réduction de la dette. La France pouvait la réduire, puisqu'elle stipula pour les colons et que l'ordonnance de 1825 avait fixé un chiffre supérieur à celui qui fut convenu en 1824, comme on le verra bientôt.

» formel et légal, *l'approbation et la confirmation* de l'état
» de choses (de l'indépendance nationale) dans lequel des
» événemens extraordinaires les ont placés, et dont ils sont
» en possession depuis un laps de temps *qui semble leur*
» *avoir acquis une prescription suffisante contre toute récla-*
» *mation.* » On ne reconnaît pas son esprit, ordinairement
si judicieux, dans de telles paroles écrites et signées de sa
main.

Que devenaient donc, à ses yeux, *les droits imprescrip-*
tibles que ses concitoyens avaient reçus de la nature? Le
1ᵉʳ janvier 1804, l'indépendance d'Haïti était aussi *légi-*
time, aussi *sacrée* qu'elle l'était en 1824, qu'elle le sera
dans la suite des siècles. Elle n'avait pas besoin de réclamer
en sa faveur « une prescription de temps » contre toutes
prétentions de la part de la France et de ses gouvernemens,
quels qu'ils fussent : exprimer un doute à ce sujet, par
l'emploi du verbe *sembler*, c'était sacrifier la gloire des
héros fondateurs de la patrie haïtienne.

Certainement, et nous l'avons déjà admis, le gouvernement français avait le droit, la *mission* de tout tenter pour
recouvrer l'ancien Saint-Domingue, par suite de son *devoir*
envers la France et *surtout* pour rétablir ses anciens colons
dans la possession de leurs biens immobiliers, de même
qu'il en avait été pour le gouvernement britannique par
rapport aux États-Unis. Cette situation lui créait des-*pré-*
tentions sur Haïti; mais ce n'était que des *prétentions* qui devaient tomber devant la puissance des droits de la nature,
reconnus et proclamés antérieurement par la France elle-
même, lesquels avaient donné aux Haïtiens *le droit* bien autrement supérieur *de résister à l'oppression* tentée par son
gouvernement de 1802, de faire *la conquête* de leur pays,
d'en *expulser* les anciens colons, de *confisquer* leurs pro-

priétés. Et du moment qu'Haïti offrait une *indemnité*, consentait à la payer, en faveur *de ces colons* et par respect pour *la propriété, les prétentions* du gouvernement français devaient encore s'arrêter en présence de cette *transaction*, qu'il eût pu certainement poser comme une *condition* de la reconnaissance de notre indépendance, si nous ne l'avions pas spontanément proposée nous-mêmes [1]. Mais cette *indemnité* ne pouvait jamais être *le prix* de la reconnaissance du *fait* résultant d'un *droit sacré* ; car les Haïtiens possédaient, en leur qualité *d'hommes libres, égaux* à tous les autres, *le droit* de se gouverner par eux-mêmes et de repousser *les prétentions* de la France et de ses gouvernemens à ce sujet [2].

Le 2e article des instructions de Boyer mérite une nouvelle observation, en ce qu'il fit offrir au gouvernement français, de payer l'indemnité à Haïti, en espèces métalliques ou en denrées du pays et en cinq termes égaux : il y avait *impossibilité* de remplir de semblables engagemens. Le Président lui-même reconnut, peu après, que par le 3e où il faisait offrir au gouvernement français, d'admettre les marchandises ou productions de la France sur le même pied que celles des nations les plus favorisées, il aurait *diminué* excessivement les revenus du fisc à *l'importation*, puisqu'alors les produits français eussent joui de la même faveur que celle accordée depuis 1814 aux produits de la Grande-Bretagne. Aussi, dans la session législative de 1825, il proposa la nouvelle loi sur les douanes qui fut rendue et qui

---

1 Voyez la lettre de Pétion à D. Lavaysse, du 27 novembre 1814, an tome 8 de cet ouvrage, pages 96 et 97.

2 En 1838, je fus présenté à M. Dupin aîné, alors président de la chambre des députés. Il m'exprima sa satisfaction personnelle de la conclusion des traités entre la France et Haïti, et il ajouta : « En payant une indemnité pour *les biens* des anciens colons, les » Haïtiens ont fait un acte de haute moralité ; mais ils auraient eu *tort* de payer quoi que » ce soit pour la reconnaissance de leur indépendance, parce qu'on ne doit pas marchander » *la liberté des peuples.* » — Que peut-on opposer à de si nobles paroles ?

supprima cette faveur, devenue intempestive et illusoire, puisque la Grande-Bretagne n'avait point voulu reconnaître l'indépendance d'Haïti, en même temps qu'elle le fit pour les autres nouveaux États de l'Amérique.

La négociation se poursuivant à Paris, dès les premiers jours de juillet, MM. Larose et Rouanez demandèrent, par écrit, qu'une ordonnance royale fût rendue, conformément aux termes de leurs instructions. M. Esmangart leur répondit, qu'il avait transmis cette demande au ministre de la marine, et qu'il ne doutait pas qu'elle aurait une réponse conforme à leurs désirs, — sauf à rédiger cette ordonnance selon les idées se rattachant au droit divin des Bourbons. Alors, les négociateurs haïtiens lui notifièrent les propositions qu'ils étaient chargés de faire, après l'obtention de cet acte de pleine puissance royale. Une nouvelle réponse du négociateur français, du 9 juillet, leur fit savoir qu'il allait prendre les ordres du ministre à ce sujet, afin d'entrer avec eux, dès le lendemain, en conférences verbales. Mais, trois jours après, il leur écrivit que les travaux des chambres législatives occupaient tellement le ministère tout entier, qu'il n'était pas possible d'y donner suite dans le moment. Enfin, les conférences verbales eurent lieu. M. Esmangart, au nom de son gouvernement, *accepta* les propositions de MM. Larose et Rouanez, en observant seulement que la somme de 80 millions de francs offerte pour l'indemnité, était au-dessous des prétentions de la France ; alors, d'un commun accord, elle fut portée à 100 millions [1]. Mais, à la rédaction du traité de paix et de commerce, M. Esmangart allégua que ce traité ne pouvait concerner que « l'ancienne partie française de Saint-Domingue, » le Roi de France ne

---

[1] Je tiens cette assertion de M. Larose lui-même.

pouvant stipuler pour le Roi d'Espagne, à qui il avait rétrocédé, en 1814, « la partie espagnole de l'île, » réunie à la
République d'Haïti depuis plus de deux ans. MM. Larose et
Rouanez repoussèrent cette distinction, que leurs instructions ne leur permettaient pas d'admettre, parce qu'il s'a-
gissait d'un traité à conclure « entre la République et la
France. » Le fait est, que le gouvernement français voulait
par là réserver le droit de l'Espagne, à faire aussi une réclamation par rapport à son ancienne colonie, et que la forme
de l'ordonnance que Louis XVIII eût rendue, était déjà arrêtée avec une prétention nouvelle qui devait entraîner la
rupture de la négociation.

La difficulté soulevée par M. Esmangart suffisait déjà
pour rompre cette négociation : il resta plusieurs jours sans
voir MM. Larose et Rouanez. Ces derniers lui écrivirent, les
28 et 30 juillet, pour lui dire : que si le gouvernement
français persistait dans la distinction qu'il voulait établir
dans le traité entre les deux parties de la République d'Haïti,
ils se verraient forcés de demander leurs passeports. Le 31,
M. Esmangart vint chez eux et leur proposa d'avoir une entrevue avec M. le marquis de Clermont-Tonnerre : ce qui
eut lieu dans la soirée. Ce ministre leur dit : qu'il les avait
fait inviter à cette entrevue pour leur *faire part* de l'ordonnance royale qui consacrait l'indépendance d'Haïti, « telle
qu'ils le désiraient; » mais dans laquelle le Roi de France
se réservait néanmoins l'exercice de la « souveraineté
extérieure » sur la République, et que cette clause de réserve était autant dans l'intérêt de la France que dans celui
d'Haïti, qu'elle pourrait alors *protéger* contre toute entreprise qu'une puissance étrangère voudrait former contre
elle [1].

---

[1] Dans un discours prononcé par M. de Villèle, le 9 mars 1826, à la séance de la cham-

Les négociateurs haïtiens refusèrent péremptoirement d'y adhérer, en disant au ministre français : que si Haïti avait pu conquérir son indépendance, elle saurait aussi la défendre contre n'importe quelle puissance qui viendrait l'attaquer, et d'autant mieux que son unité politique et territoriale la rendait aujourd'hui plus forte que jamais. M. de Clermont-Tonnerre essaya toutefois de les convaincre de la nécessité de cette clause, de même qu'à l'égard de la distinction établie entre les deux anciennes colonies de l'île. Mais les voyant persister à refuser d'adhérer à l'une et l'autre chose, il leur proposa que l'un d'eux allât à Haïti pour soumettre ces difficultés à Boyer : ce qui pourrait permettre la continuation de la négociation au retour de celui-là. Cette proposition fut encore déclinée par MM. Larose et Rouanez ; et alors le ministre ferma la conférence, en leur disant qu'il prendrait l'avis du conseil des ministres et qu'il leur communiquerait la décision qui serait prise. Le 3 août, ils reçurent de M. Esmangart une lettre qui leur faisait savoir que, d'après leur conférence avec le ministre de la marine, il était prouvé « qu'ils n'avaient pas de *pouvoirs suffi-* » *sans* pour accepter *les conditions* que le Roi de France » mettait dans le projet d'ordonnance dont ils avaient eu » connaissance, et qu'ainsi la négociation ne pouvait plus » être continuée. »

C'était leur offrir leurs *passeports,* comme Pétion l'avait fait envers MM. de Fontanges et Esmangart, par sa lettre

---

bre des députés, il a dit : « *On leur lut* (aux envoyés haïtiens) l'ordonnance royale *telle* » *qu'elle a paru depuis,* quant *à la forme,* moins étendue, quant *à la concession* d'indépen- » dance... » Mais, dans leur rapport au Président, du 5 octobre, les envoyés n'ont pas dit avoir entendu la *lecture* de cette ordonnance dont *la forme* les aurait choqués aussi bien que la réserve qu'on voulait y insérer ; elle n'était pas « telle qu'ils la désiraient » et que leur prescrivaient les instructions du Président : ces instructions voulaient « une *recon- naissance,* et non pas une *concession* de l'indépendance. » Si l'assertion de M. de Villèle était exacte, le rapport des envoyés eût fait nécessairement mention de cette particularité, du 2 novembre 1816. En effet, les envoyés d'Haïti partirent de Paris pour le Hâvre, où ils s'embarquèrent le 15 août : le 4 octobre, ils arrivèrent au Port-au-Prince.

Leur conduite ne pouvait qu'obtenir l'approbation de Boyer, car ils s'étaient conformés à ses instructions. Cette mission infructueuse ayant eu l'assentiment du Sénat et des principales autorités de la République, le Président se devait à lui-même, à eux et à la nation, de les informer immédiatement du résultat qu'elle avait eu. Dès le 6 octobre, il adressa aux généraux commandant les arrondissemens une circulaire dans ce but, et qui, en leur faisant connaître les prétentions du gouvernement français, d'exercer sur Haïti un droit de souveraineté, leur prescrivait de nouveau les dispositions de sa proclamation du 6 janvier précédent et les instructions particulières qui ont suivi cet acte : de se préparer plus que jamais à résister sur tous les points à toute tentative de la part de la France. Mais, en même temps, le Président recommandait à ces généraux d'assurer tranquillité et sûreté aux *étrangers* qui se trouvaient dans la République, de couvrir leurs personnes et leurs propriétés de toute la protection possible. « Guerre à mort, leur dit-il, aux » implacables ennemis qui porteraient un pied sacrilége » sur notre territoire ; mais ne souillons jamais notre cause » par aucune action déshonorante. »

Les gouvernemens des pays les plus anciennement civilisés n'auraient pu tracer à leurs agents des instructions plus en harmonie avec les principes du droit des gens : aussi, aucun Français n'eut à se plaindre dans ces circonstances ; car ceux qui étaient alors en Haïti se trouvaient plus exposés que tous autres étrangers au mécontentement du peuple.

Pendant que Boyer écrivait à ces généraux, le même jour

il invita les sénateurs présens à la capitale ou dans ses environs de venir au palais de la présidence, le 8 octobre dans la matinée, afin de conférer avec lui sur un objet qui importait à l'intérêt national. Nous ne pouvons dire ce qui fut traité dans cette séance à huis-clos ; mais il paraîtrait que les opinions émises individuellement par les sénateurs, pour ainsi dire en famille, ne semblèrent pas satisfaire le Président. Alors, il prit la voie constitutionnelle en adressant au Sénat le message suivant :

« Au Sénat.

» Pour satisfaire au besoin de mon cœur et continuer à mettre à profit les lumières des membres du premier corps de l'État, je vous adresse ce message, citoyens sénateurs, à l'effet d'avoir votre opinion *motivée* sur ce que, d'après le non-succès de la mission dont étaient chargés les citoyens Larose et Rouanez, il serait convenable d'adopter, eu égard à la France, et même relativement aux autres puissances qui, jusqu'à ce jour, persistent dans leur refus de reconnaître l'indépendance de la République.

» Vous avez été informés avec soin des ouvertures récidivées que des agents du gouvernement français m'avaient faites pour conclure un traité dont cette reconnaissance devait être la base ; par les communications franches que je vous ai données de toutes les pièces relatives à cette négociation, vous devez avoir acquis une nouvelle preuve de ma franchise, comme je crois avoir *le droit*, en retour, d'obtenir de votre part, le témoignage d'une réciproque sincérité. Ainsi, je réclame de votre patriotisme, en vertu de l'article 121 de la constitution, de méditer sérieusement sur le grand objet dont s'agit, et de me faire connaître par votre réponse, le résultat de votre expérience et de vos lumières.

« Vous connaissez trop vos obligations, pour ne pas répondre comme il convient à mon appel, et ne pas me dire votre pensée *tout entière*. Si, dans la société, il se rencontre parfois des âmes pusillanimes ou exaltées, manifestant (souvent contre le cri de leur conscience) des principes et des vues condamnées par la raison, qu'il m'est agréable de pouvoir me persuader du concours efficace du Sénat, dans tout ce qui tend à perpétuer la félicité et la gloire d'Haïti !

» J'ai l'honneur de vous saluer avec une haute considération.

» Signé : BOYER. »

Port-au-Prince, le 14 octobre 1824 [1].

Ce message était évidemment une mise en demeure, pour le Sénat, de se prononcer sur les difficultés de la situation. Mais les pères conscrits, dont la réponse est également sous nos yeux, ne furent pas plus *explicites* sur les mesures à prendre : ils ne répondirent que le 22 octobre au Président, et d'une manière à peu près évasive. Depuis le chef de l'État jusqu'au dernier citoyen, chacun croyait tellement, dès les premiers jours de l'année 1824, à une guerre avec la France, qu'en voyant échouer la mission de MM. Larose et Rouanez comme celle qui avait été confiée au général J. Boyé l'année précédente, on s'attacha davantage à cette pensée ; et les membres du Sénat, appelés à conseiller le Président d'Haïti dans une si grave conjoncture, semblaient décliner l'honneur de lui dire résolûment, de prendre des mesures qui pourraient blesser la dignité de la France, pour ne pas assumer la responsabilité de la guerre et de toutes ses conséquences.

---

[1] Ce document est tout entier de la main de Boyer, et fait partie des archives seprètes du Sénat.

En effet, le message du Sénat débuta par dire à Boyer :
que si ce corps ne considérait que les éminens services
qu'il avait déjà rendus à la République, il se bornerait à
cette simple réponse : « Citoyen Président, vos principes
» civils et politiques ne laissent rien à désirer ; ayant cons-
» tamment bien mérité de la patrie, agissez selon que votre
» sagesse vous le dictera ; et quoi qu'il puisse en arriver,
» soyez assuré de l'approbation générale, parce qu'il n'est
» aucun Haïtien qui ne soit pénétré que toutes vos actions
» auront pour base votre propre dignité et l'honneur natio-
» nal. » Arrivaient ensuite les *mais*, les *si*, dans lesquels le
Sénat enveloppa ses pensées. Tantôt, selon ce corps, il
fallait *rompre* tous rapports commerciaux avec la France ;
tantôt il fallait *publier* les documens relatifs aux diverses
négociations qui avaient été suivies depuis celle de 1816,
tout en persistant dans l'exposé de dispositions *pacifiques*
et suspendant en fait, toutes mesures vigoureuses, et faisant toujours respecter la personne et les propriétés des
Français présens sur le territoire haïtien. Enfin, après avoir
rappelé au Président d'Haïti, que l'art. 155 de la constitution lui réservait le droit de faire tous traités de paix, de
déclarer la guerre aux puissances étrangères, moyennant la
sanction de tels actes par le Sénat, ce corps finit par lui
dire : que le Président étant plus en mesure de bien connaître
la situation du pays, « il l'invitait à considérer comme *non-
avenu*, tout ce que contenait son message actuel, parce
qu'il se reposait avec confiance sur sa prudence. »

Dix-huit sénateurs signèrent ce message, sur 24 dont le
Sénat se composait ; c'étaient : MM. N. Viallet, président ;
Pitre, secrétaire, Latortue, Bayard, Gaulard, Rigolet, Hi-
laire, Filliatre, Daguille, Hogu, Degand, Dupuche, Larose,
Gayot, J. Thézan, Caneaux, Birot et Lerebours. On ne doit

pas imputer à l'âge avancé ni à la carrière civile de la plupart d'entre eux, cette réponse ainsi faite. Le patriotisme ne leur faisait pas défaut non plus, et ce sentiment y contribua peut-être davantage : lorsqu'il est sincère et éclairé, il porte le citoyen à réfléchir beaucoup avant d'émettre un avis ou un vote d'où peut sortir la guerre entre son pays et une puissance étrangère, parce que la guerre, quelque heureuse qu'elle soit, est toujours accompagnée de résultats désastreux. D'ailleurs, dans l'état actuel des négociations d'Haïti avec la France, il n'y avait pas lieu de *désespérer* de les mener à bonne fin. Si des commissaires français avaient été antérieurement traités avec égards par notre gouvernement, nos plénipotentiaires avaient été bien accueillis par le gouvernement de France. Celui-ci leur avait fait savoir à quelles conditions l'indépendance haïtienne pouvait être admise comme un fait; mais ils lui avaient répondu, à Paris même, qu'ils ne pouvaient y consentir, et que la nation ne reviendrait jamais sur sa résolution du 1$_{er}$ janvier 1804, prise à l'égard de la France et même de toutes autres puissances du monde.

Il n'y avait, dans l'actualité, qu'une chose à faire, que le Sénat indiquait au Président dans un passage de sa réponse, et à laquelle le Président avait déjà pensé : c'était de livrer à la *publicité*, tous les documens relatifs aux négociations suivies depuis 1821 entre Boyer et les agents du gouvernement français, ou qui n'étaient qu'une correspondance pour en préparer. C'est à cela que le Président s'arrêta. Sa déclaration qui précède ces pièces est du 18 octobre, quatre jours avant la date de la réponse que lui fit le Sénat; mais ces pièces ne furent imprimées qu'après. En suivant les erremens tracés par Pétion, Boyer satisfaisait à la juste curiosité des Haïtiens, intéressés à savoir comment leur premier magistrat avait mené ces négociations. Le gouvernement français ne pouvait s'étonner de ce procédé qu'on avait suivi deux fois déjà, et il est permis de croire que cette dernière publication contribua à la résolution qu'il prit, enfin, quelques mois après, sur la question de l'indépendance d'Haïti. Après avoir relaté succintement les faits relatifs aux négociations suivies entre les deux gouvernemens, de 1814 à 1824 inclusivement, la déclaration du Président se terminait ainsi :

« Je viens d'exposer les faits : je les livre au tribunal de
» l'opinion. Haïti sera à même de juger si son premier ma-
» gistrat a justifié la confiance qu'elle a placée en lui, et le
» monde, de quel côté fut la bonne foi. Je me bornerai à
» déclarer que les Haïtiens ne dévieront jamais de leur glo-
» rieuse résolution. Ils attendront avec fermeté l'issue des
» événemens. Et si jamais ils se trouvaient dans l'obligation
» de repousser encore une injuste agression, l'univers sera
» de nouveau témoin de leur enthousiasme et de leur éner-
» gie à défendre l'indépendance nationale [1]. »

Après cette publication et celle d'une proclamation, du 29 novembre, qui hâtait l'ouverture de la session législative au 10 janvier 1825, Boyer adressa aux commandans d'arrondissement, une nouvelle circulaire concernant la plantation d'une grande quantité de vivres dans toutes les communes, par des corvées de troupes; il convoqua à la capitale, dans le mois de décembre, tous ces généraux de l'armée afin de conférer avec eux sur l'issue des négocia-

---

[1] Peu de semaines avant la déclaration du Président d'Haïti et la publicité donnée aux pièces des négociations, le docteur Pescay avait publié au Port-au-Prince, des notes marginales en réfutation de l'écrit d'un ancien colon de Saint-Domingue qu'il réimprima à cet effet. Cette réfutation est remarquable par le style de son auteur, par la vigueur de sa logique et le patriotisme dont il fit preuve : elle contribua beaucoup à exalter l'esprit public à cette époque.

tions avec la France et sur l'éventualité qui pouvait s'en suivre [1]. Ils retournèrent immédiatement après à leurs commandemens respectifs, pour solenniser avec pompe la fête de l'indépendance; et sous l'inspiration des idées et des sentimens que cette fête réveilla dans toutes les âmes, une nouvelle résolution fut prise de combattre jusqu'à extinction, s'il le fallait, pour maintenir l'existence politique de la nation.

Malgré cette attitude belliqueuse du pays durant toute l'année 1824, le gouvernement, qui l'avait provoquée par des actes, n'agissait pas moins comme si sa sécurité ne dut point être troublée par une agression étrangère. Il entreprit de faciliter l'immigration, dans toute l'étendue du territoire de la République, d'une population à laquelle les Haïtiens devaient s'intéresser, à cause de l'état de dégradation où elle végétait dans son pays natal et du sang africain qui coule dans ses veines : nous voulons parler des noirs et mulâtres libres habitant les États du Nord de la confédération américaine.

On sait que vers 1819, quelques vrais philanthropes de ce pays, affligés de l'humiliation dont les préjugés accablent ces hommes, même dans les États du Nord où l'esclavage a été aboli, conçurent l'idée de leur chercher un lieu de refuge qui deviendrait leur patrie, dans laquelle ils pourraient jouir de tous leurs droits naturels et civils, et

---

[1] Il paraît qu'ayant convoqué, en octobre, les sénateurs à venir conférer avec lui, Boyer reconnut l'inconvénient de la construction du palais du présidence, où ne se trouvait pas une seule salle pour discuter et délibérer à huis-clos sur des affaires publiques importantes; dès lors, il fit construire dans le jardin du palais, un pavillon léger, en bois, dont l'isolement permettait de semblables réunions. C'est là que le Président réunit tous les généraux mandés à la capitale. Cette espèce de mystère dans leurs délibérations prêta beaucoup à des inductions fort erronées.

que la côte d'Afrique parut à ces philanthropes ce qui était le plus convenable à leur projet : de là le choix fait du lieu désigné depuis sous le nom de *Libéria,* situé dans la Guinée septentrionale, sur la Côte-des-Dents, à l'est du cap Mesurado et à 6° 15' lattitude Nord. Mais, si un sentiment de commisération inspira cette pensée, pour soustraire les noirs et mulâtres libres des États-Unis aux vexations des blancs, l'égoïsme américain ne tarda pas à la saisir aussi avec plus d'ardeur et en manifestant pour ses victimes les plus odieux instincts ; car, tandis que les philanthropes ne songeaient qu'à employer *la persuasion* auprès de ces infortunés pour les déterminer à adopter ce plan, les partisans de l'esclavage et des préjugés ne voulaient user que de *la violence* pour les contraindre à sortir de leur pays natal. Les journaux des Etats-Unis retentirent alors de publications en sens contraire, selon les idées et les sentimens de leurs auteurs ; des sociétés se formèrent dans chaque grande ville d'où les émigrans pourraient partir pour se rendre en Afrique.

La connaissance acquise en Haïti de toutes ces choses, émut profondément un jeune homme qui habitait le Port-au-Prince depuis 1818, — M. *Silvain Simonisse,* — dont les sympathies étaient fort naturelles pour les malheureux qu'on voulait éloigner ou expulser des États-Unis. Mulâtre, né dans la Caroline du Sud, d'un père blanc qui avait des sentimens libéraux, il avait été envoyé dans son bas-âge, ainsi que ses deux frères, en Angleterre où il reçut une bonne éducation. De retour dans son pays natal, à vingt ans, l'instruction qu'il avait reçue en Europe s'opposait à ce qu'il y endurât les vexations auxquelles les hommes libres de sa classe sont assujettis, et il avait pris la résolution de venir se fixer à Haïti, de l'adopter pour sa patrie en vertu de la constitution républicaine qui assurait les droits civiques à tout descendant de la race africaine [1]. Indigné des injustices des Américains envers nos semblables, il fit un appel aux Haïtiens et particulièrement au secrétaire général Inginac et à tous les citoyens notables de la capitale, dans le but d'y former une société dont la mission serait de faire émigrer à Haïti les noirs et mulâtres libres qu'on voulait transporter sur les côtes insalubres et sauvages de l'Afrique.

Sa proposition ne pouvait être que bien accueillie, car elle était fondée sur diverses considérations aussi importantes pour Haïti que pour la population qu'elle eût attirée dans son sein. En conséquence, une réunion de citoyens, présidée par le général Inginac, signa, le 11 juin 1820, un règlement en 22 articles qui constitua une société sous le titre de : « Société philanthropique de la République d'Haïti ; » tout Haïtien pouvait en être membre. Elle forma un conseil principal d'administration, au Port-au-Prince, et chaque port ouvert de la République devait avoir aussi un conseil particulier. La cotisation des membres de la société devait former une caisse dont les fonds serviraient aux dépenses générales, pour faciliter l'immigration en Haïti des hommes dont s'agit, principalement ceux qui étaient ou *agriculteurs* ou *artisans*. La société eût envoyé des *agents* à cet effet aux États-Unis, pour prendre avec eux « des engagemens par écrit, » tant dans leur intérêt que dans celui des membres de la société qui voudraient les employer, en payant leur passage et celui de leurs familles, en fournissant à leurs besoins dans les premiers temps de leur arrivée et jusqu'à ce qu'ils pussent y subvenir par leur

---

[1] Les deux frères de M. Simonisse vinrent, comme lui, à Haïti : l'aîné n'y passa que fort peu de temps, le plus jeune se fixa à Jacmel.

travail. Le règlement statuait d'ailleurs sur toutes les questions qui surgissaient d'une telle entreprise. Mais, malheureusement, les deux événemens désastreux que subit la capitale, peu après la formation de la société philanthropique, — l'incendie du 15 août et l'ouragan du 28 septembre, — la réunion de l'Artibonite et du Nord qui survint ensuite, et d'autres circonstances accessoires, tout contribua à faire évanouir le projet si désiré alors [1]. Il y eut cependant quelques émigrans venus des Etats-Unis, à leurs propres frais, et sur la certitude qu'ils acquirent d'être accueillis comme citoyens d'Haïti par le gouvernement; ceux-là en attirèrent d'autres, en trop petit nombre il est vrai. Mais enfin, il en vint assez pour que le président Boyer donnât son attention aux mesures qu'il prescrivit par une circulaire aux commandans d'arrondissement, en date du 24 décembre 1823; il leur ordonna de placer les immigrans sur des terrains du domaine public, soit dans les mornes, soit dans les plaines, afin qu'ils pussent les cultiver à leur profit et en devenir propriétaires, par dons nationaux délivrés par le gouvernement.

Dans l'intervalle, l'essai de colonisation avait eu lieu à *Liberia;* et les choses étaient en cet état, quand, le 4 mars 1824, M. Lowring D. Dewey, agent d'une société établie à New-York, adressa une lettre au Président où il disait : « Je sais que vous avez fait en faveur des malheureux noirs » et mulâtres des offres d'une nature bienveillante, et » même des informations récentes d'un de nos émigrés qui

---

[1] Le 3 janvier 1823, le général Inginac et quelques autres citoyens se réunirent pour proposer de nouveau à ceux de la capitale, la réorganisation de la société philanthropique de 1820; mais cette proposition n'eut pas de suite. Néanmoins, le zèle d'Inginac le porta à suivre une correspondance avec quelques philanthropes des États-Unis, afin de provoquer l'immigration en Haïti.

» se trouvent chez vous, prouvent que vous leur donnez de
» puissans motifs pour venir habiter en votre île. Malgré
» cela, j'ignore encore beaucoup de choses qui sont néces-
» saires à savoir, avant que leur émigration puisse être
» aidée par la société de colonisation. »

Et il posa huit questions au Président, auxquelles il le
pria de répondre. — « Si le gouvernement haïtien voudrait
» payer une partie des dépenses, donner aux émigrans des
» terres à cultiver et les aider dans leurs premiers établis-
» semens? A quel nombre d'émigrans il ferait de tels avan-
» tages? Quels encouragemens il donnerait à ceux qui
» viendraient en qualité de mécaniciens ou de commerçans?
» Le gouvernement admettrait-il les émigrans, en quelque
» nombre qu'ils vinssent, et leur permettrait-il de s'établir
» les uns à côté des autres dans un même lieu, ainsi que le
» font souvent les émigrans d'Europe aux Etats-Unis? Jus-
» qu'à quel point s'étend la tolérance des différentes reli-
» gions? Quelles sont les lois relatives au mariage, et quel
» est l'état de la société à cet égard? Le gouvernement sou-
» tient-il les écoles? »

Enfin, pour dernière question, cet agent demandait « si
» le gouvernement permettrait à la société de colonisation
» de fonder *une colonie* dans l'île d'Haïti, laquelle aurait
» ses propres lois, ses tribunaux, sa législature, son gou-
» vernement particulier, mais formant un *Etat fédéré* avec
» la République d'Haïti, et dans quelle partie il pourrait
» se former et quelle étendue de territoire lui serait ac-
» cordée? »

M. Dewey ajouta que, « si la dernière question était
» résolue *affirmativement*, on ferait *bien vite* quelque en-
» treprise pour former une colonie sous l'influence du gou-
» vernement haïtien. »

Et il dit, des noirs et mulâtres libres dont il s'agissait :
» Ces personnes de couleur elles-mêmes doivent être fixées
» sur ce qu'elles ont à espérer; elles ont, vous le savez,
» leurs préjugés, leurs habitudes de la vie et celles de l'é-
» ducation; ne manquez pas de réfléchir sur tout cela.
» Quoique leur état ici soit des plus lamentables, encore
» elles sont parfaitement ignorantes, sans aucune instruc-
» tion; elles ne sont libres que *de mot*, et cependant elles ne
» sont pas *assez pénétrées* de l'horreur de leur situation
» pour chercher à en sortir. Il faut qu'on leur présente
» l'aspect de quelques avantages pour qu'elles se décident
» à changer leur état. Il y a beaucoup *de blancs* qui, vrai-
» ment, sont désespérés du malheureux sort de cette por-
» tion de nos semblables, qui gémissent de leur ignorance,
» et qui feraient avec plaisir tout ce qui pourrait leur
» garantir une meilleure condition; mais ils ont reconnu
» qu'on les a tellement dégradés, que l'opinion publique
» les a tellement accablés, qu'il est impossible de relever,
» en ce pays-ci, leur moral et de les y faire jouir de quel-
» que bien-être... Ces hommes bienveillans cherchent donc
» un asile pour les infortunés enfans de l'Afrique dans
» quelque autre pays, etc. »

Le 30 avril suivant Boyer répondit à cette lettre : « ....Dès
» que j'ai été informé de la détermination prise aux
» États-Unis, de transporter en Afrique nos malheureux
» frères pour les rendre, disait-on, à leur ciel natal, j'ai
» compris la politique qui avait suggéré cette mesure, et
» en même temps j'ai conçu une haute opinion des hommes
» généreux qui se disposaient à faire des sacrifices, dans
» l'espoir de préparer aux infortunés qui en étaient l'objet,
» un asile où ils pussent parvenir à se procurer une exis-
» tence supportable. Dès lors, par une sympathie bien

» naturelle, mon cœur et mes bras se sont ouverts pour
» accueillir dans cette terre de véritable liberté, des hom-
» mes sur lesquels la fatalité du destin s'appesantissait
» d'une manière si cruelle... Je me suis souvent demandé
» pourquoi Haïti, dont le ciel est si doux, et le gouverne-
» ment analogue à celui des Etats-Unis, n'était pas préférée
» pour leur lieu de refuge? Craignant que mes sentimens
» ne fussent mal interprétés, si je faisais les premières dé-
» marches, je me suis contenté de bien faire expliquer *à*
» *ceux d'entre eux qui étaient venus à Haïti*, tout ce que la
» constitution de la République a établi de garanties et de
» droits en leur faveur; *j'ai aidé à s'acquitter* ceux qui ne
» pouvaient se libérer du prix de leur passage; *j'ai donné*
» *des terres* à ceux qui voulaient se livrer à la culture; et
» par ma *circulaire*, en date du 24 décembre 1823, aux
» commandans d'arrondissement (de laquelle je vous en-
» voie un exemplaire), vous vous convaincrez que j'ai pré-
» paré aux fils de l'Afrique sortant des Etats-Unis, tout ce
» qui pouvait leur assurer une existence honnête en deve-
» nant citoyens de la République haïtienne. »

Et alors le Président donna une réponse satisfaisante
aux sept premières questions posées par M. Dewey, de manière à porter la société de colonisation à diriger les émigrans à Haïti. Quant à la huitième question, il lui dit:
« Cela ne peut pas être. Les lois de la République sont gé-
» nérales, et il ne saurait y avoir de lois particulières. Ceux
» qui viendront, étant des fils de l'Afrique, seront *Haï-*
» *tiens* du moment qu'ils auront mis le pied sur le sol
» d'Haïti; ils jouiront du bonheur, de la sécurité, de la
» tranquillité dont nous jouissons nous-mêmes, quelle que
» soit l'obstination de nos détracteurs à soutenir le con-
» traire. »

Enfin, le Président termina sa réponse en annonçant à M. Deway qu'il allait envoyer à New-York des fonds et un agent, lequel s'entendrait avec la société de colonisation pour favoriser l'émigration, en Haïti, des Africains qui désireraient y venir. Il ajouta cette considération, qui devait frapper l'esprit des citoyens des États-Unis : — « qu'en atti-
» rant cette population à Haïti, ce serait un moyen de mul-
» plier les relations entre les deux pays et d'augmenter le
» commerce entre les deux peuples. »

Le 25 mai, une nouvelle lettre de Boyer à M. Dewey fut confiée au citoyen J. Granville, substitut du commissaire du gouvernement au tribunal de cassation, nommé agent du Président pour se rendre aux États-Unis et procéder à l'émi- gration [1]. Le même jour, Boyer adressa, par le même agent, une autre lettre à M. Charles Collins, résidant à New-York, qui l'informait que le secrétaire d'État, Imbert, avait reçu ordre de lui envoyer une certaine quantité de café, qu'on le priait de vendre pour le compte du gouvernement : les fonds qui en proviendraient, et d'autres qui pourraient lui être expédiés, serviraient à payer les dépenses que né-- cessiteraient les opérations de l'émigration.

Le Président ajouta : « Depuis longtemps, Monsieur,
» vous consacrez vos veilles à chercher les moyens d'allé-
» ger les souffrances d'une portion du genre humain,
» contre laquelle la prévention et le préjugé agissent avec
» une impitoyable rigueur. Aussi, je ne doute pas que
» vous ne saisissiez l'occasion qui se présente de faire
» triompher les efforts de votre sollicitude et ceux de vos
» amis. Quelle douce joie, pour des cœurs comme les vô-

---

[1] A cette époque, Granville travaillait aussi à la secrétairerie générale du gouvernement en qualité de chef des bureaux de la guerre.

» tres, de voir ces rejetons de l'Afrique, si avilis aux États-
» Unis où ils végètent sans utilité pour eux-mêmes comme
» pour le sol qui les nourrit, une fois transplantés en Haïti,
» devenir des êtres non moins utiles qu'estimables, parce
» que la jouissance des droits civils et politiques, les enno-
» blissant à leurs propres yeux, ne peut manquer de les
» porter à s'attacher à des mœurs régulières, à acquérir
» des vertus sociales, et à se rendre dignes, par leur bonne
» conduite, de tous les bienfaits que répandra sur eux leur
» nouvelle patrie. Mais les émigrans ne recueilleront pas
» seuls le fruit de vos soins : les États-Unis eux-mêmes
» verront s'agrandir leur commerce avec Haïti, par les re-
» lations fréquentes que ces nouveaux Haïtiens devront na-
» turellement entretenir avec le pays qu'ils auront quitté... »

Le citoyen Granville reçut du Président des instructions
détaillées pour la mission dont il était chargé. En arrivant à
New-York, il devait s'aboucher avec MM. Dewey et Collins
et leur communiquer ses instructions, afin de trouver en
eux et leurs amis toute l'assistance convenable, après quoi
il donnerait la plus grande publicité à l'objet de sa mission,
pour déterminer les émigrans à se rendre à Haïti, en profitant du concours que leur offrait le gouvernement et leur
faisant connaître les avantages qui leur étaient offerts :
« 1° qu'ils jouiraient, en Haïti, de tous les droits civils et
» politiques ; 2° qu'ils auraient une entière liberté de con-
» science dans leurs pratiques religieuses ; qu'ils pour-
» raient obtenir des concessions de terres en pleine pro-
» priété, lorsqu'ils auraient établi lesdites terres : le tout,
» pourvu qu'ils s'engagent à être fidèles aux lois de la Ré-
» publique, dont ils deviendraient les enfans et les ci-
» toyens, et qu'ils n'entreprennent jamais rien de contraire
» à sa tranquillité et à sa prospérité. »

En offrant ces avantages aux émigrans, le président Boyer voulait néanmoins qu'ils comprissent parfaitement quelles seraient leurs obligations envers le pays qui les adoptait. Ainsi, son agent devait faire souscrire, de concert avec ceux des sociétés philanthropiques, par les chefs de famille ou autres émigrans réunissant douze personnes en état de travailler, « des engagemens par écrit et par-devant » une autorité civile des États-Unis, » de cultiver les terres que le gouvernement leur accorderait gratuitement. Il devait également faire souscrire de pareils engagemens aux émigrans qui, individuellement, auraient l'intention de se livrer à la culture des terres, soit en affermant des terrains déjà établis, soit en travaillant de société avec les propriétaires, « à la condition de renouveler ces engagemens écrits, » à leur arrivée à Haïti, par-devant le juge de paix de la » localité. » Le passage et la nourriture des émigrans de ces deux catégories seraient payés à leur arrivée par le gouvernement qui, en outre, assurerait leur subsistance durant quatre mois ensuite, temps jugé nécessaire pour qu'ils pussent se la procurer par leurs travaux agricoles [1].

Quant aux émigrans qui voudraient se rendre à Haïti pour y exercer une industrie mécanique ou commerciale, l'agent Granville devait leur assurer le payement de leur passage et de leur nourriture, mais à la condition « qu'ils » s'obligeraient aussi, par écrit et par-devant une autorité » civile des Etats-Unis, de *restituer* au gouvernement, *six* » *mois* après leur arrivée à Haïti, *les sommes* qui auraient été » avancées pour eux. » Pareilles conditions devaient être

---

[1] On peut reconnaître que le règlement de la société philanthropique, formée en 1820 au Port-au-Prince, avait servi de base aux conditions établies dans les instructions du Président d'Haïti, et cela ne doit pas étonner, puisque le secrétaire général Inginac présidait cette société éphémère.

imposées aux émigrans qui se destineraient à venir pour se rendre propriétaires par acquisition de terrains, ou pour être domestiques, ouvriers ou travailleurs quelconques, — et à ceux qui, étant éloignés des ports d'embarquement, recevraient des *avances* pour s'y rendre, à raison de six dollars par tête.

Les instructions présidentielles autorisaient l'agent Granville à faire quelques petites dépenses qu'elles n'auraient pu prévoir et dont la nécessité serait reconnue urgente; mais elles évaluaient à quatorze dollars par tête le prix du passage et de la nourriture pendant le voyage, pour les adultes et les hommes, et à sept dollars par chaque enfant, lesquelles dépenses seraient payées en Haïti à l'arrivée de chaque navire. L'agent avait la faculté d'affréter des navires, même de faire les approvisionnemens de chacun d'eux selon le nombre d'émigrans passagers; et, dans ces prévisions, il était autorisé à puiser aux mains de M. Collins, jusqu'à concurrence de six mille dollars ou gourdes, sur les fonds dont cet Américain serait détenteur pour la République : « de laquelle somme vous rendrez compte, à l'issue de » votre mission, avec pièces au soutien et en bonne » forme, » ajoutaient les instructions. Elles lui indiquèrent les ports d'Haïti où les émigrans devaient être dirigés et la quantité à y envoyer, pour être répartis dans les différens quartiers, en désignant l'espèce des cultures auxquelles ils pourraient être employés. Dans cette présente année 1824, on devait tâcher d'avoir 6,000 émigrans capables de travailler, pour ces divers lieux compris dans les six départemens de la République [1].

---

[1] Les premiers émigrans envoyés par Granville arrivèrent au Port-au-Prince, le 10 septembre.

En entrant dans tous les détails ci-dessus, nous avons voulu prouver avec quelle sollicitude fut accueillie, à Haïti, l'idée d'y faciliter l'immigration des descendans de l'Afrique, qui, réputés libres aux États-Unis, sont placés sous le joug des préjugés de race et de couleur, aussi barbares qu'absurdes ; et l'on peut reconnaître que les sentimens du président Boyer à ce sujet ne le cédaient en rien à ceux de Pétion, quand ce dernier accordait des secours à Bolivar sous la condition de l'affranchissement général de tous les esclaves de la Côte-Ferme. Mais on peut voir aussi qu'avec ses habitudes d'ordre et de régularité administrative, Boyer n'entendait pas livrer ces opérations au caprice des individus qui se présenteraient à son agent comme émigrans, encore moins à la spéculation mercantile des Américains, armateurs ou capitaines de navires, négocians, marchands ou autres. En se décidant à ordonner des dépenses à la charge du trésor public, il voulait qu'elles profitassent autant au pays qu'aux hommes qu'on désirait y attirer pour les rendre à leur dignité originelle.

Ces précautions étaient convenables ; mais pouvait-il obtenir parfaitement ce qu'il désirait ? Le Président confiait à Granville une mission fort étendue et emportant une grande responsabilité, et cet agent était seul, sans être accompagné même d'un secrétaire ; il devait s'aboucher avec toutes les sociétés de colonisation établies dans les différentes villes des États-Unis, leur communiquer ses instructions, prendre leurs avis et conseils et se faire assister pour bien remplir sa tâche.

Aussitôt son arrivée à New-York, les journaux de cette ville annoncèrent sa mission de manière à provoquer le départ des noirs et mulâtres qui voudraient émigrer à Haïti. Ces publications répétées dans les journaux des autres villes excitèrent les sociétés, à l'envi les unes des autres, à *débar-rasser* le sol américain et principalement ces villes, de toute cette population colorée qui y végète dans l'abjection des plus sales métiers, tandis que le but essentiel de l'émigration devait être d'envoyer à Haïti le plus d'*agriculteurs* possible et ensuite des *artisans* utiles.

Ne pouvant concentrer dans un seul port le départ des émigrans pour y veiller lui-même, Granville était bien forcé de s'en remettre au concours des agents des sociétés de colonisation qui lui firent leurs offres; de là l'impossibilité pour lui de contrôler l'envoi des émigrans et surtout *les dépenses* que ces expéditions occasionnaient aux Etats-Unis et devaient nécessiter aussi à Haïti.

Or, c'était la partie *la plus délicate* de sa mission, avec un chef du caractère de Boyer. Ensuite, dans l'empressement mis dans tous les ports des Etats du Nord de l'Union, à faire partir le plus d'émigrans possible, l'agent haïtien pouvait-il s'en reposer sur ses collaborateurs, pour faire souscrire par écrit, à chacun de ces hommes, un egagement par-devant une autorité civile, qu'ils devaient renouveler de la même manière à Haïti, surtout par ceux qui seraient tenus à *rembourser* à la République les sommes qu'elle aurait avancées pour leur passage et leur nourriture?

Dès qu'il débarqua à New-York, Granville se vit entouré dans les rues de la plèbe de couleur qui le suivait partout en lui adressant des *speeches*; ce qui l'obligeait à des allocutions continuelles. Il en fut de même dans les autres villes.

Les malveillans, parmi les Américains, se saisirent de ce que ces scènes présentaient de ridicule à leurs yeux; ils en firent des articles de journaux qui irritèrent l'agent haïtien par l'acrimonie que ces articles respiraient contre la race noire tout entière et Haïti en particulier. Il eut peut-être le tort d'y répondre, et de s'attirer par là des publications plus injurieuses.

Pendant ce temps, les navires américains arrivaient dans les ports d'Haïti, au Port-au-Prince principalement, chargés d'émigrans, hommes, femmes, vieillards, enfans, et de leurs misérables effets qu'ils n'avaient pas voulu abandonner en quittant les Etats-Unis. Rien n'était plus triste à voir que leurs vieux coffres, leurs vieilles malles, leurs haillons en laine, nécessaires pour le climat de leur lieu natal, mais inutiles pour celui d'Haïti.

C'était déjà un assez grand embarras que d'avoir à interner tous ces individus d'âge et de sexe différens, pour les placer dans les campagnes; mais quand il fallait aussi y transporter leurs chétifs effets, plus ou moins lourds, l'embarras était plus grand; en vain on leur disait de les délaisser.

Qu'on s'imagine ensuite l'impression produite sur l'esprit de ces infortunés, par la vue d'un pays nouveau si peu ressemblant à celui qu'ils venaient de quitter, d'une population dont ils ne comprenaient pas le langage, quoique de même couleur qu'eux, et sur la physionomie de laquelle ils apercevaient un sourire moqueur, excité par leur triste accoutrement, malgré toute la bienveillance qu'elle leur témoignait néanmoins!

La plupart des émigrans ayant été aux Etats-Unis, des *barbiers,* des *savetiers,* des *décrotteurs,* etc., n'entendaient pas fuir les villes d'Haïti pour se réfugier dans ses plaines, dans ses montagnes, et là se livrer aux nobles travaux de l'agriculture; aussi prirent-ils promptement en dégoût cette émigration qu'ils avaient agréée d'abord, et un grand nombre parmi eux aimèrent-ils mieux retourner aux Etats-Unis à leurs frais [1].

Ce n'est pas sans regret, sans peine, que des hommes se décident à abandonner leur lieu natal, sans espoir de retour, pour aller habiter un autre pays; il y a tant de choses agréables pour le cœur de l'homme, dans les jeux de son enfance, dans les plaisirs de sa jeunesse, dans ses relations de parenté et d'amitié, dont il ne saurait perdre le souvenir, et qui le rattachent au lieu où il a passé ses premières années !

Ces sentimens agissaient sans doute sur l'esprit et le cœur des émigrans; et si l'on examine ensuite que ces infortunés étaient privés d'instruction, qu'ils s'étaient habitués à vivre aux Etats-Unis dans la dégradation morale que leur infligeait le préjugé colonial, qu'ils ne parlaient pas le même langage que celui des Haïtiens, qu'ils avaient des cultes différens du catholicisme, qu'ils se voyaient obligés de contracter tout à coup d'autres habitudes, on ne sera pas étonné qu'il en soit resté si peu en Haïti.

---

[1] Le *Télégraphe* du 17 avril 1825 contient un avis du secrétaire général, en date du 12, par lequel le gouvernement fit savoir qu'à partir du 15 juin suivant, il ne payerait plus le passage ou la nourriture des émigrans. Il y est constaté que parmi eux il y en eut qui, trois jours après leur arrivée au Port-au-Prince, demandèrent la permission de s'embarquer pour retourner aux Etats-Unis; ceux-là étaient venus sans leurs effets : il fut évident que les capitaines de navires avaient trouvé le moyen de faire ainsi une spéculation.

Trois mois après cet avis, Boyer reçut une lettre de *M. David Minge*, habitant de Charles City County, dans l'Etat de Virginie, qui l'informait qu'il avait expédié un navire à Santo-Domingo, sur lequel il fit embarquer quatre-vingts esclaves qu'il possédait, afin qu'ils fussent libres sur la terre d'Haïti. Ce philanthrope les recommanda au Président comme de bons agriculteurs : « Que dois-je désirer davantage, dit-il, si ce n'est d'apprendre qu'ils ne sont plus les esclaves de David Minge, mais bien les sujets d'un gouvernement libre et les citoyens de la République heureuse et prospère d'Haïti ?... » Le général Inginac lui répondit, par ordre du Président, pour le remercier et le féliciter de cet acte vraiment chrétien, en le priant de permettre que la République lui remboursât les frais qu'il avait faits à cette occasion, et en fournissant des outils à ces hommes pour les travaux agricoles auxquels ils seraient employés.

Mais ceux qui eurent assez de volonté pour s'y fixer, se conduisirent en général comme des citoyens paisibles et laborieux, soit qu'ils se livrassent à la culture, ou soit qu'ils pratiquassent divers métiers ou un petit commerce dans les villes [1].

Et, ce qu'il y eut encore de très-fâcheux dans l'émigration avortée de cette population, c'est qu'elle introduisit en Haïti la *petite vérole* ou la *variole* qui parut sur les émigrans dans le cours du voyage, et qui se développa parmi les Haïtiens avec une effrayante rapidité; ces derniers n'étaient point préparés contre le fléau par l'usage de la vaccine; la plupart des autres en subirent l'effet par leurs habitudes de saleté, pour avoir vécu dans un pays où l'hiver dispense de bains salutaires.

De sorte que, en résumé, on peut dire que cette opération fit périr plus d'Haïtiens par le fléau, qu'elle n'introduisit d'émigrans utiles à Haïti.

Il n'en fallut pas davantage pour dégoûter le président Boyer et les principaux fonctionnaires, et les citoyens qui concouraient avec lui pour offrir un asile à cette population malheureuse qu'ils désiraient arracher au joug humiliant des Américains, surtout lorsqu'on voyait qu'une grande partie de ces infortunés aimaient encore mieux retourner se placer volontairement sous ce joug.

Ce résultat regrettable fit rappeler l'agent Granville des Etats-Unis. A son arrivée au Port-au-Prince, il reçut de graves reproches de la part du Président, qui ne s'était pas attendu à tous ces mécomptes [2].

---

1 C'est depuis cette immigration qu'avait paru au Port-au-Prince l'industrie des *chiffonniers* que, le premier, M. J. Ardouin provoqua des immigrans. D'autres s'établirent *porteurs et vendeurs d'eau* qu'ils puisaient aux fontaines, au grand avantage des citadins.

2 Granville, mécontent lui-même de la désapprobation du Président, donna sa démis-

Au fond, il n'y avait pas justice à lui imputer ce qui ne dépendait pas de lui, puisque, étant seul chargé de l'opération, il avait dû se faire assister de gens qui ne se pénétrèrent point de l'esprit de ses instructions, qui envoyèrent à Haïti la portion la plus dégradée des noirs et mulâtres libres des Etats de l'Union, et qui furent cause de dépenses considérables et onéreuses à la République, puisque la plupart de ces hommes retournèrent spontanément dans ces Etats pour y végéter de nouveau.

A propos de ces dépenses, il est peut-être convenable de mentionner ici les différences qu'offrirent les comptes généraux de la République dans les années 1823 et 1824.

La première avait produit, *à l'exportation*, 33,600,000 livres de café; 224,000 livres de coton; 332,000 livres de cacao; 365,000 livres de tabac; 6,331,000 livres de campêche; 2,223,000 pieds réduits d'acajou; 15,000 livres de sucre, (pour ne citer que les principaux produits), le tout en chiffres ronds.

1824 donna *à l'exportation*, 44,270,000 livres de café; 1,028,000 livres de coton; 461,000 livres de cacao; 718,000 livres de tabac; 3,567,000 livres de campêche; 2,181,000 pieds d'acajou; et seulement 4,000 livres de sucre, le pays ne produisant plus de cette denrée que pour la consommation intérieure [1]. On voit néanmoins que les récoltes furent belles en 1824.

---

sion de chef des bureaux de la guerre à la secrétairerie générale. Ainsi que d'autres personnes, il imputa au général Inginac d'avoir excité Boyer contre lui, parce que le secrétaire général aurait été jaloux, croyait-on, de la faveur que lui faisait le Président, de travailler directement avec lui pour les affaires du département de la guerre. Ce déplorable incident produisit, quelques années après, une suite de fâcheuses dispositions d'esprit dans la capitale et dont on verra les tristes conséquences.

[1] On n'a jamais pu constater exactement la quantité de *sucre brut* consommé à l'intérieur du pays, parce que la perception de l'impôt établi dans ce cas sur cette denrée a toujours été défectueuse. Sous le régime de Christophe, c'étaient surtout *le sucre et le coton*

Mais tandis qu'en 1823, les *recettes* s'élevèrent à 2,684,548 gourdes, et les *dépenses* à 2,251,157 gourdes, — ce qui laissait un *profit* de 433,391 gourdes; — en 1824, les *recettes* montèrent à 3,101,716 gourdes, et les *dépenses* à 3,105,115 gourdes, avec un faible *déficit* de 3,399 gourdes. Ces dépenses, en 1824, furent occasionnées, et par l'émigration des Etats-Unis, et par les achats d'armes, de munitions, d'objets pour l'habillement et le fourniment des troupes.

Sans l'importance des récoltes de cette année, sur lesquelles le fisc retira 500,000 gourdes d'impôts de plus que dans l'année 1823, le déficit eût été énorme.

Au terme de la proclamation du chef de l'Etat, qui assigna la réunion du corps législatif au 10 janvier 1823, dès le 8, la Chambre des communes s'était constituée en majorité; elle élut pour son président le citoyen J. Elie, et pour secrétaires les citoyens J. S. Hippolyte et Saint-Macary. Le 10, le Président d'Haïti vint ouvrir ses séances en vertu de la constitution. Le discours qu'il prononça à cette occasion, offrant un exposé lucide de la situation de la République, nous le produisons ici :

« Citoyens représentans, — la République, fidèle à ses principes, et marchant avec constance dans le sentier de la constitution, jouit toujours d'une tranquillité par-

---

qu'on produisait dans le Nord et l'Artibonite, et l'exportation à l'étranger en était plus considérable. Mais le régime de la République ayant rendu la liberté aux cultivateurs, le plus grand nombre parmi eux, qui avaient été contraints à se concentrer dans les sucreries et les cotonneries de ces deux départemens, les abandonnèrent pour se livrer à la culture du café, etc. : de là la diminution de ces deux produits et l'augmentation du café. Les nombreuses concessions de terre, la constitution de la petite propriété, nuisirent à la prospérité de la grande propriété; mais *le peuple producteur* fut-il moins heureux? Non, certainement.

faite. Cet avantage, qui résulte de l'harmonie qui existe entre les principaux pouvoirs, et surtout de la rectitude et de l'énergie de l'esprit public, présage à la nation les heureuses destinées auxquelles son courage et sa conduite lui donnent de si justes droits.

» Haïti, cependant, toujours en butte à la convoitise et à la haine de certaines puissances, et située au milieu d'un archipel ennemi de la liberté et de notre émancipation, semblerait être exposée à un état d'anxiété contraire à la sécurité nécessaire à tous les Etats. Mais, si sous ce point de vue notre situation paraît extraordinaire, toujours est-il constant que nous tenons dans nos mains nos véritables garanties, et que nous sommes assurés de la jouissance des immenses ressources que la nature nous offre pour la défense de notre territoire, tandis que par la force naturelle des choses, il est indubitable que l'injustice manifestée contre nous aura nécessairement un terme

» Je m'étais décidé, vous le savez, d'après les ouvertures renouvelées près de moi, à faire une démarche que d'ailleurs la saine politique prescrivait, pour ramener à la raison envers nous, ceux qui feignaient de douter de nos loyales dispositions; et si le résultat n'a pu être tel qu'il était juste de l'espérer, il me reste néanmoins l'approbation de ma conscience et l'opinion des hommes impartiaux de tous les pays. Tranquilles avec nous-mêmes, bornons-nous maintenant au soin qu'exige le perfectionnement de nos institutions; redoublons d'ardeur pour l'accroissement des travaux nécessaires à la splendeur de notre pays, et attachons-nous enfin à tout ce qui doit distinguer un peuple libre, guerrier et agriculteur.

» L'expérience depuis quelque temps, a fait reconnaître quelques vices dans certaines lois qui régissent nos tribunaux. La sagesse du législateur s'empressera, sans doute, d'y faire les modifications reconnues nécessaires [1]. Le gouvernement dont la pensée ne recherche que ce qui peut affermir le bien public, s'empressera toujours de promouvoir tout ce qui pourra le plus efficacement conduire à ce but. Ecarter de notre *code* tout ce qui peut favoriser la *chicane*, simplifier, autant qu'il est possible, les formes de la procédure [2], en offrant toutefois à l'innocence et au bon droit toutes les garanties nécessaires, tels sont en partie les objets essentiels qui commandent l'attention de la législature.

» Pour ce qui est de l'agriculture, il m'est satisfaisant de pouvoir dire qu'elle a fait des progrès remarquables, et qu'un grand nombre de citoyens ont abandonné les professions qu'ils exerçaient dans les villes, pour se livrer entièrement à cette base essentielle de toute prospérité.

» J'ajouterai ici que nous devons concevoir de grandes espérances du placement dans les campagnes, d'une grande partie de nos frères arrivés des États-Unis. Tous les rapports qui me sont parvenus à leur égard, s'accordent à représenter ces nouveaux Haïtiens, dans les lieux où ils sont placés, comme joignant à un travail actif une conduite très-régulière [3].

» Nous avons aussi lieu de nous féliciter de la situation des finances de l'État, puisque la République n'a point de dettes, que ses engagemens et ses achats se font au comp-

---

1 Allusion à une nouvelle loi sur l'organisation des tribunaux dont le projet existait en 1825, mais qui ne fut votée que l'année suivante.

2 Le code de procédure civile de 1825 supprima, en effet, bien des dispositions du code français; mais, dix ans après, Boyer fut convaincu qu'il fallait les rétablir pour diminuer les chances de la *chicane*.

3 On était alors au début de l'immigration, elle offrait une belle perspective; mais, en avril suivant, le gouvernement était désenchanté, ainsi qu'on l'a vu dans une note précédente.

tant, et que ses arsenaux et ses magasins sont abondamment pourvus des articles essentiels. Néanmoins, un esprit d'ordre et d'amélioration, assisté par le zèle éclairé et les soins vigilans de la chambre de vérification des comptes, tendra toujours à perfectionner les opérations de cette branche importante de l'administration publique.

» Le peuple, toujours aussi patriote que docile à la volonté de la loi, l'armée, dont la valeur et les sentimens généreux ne se sont jamais démentis, ne cessent de donner à la patrie des preuves du plus pur dévouement. Aussi ne puis-je me refuser de donner ici ce témoignage solennel de satisfaction.

» Citoyens représentans, confiant dans votre patriotisme et dans vos lumières, j'augure d'avance favorablement du résultat de vos méditations sur les propositions qui vous seront adressées. Je compte aussi beaucoup sur le secours de votre expérience, pour m'aider dans les efforts que je ne cesserai de faire pour l'affermissement de la félicité générale. C'est dans cet espoir que je vais procéder à l'ouverture de vos travaux... »

Le citoyen J. Élie répondit à ce discours, par un autre qui paraphrasait à peu près toutes ses parties. Nous devons néanmoins en citer quelques passages qui sont remarquables, tels que ceux-ci :

« ..... Soumis aux décrets de la Providence, confiant dans le génie puissant du chef de l'État, inébranlable dans ses résolutions, l'Haïtien attend, sans alarmes, les événemens qui pourront naître d'un système politique qui lutte vainement encore contre les lumières du siècle et voudrait arrêter la marche irrésistible des temps...

» La vingt-deuxième année s'écoule depuis que, justifiant la sublime prophétie que l'heure de la régénération sonnerait, nous brisâmes pour l'éternité nos odieuses chaînes, en proclamant à l'univers ce que nous avions le droit d'être, ce que nous sommes, ce que nous serons, — libres, indépendans.

» En nous félicitant de la tranquillité parfaite dont nous jouissons, en nous enorgueillissant de l'attitude imposante dans laquelle est placée la République, nous aimons à rendre, dans cette auguste assemblée, un hommage éclatant aux soins que votre infatigable activité ne cesse de porter dans l'administration des affaires publiques, et aux prudentes mesures qui assurent le salut de l'État... »

Si ces paroles d'un orateur réellement éclairé font autant d'éloges de Boyer, que celles consignées dans l'adresse de la Chambre au peuple, à la fin de la session de 1824, et dont son président, Hérard Dumesle fut le rédacteur, qu'on ne croie pas qu'elles étaient l'expression d'une flatterie déplacée de leur part ; car à cette époque, Boyer les méritait et les obtenait de toutes les bouches, et l'on peut dire qu'alors il était à l'apogée de sa fortune politique, de sa puissance sur l'opinion publique, même de la gloire de son gouvernement.

Pour tous les chefs qui dirigent les affaires de leur pays, il est un temps semblable où chacun se plaît à leur décerner la palme qu'ils ont su mériter par leurs travaux, ou guerriers ou pacifiques.

Depuis bientôt sept années que Boyer gouvernait la République, son administration éclairée et modérée avait constamment marché de succès en succès.

L'ordre mis dans les finances de l'État, la discipline maintenue dans l'armée, lui avaient permis de pacifier le beau quartier de la Grande-Anse et de procurer une sécurité parfaite au département du Sud.

Ce résultat heureux avait raffermi la prépondérance du système républicain sur le système monarchique créé par H. Christophe, et facilité le glorieux triomphe obtenu dans la réunion si longtemps désirée des départemens de l'Artibonite et du Nord.

Ce dernier événement avait produit presque immédiatement l'incorporation non moins désirée des départemens de l'Est, qui constitua définitivement l'unité politique d'Haïti par l'unité territoriale, garantie de la souveraineté nationale.

La publicité récemment donnée à toute la correspondance, à tous les actes du Président, dans les négociations diplomatiques avec le gouvernement français, venait de prouver son patriotisme et son ardent désir de parvenir à obtenir de ce gouvernement la reconnaissance explicite de l'indépendance qu'il contestait encore.

L'essai qui était en voie d'exécution dans le moment pour attirer en Haïti une population infortunée, destinée à augmenter ses forces productrices en jouissant sur son sol des droits qu'elle tenait de la nature; l'état relativement florissant de l'agriculture, constaté par l'importance des produits indigènes livrés à l'exportation; la prospérité du commerce qui en résultait et que constatait aussi l'affluence dans tous les ports du pays de nombreux navires étrangers de toutes les nations, même de celle qui déniait à Haïti ses droits politiques ; le progrès réel de l'instruction publique à cette heureuse époque; le vote qui avait eu lieu l'année précédente du code civil destiné à régler le sort des familles et les intérêts des citoyens dans leurs propriétés diverses, — code, dont la rédaction améliorée allait être soumise au corps législatif dans la session actuelle, d'après de judicieuses observations; la paix intérieure; enfin, la tranquillité et la sécurité dont jouissaient tous les Haïtiens: toutes ces choses réunies frappaient les esprits et légitimaient les louanges populaires dont les deux présidens de la Chambre des représentans se firent les organes.

Néanmoins, et que l'on ne s'en étonne point! l'unanimité, toujours si difficile à obtenir en fait d'opinions de toutes sortes, cette unanimité n'existait pas pour louer la conduite de Boyer dans les affaires publiques; une *Opposition,* que nous avons déjà signalée, était là qui épiait ses actes pour profiter de la moindre *faute* qu'il ferait, afin d'éclater de nouveau. Envieuse et jalouse de ses succès, elle avait paru, deux ans auparavant, dans la Chambre des communes; et si elle *n'y était plus,* elle ne subsistait pas moins dans le pays, principalement dans la capitale et dans le Nord.

Quoi qu'il en soit, la session législative de cette année produisit des actes importans, et le premier que rendit la Chambre fut la décharge donnée au secrétaire d'État, des comptes généraux de 1823. Elle élut ensuite successivement, sur des listes *partielles* de candidatures, sept sénateurs : — les citoyens F.-D. Chanlatte, Desvallons, Sambour, Lafontant père, Daumec, J. Latortue et Rouanez, en remplacement d'autant de membres du Sénat qui vivaient encore, parmi ceux qui avaient été nommés en décembre 1815. Il est à remarquer que ce fut là un des motifs qui portèrent le Président d'Haïti à hâter la session, et qu'à partir de celle de 1821, il ne présenta plus à la Chambre des listes *générales,* mais fractionnées, de candidats pour remplir les places vacantes au Sénat [1].

---

1 Au moment où le Président allait faire remplacer ces sénateurs, la mort frappa le respectable docteur *Misambeau,* inspecteur général du service de santé, le 12 janvier. Ce fut un douloureux événement pour la République, car partout on se rappela qu'il avait été

Sur la proposition du chef de l'État, le corps législatif rendit une loi qu'il promulgua le 22 février, « relative aux » formalités à remplir pour constater la perte des titres de » ceux dont les propriétés sont sous la main-mise de l'État, » et qui statue définitivement sur les réclamations des » créances antérieures à la fondation de la République, » contractées par les anciens propriétaires des biens réunis » au domaine. » L'intitulé de cette loi explique suffisamment l'objet qu'elle avait en vue, — de consacrer, une fois pour toutes, la législation antérieure, à partir de 1804, sur toutes sortes de réclamations. L'autorité judiciaire, d'abord, ensuite l'autorité administrative, durent concourir, chacune dans ses attributions respectives, à assurer les droits, ou des particuliers ou du domaine public, sur les diverses natures de propriétés; et, après les enquêtes prescrites par la loi, le Président d'Haïti approuvait et confirmait définitivement le droit de propriété de ceux en faveur desquels ces enquêtes avaient été établies.

Une autre loi, du 5 mars, supprima les logemens en nature ou leur remboursement en argent, que jusqu'alors on accordait à certains fonctionnaires de l'administration civile et aux officiers de tous grades de l'armée : les administrateurs des finances et les trésoriers furent les seuls qui en conservèrent en nature, ainsi que les commandans d'arrondissement et ceux de place. Cependant, dans les lieux où l'État n'avait point de maisons disponibles, ces derniers

le médecin de Pétion, qui lui accordait la plus profonde estime. Et à combien de militaires n'avait-il pas sauvé la vie, à l'hôpital du Port-au-Prince ! La population de cette ville le regretta sincèrement ; il l'habitait depuis 1791, et avait prodigué des soins aux pauvres comme aux riches. Son dévouement à sa nouvelle patrie fut inaltérable : nous avons eu occasion de citer son nom bien souvent dans cet ouvrage, toujours honorablement. Il fut remplacé dans sa charge par le docteur F. Pescay, qui était alors directeur du lycée national.

recevraient le remboursement de leurs logemens en argent.
Il en était de même pour tous autres officiers militai es en
activité, qui quitteraient le lieu de leur cantonnement habituel (où ils n'étaient pas logés), pour aller faire ailleurs un
service de garnison; en ce cas, le trésor public leur rem-
bourserait leurs logemens à un taux déterminé par cette
loi, selon le grade de chacun : le général de division à
20 gourdes par mois, etc. Il s'ensuivit de notables économies;
mais, en même temps, une autre loi du 19 avril accorda à
chaque colonel des régimens d'infanterie ou d'artillerie une
indemnité de 10 gourdes par mois pour l'entretien et la
conservation des tambours de leurs corps que l'Etat leur
fournissait : ce qui était de toute justice.

La loi sur les patentes, pour l'année 1826, contint dans
ses 43 articles des dispositions mieux formulées que celles
de toutes les lois précédentes sur la même matière; elle
régla l'exercice de l'industrie de chacun d'une manière intelligente et équitable; et, en assurant aux nationaux les
priviléges auxquels ils ont naturellement droit, elle résuma
toutes les mesures antérieures, législatives ou administratives, qui avaient été prises à l'égard des Étrangers. Quoique cette loi fût rendue sur l'initiative habituelle de la
Chambre des communes, il est constant qu'elle avait été
préparée par les soins du pouvoir exécutif. Le tarif y an-
nexé, divisant toujours les communes ou paroisses en six
classes, fixa mieux aussi le taux à payer par chaque pa-
tentable.

Cette loi fiscale fut suivie d'une autre sur les douanes,
qui abrogea les précédentes sur la même matière, notamment celle de 1822. La nouvelle loi prouva que l'administration se perfectionnait, chaque année, par l'expérience
acquise sur la qualité des marchandises admises à l'impor-

lation, sur un meilleur mode de tarification par rapport à la perception des droits. L'évaluation des prix moyens fut portée à un taux un peu plus élevé; il se trouva dans le tarif une infinité d'articles qu'on ne voyait jamais figurer dans les autres; et les douanes durent percevoir « *douze* » *pour cent* sur le montant de l'évaluation et sur les mar- » chandises ou productions *de tous les pays* sans distinc- » tion. » Par cette disposition, la faveur accordée aux produits britanniques depuis plus de dix ans fut *supprimée*, et avec convenance et justice, puisque la Grande-Bretagne persistait à ne pas reconnaître l'indépendance d'Haïti, tandis qu'en 1823 elle avait reconnu celle des anciennes colonies espagnoles. Il eût été par trop absurde, de notre côté, de continuer à nous extasier sur la *philanthropie* de cette grande puissance, au détriment des intérêts du trésor haïtien. Et, d'ailleurs, il était à prévoir que, tôt ou tard, des arrangemens financiers seraient conclus avec la France; il fallait s'y préparer. — Par la nouvelle loi, les droits d'*exportation* sur les principaux produits d'Haïti furent maintenus comme auparavant; mais *l'impôt territorial* subit une réduction favorable à la production.

Suivant le *Bulletin des lois*, dans sa séance du 7 février, la Chambre des communes reçut du Président d'Haïti divers projets de loi du code civil, et prit immédiatement lecture des cinq premières lois de ce code, qui, ainsi qu'on l'a vu au chapitre précédent, avait été voté cependant dans la session de 1824, et par la Chambre et par le Sénat; il en fut de même des trente-six lois formant ce code, qui subirent ainsi un nouveau vote de la part des deux branches du corps législatif, d'après les réflexions faites sur la rédaction de ses articles.

Il fut voté, le 4 mars, par la Chambre; le 26, par le Sénat, et promulgué le 27 par le Président d'Haïti. Le dernier article, 2047, porte :

« Le présent code sera exécuté dans toute la République,
» à dater du 1er mai 1826, an XXIIIe; en conséquence,
» tous actes, lois, coutumes, usages et règlemens relatifs
» aux matières civiles sur lesquelles il est statué par ledit
» code, seront abrogés. » Cette *disposition générale*, qui dérogeait quelque peu à l'article 1er de ce code, dans la loi « sur la promulgation, les effets et l'application des
» lois en général, » eut pour motif, l'impossibilité d'être fixé sur l'époque précise où ce code serait entièrement imprimé, pour être expédié ensuite dans toutes les communes; la date du 1er mai était même laissée en blanc, afin que le pouvoir exécutif pût la déterminer à l'achèvement de l'impression.

Quant au code de procédure civile, voté par la Chambre des communes dans sa séance du 23 avril, par le Sénat dans celle du 2 mai, et promulgué par le Président d'Haïti le 3 mai, son dernier article 765 de la loi sur les *dispositions générales*, était ainsi rédigé :

« Le présent code sera exécuté à dater du 1er septembre
» 1826. En conséquence, tous procès qui seront intentés de-
» puis cette époque, seront instruits conformément à ses dis-
» positions. Toutes lois, coutumes, usages et règlemens re-
» latifs à la procédure civile, seront abrogés. »

La session législative, ouverte le 10 janvier avait été prorogée d'un mois, par rapport à ce dernier code. Son dernier article, par sa rédaction, indique que cette disposition, qui le rendait exécutoire à une époque si éloignée, n'eut aussi d'autre motif que la difficulté d'obtenir une prompte impression dans l'imprimerie nationale, où se trouvait un personnel insuffisant.

En parlant, à la fin du chapitre précédent, du vote du code civil dans la session de 1824, nous avons dit que nous ajournions quelques réflexions que nous aurions à produire sur ce code, parce qu'il allait subir une révision devenue nécessaire par de judicieuses observations, et par rapport à d'autres lois édictées avant sa promulgation, depuis la déclaration de notre indépendance nationale. Le lecteur comprendra sans doute que nos réflexions sont surtout relatives aux lois « sur l'état et la capacité des personnes. »

Commençons d'abord par constater, qu'aucune des constitutions d'Haïti, qu'aucune de ses lois civiles, publiées antérieurement au code civil qui nous occupe, n'avait *défendu* textuellement *le mariage* entre les Haïtiens et les femmes *étrangères* de la race *blanche*, ni *le mariage* entre les Haïtiennes et les hommes *étrangers* de la même race ; — qu'en favorisant la rentrée en Haïti de tous les hommes de la race noire déjà reconnus *Haïtiens,* les divers gouvernemens qui ont régi le pays, n'entendaient pas *exclure* les familles qu'ils s'étaient créées *à l'étranger,* c'est-à-dire, leurs enfans et leurs femmes, celles-ci fussent-elles de la race *blanche* ; — que l'article 44 de la constitution de 1816, subsistant en 1825, en disant :

« Tout Africain, Indien ou ceux issus de leur sang, nés
» dans les colonies ou pays étrangers, qui viendraient ré-
» sider dans la République, seront reconnus *Haïtiens,*
etc. »

Cet article *admettait* nécessairement la famille de chacun de ces hommes (femme et enfans), *à jouir* aussi de la qualité d'*Haïtien,* la femme fût-elle de la race *blanche.* Car, il eût été absurde et injuste de *repousser* la famille d'un homme que la loi politique voulait rendre *citoyen* du pays, pour en augmenter la population ; et par là, la constitution reconnaissait, établissait implicitement, virtuellement ce principe du droit naturel, à savoir : — que « la femme suit la condition de son mari, » de même que « les enfans suivent » la condition de leur père. »

C'est ce qu'établissait formellement le code civil de H. Christophe. Son article 8 disait :

« Tout *enfant*, né d'un Haïtien ou d'une Haïtienne, *en* » *pays étranger, est Haïtien.* »

Il était sous-entendu que s'il était né *en Haïti*, cet enfant l'était à plus forte raison. Et l'article 9 disait :

« *L'épouse* d'un Haïtien, fût-elle *étrangère* (de race *blan-* » *che* ou autre) *est de droit Haïtienne;* » et cela parce que ce code reconnaissait également le même principe du droit naturel, qu'il confirmait encore par son article 13; car la femme *Haïtienne* qui épousait un *étranger* (à quelque race qu'il appartînt), devenait *étrangère* ainsi que son enfant. Elle perdait sa qualité d'Haïtienne, sauf à la recouvrer par la volonté du souverain du Nord, en devenant *veuve* ou même étant encore *épouse* de cet étranger, sans que pour cela celui-ci devînt Haïtien [1].

Ainsi, au fond, implicitement, la constitution de 1816 s'accordait avec le code Henry de 1812, sur ce principe du droit naturel admis chez presque toutes les nations civilisées : — que « la femme et les enfans suivent la con- » dition de leur mari et père. » Ni ce code, ni cette constitution, ne pouvaient empêcher une *Haïtienne* d'épouser un *étranger*, un *blanc* ou tout autre homme qui, étant même de la race *noire*, ne voudrait pas être Haïtien, en

---

1 Les lois du pays emploient souvent le mot *étranger*, pour désigner l'individu que les diverses constitutions ont appelé *blanc*, faisant partie de la race blanche ou européenne; mais l'individu de la race noire ou africaine *qui ne veut pas être haïtien*, qui veut conserver la nationalité étrangère sous laquelle il est né, est aussi *étranger* à Haïti.

acquérir les droits par la naturalisation [1]. A cet égard, la femme est aussi libre que l'homme, de contracter l'union conjugale qui lui plaît ; seulement, *la loi* doit l'avertir des conséquences qui en résulteront, afin qu'elle agisse avec discernement. Elle doit savoir d'avance que par une telle union, elle et ses enfans perdront la qualité d'Haïtien et le droit de posséder des propriétés immobilières en Haïti, conformément à la loi politique de ce pays.

Cela posé, examinons ces dispositions du code civil d'Haïti :

« Article 7. Les Haïtiens qui habitent momentanément
» en pays étranger, sont régis par les lois qui concernent
» l'état et la capacité des personnes en Haïti. — 11. La
» réunion des droits politiques et des droits civils consti-
» tue la qualité de citoyen. L'exercice des droits civils
» est indépendant de l'exercice des droits politiques. —
» 12. Tout Haïtien jouira des droits politiques et des
» droits civils, sauf les exceptions prévues par la loi. —
» 13. Tout individu né en Haïti ou *en pays étranger,* d'un
» *Haïtien* ou d'une *Haïtienne,* est *Haïtien.* »

Il nous semble qu'après ces articles, le code aurait dû dire formellement :

« La femme suit la condition de son mari, les enfans
» celle de leur père. »

Cette lacune est regrettable, à cause de l'ambiguïté qui en résulte pour l'application du droit. Dans le cas où « l'individu né en Haïti ou en pays étranger » est un enfant *naturel,* d'un Haïtien et d'une Haïtienne, même de l'Haïtienne et d'un *étranger,* il n'y en a pas, cet indi-

---

[1] « S'il y a un droit incontestable, c'est bien celui du libre choix de la personne à la- « quelle on voudra s'attacher par les liens du mariage. » — Pinheiro-Ferreira, Notes sur l'ouvrage de Vattel.

vidu est de droit *Haïtien;* pareillement, s'il est enfant *légitime* d'un Haïtien et d'une femme *étrangère.* Mais que devient cette *mère* qui a donné le jour à un Haïtien, qui est *l'épouse* du choix d'un autre, qui fait partie intégrante de la famille de ce dernier? Si un Haïtien a pu l'épouser *à l'étranger* (art. 155 du code) ne le peut-il pas aussi *en Haïti?* Certainement; et dès lors cette femme, d'origine étrangère, doit partager son sort, ses avantages, ses droits civils et politiques, ainsi que l'admettait le farouche H. Christophe, qui ne peut être suspect d'avoir trop voulu *favoriser les étrangers.*

En outre, d'après l'article 13 du code actuel, « l'indi- » vidu né, en Haïti ou en pays étranger, d'une *Haïtienne,* » est Haïtien; » mais s'il est un enfant *légitime* de l'union de sa mère avec un étranger, un *blanc,* par exemple, il aura suivi « la condition de son père, » selon la loi civile de toutes les nations, sa mère également; comment peut-il rester *Haïtien,* en exercer tous les droits, quand sa mère elle même les a perdus par son mariage?

Cependant, le code civil ne distingue pas sur l'état d'un tel enfant, qu'il soit *naturel* ou *légitime;* ses dispositions sont absolues, parce qu'elles tendent à conserver aux citoyens la qualité d'Haïtien inhérente à leur origine, à cause du sang africain ou indien qui circule dans leurs veines.

Il veut, sans doute, par ses dispositions tutélaires, ménager aux enfans la *faculté* de venir réclamer en Haïti, les avantages qui leur sont assurés, quand ils parviennent à l'âge de majorité où ils sont maîtres de leur personne, libres de se choisir une patrie. Ils rentrent alors dans la catégorie des individus dont il est question dans l'article 44 de la constitution de 1816, qui a été reproduit dans plusieurs autres constitutions postérieures.

Nous venons de dire que, ni les lois politiques ni les lois civiles, ne défendaient *textuellement* le mariage, *en Haïti,* entre « Haïtiens et étrangères, » et entre « Haïtiennes et » étrangers. » Nous ne nous ressouvenons pas qu'il se soit présenté un seul cas où Pétion l'aura défendu; mais quant à Boyer, il a constamment *prohibé* ce contrat civil, par ordre émané de son autorité, entre «les Haïtiennes et les étran » gers; » aucun officier de l'état civil ne pouvait dresser des actes à cet effet.

Il y a eu des mariages néanmoins entre de telles personnes, mais les actes en ont été dressés pardevant les consuls étrangers, après l'établissement des consulats en Haïti; et le gouvernement a toujours considéré, dans la pratique, que ces actes ne produisaient aucun effet civil, sur les biens que possédaient les femmes; il a permis leur célébration religieuse pardevant les prêtres catholiques.

Sans nul doute, la législation de tout pays peut *s'opposer* à de tels contrats entre ses citoyens et les étrangers; les publicistes reconnaissent ce droit aux nations, de même que celui de *refuser* aux étrangers la faculté de posséder des terres ou d'autres biens immeubles de leur territoire. Suivant l'un d'entre ces publicistes : « Rien n'empêche natu » rellement que des *étrangers* ne puissent contracter *ma* » *riage* dans l'État. Mais s'il se trouve que ces mariages » soient nuisibles ou dangereux à une nation, elle est en » droit et même dans l'obligation de les défendre, ou d'en » attacher la permission à certaines conditions [1]. » Cela est incontestable, mais c'est à la loi *à défendre.*

Par les art. 155, 156 et 157 du code civil, on voit " qu'un *Haïtien* peut contracter mariage *en pays étranger,*

----

1 Vattel, livre II, chapitre VIII, § 115

» et que cet acte est *valable* s'il a été célébré suivant les
» formes usitées dans le pays où il a été fait, et si, au re-
» tour de l'Haïtien dans son propre pays, cet acte est *trans-
» crit* sur le registre public des mariages du lieu de son
» domicile. » Ces articles ne font aucune distinction par
rapport à la *qualité* de la femme qu'il aurait épousée, qu'elle
soit « Haïtienne ou étrangère. » Mais l'art. 155, en disant :
un Haïtien, sans dire *ou une Haïtienne*, n'a pas voulu, apparemment, rendre *valable* en Haïti le mariage contracté,
en pays étranger, par « une femme haïtienne avec un étran-
» ger. » Eh bien! par cet article, le législateur a encore reconnu, implicitement, que « la femme et les enfans sui-
» vent la condition de leur mari et père. »

A l'égard de tels mariages contractés *en pays étranger*,
l'art. 77 du code Henry était plus explicite; il disait : « En
» cas de mariage contracté en pays étranger *entre Haïtiens,*
» l'acte de célébration sera transcrit, etc. » La forme du
pluriel ne laissait aucun doute, et, par ses art. 9 et 13, ce
code avait déjà admis le principe que « la femme et les en-
» fans suivent la condition de leur mari et père. »

Toutes ces dispositions légales, tant dans la République
que dans le Royaume d'Haïti, proviennent de celles de la loi
politique qui exclue *les blancs* du droit de cité et de propriété en Haïti; car, que des mariages aient lieu entre des
Haïtiens ou des Haïtiennes et des personnes de leur couleur,
issues de race africaine ou indienne, actuellement *étrangères* à Haïti, mais pouvant devenir *Haïtiens*, de tels mariages ne présenteront aucune difficulté, ne susciteront aucune controverse ou interprétation des lois civiles. Par
rapport à cette loi politique, considérée comme étant la
sauvegarde de l'indépendance et de la nationalité haïtienne, le législateur s'est vu contraint à formuler ces dis-

positions de la loi civile d'une manière qui offre une certaine ambiguïté, à ne pas favoriser le mariage dont les conséquences sur la *propriété* pourraient devenir dangereuses à l'État, en même temps qu'il s'efforçait, par ces mêmes dispositions, de conserver autant que possible des citoyens pour Haïti dans la race africaine spécialement; car elles laissent aux enfans et à leurs mères Haïtiennes qui auraient suivi *la condition* de leurs pères et maris *étrangers,* d'après les lois des autres pays, la faculté de toujours recouvrer la qualité d'Haïtien.

L'art. 12 du code de Christophe n'admettait que trois cas où le citoyen d'Haïti pouvait *perdre* cette qualité; mais le suivant donnait au souverain la faculté de la lui faire *recouvrer,* à sa volonté, ainsi qu'il en était pour l'Haïtienne qui aurait épousé un étranger.

Le code de la République a prévu cinq cas où cette qualité *se perd.* Dans les deux premiers, elle ne peut *jamais* être recouvrée : 1° par suite de condamnation contradictoire et définitive à des peines perpétuelles, à la fois afflictives et infamantes; 2° par l'abandon de la patrie au moment d'un danger imminent.

Ces deux cas, on le conçoit très-bien, sont laissés naturellement et rigoureusement « aux jugemens *des tribu-* » *naux* ».(le premier est évident), et non pas à celui *du gou-* » *vernement;* » car, dans le second, le gouvernement qui voudrait s'arroger ce droit pourrait être lui-même la cause de cet « abandon de la patrie » par ses excès, qui auraient porté le citoyen à fuir son pays; et alors il deviendrait *juge et partie,* il pourrait condamner une action, un fait *innocent* en soi et qui n'aurait eu pour mobile que *la peur,* que *des craintes* exagérées sur la suite d'événemens politiques.

Selon nos faibles lumières, ce cas « d'abandon de la pa-

» trie au moment d'un danger imminent, » ne doit s'entendre qu'à l'occasion *d'une attaque contre Haïti par une puissance étrangère, de l'invasion de son territoire;* et alors *les tribunaux* doivent punir, par la perte de sa qualité, l'Haïtien dont *la lâcheté* l'aurait porté à fuir le sol qu'il devait défendre.

Quant aux trois autres cas prévus au code civil, au moment de sa promulgation il y avait encore à l'étranger *des Haïtiens,* qui y résidaient par diverses causes, qui n'avaient pas profité des dispositions bienveillantes du gouvernement du pays depuis 1804, lequel les y rappelait, qui étaient enfin à l'étranger sans permission légale du Président d'Haïti, résultant de passeports délivrés en due forme. Le code civil leur accorda une année entière, à partir du 1ᵉʳ mai 1826, pour rentrer en Haïti et jouir de leur qualité de *citoyen;* et faute par eux de le faire, ils la perdaient et devaient la perdre avec la propriété de tous leurs biens, et leurs succesions étaient ouvertes au profit de leurs parens ou de qui il appartiendrait. Néanmoins, dans sa sollicitude née des considérations politiques qui appellent en Haïti tous les individus de race africaine ou indienne, même après cette déchéance, le code civil leur laissa encore la faculté de redevenir Haïtiens, de recouvrer cette qualité, comme à ceux qui auraient acquis « la naturalisation en pays étranger, » qui y auraient accepté des fonctions publiques ou servi » dans les troupes de terre ou de mer, qui y auraient fait » des établissemens sans esprit de retour en Haïti. » Seulement, ils seraient tous astreints aux formalités exigées, par l'art. 14, de tous autres individus de race africaine ou indienne ou issus d'elles, dont il était question en l'art. 44 de la constitution de 1816, — formalités qui consistaient « à déclarer au juge de paix, à leur arrivée dans le pays,

» qu'ils venaient avec l'intention de s'y fixer; — à renou-
» veler cette déclaration tous les mois successivement
» pendant un an; — ensuite, munis de l'acte du juge de
» paix, *à prêter serment* par devant le doyen du tribunal
» civil du lieu de leur résidence, *qu'ils renoncent à toute*
» *autre patrie qu'Haïti;* — et, enfin, à se présenter avec
» l'actedressé par le doyen à la secrétairerie générale, pour
» y obtenir un nouvel acte (de naturalisation), signé du
» Président d'Haïti, qui les reconnaisse comme *citoyens*
» *d'Haïti.* »

Ces formalités, prescrites par l'article 14 du code civil, étaient et sont encore le complément *indispensable* de l'article 44 de la constitution de 1816, dont les dispositions ont été reproduites dans celles qui l'ont suivie depuis la révolution de 1843. Il fallait régler l'admission dans la société haïtienne, des hommes que le vœu de la nation appelait à en faire partie, sinon l'on se serait exposé à voir des individus des races africaine ou indienne, ou ceux issus de leur sang, venir en Haïti et *jouir* de tous les droits attachés à la qualité d'Haïtien, pendant un certain temps et à leur convenance, et ensuite *répudier* cette qualité selon les circonstances.

L'expérience a même offert de nombreux cas de cette nature; et cela par la négligence des autorités secondaires à exécuter cet article 14 du code civil, par la tolérance même du gouvernement qui s'y montra inattentif.

Quand la loi a sagement réglé les choses, on doit l'exécuter; et rien ne peut plus contribuer à entretenir les *préventions* du peuple haïtien, que cette conduite blâmable de la part d'hommes auxquels ses lois politiques ont offer son territoire comme une patrie digne d'eux.

Le sentiment d'une confraternité de race, bienveillant

dans son objet, a dicté ces lois; c'est à eux d'apprécier s'il convient à leurs intérêts de profiter de ces dispositions pour devenir *Haïtiens,* ou s'il vaut mieux qu'ils conservent leur nationalité, bien qu'ils habitent Haïti.

Mais, quand ils ont fait *acte de citoyen,* parce que cela leur a convenu, ils ne devraient pas y renoncer ensuite, à leur gré, parce que les circonstances auraient changé, en se fondant sur ce qu'ils n'auraient pas rempli les formalités prescrites par l'article 14 du code civil, surtout s'ils continuent de résider dans le pays.

Le code civil de Christophe, comme celui de la République, rendait obligatoires pour les *étrangers* habitant le pays, les lois de police et de sûreté; ce qui est d'accord avec le droit des gens. Mais, tandis que l'article 10 du premier, accordait « la jouissance de *tous les droits civils,* à tout » étranger *domicilié* dans le royaume en vertu de l'autori- » sation du souverain; » le second s'est tu à ce sujet et n'a accordé à l'*étranger* que la faculté de citer pardevant les tribunaux d'Haïti, l'Haïtien qui aurait contracté envers lui, en pays étranger, des obligations de toute nature; et ce, en même temps que la réciprocité est établie en faveur de l'Haïtien, soit que les obligations aient été contractées en Haïti ou en pays étranger, et soit que l'étranger réside en Haïti ou ailleurs.

Cependant, il est bien « des actes civils » que l'*étranger* a toujours pu faire en Haïti et qui constituent en sa faveur la jouissance des droits civils y relatifs; par exemple, la faculté de louer des maisons dans les villes à des termes plus ou moins longs; d'affermer des biens ruraux pour les exploiter pendant plusieurs années également; de bâtir des maisons dans les villes, de les réparer, avec jouissance de ces propriétés pour le temps convenu avec les propriétaires.

L'exercice des actes de commerce ou de toute autre industrie sujette à patentes, moyennant l'obtention préalable d'une licence ou autorisation écrite du chef de l'État, laquelle établit réellement *le domicile* de l'étranger dans le pays, constitue encore la jouissance de droits civils en sa faveur; pour le commerce ou toute autre industrie, il a pu et peut *s'associer* avec des Haïtiens. Dans ces différens cas, la pratique a obvié au silence gardé par le code civil; et cela devait être, parce que la nature des choses le voulait ainsi.

Si nous examinons maintenant le code civil par rapport *aux biens*, et que nous le comparions avec celui de Christophe à ce sujet, nous verrons que, tandis que ce dernier se taisait absolument à l'égard des *étrangers*, qui ne pouvaient posséder *des immeubles* en vertu de la loi politique, le code de la République a renouvelé cette exclusion formellement; mais en même temps, il les a admis à posséder *des meubles* dans son territoire. Ainsi, par l'article 450 : « Nul ne peut être *propriétaire* de biens fonciers, s'il n'est » *Haïtien;* » — par l'article 479 : « Nul ne peut être » *usufruitier à vie,* s'il n'est *Haïtien;* » — par l'article 587 : « Un *étranger* n'est admis *à succéder* qu'aux » biens *meubles* que son *parent,* étranger ou Haïtien, a » laissés dans le territoire de la République; » — par l'article 740 : « L'Haïtien ne pourra disposer que de ses biens » *meubles* au profit d'un *étranger.* »

Cette distinction établie entre la nature des biens, et les droits accordés aux étrangers sur *les meubles,* dérivent nécessairement de la *parenté* que le code a reconnu entre eux et leurs enfans, sinon leurs femmes haïtiennes. Le code de Christophe reconnaissait aussi cette *parenté* entre le père *élranger* et ses enfans *Haïtiens ;* mais, par son silence, il excluait ce père, même de la succession aux *meubles.*

Enfin, ce dernier code se taisait sur les *testamens* que des Haïtiens, se trouvant en pays étranger, pourraient y faire, tandis que celui de la République a prévu ce cas par ses articles 805 et 806, en obligeant toutefois ces Haïtiens à se conformer aux lois de leurs pays, aux formes usitées pour de tels actes dans le lieu où ils se seraient passés, s'ils sont authentiques, et ces actes eux-mêmes à un enregistrement nécessaire en Haïti, pour en obtenir l'exécution légale.

Nous terminerons nos réflexions sur le code civil d'Haïti, en faisant remarquer, qu'indépendamment des avantages qu'il procura à notre pays, en abrogeant toutes les anciennes ordonnances des rois de France, lois subséquentes, coutumes, etc., que les tribunaux avaient plus ou moins suivis dans leurs jugemens, pour leur substituer des dispositions plus en harmonie avec les lumières du siècle, (qu'il emprunta nécessairement au code Napoléon que ces tribunaux observaient depuis dix ans,) ce code haïtien fit disparaître également certaines lois locales que le pays s'était données depuis la déclaration de son indépendance, et qu'il était temps d'abroger. Parmi ces dernières, se trouvaient celles de 1805, « sur le mode de constater l'état civil des » citoyens, sur le mariage, sur le divorce, » et celle de 1813 « sur les enfans naturels. »

Le mariage fut dès lors entouré de plus de considération qu'auparavant, surtout par la loi « sur les successions » qui régla désormais la position des enfans naturels reconnus légalement, d'une manière équitable néanmoins. Et si le code haïtien, de même que le code Napoléon, dut maintenir *le divorce* dans un pays malheureusement trop enclin à s'affranchir des liens légitimes entre l'homme et la femme, du moins il accompagna cette rupture entre les époux d'assez de formalités pour l'entraver autant que possible [1].

C'est aux tribunaux à les observer rigoureusement, pour influer sur l'esprit des parties et les porter souvent à une réconciliation désirable, dans l'intérêt de leurs enfans et de la société en général.

C'est au progrès de la raison publique à influer aussi sur les mœurs, par l'extension et la diffusion des lumières. C'est, enfin, aux chefs du gouvernement, aux magistrats, aux fonctionnaires de tous les ordres, à tracer au peuple *l'exemple* salutaire de leur propre conduite.

Mais, à ce sujet, s'il faut louer le président Boyer d'avoir mené à fin l'œuvre entreprise pour le code civil, comme il l'a fait ensuite pour les autres codes ; pourquoi faut-il que l'histoire lui reproche, comme à Pétion, de n'avoir pas tracé à ses concitoyens cet exemple dont nous venons de parler, du respect personnel qu'il leur devait pour la sainteté du mariage ? De même que son illustre prédécesseur, éclairé comme lui, il a *répudié* ces liens légitimes, pour rester constamment dans un état fâcheux d'irrégularité avec la femme qui fut sa compagne durant vingt-cinq ans [2].

Le code civil était à peine voté le 4 mars par la Chambre des communes, quand, le 14, le Président d'Haïti adressa

---

1 Malgré la loi sur le *divorce*, le code civil ayant considéré le mariage comme un contrat civil, le gouvernement a toujours respecté les scrupules des prêtres catholiques qui refusent la bénédiction nuptiale religieuse aux époux divorcés qui se remarient.

2 Lors de ma mission en France, en 1838, plusieurs hommes d'État de ce pays me demandèrent s'il était vrai que Boyer ne fût pas marié avec sa femme. Je fus obligé d'avouer ce fait regrettable ; et rendu à Haïti, j'eus la franchise de lui faire savoir ces particularités, en ajoutant que ces personnages ne comprenaient pas qu'il méconnût ainsi la nécessité de tracer un bon exemple à ses concitoyens. Mais il persévéra dans sa fâcheuse résolution.

au Sénat le message suivant, écrit par lui-même, à cause de l'objet qu'il avait en vue, et qui devait rester secret entre lui et le Sénat :

« Citoyens sénateurs,

» Le salut du peuple est la loi suprême. Tel est le principe éternel qui a dirigé le très-illustre fondateur de la République, ainsi que les honorables législateurs qui ont concouru à la confection de l'acte constitutionnel qui nous régit. Puisse cette maxime sacrée être à jamais la boussole des mandataires de la nation!

» Pénétré du sentiment de mes devoirs, mon existence est consacrée au bien de ma patrie; je me bornerai ici à émettre simplement mon vœu. Heureux, si la prospérité nationale, garantie par la force et l'harmonie de nos institutions, préserve éternellement les futures générations des calamités dont nous avons fort heureusement triomphé!

» Notre constitution a déjà subi une révision; mais l'expérience de tous les temps a souvent prouvé l'imperfection des ouvrages de l'homme; ainsi, nous ne devons pas être découragés, si la nécessité d'y faire de nouvelles modifications se faisait encore sentir. Cependant, comme à l'arche sainte, il semble qu'on ne doit toucher qu'avec prudence et sagesse à cet acte fondamental; *les bases en sont immuables.* Mais si, dans l'intérêt national, on croit pouvoir en mieux coordonner et perfectionner les parties, il est du devoir du Sénat d'obéir à sa propre conscience, tout en se conformant à la volonté même (titre XII) dudit pacte social.

» Je ne *préjuge* rien de ce que l'on doit faire à cet égard, parce que ma règle de conduite est de me rallier toujours à l'avis le plus sage, par conséquent à ce que la raison prescrit [1]. Néanmoins, je dois faire remarquer que l'époque désignée pour la révision (art. 226) n'est pas prescrite d'une manière *absolue*, et qu'alors rien ne s'oppose à ce qu'elle soit *reculée*, s'il y a nécessité. D'ailleurs, il est des circonstances où il est essentiel, pour le bien public, de *proroger* le temps où l'on doit s'occuper de certaines réformes. Vous jugerez donc si, *dans l'état actuel de notre situation envers l'Europe*, il ne serait pas convenable de *différer*, par prudence, de procéder avec éclat et ostensiblement à ce grand objet. Toutefois, l'on peut y porter de profondes méditations et agir avec le calme et la circonspection qui, ordinairement, caractérisent les hommes d'État vraiment patriotes.

» Veuillez considérer ce message, citoyens sénateurs, comme la conséquence nécessaire de celui que vous m'aviez adressé le 9 novembre 1821, et dont ma réponse doit se trouver dans vos archives. Si, maintenant, vous croyez devoir me communiquer vos vues sur les articles constitutionnels qui, soit par leur inutilité, soit par leur insuffisance, nécessitent la révision, je recevrai avec plaisir vos communications et j'y répondrai avec ma franchise ordinaire.

» Agréez, sénateurs, l'assurance des sentimens distingués avec lesquels j'ai l'honneur de vous saluer.

Signé : BOYER.

Le Sénat ne fit pas attendre sa réponse à ce message; dès le lendemain, 15 mars, il écrivit au Président d'Haïti « que

---

1 Plût à Dieu que le président Boyer eût été toujours plus accessible aux avis qu'on pouvait lui donner! Sans doute, il ne devait pas accueillir incessamment tous ceux qu'il aurait reçus; mais en laissant à chacun la faculté de se faire entendre, il ne serait pas resté dans un état d'isolement presque absolu, comme il l'a été dans les dernières années de son administration.

» son opinion était de ne pas s'occuper de la révision de la
» constitution, à cause de l'état des relations extérieures
» du pays, » adoptant ainsi le principal motif énoncé dans
le message présidentiel, pour ajourner cette révision.
Cette délibération eut lieu à huis-clos et dut rester secrète
entre les deux pouvoirs, — autant du moins que des affaires
d'État peuvent l'être en Haïti.

A partir de cette époque, il n'y eut plus de correspondance *officielle* entre le Sénat et le président Boyer, touchant la révision de la constitution de 1816 ; les deux pouvoirs furent d'accord pour la laisser telle quelle, soit pour
le même motif, soit à cause des progrès incessans de *l'Opposition* qui se manifestait dans le pays contre le gouvernement de ce chef.

Le motif qu'il allègua dans son message ci-dessus avait
certainement quelque chose de fondé, après les infructueuses démarches faites par le pouvoir exécutif, en 1823 et
1824, pour obtenir de la France la consécration de l'indépendance nationale par une reconnaissance formelle. Le
résultat de ces démarches et tous les actes publiés en 1824
avaient surexcité l'opinion publique en Haïti, et cependant
tout faisait penser, qu'à l'exemple tracé par la Grande-Bretagne envers les colonies espagnoles émancipées, la France
ne pouvait guère tarder de se prononcer aussi à l'égard
d'Haïti ; il fallait donc attendre pour voir à quoi elle se déciderait. Quelle que dût être sa résolution, cette résolution
devait influer sur celle de la Grande-Bretagne et des autres
puissances étrangères envers la République.

Dans une telle situation, avec l'animation qui existait à
l'intérieur, avec les idées manifestées par le Sénat lui-même
en 1821, et qui était une suggestion de l'esprit de résistance
du Nord, — idées subsistantes encore dans ce départe-

ment, — il n'eût pas convenu à la tranquillité et au bonheur du pays, qu'on fît un appel au peuple pour la révision de la constitution dont *les bases* devaient rester *immuables*, comme Boyer le disait dans son message ci-dessus; tandis, qu'à vrai dire, cette révision n'aurait été profitable, qu'en faisant disparaître certaines imperfections de cet acte. On eût couru le risque de voir amoindrir les attributions et l'autorité du pouvoir exécutif qui, en face des puissances étrangères, avait besoin cependant de la plus grande force possible, de même qu'à l'égard de l'intérieur [1].

D'un autre côté, nous croyons que Boyer avait des motifs particuliers, qu'il ne pouvait avouer dans son message et qui s'accordaient cependant avec *le vœu national*.

Dans leur correspondance avec lui, les philanthropes étrangers, — les libéraux français surtout, qui, soit dans les chambres, soit dans les journaux, prenaient la défense d'Haïti et de toute la race noire, ces hommes loyaux et éclairés reprochaient toujours à nos institutions politiques *l'exclusion* de la race blanche de notre société, contraire, selon eux, à notre avancement dans la civilisation et à notre prospérité matérielle, et il était naturel qu'ils pensassent ainsi.

Or, Boyer, de même que Pétion, de même que tous les Haïtiens de cette génération qui gouvernait le pays, avait des idées fixes sur cette grave question, pour maintenir cette exclusion [2].

---

1 Je sais que ces idées paraîtront à certains esprits, en Haïti, comme *l'apologie du pouvoir absolu*; mais je crois connaître assez mon pays pour ne pas m'inquiéter des leurs sur l'organisation de l'autorité du chef de l'Etat. A mon avis, c'est en 1838, après les traités conclus avec la France, qu'il eût convenu de réviser la constitution; mais alors il eût fallu que Boyer se mit franchement et résolûment à la tête *des réformes* que la situation du pays réclamait réellement.

2 Le 11 avril, environ un mois après son message au Sénat, il répondit à une lettre du

En présence de ces reproches, de ces manifestations libérales, on pouvait alléguer que la constitution de 1816 n'avait fait que reproduire les dispositions des actes antérieurs; mais, en 1825, si l'on avait soumis à une révision ce pacte social, où la même exclusion aurait été maintenue, sans nul doute, la nation et son gouvernement auraient encouru encore plus de reproches à cet égard, plus qu'on ne leur en a adressés depuis, par rapport aux constitutions postérieures.

Pour bien apprécier les déterminations d'un gouvernement quelconque, il faut toujours se reporter au temps et aux circonstances dans lesquelles elles sont prises.

Nous pensons donc que Boyer eût raison de prémunir le Sénat, à cette époque, contre tout désir de révision du pacte social, et que le Sénat agit sagement en adhérant à sa manière de voir; de même qu'en 1821 il avait eu raison de combattre les idées de ce corps qui lui proposait cette révision.

Et si l'on avait entrepris cet important travail, on n'eût pas eu le temps, probablement, de l'achever avec le calme qu'il aurait exigé, quand arriva à Haïti la mission française dont nous allons parler dans le chapitre suivant.

16 février que lui écrivit le général Lafayette, qui était alors aux Etats-Unis. Ce général lui parla de la reconnaissance de l'indépendance des Républiques de l'Amérique du Sud, en lui exprimant l'espoir que la République d'Haïti serait l'objet d'une pareille reconnaissance. Entre autres choses, Boyer lui dit : « Nous applaudissons à la justice qui vient » d'être rendue aux nouveaux Etats de l'Amérique du Sud; mais nous ne pouvons nous » empêcher de nous demander pourquoi l'on se tait à notre égard. Le *préjugé de l'épiderme* est évidemment le seul motif de ce silence injurieux, puisque notre République offre » au monde toutes les garanties qu'on peut désirer par la stabilité de ses institutions et » de son gouvernement. » L'expression de pareilles pensées n'admet pas que Boyer eût été d'avis de modifier les art. 38 et 39 de la constitution.

CHAPITRE VII.

Si les heureux événemens survenus à Haïti, par la réunion successive à la République, des départemens de l'Arbonite et du Nord, et de ceux formant la partie de l'Est de ce pays , avaient porté le gouvernement français à y envoyer, en 1821 et 1822, deux agents secrets chargés de pro voquer de Boyer, qu'il manifestât son intention sur la question à résoudre entre la France et Haïti, il n'était guère possible que ce gouvernement ne prît pas une initiative à ce sujet, après les missions remplies, d'abord par le général J. Boyé, ensuite par MM. Larose et Rouanez; missions qui élucidèrent cette question de part d'autre [1].

D'un autre côté, la résolution que la Grande-Bretagne avait prise en 1823, de reconnaître l'indépendance des colonies espagnoles de l'Amérique, devait encore influer sur la détermination de la France à l'égard d'Haïti, en la dégageant en quelque sorte elle-même de ce qu'elle devait à l'Espagne [2].

Et s'il est vrai, comme on l'a cru, que le gouvernement britannique aura engagé celui de la France à en finir avec son ancienne colonie, qui était en négociations avec lui depuis dix années, parce qu'il serait disposé à agir envers elle comme envers les colonies espagnoles, le gouvernement français ne pouvait plus ajourner l'acte auquel il s'était d'ailleurs préparé.

Il a été dit aussi, que M. de Villèle, ministre des finances et président du conseil, voulait tracer un exemple que l'Espagne aurait pu suivre par rapport à ses colonies émancipées, dans l'espoir que cette puissance eût pu se libérer alors de la dette énorme qu'elle avait contractée envers la France, par suite de l'intervention de celle-ci qui, en 1823, avait replacé Ferdinand VII dans la plénitude de son pouvoir absolu.

---

1 Lorsque *le Télégraphe* du 17 octobre 1824 parvint en France, contenant la lettre du cardinal Jules de Somaglio, pro-préfet de la Propagande, adressée « au Président de la République d'Haïti, » plusieurs journaux de Paris, même du parti religieux, firent la remarque que, le Saint-Père ayant ainsi reconnu l'existence politique d'Haïti, il était instant que le gouvernement français prît une résolution semblable.

21 Le 3 octobre 1824, un traité de paix, d'amitié, de commerce et de navigation fut signé à Bogota, entre les Républiques de Colombie et des Etats-Unis. Ainsi, la France, qui hésitait jusqu'alors envers Haïti, par rapport aux colonies espagnoles, n'avait plus de motifs sérieux.

Il se peut, en effet, que cette considération ait été d'un grand poids aux yeux du ministre des finances qui contribuait avec ses collègues, dans la même année 1825, à faire voter un milliard d'indemnité en faveur des émigrés, et qui allait imposer à Haïti cent cinquante millions d'indemnité en faveur des anciens colons de Saint-Domingue.

Quoi qu'il en soit, le 17 avril, une ordonnance à cet effet fut signé par Charles X ; elle fut confiée à M. de Mackau, gentilhomme de la chambre du roi et capitaine de vaisseau, pour la porter à Boyer et lui proposer de l'accepter.

Cet officier s'embarqua sur la frégate *la Circé* et partit de Rochefort le 4 mai ; il se rendit à la Martinique d'où il partit le 23 juin, avec le brig *le Rusé* et la goëlette *la Béarnaise*, en laissant l'ordre du ministre de la marine et des colonies, pour que les amiraux Jurien de la Gravière et Grivel le suivissent quelques jours après, avec leurs escadres qui se composaient des vaisseaux *l'Eylau* et *le Jean-Bart*, de six frégates, une corvette et deux brigs.

Le dimanche 3 juillet, *le Rusé, la Circée* et *la Béarnaise* entrèrent et jetèrent l'ancre dans la rade extérieure du Port-au-Prince [1]. Les autres navires des deux escadres arrivèrent quatre ou cinq jours après, dans le petit golfe de l'Ouest et s'y tinrent en louvoyant.

Dès son arrivée, M. de Mackau adressa à Boyer la lettre qui suit ; un officier de la frégate l'apportait à terre et la

----

1 Après l'effet produit en Haïti par l'acceptation de l'ordonnance de Charles X, un plaisant a dit : que le roi de France, pour mieux prendre Boyer dans ses filets, lui avait envoyé une *Magicienne* (*la Circé*) escortée de *la Ruse* et de *la Béarnaise* qui figurait en cette occasion comme le représentant de son aïeul Henri IV, dont l'habileté et la finesse lui valurent tous ses succès. — *La Circé* portait pavillon *haïtien* à son mât de misaine, venant en parlementaire.

remit au colonel Boisblanc qu'il rencontra en rade, se rendant lui-même à bord de ce navire[1].

A bord de la frégate du Roi la Circé, le 3 juillet 1825.

Le baron de Mackau, capitaine des vaisseaux du Roi, etc., etc.,
commandant une division de l'armée navale,

A Son Excellence le Président Boyer.

Monsieur le Président,

J'arrive de France, porteur d'ordres qui me prescrivent d'entrer en rapport avec Votre Excellence; et je crois avoir le droit de lui annoncer, dès ce moment, que les communications que j'ai à lui faire sont de nature à lui être très-agréables, puisqu'elles peuvent établir définitivement et irrévocablement le bonheur du pays qu'administre Votre Excellence.

Je recevrai à mon bord les personnes qu'Elle jugera convenable d'y envoyer, avec tous les égards qui leur sont dus; et même, ma confiance en Votre Excellence est telle, que je me rendrai volontiers près d'Elle à terre, pour peu qu'Elle me fasse connaître que cela serait utile.

J'ai l'honneur d'être, Monsieur le Président, avec une très-haute considération,

De Votre Excellence,

Le très-humble et très-obéissant serviteur.

Signé : Baron DE MACKAU.

P. S. — Je prie Votre Excellence de permettre que je joigne à cette lettre, une qui m'a été remise pour M. le général Inginac.

Signé : DE MACKAU [2].

---

[1] La plupart des circonstances que nous allons relater sont puisées du *Té'égraphe* du 17 juillet 1825, qui en a rendu compte officiellement : le texte de l'ordonnance royale s'y trouve aussi. Le colonel Boisblanc était chef des mouvemens du port de la capitale.

Dans ses Mémoires, B. Inginac ne parle pas de cette lettre; mais nous croyons qu'elle lui fut adressée par M. Esmangart. Nous citons celle de M. de Mackau à Boyer, d'après *l'original* même qui est en notre possession et qui a été sauvé du pillage commis en 1843, après son départ, parmi les papiers d'Etat qu'il avait laissés au palais national.

Une lettre ainsi formulée devait inspirer toute confiance au Président d'Haïti. Il y fit répondre immédiatement par le secrétaire général Inginac, pour inviter M. de Mackau à descendre le lendemain, et lui dire qu'il serait reçu aussitôt et qu'un logement, à terre, lui serait préparé. Cette réponse fut remise à bord de la frégate par un aide de camp du général Inginac, lequel y fut accueilli avec courtoisie.

Le 4, à sept heures du matin, M. de Mackau arriva au quai, où le secrétaire général avait envoyé sa voiture et ses aides de camp pour le recevoir; il se rendit à l'hôtel de ce grand fonctionnaire qui lui fit l'accueil le plus empressé. Il fit part de la mission dont il était chargé par son gouvernement, mais sans montrer l'ordonnance royale.

Dans cette conférence qui dura deux heures, M. de Mackau et le secrétaire général avaient sans doute bien des choses à se dire sur les négociations antérieures entre la France et Haïti, sur la nécessité de les terminer à l'avantage des deux pays. Ensuite, M. de Mackau fut accompagné dans le logement qu'il devait occuper, situé rue du Centre.

Le secrétaire général alla immédiatement rendre compte au Président de leur entrevue. En conséquence, Boyer nomma une commission chargée d'entendre et de recevoir les propositions de l'envoyé français; elle fut composée

Alors disparurent toute la correspondance officielle du gouvernement haïtien avec le gouvernement français, les traités faits avec la France, la Grande-Bretagne, etc. On ne sait qui a pris ces documens si utiles à l'histoire du pays. Ce fut un véritable acte de vandalisme; car ces papiers d'État appartenaient à la nation, au *peuple souverain*, comme on disait alors, et ils auraient dû être conservés soigneusement.

du général Inginac, du sénateur Rouanez et du colonel Frémont, aide de camp du Président[1].

Cette commission l'en informa de suite et l'invita à une conférence qui eut lieu chez le secrétaire général dans la soirée du 4; il y en eut une autre le 5, de midi à quatre heures. M. de Mackau, dès la première, avait donné lecture de l'ordonnance qui suit :

CHARLES, par la grâce de Dieu, Roi de France et de Navarre, à tous présens et à venir, salut.

Vu les art. 14 et 73 de la Charte;

Voulant pourvoir à ce que réclament l'intérêt du commerce français, les malheurs des anciens colons de Saint-Domingue, et l'état précaire des habitans actuels de cette île;

Nous avons ordonné et ordonnons ce qui suit :

Art. 1er. Les ports de la partie française de Saint-Domingue seront ouverts au commerce de toutes les nations.

Les droits perçus dans ces ports, soit sur les navires, soit sur les marchandises, tant à l'entrée qu'à la sortie, seront égaux et uniformes pour tous les pavillons, excepté le pavillon français, en faveur duquel ces droits seront réduits de moitié.

Art. 2. Les habitans actuels de la partie française de Saint-Domingue verseront à la caisse générale des dépôts et consignations de France, en cinq termes égaux, d'année en année, le premier échéant au 31 décembre 1825, la somme de cent cinquante millions de francs, destinée à dédommager les anciens colons qui réclameront une indemnité.

Art. 3. Nous concédons, à ces conditions, par la présente Ordonnance, aux habitans actuels de la partie française de Saint-Domingue, l'indépendance pleine et entière de leur gouvernement.

----

1 On pourrait peut-être s'étonner de ne pas voir figurer le sénateur Larose à côté de son collègue Rouanez, pour discuter une ordonnance qu'ils avaient eu mission de réclamer l'année précédente : le fait est qu'il se trouvait alors au Cap-Haïtien.

Et sera la présente Ordonnance scellée du grand sceau.

Donné à Paris, au château des Tuileries, le 17 avril de l'an de grâce 1825, et de notre règne le premier.

Signé : CHARLES.

Par le Roi, le pair de France, ministre secrétaire
d'État de la marine et des colonies,

Signé : Comte DE CHABROL.

Visa :

Le président du conseil, ministre et secrétaire

   d'État des finances,

     Signé : J. DE VILLÈLE.

Vu aux sceaux :
Le ministre et secrétaire d'État,
garde des sceaux,

Signé : Comte DE PEYRONNET.

Les commissaires haïtiens n'avaient pas pu entendre la lecture d'un tel acte, sans y faire diverses objections que sa singulière rédaction et ses clauses leur suggéraient. Ces objections sont rapportées par M. de Mackau lui-même, dans les *Explications écrites* qu'il se vit ensuite forcé de donner, pour obtenir l'acceptation de l'ordonnance; on va les lire bientôt. Il y eut de leur part un profond sentiment d'indignation (contenue, néanmoins, à cause des égards dus à l'officier français), à l'idée seule que l'indépendance d'Haïti, conquise avec gloire par les Haïtiens qui luttèrent contre les troupes aguerries de la France républicaine, serait, non pas *reconnue et proclamée* comme un droit, et un fait préexistant à la Restauration des Bourbons, mais *concédée* par l'un d'eux comme une sorte de *grâce* et sous une forme si contraire à toutes les espérances de la nation; par une ordonnance dont les termes équivoques décelaient une arrière-pensée, une voie à

mille interprétations, puisqu'il s'agissait « de l'indépen-
» dance du gouvernement des habitans actuels de Saint-
» Domingue, » et non pas « du gouvernement du peuple
» libre, indépendant et souverain d'Haïti. »

Ces commissaires s'attachèrent donc à démontrer en
quoi l'ordonnance royale ne présentait aucune garantie à
sa sécurité, et blessait ses justes susceptibilités nationales,
parce que son honneur même serait compromis par l'acceptation de cet acte.

De son côté, M. de Mackau fit tous ses efforts pour leur
prouver, qu'ils l'envisageaient avec une prévention injuste,
et que le Roi de France ne pouvait pas tenir un autre langage, en vertu de son droit souverain; mais qu'il était
sincère dans les dispositions de l'ordonnance qui concé-
daient l'indépendance.

Les commissaires raisonnèrent également, quant à celles
de l'article premier sur l'ouverture des ports, lesquelles
gêneraient l'administration haïtienne et entraveraient l'action gouvernementale, au cas où une nation quelconque
donnerait sujet à Haïti d'être mécontente d'elle. A l'égard
des dispositions de l'article 2, fixant la somme de 150
millions de francs à payer par Haïti, ils rappelèrent que
dans la négociation de 1824, le chiffre de 100 millions
avait été convenu et accepté par le gouvernement français:
ce qui était positivement vrai[1].

M. de Mackau s'efforça encore de leur prouver, que les
difficultés qu'ils prévoyaient par rapport à l'article premier, n'en ressortaient point comme ils le croyaient; qu'à

---

1 M. Lepelletier de Saint-Rémy convient que les termes de l'ordonnance étaient *ambi-
gus*; que la rédaction de deux passages (ou articles) était réellement *ambiguë*; que la France
paraissait renoncer à ses prétentions à la *suzeraineté*; que le prix de la concession était
élevé; que les objections portaient sur ces deux points. — Voyez son ouvrage sur la
Question haïtienne, tome 2, pages 50 et 52.

l'égard du chiffre porté par l'article 2, on avait fait en France un calcul exact de la valeur des biens des anciens colons, lequel ne permettait pas de le fixer à moins [1].

Enfin, il dit aux commissaires haïtiens qu'il n'était que porteur de l'ordonnance royale, qu'il ne pouvait la modifier en quoi que ce soit, et que, si elle n'était pas acceptée telle quelle, il lui restait une autre mission à remplir, en faisant allusion aux moyens coercitifs qu'il était autorisé à employer.

Les commissaires, à ces mots, furent unanimes à lui répondre : que la République saurait se défendre contre toute violence, toute agression ; que la résolution de la nation, à cet égard, existait depuis le 1er janvier 1804 ; et pour lui en fournir une preuve, le secrétaire général Inginac fit sortir de son cabinet, plusieurs *torches incendiaires* qu'il y tenait depuis 1814, et qui étaient destinées, lui dit-il, à la destruction de sa propriété où il logeait. Il ajouta : « J'y mettrai le feu moi-même [2]! »

Arrivées à ce point, les conférences furent rompues. Dans celle du 4 au soir, le général Inginac avait, du consentement de M. de Mackau, pris copie de l'ordonnance pour la soumettre à Boyer qui, après l'avoir lue, avait dit aux commissaires de *persister* à refuser l'acceptation de cet acte ; car on supposait que cet envoyé pouvait en avoir au moins une autre à présenter, en cas de refus.

---

1 On avait calculé qu'en 1789, les produits de Saint-Domingue montaient à 150 millions de francs, et qu'en 1823, Haïti en avait fourni à la France, à l'Angleterre et aux États-Unis pour 30 millions, ce qui laissait 15 millions de revenu net : en outre, on disait que « la valeur des biens-fonds dans les colonies se calcule sur dix années de revenu. » Raisonnant ainsi, le gouvernement français fixa l'indemnité à 150 millions. — Voyez l'exposé des motifs de la loi de répartition, présenté aux chambres françaises, en 1826, par M. de Villèle.

2 Il est entendu que cette particularité n'est point tirée de la relation des faits par le *Télégraphe* ; mais elle est vraie.

Alors, celui-ci témoigna aux commissaires ses vifs regrets de ce refus qui entraînerait des maux incalculables pour Haïti. Il dit même au général Inginac : que le ministère français avait prévu ce résultat, — ce qui était aussi l'opinion du général comte Donzelot, gouverneur de la Martinique, — à cause de *l'influence* exercée sur le Président par son secrétaire général, qui était entièrement à la dévotion de l'Angleterre, et opposé à tout arrangement avec la France. Inginac dut se défendre de cette imputation qui n'était pas fondée [1].

M. de Mackau ajouta : que le Roi de France lui avait donné mission, en particulier, de présenter ses complimens à Boyer, et qu'il désirait remplir cette obligation avant de se rembarquer, n'ayant pas encore eu l'honneur de le voir. Les commissaires lui exprimèrent la pensée qu'une audience pourrait lui être accordée par le Président, s'il la demandait par écrit, et qu'au surplus ils en entretiendraient ce dernier. M. de Mackau rédigea immédiatement une lettre à cet effet, qu'il leur remit [2]; puis il retourna à son logement, tandis que les commissaires allaient au palais pour informer Boyer de tout ce qui s'était passé entre eux et lui.

Le Président ne pouvait raisonnablement refuser de recevoir M. de Mackau; et l'imputation d'influence que ce dernier fit au secrétaire général, qui n'hésita pas à lui parler

<hr>

1 Pour avoir servi sous les Anglais, durant leur occupation de quelques villes de l'ancienne colonie, B. Inginac fut toujours accusé par les Français de penser ainsi, et parce qu'encore il vantait souvent le caractère des Anglais et leur administration ; mais il était aussi bon Haïtien que n'importe qui, et il partageait les idées de Pétion à l'égard de la France. — Voyez ses Mémoires, page 70.

2 Mémoires de B. Inginac, page 70. J'eus occasion de lire cette lettre de M. de Mackau; et cependant, M. de Villèle a dit à la tribune, en 1826, que ce fut Boyer qui « évoqua la négociation à lui', au moment où M. de Mackau était prêt à s'embarquer pour » faire *bloquer* les ports d'Haïti. »

de cette injuste prévention, aurait d'ailleurs motivé sa détermination; car aucun chef ne poussa aussi loin la crainte qu'on le crût *influencé;* c'était une faiblesse de son caractère. Il fit donc répondre à M. de Mackau, qu'il le recevrait dans la soirée même du 3 juillet, peu d'heures après la rupture des conférences.

Dès que Boyer eut reçu la copie de l'ordonnance, il put reconnaître la faute politique, très-grave, qu'il avait commise l'année précédente, en donnant pour instructions à MM. Larose et Rouanez, d'en réclamer une de la part du Roi de France, préalablement à un traité de paix et de commerce, pour consacrer l'indépendance d'Haïti. Il avait bien dit dans quels termes il désirait qu'elle fût rédigée, afin de donner toute sécurité à son pays, de légitimer les droits de ses concitoyens, de satisfaire leur dignité et leur honneur national; mais, du moment que cet acte devait être l'expression de la volonté du souverain de la France, exerçant l'autorité royale dans sa plénitude, il s'était mis lui-même à sa merci; de là, la rédaction ambiguë de l'ordonnance du 17 avril et ses diverses clauses, ses exigences, telles qu'il convenait à un Roi, convaincu de son *droit divin,* de la rendre pour résoudre la question existante entre la France et Haïti.

Il faut remarquer néanmoins, que *la forme* de cet acte était déjà arrêtée dans la pensée même de Louis XVIII, dès 1814 et 1816. Ce monarque avait *octroyé* la Charte à la France, et prétendait avoir régné depuis la mort de son neveu dans les prisons de Paris; le gouvernement de la Restauration avait méconnu tous les actes révolutionnaires de son pays, ancienne métropole de la colonie de Saint-Domingue. A raison de telles idées, pouvait-il se croire *obligé* de consacrer l'indépendance d'Haïti, selon que Boyer le demandait dans ses instructions de 1824? Le Président lui-même dut faire ces réflexions [1].

Mais, de son côté, M. de Mackau n'en fit-il pas aussi, soit au moment où il écrivit sa lettre pour demander une audience au Président, soit après la réponse qui la fixait dans la soirée? Il dut reconnaître qu'il était chargé d'une mission délicate, dont *l'insuccès* allait obliger son gouvernement à des actes qui lui répugnaient, qui auraient entraîné la France dans une guerre contre un pays où s'échangeaient ses produits depuis dix ans, avec grand avantage pour le commerce français [2]; d'une mission dont *le succès*, au contraire, allait étendre ces fructueuses relations, en terminant un litige qui faisait souffrir les anciens colons depuis long-temps, indépendamment de cette considération : que ce succès, obtenu par lui, assurerait inévitablement son avancement dans la carrière qu'il parcourait.

En général, les hommes ne sont ni insensibles ni indifférens à un tel résultat, et il est juste qu'ils soient glorieux de réussir dans des cas semblables; sans cette louable ambition qui doit toujours les animer, ils serviraient mal leur patrie.

M. de Mackau avait donc à mettre en jeu toutes les ressources de son esprit, pour obtenir l'acceptation de l'ordonnance. Par ouï-dire, il connaissait sans doute le caractère de Boyer; par la correspondance du Président, publiée antérieurement, par ses actes relatifs à la question de l'in-

---

1 Je suis convaincu que le gouvernement de la Restauration n'eût jamais voulu reconnaître l'indépendance d'Haïti par un traité ; mais ce ne fut pas moins une faute politique de la part de Boyer d'avoir réclamé une ordonnance pour la consacrer : mieux valait subir cette exigence de la situation, que de l'avoir provoquée soi-même.

2. Je suis également convaincu, d'après les documens qu'il m'a été permis de lire au ministère de la marine, que le gouvernement de la Restauration n'eût pas voulu être dans l'obligation de faire la guerre à Haïti, même de bloquer ses ports. Voyez ce que j'en ai dit au chapitre Ier de ce volume.

dépendance, depuis 1821, il voyait en lui un chef très-dé-sireux de parvenir à fixer définitivement le sort de son pays, à l'extérieur, après de glorieux succès à l'intérieur.

Cet officier savait, en outre, que des commissaires, des négociateurs peuvent souvent penser d'une manière sur une convention à conclure, même étant en cela d'accord avec le gouvernement qui les institue ; mais que le chef de ce gouvernement qui encourt toute la responsabilité envers son pays, peut être amené à modifier ses propres idées. L'empressement même que mit Boyer à lui accorder une audience, l'heure à laquelle elle fut fixée, devaient le forti-fier dans l'espoir qu'il parviendrait à lever les difficultés soulevées par les commissaires haïtiens.

Mais déjà, la plupart des citoyens éclairés de la capitale savaient le résultat de leurs conférences avec l'envoyé fran-çais, et que la commission avait reçu l'approbation du Président, pour avoir *repoussé* l'ordonnance royale. Per-sonne n'en connaissait la teneur, malgré ce que les commis-saires avaient pu dire à ce sujet à leurs amis ; mais chacun s'attendait à une rupture complète de toute négociation.

Cependant, M. de Mackau se rendit au palais où le Prési-dent le reçut, seul et en particulier. Il est facile de conce-voir qu'il était impossible que, admis de cette manière, il se bornât à faire des complimens et à prendre congé ; mais il paraît certain que ce fut le Président qui entama le pre-mier l'entretien sur l'objet de sa mission. Possédant la copie de l'ordonnance, d'accord sur toutes les objections que les commissaires y avaient faites, et pouvant lui-même les dé-velopper avec plus de talent par la facilité de son élocution, Boyer s'exprima avec une grande netteté dans les idées ; et s'animant successivement, il parla avec une chaleur de sentimens qui le rendit éloquent : ce qui étonna M. de

Mackau et l'émut fort souvent dans le cours de cet entretien qui dura jusqu'à minuit[1].

Car, le Président ne se borna pas à discuter les termes et les dispositions de l'ordonnance : il exposa la situation malheureuse et dégradante où le système colonial avait tenu les hommes de la race noire pendant des siècles, avant la révolution française ; il parla des phases diverses de celle de Saint-Domingue qui avait favorisé la conquête de leur liberté ; de la justice de la France qui avait enfin reconnu et proclamé leurs droits en dépit des résistances persévérantes des colons ; de la réaction survenue ensuite par l'influence pernicieuse de ces derniers, et qui occasionna une fatale guerre civile dans le pays, puis la formidable expédition de 1802, dont le but était de rétablir l'esclavage ; de la nécessité où les Haïtiens se trouvèrent de résister à la violence, et qui leur fit sentir l'obligation de se rendre indépendans de la France et de toutes autres puissances, pour se conserver et rester libres ; des premières missions envoyées à Haïti par le gouvernement actuel de la France, dans lesquelles son prédécesseur prit l'initiative de l'offre d'une indemnité en faveur des colons, offre que lui-même renouvela dès 1821, afin de prouver à la France, par cette transaction politique, que le peuple

---

1 Ce que je dis de cet entretien et de celui qui le suivit résulte de la lecture que j'ai faite du rapport de M. de Mackau au ministre de la marine, à son retour en France. C'est en y allant moi-même en mission, après les traités de 1838, sur la frégate la *Néréide*, que le brave amiral Baudin me donna communication de ce rapport. M. de Mackau y rendit pleine justice aux sentimens de Boyer ; il dit au ministre qu'il resta persuadé que toutes les objections faites contre l'ordonnance par les commissaires leur avaient été inspirées par le Président, tant celui-ci les développa avec talent, dans un langage élevé ; que Boyer fut réellement éloquent en parlant de son pays ; que lui-même se sentit ému à l'expression des sentimens de ce chef d'État qui voyait le sort de son pays dans ses mains, dépendant de la résolution qu'il allait prendre à l'égard de l'ordonnance ; que c'est alors qu'il offrit de rester en otage à Haïti, offre qui détermina Boyer. En France, le ministère ne fit pas publier ce rapport en son entier, parce que ces particularités et quelques autres sur la situation d'Haïti ne devaient pas voir le jour.

haïtien était digne de son estime et méritait qu'une reconnaissance formelle de son indépendance consacrât ses
droits et la position qu'il avait prise parmi les nations ;
de l'admission, dans ses ports, des bâtimens et du commerce français depuis dix ans ; de la sécurité que les Français y ont constamment trouvée pour leurs personnes et
leurs propriétés.

Et tout cela, pour aboutir à quoi? A une ordonnance
ambiguë dans ses termes, pouvant offrir diverses interprétations destructives de l'indépendance pleine et entière
qu'elle semblait accorder, stipulant une indemnité dont la
somme était au-dessus des ressources du peuple haïtien, et
supérieure à celle dont naguère on était convenu de part
et d'autre, quoiqu'elle fût déjà énorme[1].

Enfin, Boyer conclut à dire à M. de Mackau que, par
ces différens motifs, il ne pouvait pas accepter une ordonnance aussi contraire à celle qu'il avait espérée de la part
du Roi de France.

Tel est le sens des paroles prononcées par Boyer, et
des argumens qu'il employa à cette occasion. Je les garantis d'après ce que j'ai lu, sans pouvoir reproduire les
propres termes dont il se servit pour manifester son opinion sur l'ordonnance du 17 avril.

---

1 M. Esmangart avait refusé 80 millions offerts par MM. Larose et Rouanez, et s'il consentit ensuite au chiffre de 100 millions, c'est que le gouvernement français espérait qu'ils
auraient accepté l'ordonnance préparée alors, avec un article ainsi conçu : L'État d'Haïti
» ne pourra entrer pour aucune raison que ce soit dans une alliance offensive ou dé-
» fensive contre la France ; il ne pourra se placer *sous aucune autre protection* que celle
» de la France, qui lui *restera offerte*, mais ne lui sera pas *imposée*. Il pourra, hors ces
» deux cas, conclure tels traités d'amitié, d'alliance et de commerce qui lui paraîtraient
» convenables. » — M. Lepelletier de Saint-Rémy, tome 2, pages 40 à 46. Mais les envoyés haïtiens rapportèrent au Président que M. de Clermont-Tonnerre leur avait positivement dit que la France se réservait la *souveraineté extérieure* sur Haïti. La rédaction
de cet article prêtait en effet à cette interprétation ; toujours de l'ambiguïté !

A son tour, M. de Mackau dut lui répondre de manière à le persuader d'accepter cette ordonnance, à convaincre son esprit, en y détruisant ce qu'il considérait comme des préventions de la part du Président. Cet officier parla lui-même avec toute la fermeté de sa propre conviction; il mit dans son langage les expressions les plus convenables au but qu'il voulait atteindre, et les formes les plus séduisantes pour un chef d'État du caractère de Boyer, dont il appréciait d'ailleurs l'incontestable dignité. Il lui dit que, n'étant que porteur de l'ordonnance royale, et ne pouvant y rien changer parce qu'il n'avait pas les pouvoirs d'un *négociateur*, il lui offrait, néanmoins, de résumer ses propres argumens dans des *explications écrites*, sur les motifs de cet acte souverain et sur le sens des dispositions qu'il contenait.

A l'égard du chiffre de 150 millions de francs stipulé en faveur des colons, il lui fit espérer qu'une *réduction* notable pourrait y être faite, si le Président voulait adresser une lettre à Charles X, et se confier à la loyauté de ce monarque, quand il enverrait en France des agents chargés de conclure un traité de commerce, en conséquence de l'acceptation de l'ordonnance.

Ce premier entretien s'arrêta là, le Président demandant à réfléchir sur l'offre faite par M. de Mackau, d'explications écrites; et il fut convenu que cet officier reviendrait au palais le lendemain, 6 juillet, dans la soirée; ce qui eut lieu. Il trouva Boyer encore indécis; et reprenant ses argumens de la veille, il ajouta qu'il éprouvait une véritable peine à lui déclarer, comme il l'avait fait aux commissaires, qu'une autre mission lui était imposée par le gouvernement français, en cas que l'ordonnance royale ne fût pas acceptée : c'était d'employer des moyens coercitifs contre Haïti, avec la flotte qui devait être déjà rendue à proximité de ses côtes et même de la baie du Port-au-Prince [1].

Mais voyant que cette déclaration soulevait en Boyer l'honorable sentiment que le Président d'Haïti devait éprouver, M. de Mackau lui dit : que ces moyens lui répugnaient tellement à lui-même que, pour éviter d'en faire usage, il lui offrait de rester seul *en otage* auprès de lui, comme *garant* de toutes ses assertions. C'est alors seulement que Boyer, prenant sa main, lui dit : « Non, Monsieur le Baron, » la parole d'un officier français me suffit. J'accepterai » l'ordonnance du Roi, si vous me donnez, par écrit, des » explications suffisantes [2]. » Il fut convenu alors que M. de Mackau reviendrait avec elles au palais, dans la soirée du 7, parce que le Président voulait y convoquer dans l'après-midi, un certain nombre de fonctionnaires publics pour les consulter.

En effet, ils se réunirent en conseil privé dans le pavillon isolé au milieu du jardin du palais. Après leur avoir parlé des conférences qui avaient eu lieu entre M. de Mackau et les commissaires-haïtiens (ceux-ci étaient présens) et avec lui-même, Boyer, les ayant certainement disposés à ce qu'il désirait, laissa ce conseil privé sous la présidence du secrétaire d'Etat Imbert, afin que les opinions pussent se manifester plus librement, sur trois questions écrites par lui-même qu'il soumit à leur examen. Voici le résumé des opinions émises par le conseil :

---

1 Ces moyens coercitifs devaient se borner au *blocus* de nos ports ; mais la guerre en eût été le résultat, et M. de Mackau savait que son gouvernement n'en voulait pas depuis longtemps : de là tous ses efforts pour convaincre Boyer de la sincérité de Charles X.

2 Ces paroles de Boyer ont été rappelées dans le rapport de M. de Mackau. A mon retour à Haïti, je dis au Président comment cet officier avait parlé de lui et de cette affaire de 1825 ; il en fut extrèmement satisfait, et il me dit : « Beaucoup de mes concitoyens n'ont » pas été aussi justes envers moi ! » C'est vrai ; mais s'il eût agi en cette circonstance comme Pétion, ses concitoyens l'auraient entendu discuter, soutenir leurs droits.

« Aujourd'hui 7 juillet 1825, an xxII^e de l'indépendance d'Haïti ;

» Nous soussignés, fonctionnaires publics, magistrats et officiers militaires, dont les grades et qualités suivent nos signatures ; convoqués au palais national par S. E. le Président d'Haïti, à l'effet de lui donner notre opinion sur les trois questions qui suivent :

» 1° Le Roi de France, dans l'acte qui *reconnaît* l'indépen-
» dance du gouvernement d'Haïti, peut-il, dans le premier
» article, déclarer que les ports du pays sont ouverts au
» commerce de toutes les nations, en réservant pour le
» commerce français l'avantage de n'être assujetti qu'à la
» moitié des droits auxquels les autres sont tenus ?

» 2° Si l'on admet l'ordonnance royale telle qu'elle est
» conçue, la France ne pourrait-elle pas, dans l'avenir,
» s'en prévaloir contre toutes dispositions contraires
» qu'Haïti pourrait, dans son intérêt, prendre à l'égard des
» autres nations ?

» 3°. Cependant, l'indépendance étant enfin *reconnue*,
» dans l'ordonnance dont s'agit, ne s'exposerait-on pas, en
» repoussant l'ordonnance (par rapport à cette déclaration),
» à perdre à jamais l'occasion de conclure cette grande
» affaire ? »

« Après que Son Excellence se fut retirée, le secrétaire d'Etat a présidé ; et après que les membres ont eu développé leurs opinions, *l'unanimité* a été d'avis : — que l'indépendance d'Haïti, pleine et entière, étant *reconnue* par une ordonnance du Roi de France, dont il a été fait *verbalement* mention par S. E. le Président d'Haïti, *elle pourrait être acceptée*, sans que les conséquences de la rédaction du premier article puissent compromettre en rien, ni pour le présent, ni pour l'avenir, l'indépendance acquise par la nation,

*puisqu'elle se trouvait ratifiée par une forme qui avait été
demandée*[1]. Le Président d'Haïti *devra réclamer un traité*
qui explique, autant que possible, les dispositions de l'ordonnance du Roi de France, afin d'éviter tout malentendu
dans l'avenir. D'ailleurs, l'acceptation de l'ordonnance,
telle quelle, ne peut diminuer ni détruire en rien la force et
les moyens du gouvernement, pour résister à toute tentative qui pourrait être dirigée contre lui.

» En foi de quoi, nous avons signé le présent, au Port-
au-Prince, les jour, mois et an que dessus.

» Signé : Gayot, C. Dupiton, N. Viallet, Birot, Rouanez,
Pitre, J. Thézan, Dupuche, L.-A. Daumec, D. Chanlatte,
sénateurs; J.-C. Imbert, *secrétaire d'Etat;* Fresnel, *grand-
juge;* B. Inginac, *secrétaire général;* A. Nau, *trésorier général;* J.-F. Lespinasse, *doyen du tribunal de cassation;* Noël
Piron, *membre de la chambre des comptes;* Thomas Jean,
B. Noël et J. Chanlatte, *généraux de brigade;* et E. Frémont,
colonel. »

Comme on le voit, Boyer n'avait pas communiqué aux
membres de ce conseil privé, la *copie* qu'il tenait de l'ordonnance royale, ce qui est constaté dans le procès-verbal
ci-dessus; et dans les questions écrites qu'il leur posa, il
était dit que, par cet acte, le Roi de France *reconnaissait*
l'indépendance, tandis qu'il la *concédait*. De plus, le conseil
privé constata aussi que Boyer lui-même avait *demandé* une
ordonnance royale pour *ratifier* l'indépendance. Ce conseil
fut donc induit à penser que celle présentée par M. de Mackau, renfermait, à peu de choses près, *les clauses* portées
dans les instructions données en 1824 à MM. Larose et
Rouanez et publiées à leur retour à Haïti. En présence de

____

1 Allusion aux instructions de Boyer à MM. Larose et Rouanez.

la réticence de Boyer à ce sujet, les commissaires, qui savaient le contraire, se gardèrent d'éclairer les autres membres du conseil privé. Quoi qu'il en soit, leur avis motivé encourageait le Président à accepter l'ordonnance, telle quelle, si M. de Mackau, selon sa promesse, lui remettait les explications écrites qu'il avait offertes.

Dans la soirée, cet officier les apporta au Président; les voici :

On craint que cette clause de l'art. 1er de l'ordonnance du Roi : « Les ports de la partie française, etc., » n'ait pour but de ménager à la France les moyens d'intervenir plus tard, à son gré, dans les affaires de Saint-Domingue.

On dit même que c'est de la part du Roi de France un acte de souveraineté, et on remarque qu'il est en opposition avec les dispositions de l'art. 3 de l'ordonnance qui concède à Haïti l'indépendance pleine et entière de son gouvernement.

On répond d'abord, que c'est faire injure au caractère éminemment religieux du Roi de France, que de supposer que Sa Majesté a voulu retirer d'une main ce qu'elle accordait de l'autre.

C'est pour la première fois que S. M. Charles X s'adresse à l'ancienne colonie de la France, et comment le fait-elle? En allant elle-même au devant du nouvel État, en lui offrant tout d'abord *ce qu'il réclamait naguère*, en écartant de sa propre volonté la seule clause (celle de la suzeraineté) qui semblait blesser les Haïtiens, et à laquelle cependant n'aurait jamais voulu renoncer le feu roi, de vénérable mémoire. Les paroles de Charles X ne sont pas entourées d'artifices. Si Sa Majesté a eu de la peine à se résoudre à cette cession d'une partie des domaines de ses pères, il suffit cependant qu'elle y ait été décidée par les prières du Prince, objet de son orgueil et de son amour, pour que, désormais, elle reste inébranlable dans sa résolution. En cette circonstance, comme en toute autre, le Roi tiendra ce qu'il promet.

Sa Majesté m'a dit, et elle a daigné m'autoriser à le répéter, que, par les expressions de cet article, qui cause tant d'inquiétude, elle n'entendait pas se ménager le droit d'intervenir dans les affaires d'Haïti. Cette obscure combinaison serait indigne du caractère élevé d'un monarque dont l'Europe se plaît à proclamer la bonne foi.

Cette clause, ainsi que je l'ai déjà expliqué, n'a d'autre but que de montrer la France fidèle aux engagemens qu'elle a pris au congrès de Vérone avec tous les autres Etats de l'Europe [1].

Il y fut arrêté que tout arrangement qui aurait pour but de réconcilier de nouveaux Etats avec d'anciennes métropoles serait favorisé par tous les souverains de l'Europe, pourvu que (la métropole exceptée) tous les autres pavillons fussent accueillis et traités pareillement dans les nouveaux Etats.

La France donne la première l'exemple d'une réconciliation qui, étant imitée par son ancienne alliée, [2] peut rendre à toutes les Amériques le repos et la liberté, après lesquels elles soupirent vainement depuis si longtemps; et c'est dans les premiers mois de l'avénement au trône du Roi Très-Chrétien, que S. M. a voulu consacrer ce grand acte.

La France veut tenir ses promesses au congrès de Vérone, tout en *proclamant l'indépendance d'Haïti*; et son but, par cet art. 1er de l'ordonnance qui éveille tant de soupçons, est surtout de prouver qu'elle n'a stipulé des avantages particuliers pour aucun de ses alliés : c'est là son vrai motif.

Peut-on dire que cette première clause annule l'effet de la généreuse *déclaration de l'indépendance d'Haïti?* Quand le Roi de France est encore souverain de Saint-Domingue, il tient ses promesses aux divers souverains de l'Europe.

En proclamant l'indépendance d'Haïti, il renonce à toute participation à l'exercice de la souveraineté du nouvel Etat.

Non, le Roi de France n'a jamais songé à se ménager pour l'avenir des moyens *d'intervenir* dans les affaires d'Haïti; S. M. a daigné me le dire positivement, et sa pensée m'est tellement con-

---

1 Le congrès de Vérone eut lieu à la fin de 1822, du 20 octobre au 14 décembre, alors que le marquis de Clermont-Tonnerre, ministre de la marine et des colonies, envoyait M. Liot auprès de Boyer.

2 L'Espagne, à l'égard de ses colonies indépendantes. Ce passage confirme ce qu'on a dit de M. de Villèle.

nue à cet égard, que je ne crains pas d'assurer *qu'une déclaration formelle* de son cabinet, sur ce point, serait obtenue si elle était demandée.

On a dit encore : Mais cet art. 1er est un acte de souveraineté de la part du Roi de France?

Oui, sans doute, et, dans cette circonstance, je ne manquerai pas à une franchise dont je crois avoir donné des preuves au Président.

Oui, le Roi de France se considère souverain de Saint-Domingue, jusqu'au moment où, par l'art. 3 de son ordonnance, *il proclame l'indépendance d'Haïti*. Dans sa position élevée, le Roi de France ne feint jamais, il dit tout ce qu'il pense.

Mais si l'art. 1er est un acte de souveraineté, l'art. 3 n'en est-il pas un autre? Et peut-on contester au Roi de France le droit de parler en souverain, alors que S. M. ne s'adresse aux Haïtiens que pour leur dire : « Soyez une nation libre et indépendante, et amie » de mes sujets. »

Je voudrais être assez heureux pour faire passer de mon esprit dans celui de Son Excellence le Président, la conviction dont je suis pénétré. Non, ni la France, ni son bien-aimé souverain ne veulent tromper une nation nouvelle à laquelle nous ouvrons nos bras avec confiance !

Je crois avoir donné au Président, pour l'en convaincre, moins par cette note que par mes fréquentes explications verbales, toutes les raisons qui étaient en mon pouvoir. Un dernier moyen me reste, je l'offre, et il pourra servir à me juger.

Je suis assuré que l'ordonnance du Roi, *acceptée et entérinée* à Haïti dans les formes voulues par la République, S. E. le Président d'Haïti obtiendra facilement du cabinet de Sa Majesté, la *déclaration* que paraît rendre *indispensable* l'inquiétude générale. J'en suis tellement persuadé, que je m'en rends *garant*, que je m'offre à rester seul *en otage* jusqu'à ce qu'elle ait été obtenue.

J'enverrai un des bâtimens de ma division porter en France l'acte de l'enregistrement de l'ordonnance : je céderai à un de mes officiers le bonheur d'aller annoncer au Roi cette importante nouvelle, et j'attendrai ici l'effet de la promesse que me permet de faire la connaissance que j'ai des dispositions favorables du Roi et du Dauphin pour le nouvel Etat.

Après une telle offre, il ne me reste que peu de mots à ajouter.

En m'envoyant ici, le Roi m'a imposé des devoirs de deux sortes : je ne manquerai à aucuns, bien que certainement j'éprouverais à remplir les derniers autant de douleur que je ressentirais de joie dans l'accomplissement des premiers.

Je l'ai souvent dit au Président : je ne suis point un négociateur, je ne suis qu'un soldat ; j'ai reçu une consigne, et je l'exécuterai dans toute son étendue.

Que le Président veuille bien croire que, quelque chose que la Providence décide dans cette grande affaire, je n'en resterai pas moins avec la vive satisfaction d'avoir été appelé à apprécier *un homme célèbre*, qu'on ne peut approcher sans se remplir pour lui de sentimens de *vénération*, d'*estime*, et je voudrais qu'il me fût permis de dire, d'*affection*.

Le capitaine de vaisseau, gentilhomme de la chambre du Roi,

Signé : Baron DE MACKAU.

Ces explications étaient la reproduction de celles qu'il avait données verbalement, soit aux commissaires haïtiens, soit au Président, dont il reproduisait aussi les objections dans cette pièce. Elles satisfirent le Président; et il déclara à M. de Mackau qu'il acceptait l'ordonnance avec confiance, et dans l'espoir que le gouvernement français ferait avec celui de la République un *traité* qui lèverait toutes difficultés pour l'avenir, par rapport aux clauses insérées dans cet acte royal, et qui réduirait le chiffre énorme de l'indemnité. Satisfait lui-même du succès complet de sa mission, M. de Mackau fit savoir à Boyer qu'il allait expédier en France la goëlette *la Béarnaise* pour y donner cette agréable nouvelle, et qu'il désirait la confirmer officiellement aux yeux de son gouvernement par une lettre du Président d'Haïti, constatant *l'acceptation* de l'ordonnance et son prochain *entérinement* par le Sénat : ce qui serait un juste retour de la remise qu'il venait de faire de ses explications écrites. Boyer ne pouvait refuser une telle lettre; il promit de la faire et de la remettre le lendemain ; la voici :

« Monsieur le Baron,

» Les explications contenues dans votre note officielle, en date d'hier, prévenant tout malentendu sur le sens de l'article Iᵉʳ de l'ordonnance du Roi de France qui *reconnaît* l'indépendance pleine et entière du gouvernement d'Haïti, et confiant dans la loyauté de Sa Majesté Très-Chrétienne, j'accepte, au nom de la nation, cette ordonnance, et je vais faire procéder à son entérinement au Sénat avec la solennité convenable [1].

» Recevez, Monsieur le Baron, l'assurance de ma haute considération,

Signé : BOYER.

« Au Palais national du Port-au-Prince, le 8 juillet 1825, an xxiiᵉ de l'indépendance. »

Cette lettre fut remise, dans la matinée de ce jour, à M. de Mackau, qui expédia aussitôt le brig *le Rusé* auprès des amiraux Jurien et Grivel, pour leur annoncer le succès de sa mission et les inviter, du *consentement* de Boyer, à venir dans le port de la capitale avec tous les navires de guerre, afin d'ajouter, par leur présence, à l'éclat de la cérémonie de l'entérinement de l'ordonnance au Sénat et des fêtes qui la suivraient. La *Béarnaise* partit pour la France dans la soirée du 8, emportant des dépêches de M. de

---

1 On remarquera que cette lettre ne fit aucune réserve par rapport au chiffre de l'indemnité, de même que M. de Mackau n'en parla point dans ses explications écrites, parce qu'il conseilla à Boyer d'écrire une lettre à ce sujet à Charles X, en promettant d'appuyer sa réclamation.

Mackau et la lettre ci-dessus de Boyer. Le 9, à midi, la flotte entière arriva et jeta l'ancre dans la rade extérieure du Port-au-Prince ; elle forma deux lignes qui s'étendaient jusqu'en face du fort Bizoton. Ainsi, quand on a prétendu, à l'étranger comme en Haïti même, que ce fut la présence de ces navires de guerre, *dans le port*, qui décida Boyer à accepter l'ordonnance, on a avancé une assertion démentie par les faits que nous venons de relater. Ce sont les explications écrites de M. de Mackau et l'offre qu'il fit de rester en otage qui le déterminèrent.

Dès le 8, par ordre du Président d'Haïti, le secrétaire général fit publier un programme de la cérémonie projetée, qui devait avoir lieu le 11. Il n'y était fait mention que de M. de Mackau ; mais les deux amiraux étant arrivés le 9, ils réclamèrent du gouvernement de participer avec leurs officiers à toutes les circonstances de cette cérémonie : on condescendit à leur désir [1]. En conséquence, le 10, le secrétaire général fit publier un supplément au programme dont s'agit, et qu'il arrêta de concert avec M. de Mackau et l'amiral Jurien, commandant en chef de la flotte [2].

Nous avons dit que, dans le public, on s'était attendu à une rupture complète entre le gouvernement et l'envoyé français, puisqu'on savait que Boyer avait autorisé les commissaires à repousser l'ordonnance. Mais les deux entretiens qu'il eut ensuite avec M. de Mackau, le 5 et le 6 juillet dans la soirée, et qui parurent entourés d'un certain

---

1 Peu d'heures après leur arrivée en rade, les deux amiraux débarquèrent et se rendirent auprès de M. de Mackau, qui alla les présenter au général Inginac : ils furent présentés au Président dans la matinée du dimanche 10 juillet.

2 L'amiral Jurien avait figuré dans l'expédition de 1802 ; l'année suivante, il commandait la frégate *la Franchise*, au Petit-Goave, quand Lamarre s'empara de cette ville en expulsant la garnison française. (Tome 5 de cet ouvrage, page 389). M. Jurien se rappela qu'il avait une fille naturelle avec une dame de cette ville ; il s'informa d'elles, et elles vinrent le voir au Port-au-Prince où il les accueillit, en laissant à sa fille des témoignages de sa générosité.

mystère auquel la population de la capitale n'était pas habituée, d'après la manière dont Pétion avait agi envers les agents de la France qui étaient venus de son temps ; la réunion des sénateurs et des fonctionnaires qui eut lieu dans l'après-midi du 7, et d'où sortirent des demi-confidences faites aux uns et aux autres sur le contexte *présumé* de l'acte qu'on allait accepter, parce qu'ils l'ignoraient eux-mêmes ; le nouvel entretien qu'eut le Président avec M. de Mackau , dans la soirée du 7, et l'accord entre eux que prouvait la publication du premier programme : tout contribuait à faire naître une vague inquiétude sur les conséquences finales de cette affaire, et à préparer les esprits ardens à une exaltation fondée sur les susceptibilités nationales. Mais ce fut autre chose, quand on vit paraître les navires de la flotte, quand on entendit publier le supplément au programme, considéré comme une *exigence* des amiraux afin de participer à la cérémonie et aux fêtes avec leurs officiers. On se sentit, on se crut *humilié* par la présence de cette force maritime ; l'honneur et la dignité de la nation parurent atteints, tandis qu'au fait, ces navires de guerre venaient saluer avec plus d'éclat le pavillon haïtien ; et l'on ne fut que trop disposé, malheureusement, à tout imputer à Boyer, à penser qu'il avait sacrifié cet honneur et cette dignité par la crainte de la guerre qui aurait pu survenir de son refus absolu d'accepter l'ordonnance de Charles X. Il n'y eut point, sans doute, une explosion ouverte de ces sentimens ; mais, ce qui est pire, un mécontentement concentré qui, de la capitale, devait se répandre dans toute la République et produire bientôt de fâcheux effets [1].

---

[1] Si M. Esmangart avait pu dire au général J. Boyé que la reconnaissance de l'indépendance d'Haïti, telle qu'il la proposait, serait une *humiliation* pour le roi de France,

Cependant, tout étant disposé pour la cérémonie du 11 juillet, le Président d'Haïti adressa au Sénat le message suivant, en date du 10 :

« Citoyens Sénateurs,

» Sa Majesté le Roi de France ayant *reconnu*, par son ordonnance du 17 avril dernier, l'indépendance pleine et entière du gouvernement d'Haïti, et Monsieur le baron de Mackau, qui en est porteur, m'ayant donné officiellement toutes les explications que je désirais pour la garantie nationale, j'ai accepté ladite ordonnance. Monsieur le baron de Mackau doit, d'après mon invitation, la présenter demain matin à votre adhésion : je ne doute pas, qu'appréciant les motifs qui ont guidé ma détermination, vous ne procédiez à l'entérinement de cet acte selon les formes voulues par nos institutions [1].

» J'ai la faveur de vous saluer avec une haute considération,

» Signé : BOYER. »

Entériner est un terme de jurisprudence qui signifie « ra- » *tifier* juridiquement un acte qui ne pourrait valoir sans

il était bien permis aux Haïtiens de penser de même par rapport à son ordonnance et à la présence de la flotte dans la rade du Port-au-Prince. Mais si le Président avait fait savoir au public que c'était avec son consentement que *le Rusé* allait l'y appeler, on n'eût pas éprouvé ce sentiment; car on crut généralement que c'était malgré lui.

1 On remarquera encore que si les sénateurs appelés en conseil privé n'eurent point connaissance de la copie de l'ordonnance, le Sénat ne reçut pas non plus communication des explications écrites de M. de Mackau. Or, ce corps ayant le pouvoir de sanctionner ou de rejeter l'acceptation de l'ordonnance par Boyer, celui-ci aurait dû lui donner connaissance aussi de ces explications écrites pour mieux obtenir son adhésion. Et puis, avant de faire publier le programme du 8 juillet, il aurait dû adresser son message qui fut tardif. En conseil privé, les sénateurs ne formaient pas *le Sénat*. Cet oubli des formes et de convenances envers ce corps contribua beaucoup à exalter l'opinion publique par la suite.

» cette formalité » ; aussi dit-on : *entériner* des lettres de
grâce, de noblesse, etc. Mais, selon la constitution, le Sénat, corps politique, avait le pouvoir de rejeter ou de
sanctionner, c'est-à-dire d'approuver ou de confirmer les
traités faits par le Président d'Haïti avec les puissances
étrangères. En *adhérant* d'abord à l'ordonnance *acceptée*
par le Président, en procédant ensuite à son *entérinement*, le
Sénat la *ratifiait;* il l'approuvait ou confirmait, en lui donnant en quelque sorte la valeur d'un *traité*, bien que cet
acte fût loin d'en avoir *la forme.*

Mais on se trouvait dans une situation anormale, créée
par Boyer lui-même dans ses instructions de 1824; il fallait
que le Sénat *l'aidât à en sortir*, et déjà, dans le conseil
privé du 7, dix de ses membres avaient opiné en ce sens,
sans avoir même eu une due connaissance de l'ordonnance.
M. de Mackau paraît être celui qui, le premier, parla de son
entérinement par le Sénat; car il sentait que, sans cette
formalité, la seule acceptation de cet acte par le Président
d'Haïti ne serait d'aucune valeur aux yeux du gouvernement français. Le Président lui-même dut le désirer et le
vouloir ainsi, afin de remplir, autant que possible, le vœu
de la constitution, et de n'être pas *seul responsable* aux
yeux du peuple haïtien, auquel l'ordonnance imposait des
obligations et des charges pécuniaires, indépendamment de
ses dispositions ambiguës et de ses termes qui étaient de
nature à froisser la dignité nationale.

Enfin, selon le programme, dans la matinée du 11 juillet,
les autorités militaires de la capitale et les généraux présens, les officiers du port et ceux des garde-côtes de l'Etat,
le juge de paix et ses suppléans, et les membres du conseil
des notables, se rendirent sur le quai pour y recevoir et
complimenter M. de Mackau. Il quitta la frégate *la Circé* au

bruit d'une salve de 21 coups de canon, répétée par *l'Eylau*, vaisseau-amiral, et par *le Jean-Bart*, vaisseau en second, laquelle fut tirée en l'honneur de l'ordonnance du Roi de France que portait M. de Mackau, dans un fourreau de velours cramoisi. Le canot où il se trouvait marchait entre ceux des amiraux Jurien et Grivel, et ils étaient suivis de beaucoup d'autres qui portaient tous les commandans des navires de la flotte et les officiers qu'ils avaient désignés. A leur arrivée sur le quai, sur l'ordre donné par le général Thomas Jean, commandant de la place, le cortége se mit en marche, précédé des grenadiers de la garde nationale, de la musique militaire, des autorités civiles et des officiers du port et des garde-côtes, des officiers de la marine française; venaient ensuite M. de Mackau et les amiraux, que les généraux haïtiens environnaient : les chasseurs de la garde nationale fermaient ce cortége, que le peuple suivait des deux côtés, comme en toutes circonstances de même nature.

Le Sénat était en séance publique dans son palais, où se trouvaient réunis beaucoup de citoyens et de fonctionnaires civils assistant comme eux, et les commerçans étrangers, surtout les Français présens à la capitale. Au moment où le cortége allait arriver, un des secrétaires du Sénat donna lecture du message du Président d'Haïti, en date du 10; puis le cortége fut introduit. M. de Mackau et les deux amiraux occupèrent des siéges préparés pour eux, en face du sénateur Gayot, président du Sénat; les généraux haïtiens et les officiers de la marine française se placèrent en arrière. Alors, M. de Mackau, s'étant levé, adressa au Sénat le discours suivant :

« Messieurs du Sénat,

» Le Roi m'a ordonné de venir vers vous et de vous offrir

en son nom le pacte le plus généreux dont l'époque actuelle offre l'exemple. Vous y trouverez la preuve, Messieurs, qu'en ces grandes circonstances, la royale pensée de Sa Majesté ne s'est pas moins portée sur l'état précaire des Haïtiens que sur les intérêts de ses sujets.

» Sans doute, Messieurs, les hautes vertus de votre digne Président, et les prières d'un Prince qui est tout à la fois l'orgueil et de son père et de la France, ont exercé une grande influence sur la détermination de Sa Majesté; mais il suffirait qu'il y eût du bien à faire à une réunion d'hommes, pour que le cœur de Charles X fût vivement intéressé.

» Dieu bénira, Messieurs, cette sincère et grande réconciliation, et permettra qu'elle serve d'exemple à d'autres États déchirés encore par des maux dont l'humanité gémit,

» Aussi nous est-il permis d'espérer que, dans le Nouveau-Monde comme dans l'Ancien, nous trouverons tous les cœurs ouverts à cet amour qui nous fut légué par nos pères, dont héritera notre postérité la plus reculée, pour cette auguste Maison de France qui, après avoir fait le bonheur de notre pays, a voulu fonder celui de ce nouvel État. »

Et il déposa l'ordonnance sur le bureau du Président du Sénat et retourna à sa place [1]. Le sénateur Rouanez, l'un des secrétaires, en donna lecture à haute voix. Sur l'invitation de son président, le Sénat vota son acceptation et son

---

1 En voulant]se rasseoir, M. de Mackau perdit l'équilibre et brisa son siége ; car il était corpulent et de grande stature. Il fut soutenu par les deux amiraux pour ne pas tomber : un général haïtien lui donna un autre fauteuil. J'ai vu ce que je dis. — Cette particularité, connue dans le public inquiet, fut interprétée comme *un mauvais signe* pour l'ordonnance qu'il venait de déposer sur le bureau du Sénat, tant la superstition est vivace dans certains esprits.

enregistrement : ainsi fut *entériné* cet acte [1]. Le président répondit alors au discours de M. de Mackau, par les paroles suivantes :

« Monsieur le Baron,

» Nous recevons avec vénération l'ordonnance de Sa Majesté Très-Chrétienne, par laquelle la récognition de l'indépendance d'Haïti est formellement *déclarée*, et dont vous avez été chargé de nous présenter l'acte solennel.

» Il appartenait à un descendant de la noble et antique race des Bourbons, de mettre le sceau au grand œuvre de notre régénération. Après de si funestes et de si cruelles calamités, Charles X, justement Roi Très-Chrétien, vient enfin de *reconnaître le droit acquis* par le peuple haïtien, et appelle cette jeune nation à prendre rang parmi les peuples anciens.

» Rendons grâce à l'Eternel !

» Gloire à l'auguste monarque qui, *dédaignant des lauriers qui seraient souillés de sang,* a préféré ceindre son front majestueux de l'olivier de la paix [2] !

» Réunissons nos vœux pour bénir son bien-aimé fils, dont la Renommée, en publiant les vertus, a fait retentir sa voix jusqu'à nous.

» Félicitons M. le baron de Mackau d'avoir si dignement rempli son honorable mission : le nom de son souverain, celui du Dauphin de France et le sien, seront inscrits en traits ineffaçables dans les fastes d'Haïti. »

---

1 On a vu que dix sénateurs seulement firent partie du conseil privé tenu au palais de la présidence ; mais on avait appelé sans délai à la capitale ceux qui habitaient les lieux les plus voisins, et il s'en trouva *treize* à la séance du 11 juillet : le sénateur Lafontant, venu de Jacmel après cette séance, adhéra aussi à la résolution de ses collègues.

2 Le sénateur Gayot reçut d'amers reproches des patriotes exaltés pour l'idée exprimée dans sa phrase soulignée ; il en fut inconsolable, et c'était avec raison.

Ce discours fut suivi des cris de : Vive Charles X ! Vive (trois fois) l'indépendance d'Haïti ! Vive le Président d'Haïti ! Vive le baron de Mackau !

Après son discours, le président du Sénat désigna les sénateurs Daumec, Pitre et Rouanez pour se rendre auprès du Président d'Haïti, lui remettre l'ordonnance royale et lui annoncer son entérinement. Le cortége se mit aussitôt en marche, en suivant le même ordre qu'auparavant [1]. Le contre-amiral Panayoty vint recevoir et complimenter M. de Mackau et les deux amiraux, au pied du grand escalier du palais de la présidence, et il les introduisit dans la salle des généraux [2]. Le Président d'Haïti s'y tenait assis et ayant à ses côtés le secrétaire d'Etat, le grand-juge et le secrétaire général, tous en grand costume de leurs dignités. M. de Mackau et les deux amiraux furent placés sur des siéges en face d'eux, et les autres membres du cortége comme ils l'étaient au Sénat. Le sénateur Daumec, au nom de ce corps, adressa quelques paroles au Président d'Haïti et lui remit l'ordonnance royale. Le Président prononça alors le discours suivant :

« En acceptant solennellement l'ordonnance de Sa Majesté Charles X, *qui reconnaît d'une manière formelle l'indépendance pleine et entière du gouvernement d'Haïti,* qu'il est doux pour mon cœur de voir mettre le sceau à l'émancipation d'un peuple digne, par son courage et sa détermination, des destinées que la Providence lui réservait;

---

1 La musique militaire, jouant à tout moment pendant la marche du cortége, fit entendre les airs des chants nationaux de la France révolutionnaire, même le *Ca-ira* de 1793 : ce qui parut assez singulier à un « gentilhomme de la chambre du roi. » M. de Mackau en ayant fait ensuite l'observation au général Inginac, celui-ci répondit : « Soyez indul- » gent, car nos musiciens ne connaissent pas d'autres airs; et puis, vous savez que la » République d'Haïti est une fille de la République française? »

2 L'amiral Panayoty avait cessé de commander l'arrondissement de Saint-Jean, où il s'ennuyait de ne plus voir *la mer.* En 1824, je passai à Les-Matas, où il me dit cela.

d'un peuple à la tête duquel il m'est si glorieux d'avoir été appelé!

» Si les Haïtiens, par leur constance et leur loyauté, ont mérité l'estime des hommes impartiaux de toutes les nations, il est juste de rendre ici un hommage éclatant à la gloire incontestable que, par cet acte mémorable, le monarque de la France vient d'ajouter à l'éclat de son règne. Puisse la vie de ce souverain être longue et heureuse pour le bonheur de l'humanité!

» Depuis vingt-deux ans, nous renouvelons chaque année le serment de vivre indépendans ou de mourir : désormais, nous y ajouterons un vœu cher à notre cœur, et qui, j'espère, sera entendu du ciel : que la confiance et une franchise réciproque, cimentent à jamais l'accord qui vient de se former entre les Français et les Haïtiens! »

A son tour, M. de Mackau, se levant, parla ainsi avec un accent qui décelait sa profonde satisfaction de l'heureux succès de sa mission :

« Monsieur le Président,

» Le Roi a su qu'il existait sur cette terre éloignée, autrefois dépendante de ses Etats, un chef illustre, qui ne se servit jamais de son influence et de son autorité que pour soulager le malheur, désarmer la guerre de rigueurs inutiles, et couvrir les Français surtout de sa protection [1].

» Le Roi m'a dit : « Allez vers cet homme célèbre,
» offrez-lui la paix, et, pour son pays, la prospérité et le

---

1 Boyer, de même que Pétion, fit toujours respecter tous les étrangers qui venaien dans la République, où il n'y avait aucun consul; mais il est vrai que les Français se trou vaient parfois plus exposés que les autres nations, notamment lors de l'équipée de Samana. Tont en ordonnant des mesures à leur égard en cette circonstance, il était aussi du devoir du Président d'Haïti de les faire protéger.

» bonheur. » J'ai obéi; j'ai rencontré le chef que m'avait signalé mon Roi, et Haïti a pris son rang parmi les nations indépendantes. »

A ces paroles flatteuses, le Président d'Haïti répondit :

« Monsieur le Baron,

» Mon âme est émue à l'expression des sentimens que vous venez de manifester. Il m'est glorieux et satisfaisant tout à la fois d'entendre ce que vous m'annoncez dans cette grande solennité, de la part de Sa Majesté le Roi de France. Tout ce que j'ai fait n'a été que le résultat de principes fixes qui ne varieront jamais.

» J'éprouve une véritable satisfaction de pouvoir, dans cette circonstance, vous témoigner combien je me félicite d'avoir été à portée d'apprécier les qualités honorables qui vous distinguent. »

En ce moment et par ordre du Président, le secrétaire général donna lecture à haute voix de l'ordonnance royale. Les mêmes vivats prononcés au Sénat se firent entendre de nouveau; puis le secrétaire général remit à M. de Mackau la déclaration qui suit :

LIBERTÉ,   ÉGALITÉ.

RÉPUBLIQUE D'HAITI.

Jean-Pierre Boyer, Président d'Haïti,

« Déclarons avoir reçu des mains de M. le baron de Mackau, capitaine de vaisseau au service de S. M. T. C., gentilhomme de la chambre du Roi, l'ordonnance royale qui a été entérinée ce jour par le Sénat et dont la teneur suit... »

» En foi de quoi, le présent, signé de notre main et revêtu de notre sceau, a été remis à M. le baron de Mackau pour lui servir ce que de raison.

» Donné au palais national du Port-au-Prince, le 11 juillet 1825, an xxiie de l'indépendance.

» Signé : BOYER.

» Par le Président d'Haïti, — le secrétaire général, B. Inginac ; — le secrétaire d'État, J.-C. Imbert ; — le grand juge, Fresnel.

Cette déclaration, la lettre du Président du 8 juillet, et une copie du procès-verbal de la séance du Sénat, remise également à M. de Mackau, constituèrent *l'engagement* pris par Haïti envers la France, d'exécuter les dispositions de l'ordonnance royale du 17 avril 1825, — sous la réserve toutefois des *explications* écrites et signées par M. de Mackau, concernant l'ambiguïté de ces dispositions, et qui faisaient espérer qu'un traité régulier entre les deux Etats dissiperait toute équivoque en satisfaisant l'honneur et la dignité nationale d'Haïti ; car ces explications, données et acceptées de bonne foi, constituaient aussi *un engagement moral* pour la France, représentée par cet envoyé militaire.

Conformément aux programmes publiés le 8 et le 10, aussitôt que le Président d'Haïti eut remis sa déclaration ci-dessus à M. de Mackau, à un signal convenu, le vaisseau-amiral *l'Eylau* commença une salve de 21 coups de canon en l'honneur du pavillon national de la République : après le premier coup, le vaisseau *le Jean-Bart* et la frégate *la Circé* commencèrent aussi à tirer, et tous les autres navires de guerre les imitèrent. En même temps, le fort *Alexandre* tirait une pareille salve en l'honneur du pavillon royal de France, qui fut répétée par tous les autres forts de la capi-

tale et par les garde-côtes de la République mouillés dans
la rade. Tous les navires de guerre, français et haïtiens,
furent pavoisés au premier coup de canon tiré par chacun
d'eux. Cette manœuvre et cette salve de part et d'autre
furent, sans contredit, la partie la plus brillante de cette
cérémonie. Elle se termina, pour la journée, par un *Te
Deum* chanté à l'église paroissiale et auquel le cortége entier
assista, en sortant du palais pendant les salves. Les trois
grands fonctionnaires s'y joignirent, mais le Président
d'Haïti resta en son palais.

Immédiatement après le *Te Deum*, on publia la proclamation qui suit, adressée au peuple et à l'armée par le Président d'Haïti :

« Haïtiens !

» Une longue oppression avait pesé sur Haïti : votre
courage et des efforts héroïques l'ont arrachée, il y a vingt-
deux ans, à la dégradation, pour l'élever au niveau des
Etats indépendans. Mais il manquait à votre gloire un
autre triomphe. Le pavillon français, en venant saluer cette
terre de liberté, consacre en ce jour la légitimité de votre
émancipation. Il était réservé au monarque, aussi grand
que religieux, qui gouverne la France, de signaler son
avénement à la couronne par un acte de justice qui illustre
à la fois et le trône dont il émane et la nation qui en est
l'objet.

» Haïtiens ! une ordonnance spéciale de S. M. Charles X,
en date du 17 avril dernier, *reconnaît* l'indépendance
pleine et entière de votre gouvernement. Cet acte authentique, en ajoutant la formalité du droit à l'existence politique que vous aviez déjà acquise, légalisera, aux yeux du
monde, le rang où vous vous êtes placés et auquel la Providence vous appelait.

» Citoyens ! le commerce et l'agriculture vont prendre une plus grande extension. Les arts et les sciences, qui se plaisent dans la paix, s'empresseront d'embellir vos nouvelles destinées de tous les bienfaits de la civilisation. Continuez, par votre attachement aux institutions nationales et surtout par votre union, à être le désespoir de ceux qui tenteraient de vous troubler dans la juste et paisible possession de vos droits.

» Soldats ! vous avez bien mérité de la patrie. Dans toutes les circonstances, vous avez été prêts à combattre pour sa défense. Vous serez toujours fidèles à vos devoirs. La confiance dont vous avez donné tant de preuves au chef de l'Etat, est la plus douce récompense de sa constante sollicitude pour la prospérité et la gloire de la République.

» Haïtiens ! montrez-vous toujours dignes de la place honorable que vous occupez parmi les nations ; et, plus heureux que vos pères, qui ne vous avaient transmis qu'un sort affreux, vous léguerez à votre postérité le plus bel héritage qu'elle puisse désirer : la concorde intérieure, la paix au dehors, une patrie florissante et respectée.

» Signé : BOYER. »

Dans la soirée, un immense banquet fut offert à M. de Mackau, aux deux amiraux et à leurs officiers, dans la vaste maison particulière du secrétaire d'État, située rue Républicaine, qu'on venait d'achever et qui n'était pas occupée. En l'absence de ce grand fonctionnaire, le secrétaire général y présida, entouré du grand juge, des sénateurs, des représentans du Port-au-Prince, des hauts fonctionnaires de l'administration des finances et civile, des magistrats de l'ordre judiciaire, de beaucoup d'employés secondaires, des généraux, des autorités militaires, des officiers des troupes de la garnison. Les commerçans nationaux et étrangers y furent conviés, ainsi que les citoyens notables de la capitale. De nombreux toasts furent portés à ce banquet : — Au Roi Charles X, au Dauphin de France, au Président et à la République d'Haïti, à l'Indépendance, au Sénat, à la Chambre des communes, etc. Le brave amiral Grivel proposa celui-ci : « A la mémoire de » l'illustre Pétion ! Les Haïtiens ne doivent jamais oublier » que le courage et la sagesse de ce grand homme ont pré- » paré l'heureuse journée que nous fêtons. » Ce toast, porté avec l'accent de l'estime et de la conviction, fut accueilli avec un chaleureux enthousiasme par tous les Haïtiens : ils surent gré au vaillant officier qui rendait à Pétion cet hommage d'admiration qu'il méritait si bien [1].

Malheureusement, le sénateur Rouanez en porta un qui ne pouvait être agréé avec autant de plaisir par tous les Français réunis à la même table. Il dit : « Au vénérable » *Henri Grégoire*, le constant ami des Haïtiens et de tous » les hommes de la race noire! » La position officielle de M. de Mackau et des amiraux Grivel et Jurien ne leur permettait pas de concourir à ce toast ; ils posèrent leurs verres sur la table, avec un sentiment visible d'improbation ; et, à leur exemple, les autres officiers de marine en firent autant, car Grégoire était en opposition pour toujours à la branche aînée des Bourbons, soit par rapport à sa conduite dans la Convention nationale, soit comme ancien évêque de Blois, nommé en vertu de la constitution civile du clergé de France.

Mais, si les officiers français n'accüeillirent point ce

____

1 A chaque toast, on tirait une salve avec des pièces de campagne placées dans la rue Républicaine. Sur chaque bouteille de vin, on avait mis au bouchon, alternativement, un petit drapeau haïtien et celui de la France qui était tout blanc.

toast, les Haïtiens affectèrent même d'y boire avec un bruyant enthousiasme ; et ils eussent manqué à leurs devoirs envers le *philanthrope* qui avait si longtemps défendu leur cause, qui la défendait encore contre les détracteurs de la race noire, s'ils avaient pu se laisser influencer par l'improbation des officiers français. Ceux-ci n'avaient-ils pas vu le portrait de Grégoire, ornant la salle des séances du Sénat et l'un des salons du palais de la présidence? Mais comme ils étaient nos hôtes en ce moment, que les convenances exigeaient de notre part des attentions courtoises, et que l'amiral Grivel venait d'exprimer une haute estime pour la mémoire de Pétion, le sénateur Rouanez, placé aussi dans une position officielle, aurait dû s'*abstenir* de porter ce toast par égard pour eux : cependant, du moment qu'il l'avait proposé, les Haïtiens devaient l'accueillir.

Ce fâcheux incident porta le gouvernement à omettre ce toast, dans la relation qu'il fit donner sur *le Télégraphe*, de toutes les particularités qui eurent lieu relativement à la mission remplie par de M. de Mackau ; en cela, il voulait, non-seulement être agréable à Charles X et à son ministère, mais surtout ne pas s'exposer à entraver la conclusion du traité qu'il s'agissait de faire, pour remédier aux ambiguïtés de l'ordonnance royale. La situation que cet acte faisait à Haïti commandait ce ménagement : on ne le comprit pas ainsi dans la République, parce qu'on oublia que ce qui est permis aux citoyens ne l'est pas toujours au gouvernement lui-même [1].

---

[1] Cette particularité fut dénoncée avec malignité à Grégoire ; je crois même qu'elle fut mentionnée sur les journaux ministériels, à Paris. Ensuite, les commissaires haïtiens envoyés là, n'allèrent visiter Grégoire qu'après avoir terminé leur mission infructueuse et au moment de retourner à Haïti. Ce vieillard se crut abandonné par les Haïtiens et en conçut une vive peine qu'il exprima dans un écrit à leur adresse, en leur faisant ses *Adieux*. Nous en parlerons plus tard,

Sauf cet incident, le banquet eut un entrain joyeux qu'augmentaient l'amabilité des Français et leur excellent vin de Champagne. Le représentant J. Élie y chanta un *hymne à l'Indépendance*, en six strophes, composé par le jeune poëte haïtien, J.-B. Romane [1]. Enfin, immédiatement après le banquet, un bal brillant eut lieu dans le même local. Les dames haïtiennes vinrent prendre part à la joie commune, en initiant les officiers français aux séduisantes cadences du *Carabinier*, cette danse nationale où elles déploient tant de grâces. Une illumination générale rendait la capitale fort gaie.

M. de Mackau et les amiraux Jurien et Grivel avaient trop de bon goût, ils étaient trop bons Français, pour ne pas répondre à ces démonstrations de satisfaction. Quelques jours après, ils invitèrent les grands fonctionnaires les généraux, les sénateurs, les représentans, les personnes les plus notables parmi les magistrats et les fonctionnaires, publics, les commerçans nationaux et étrangers, à assister à un banquet somptueux qui fut donné sur le vaisseau-amiral, et à la suite duquel il y eut aussi un bal où les dames haïtiennes se réunirent, sur l'invitation empressée de ces officiers.

Après toutes ces fêtes, il y avait encore certaines choses à régler ou à convenir entre les gouvernemens de France et d'Haïti, et dont la prévoyance du premier avait chargé

---

[1] Voici la première strophe :

> Le monde a salué tes fils,
> Soleil, c'est aujourd'hui ta fête.
> Vois Haïti mêler le lys
> Aux palmes qui couvrent sa tête.
> Partage nos transports joyeux
> En ce jour de réjouissance :
> La France a comblé nos vœux;
> Vive Haïti ! Vive la France !

Le même auteur fit une épitre en vers qu'il adressaà Charles X ; M. de Mackau s'en chargea.

M. de Mackau, en cas de succès dans sa mission. On va voir de quoi il s'agit, dans le document suivant qui fut la réponse à une note que cet officier avait adressée à Boyer. Le 16 juillet, le secrétaire général lui écrivit :

« Monsieur le Baron, .

» Je suis chargé par Son Excellence le Président d'Haïti de vous accuser réception de la nouvelle note que vous lui avez adressée sous la date d'hier, et de vous transmettre la pensée de S. E., ainsi que vous en témoignez le désir, relativement aux quatre articles que vous y développez. Pour plus de précision, je choisirai l'ordre que vous avez suivi.

» 1° Les ministres du Roi et S. M. elle-même (elle a
» daigné me l'exprimer), attachent beaucoup de prix à ce
» que *l'emprunt* que le gouvernement d'Haïti pourra con-
» tracter pour satisfaire à ses engagemens, ait lieu en
» France. S. M. verrait avec bien du *déplaisir* que des
» *étrangers* intervinssent dans le détail d'un arrangement
» qui a mené les deux pays à une réconciliation franche et
» finale. »

» Son Excellence a le désir bien sincère d'être agréable au gouvernement français. Mais, comme elle vous l'a dit elle-même dans plusieurs conférences, elle s'était vue, par délicatesse, dans l'obligation de répondre à différentes propositions que plusieurs capitalistes étrangers lui avaient faites depuis à ce sujet. Cependant, S. E., pour donner à S. M. T. C. et ses ministres une preuve de sa bonne volonté, m'autorise à déclarer, qu'excepté la moindre portion qu'elle s'était déjà engagée à accorder, tout le reste de l'emprunt, à conditions égales, sera fait dans les mains des capitalistes français.

» 2° Les bâtimens de guerre de S. M. T. C. ne se pré-

» senteront dans les ports d'Haïti, qu'ainsi que cela se
» pratique entre nations amies, et Sa Majesté compte qu'ils
» y seront reçus avec l'empressement et les égards auxquels
» ils ont droit. Il en sera de même dans les ports de France,
» à l'égard des bâtimens haïtiens. »

» Cette réciprocité étant honorable pour la nation haïtienne, Son Excellence y adhère avec plaisir. Mais il sera
bien entendu que les bâtimens de guerre de S. M. T. C.
n'entreront dans nos ports que *partiellement*. Vous sentirez
la nécessité de cette restriction, pour ôter toute prise et
tout prétexte à la malveillance.

» 3° Mais les ministres de S. M. désirent que les bâti-
» mens et les citoyens d'Haïti *s'abstiennent* de se présenter
» dans les colonies de la France. La raison s'explique
» d'elle-même; et à cet égard, ils se reposeront avec con-
» fiance sur la promesse de Son Excellence le président
» Boyer, que j'ai ordre de leur rapporter. »

» Les ministres de S. M. T. C. émettent un vœu qui fut
toujours dans le cœur de Son Excellence, et qu'elle promet
de remplir strictement.

» 4° Pour le moment, la France ne se propose d'entrete-
» nir à Haïti qu'un consul général; le nouvel Etat en usera
» de même à son égard. »

» Les vues de Son Excellence s'accordent parfaitement
sur ce point avec les désirs du gouvernement français.

» Voilà, Monsieur le baron, l'expression franche des intentions de Son Excellence relativement aux différentes
questions que vous avez posées. Son Excellence se trouve
heureuse que sa pensée soit ainsi en harmonie avec le désir
des ministres de S. M. T. C, ; et elle espère qu'il régnera
toujours entre les deux gouvernemens le même accord de
sentimens.

» Recevez, je vous prie, Monsieur le baron, l'assurance nouvelle de ma haute considération.

« Signé : B. Inginac. »

Le premier article de la note de M. de Mackau reposait sur ce fait : — que le gouvernement français ayant appris que lors de la mission de MM. Larose et Rouanez, des capitalistes anglais avaient offert au gouvernement haïtien de se charger du payement de l'indemnité qui serait convenue entre Haïti et la France, au moyen d'un emprunt qu'il ferait contracter en Angleterre, les ministres de S. M. T. C. voulurent s'opposer à ce contrat. Cette opposition, on le reconnaît bien, n'avait pas seulement pour motif la jalousie séculaire entre la France et l'Angleterre ; mais du moment qu'en France on savait qu'Haïti serait forcée de contracter un emprunt à l'étranger pour payer l'indemnité, on voulut qu'il se fît en France même, afin que si, par la suite, il survenait des difficultés entre les prêteurs et le gouvernement haïtien, le gouvernement français pût intervenir dans l'intérêt des premiers. Par là, il se ménageait une nouvelle action, une nouvelle influence sur les affaires d'Haïti, tandis que, si l'emprunt se contractait en Angleterre, ce serait le gouvernement britannique qui, au besoin, interviendrait pour les prêteurs de sa nation, et dans certaines éventualités, prendrait indirectement intérêt à la conservation de l'indépendance d'Haïti, par rapport à ses nationaux [1]. Sur ce point, la réponse du secrétaire général est empreinte d'embarras : on se voyait en quelque sorte obligé de céder au désir du ministère français, et on se réserva la faculté d'accorder une

1 « M. de Villèle attachait une grande importance *politique* à empêcher cette immixtion... » — M. Lepelletier de Saint-Rémy, t. 2, p. 117.

portion de l'emprunt aux capitalistes anglais, avec la presque certitude de ne pouvoir le faire.

Quant aux articles 2 et 4, ils n'étaient que la conséquence de ce que MM. Larose et Rouanez avaient été chargés de proposer au gouvernement français, l'année précédente ; et le 3ᵉ était déjà prévu et renfermé dans la proclamation du Président d'Haïti, en date du 20 mars 1823, qui interdisait aux Haïtiens et à leurs bâtimens toutes relations avec les colonies étrangères : le gouvernement pouvait donc consentir facilement à ces trois articles.

Il paraît que dans l'intimité des fréquens entretiens que M. de Mackau eut avec Boyer, depuis l'acceptation de l'ordonnance [1], et où ils s'évertuèrent à se rendre agréables mutuellement, — le baron étant un homme de cour d'une exquise politesse, Boyer ayant lui-même une grande affabilité, — le Président lui aurait témoigné le désir qu'il avait de posséder le portrait de Charles X. M. de Mackau en ayant un, satisfit à ce désir en le lui offrant et l'accompagnant d'une lettre. Le Président y répondit par celle qui suit, écrite de sa main :

« Monsieur le Baron,

» J'exprime difficilement la douce émotion que j'ai ressentie en recevant le portrait de l'auguste et bien-aimé monarque des Français, que vous m'avez procuré. Vous jugerez mieux que je ne pourrais le dire, combien est vif le sentiment que j'éprouve pour le souverain magnanime qui a fermé avec tant de gloire les plaies de la révolution, et combien j'apprécie l'avantage de posséder ici son image.

---

1 Il passait presque toutes ses soirées au palais de la présidence.

» Veuillez aussi être convaincu que le souvenir de l'homme distingué de qui je tiens ce précieux cadeau, me sera toujours bien cher.

« Signé : BOYER. »

» Port-au-Prince, le 18 juillet 1825, an XXII 1. »

Dès que l'acceptation de l'ordonnance du 17 avril eut été un fait consommé, il fallut songer à l'exécuter. Dans les ports d'Haïti, tous les bâtimens français qui s'y trouvaient sous pavillon d'emprunt, arborèrent celui de la France légitimiste ; et tous ceux qui y arrivèrent ensuite ou qui en partirent, ne furent plus assujettis qu'à la moitié des droits établis par la loi des douanes, soit sur les bâtimens eux-mêmes, soit sur les marchandises importées, soit sur les denrées exportées. A la rigueur, l'ordonnance n'ayant stipulé que pour « les ports de la partie française, » le gouvernement haïtien aurait pu ne pas étendre cette faveur aux navires français qui entreraient dans ceux de la partie de l'Est d'Haïti ; mais il ne le fit pas, parce que dans tous ses actes produits en cette circonstance, il s'était attaché à faire entendre à la France, qu'il considérait l'acte royal comme portant « la reconnaissance de l'indépendance de l'île d'Haïti en entier, » qu'il gouvernait en vertu de la constitution nationale et du vœu de tout le peuple.

Il fallut songer aussi à l'exécution de l'ordonnance, en payant le premier terme de l'indemnité dont l'échéance était fixée au 31 décembre de l'année courante, et pour cela, envoyer des agents en France afin d'y contracter un

---

1 Extrait de l'ouvrage de M. Lepelletier de Saint-Rémy, comme la lettre précédente en réponse à la note de M. de Mackau. Il est probable que ce fut ce désir manifesté par Boyer d'avoir son portrait, qui porta Charles X à lui en envoyer un autre monté sur une tabatière en or et entouré de diamans.

emprunt. En même temps, ils auraient la mission de réclamer du gouvernement français la conclusion d'un *traité*, destiné à lever les ambiguïtés reconnues dans l'ordonnance, et qui comprendrait également des stipulations pour le maintien de la paix et des bonnes relations établies désormais entre Haïti et la France, pour le réglement du commerce entre elles, pour ce qui était provisoirement convenu dans les notes échangées entre M. de Mackau et le secrétaire général Inginac. Le Président fixa son choix sur les sénateurs Daumec et Rouanez, et le colonel Frémont, son aide de camp, tous trois capables de bien remplir ses vues, de discuter les intérêts du pays. Ils s'embarquèrent avec M. de Mackau, sur la frégate *la Circé*, qui quitta le Port-au-Prince, le 21 juillet. Déjà la flotte sous les ordres des amiraux Jurien et Grivel était partie, pour reprendre, chacun, leurs postes. Ce fut à M. de Mackau lui-même que Boyer confia la lettre autographe qu'il adressa à Charles X, dans le but d'obtenir une réduction de l'indemnité : nous n'en avons pas la copie, pour la citer textuellement.

L'acceptation de l'ordonnance du Roi de France a eu un tel retentissement dans les deux mondes et des conséquences si funestes en Haïti, que nous n'avons voulu omettre aucune circonstance, aucune particularité de cette espèce de drame diplomatique et militaire, afin de donner au lecteur, quel qu'il soit, la facilité de bien l'apprécier.

Les détracteurs de la race noire s'en sont emparés pour accabler les Haïtiens de leur mépris habituel; les philanthropes et tous les hommes impartiaux qui s'intéressaient à la cause de cette race, partant à celle des Haïtiens, étonnés de ce résultat, n'ont pas épargné davantage ces derniers de leurs reproches, pour avoir souscrit à cet acte royal. En France, plus particulièrement, les libéraux de l'Opposition et les journaux de cette nuance d'opinion, qui parlaient, qui publiaient souvent en faveur d'Haïti, mécontens de ce *succès* de l'administration de M. de Villèle, contrariés dans leurs vues *toutes françaises*, nous ont jeté la pierre également, comme s'ils oubliaient que la charte de 1814 avait été *octroyée* à la France en vertu du principe de la légitimité, du droit divin, et sous la pression des baïonnettes étrangères, — sans parler de tant d'autres actes que subirent les Français, jusqu'à ce qu'enfin une grande révolution leur eût permis de protester énergiquement contre toutes les prétentions surannées de la branche aînée des Bourbons.

Quant aux Haïtiens, il était bien naturel qu'ils fussent émus et plus étonnés de la conduite du chef de leur gouvernement, qui supporta *seul* la responsabilité de l'acceptation de l'ordonnance, 1° parce qu'il avait provoqué un tel acte du roi de France, quoiqu'il le désirât rédigé en d'autres termes ; 2° parce qu'il ne sut pas s'entourer, en cette circonstance, de tous les moyens en son pouvoir pour faire partager réellement sa responsabilité, en ménageant l'amour-propre de ses collaborateurs, en examinant avec eux la difficulté qui se présentait afin d'obtenir leur adhésion franchement et librement. C'est l'excessive vanité de Boyer qui le porta alors à s'écarter de l'exemple que Pétion lui avait tracé en deux fois, à l'égard des agents français, en s'abstenant d'entendre M. de Mackau, en présence au moins des secrétaires d'État appelés à concourir avec lui à la résolution qu'il prit, parce qu'il voulait s'en attribuer tout le mérite.

Comment ! il a deux conférences particulières avec cet officier ; il tient en main la copie de l'ordonnance dont il

discute les dispositions ambigües avec la chaleur du patriotisme qui l'anime ; et quand il convoque, en conseil
privé, les secrétaires d'État, les sénateurs et d'autres fonctionnaires publics, il ne leur communique pas cette copie
de l'acte, sur l'acceptation duquel ils sont appelés à délibérer pour donner leur avis ! Ce conseil privé ne fut-il
pas même prématuré, en ce que Boyer aurait pu attendre
que M. de Mackau lui eût remis ses explications écrites
pour les soumettre également à ce conseil[1] ?

Lorsqu'un chef agit de cette manière, avec la légèreté
qu'inspire la vanité, il ne doit pas s'étonner qu'on lui im-
pute tout le mal qui résulte d'une résolution aussi importante pour son pays. Et pourquoi le Président s'abstint-il
encore de publier les explications de M. de Mackau, qui le
déterminèrent à accepter cette malencontreuse ordonnance?
Ses concitoyens auraient pu mieux juger de ses intentions
patriotiques ; ils eussent été *satisfaits* des termes que cet
officier employa en disant en trois fois que, par son ordonnance, Charles X entendait « *proclamer* l'indépendance
» d'Haïti; qu'en la proclamant, il *renonçait* à toute partici-
» pation à l'exercice de la *souveraineté* du nouvel Etat; qu'il
» n'avait jamais songé à se ménager, pour l'avenir, les
» moyens d'*intervenir* dans les affaires d'Haïti, etc. » Sans
doute, la constitution de 1816 attribuait au Président de la
République les relations extérieures, le droit de faire tous
traités avec les puissances étrangères, même de déclarer la
guerre, mais sous la condition de la sanction de tous ces

___

Dans ses Mémoires, p. 71, B. Inginac prétend que cet écrit fut soumis au conseil privé ; mais
c'est une erreur de son souvenir, car dans leur opinion motivée, les membres de ce conseil n'auraient pas manqué d'en parler, de même qu'ils ont dit qu'il avait été seulement
fait mention *verbalement* de l'ordonnance. Mais Inginac nous semble avoir eu raison, en
disant qu'il conseilla vainement à Boyer de publier cette note et l'opinion du conseil
privé, en même temps que l'ordonnance.

actes par le Sénat; et nous le répétons, après l'exemple tracé par Pétion qui avait les mêmes pouvoirs, Boyer aurait dû agir autrement qu'il ne fit. La prudence le lui conseillait; car il n'inspirait pas la même confiance qu'on avait en la sagesse de son illustre prédécesseur.

Toutefois, après avoir relaté, d'après le rapport fait par M. de Mackau au ministre de la marine, comment il discuta les droits et les intérêts d'Haïti, examinons si l'histoire équitable ne doit pas *l'excuser* d'avoir accepté l'ordonnance à raison de la situation réelle des choses.

Déjà, à propos de la mission de D. Lavaysse, nous avons fait remarquer que, sous le règne de Louis XVIII, c'était par *ordonnance* seulement que l'indépendance d'Haiti pouvait être *reconnue* ou *concédée*; et nous avons dit qu'en 1821, M. Esmangart essaya vainement de faire comprendre, qu'une *reconnaissance formelle* eût été préférable à la *concession* : en 1824, on vit reparaître cette forme adoptée par le même roi, à l'occasion de la mission de MM. Larose et Rouanez, il est vrai, sur la demande expresse de Boyer. Charles X avait-il d'autres idées que son frère, sur le droit de la branche aînée des Bourbons? Écoutons ce qu'a dit de lui et de l'émancipation de *Saint-Domingue,* un historien français [1] :

« Voici, dit-il, quelle était sur ce point la secrète pensée de Charles X : il la laissa échapper dans une conversation d'intimité. «Dans cette négociation, je n'ai pas consi-
» déré seulement les avantages du commerce et de la marine;
» mais je l'ai conclue surtout en faveur de la classe la
» plus malheureuse et *la plus innocente* de ses malheurs [2].

---

[1] M. Capefigue, *Histoire de la Restauration*, tome 9, p. 143.

[2] Les colons de Saint-Domingue ! On sait que *l'émigré*, vicomte de Bruges, était l'un des intimes amis du comte d'Artois, devenu Charles X; à ce titre, il était aussi de cette

» On ne doit pas douter *de la répugnance* avec laquelle j'ai
» terminé cette affaire : je me trouvais vis-à-vis de Saint-
» Domingue, *dans la même position* où mon frère s'était
» trouvé vis-à-vis de la France ; il y avait trois partis à
» prendre : celui *de faire la guerre*, celui *d'abandonner*
» Saint-Domingue et les colons, enfin, le troisième était
» de *transiger* ; c'est celui que nous ayons adopté et que
» mes ministres ont dû poursuivre. »

Si telle était la pensée personnelle de Charles X, voyons
aussi quelle était celle de son ministère présidé par M. le
comte de Villèle, d'après le même historien :

« Depuis une année, dit-il, quelques négociations avaient
été ouvertes avec le Président de la République d'Haïti,
dans le but de régler les *conditions* d'une émancipation
longtemps sollicitée. Le conseil du roi, appelé à régler ces
conditions, délibéra sur plusieurs projets de traités [1] ; et
afin tout à la fois d'obtenir une indemnité considérable, des
concessions pour le commerce, sans blesser trop ouvertement *les croyances royalistes*, le cabinet arrêta les points sui-
vants : 1° que l'*émancipation* serait faite par *ordonnance*,
c'est-à-dire dans la même forme qu'avait été *concédée* la
charte française ; par là on répondait à toutes les plaintes
que *la droite* [2] aurait pu faire entendre ; 2° l'*indemnité* fut
fixée approximativement aux pertes que les colons avaient
éprouvées, déduction faite de leurs dettes ; 3° on stipulerait

---

classe *innocente* qui seconda les colons dans leur *trahison envers la France*, en livrant
cette colonie aux Anglais. Le vicomte de Bruges a figuré au Port-au-Prince et au Mirebalais, en 1795. Voyez tome 3 de cet ouvrage, p. 59 et 60.

1 On peut voir aussi, dans l'ouvrage de M. Lepelletier de Saint-Rémy, tome 2, pages
39 à 46, tout ce qui se passa dans le conseil des ministres sur cette question.

2 La *droite*, c'est--dire les ultra-royalistes qui exerçaient une grande influence dans les
deux chambres et sur le roi personnellement.

des *avantages commerciaux* tels que pouvait les espérer la métropole émancipant ses colonies. Ces points arrêtés en conseil, et l'ordonnance signée, le ministre de la marine désigna M. de Mackau pour porter le texte de l'ordonnance et en faire l'objet d'un *traité spécial*; car, à vrai dire, cet acte ne pouvait être que *la forme extérieure d'une convention* qui, pour être *obligatoire*, devait former *un contrat synallagmatique* entre la République et la France [1]. »

Et après avoir constaté les conférences qui eurent lieu à Haïti et les objections faites contre les clauses de l'ordonnance, l'historien dit encore :

» Les *formes* de l'ordonnance avaient un peu surpris les hommes politiques. L'émancipation n'était pas la suite d'un *traité* librement stipulé par chacune des parties, mais une émancipation tout entière émanée de la couronne : ce n'était pas *une reconnaissance,* mais *une grâce;* la royauté *imposait ses conditions,* Haïti *les acceptait.....* Je l'ai déjà rapporté, Charles X ne la considérait que comme *une concession à la nécessité;* on *octroyait* la liberté à Saint-Domingue, comme on l'avait *octroyée* aux Français par la Charte, pensée qui dominait alors la maison royale... »

On voit par ces derniers mots, qu'aux yeux de Charles X comme à ceux de Louis XVIII, *les Haïtiens* n'avaient pas plus eu le *droit* de proclamer leur indépendance que *les Français* de faire la révolution de 1789, d'abolir la noblesse et la royauté des descendans de Hugues-Capet, etc., etc.

Dans l'exposé des motifs de la loi pour la répartition de l'indemnité aux anciens colons, présentée à la chambre des députés en 1826 par M. de Villèle, ce ministre a confirmé

---

1 La convention dont il s'agit eut lieu *provisoirement* par l'acceptation et l'entérinement de l'ordonnance ; mais sous la condition qu'un *traité* subséquent ferait disparaître ses ambiguïtés.

les assertions de l'historien cité ci-dessus ; il a dit notamment : « ...Il n'était plus possible de différer la détermina-
» tion... Tout s'accordait pour faire *préférer* à la voie des
» armes, celle d'une *transaction*. Elle a eu lieu dans la
» forme et les termes publiés après sa conclusion... Dans
» la situation donnée, il était impossible de mieux concilier
» *la dignité* de la couronne avec les autres intérêts du
» pays.... » Et dans le cours de la discussion de la loi, le
même ministre, répondant aux reproches de *la droite* surtout, a justifié l'exercice de la prérogative royale par les
mêmes idées, et a dit : « Tout a été *honorable et loyal* des
» deux parts, dans la *transaction* qu'on insulte et qu'on
» calomnie, faute de pouvoir l'accuser.... M. de Mackau
» arrive au Port-au-Prince, fait connaître sa mission et
» confère avec les commissaires nommés par le Président
» d'Haïti ; il résulte de ces conférences que la rédaction de
» l'art. 1er, qui ouvre à toutes les nations les ports de Saint-
» Domingue, fut considérée comme un moyen que se ré-
» servait la France de revenir sur la *concession* de l'art. 3.
» *On était décidé à s'exposer à tout*, plutôt que d'admettre
» une clause dans laquelle on croyait entrevoir l'anéantis-
» sement de la concession elle-même... » Puis, il dit comment M. de Mackau parvint « à faire passer sa conviction
» dans l'âme élevée du Président, » avec lequel il était entré en conférences, après le refus des commissaires.

C'était certainement approuver, justifier les *explications
écrites* données par M. de Mackau, qui amenèrent la conviction de Boyer ; et par là, cette note officielle devint en quelque sorte une partie *inséparable* de l'ordonnance royale, *la condition spéciale* de son acceptation par le Président d'Haïti et de son entérinement par le Sénat ; elle devint aussi *obligatoire* pour la France que l'ordonnance pour Haïti.

Si, dans les deux chambres françaises, cet acte fut violemment attaqué par bien des orateurs, du moins les rapporteurs des commissions qui y furent nommées pour l'examen de la loi de répartition de l'indemnité, s'attachèrent à justifier le roi de l'avoir rendu et les ministres de le lui avoir conseillé.

A la chambre des députés, M. Pardessus, jurisconsulte éminent et rapporteur, écrivit ces lignes : « Sa Majesté » ne pouvait oublier que les habitans de Saint-Domingue » (les Haïtiens) étaient *ses sujets*... Elle a rendu l'ordon- » nance du 17 avril 1825. Cette ordonnance *n'a été et n'a* » *pu être* ce que, dans le langage usuel de la diplomatie, » on appelle *un traité*. Un traité n'a lieu que *d'égal à égal,* » c'est-à-dire, entre deux gouvernemens étrangers l'un à » l'autre, indépendans l'un de l'autre. Telle n'était point la » situation respective de la France et de Saint-Domingue, » avant que l'ordonnance eût été portée, par ordre du roi, » dans cette île... » Puis, détruisant lui-même ces argu- mens, il ajouta : « Les souverains d'Autriche au xive siècle, » d'Espagne au xviie siècle, d'Angleterre au siècle dernier, » *n'ont-ils pas été forcés de reconnaître l'indépendance de* » *leurs provinces insurgées ?* Et si votre mémoire et votre at- » tention se reportent *sur les formes*, vous croirez sans » doute que *celle* de l'ordonnance du 17 avril *était préfé-* » *rable ;* qu'il était *plus convenable*, et pour la *dignité* de la » couronne et pour *l'honneur* de la France, que le roi parlât » *en souverain* aux habitans de Saint-Domingue, plutôt que » *de traiter* avec eux *d'égal à égal...* [1] »

1 Toutes ces idées émises par M. Pardessus n'étaient basées que sur *les préjugés de cou-* *leur et de race ;* car si les Haïtiens étaient les *sujets* du Roi de France, les Suisses étaient ceux des souverains d'Autriche, les Hollandais étaient ceux des rois d'Espagne, et les Amé- ricains des colonies anglaises étaient ceux des rois d'Angleterre. Si ces provinces *insur-*

Mais, à la chambre des pairs où régnait un esprit plus élevé, où la liberté des hommes, quelle que soit leur couleur ou leur origine, était appréciée plus sainement, M. le baron Mounier, rapporteur, tint un langage différent. Il dit :
« Lorsque le roi remonta au trône de ses ancêtres, Saint-
» Domingue était *séparé* de la France. Les négociations
» tentées pour faire rentrer, sous les lois de la métropole,
» cette importante colonie, furent sans succès. Un gouver-
» nement *régulier* s'y était formé. A l'abri de ce gouverne-
» ment, *l'ordre, l'agriculture et le commerce* avaient reparu.
» Les négocians français allaient trafiquer dans les ports
» où ils trouvaient *un accueil amical;* cependant notre pa-
» villon ne pouvait s'y déployer. La guerre avait cessé,
» des relations fondées sur d'anciens souvenirs qui avaient
» surmonté de récentes inimitiés, s'étaient successivement
» rétablies entre les deux pays; mais la paix n'avait pas
» été proclamée. Un tel état de choses blessait la dignité
» de la couronne, et compromettait la sécurité *de ses sujets,*
» qui ne pouvaient invoquer la protection de leur *pavillon :*
» il devait avoir un terme. En déclarant aux habitans de
» la partie française de Saint-Domingue, qu'il leur *concé-*
» *dait* l'indépendance pleine et entière de leur gouverne-
» ment, le roi a assuré à l'État des avantages commer-
» ciaux, et aux anciens colons une indemnité de 150
» millions de francs...... L'acte qui *légitime* la séparation
» de Saint-Domingue n'a pas, à la vérité, *la forme d'un*
» *traité.* On peut soutenir *qu'il aurait été préférable d'a-*
» *dopter ce mode usité* pour fixer les stipulations contractées
» entre les nations. On peut soutenir aussi que la volonté

---

gées ont été aussi *reconnues indépendantes* par des *traités,* pourquoi Saint-Domingue, devenu Haïti, ne pouvait pas l'être également et de la même manière ? M. Esmangart était un ancien colon, et cependant il avait été de cet avis.

» du monarque, s'exprimant comme si elle avait seule à
» statuer, s'est manifestée d'une manière plus digne et plus
» élevée; mais cette discussion est aujourd'hui sans inté-
» rêt. Qu'on eût donné la préférence à l'un ou à l'autre de
» ces modes, *on ne contestera point que l'ordonnance* du 17
» avril 1825 n'a de commun *que le nom* avec les autres
» actes de l'autorité royale *ainsi intitulés.* Ce n'est pas *par*
» *les caractères extérieurs de sa rédaction,* c'est *d'après sa*
» *nature intrinsèque* qu'elle doit être *classée.* Elle est dans
» le domaine du droit des gens : *les effets* qu'elle était et
» qu'elle est destinée à produire *en font un véritable traité.*
» Or, c'est au roi seul, nous le répétons, qu'il appartient de
» faire des traités..... Le roi, s'élevant au-dessus de la
» voix *des passions et des préjugés,* a préféré *renoncer à ses*
» *droits.* Haïti a obtenu une place parmi les nations. Re-
» connaissante, elle a, en retour, garanti aux navires fran-
» çais un important avantage ; elle a consacré au soula-
» gement de trop cruelles infortunes, une somme, bien
» faible quand on la compare aux pertes éprouvées; mais
» aussi considérable que les ressources de son gouverne-
» ment permettaient de l'espérer. L'humanité doit haute-
» ment se féliciter d'une pareille *transaction.* Les habitans
» d'Haïti, rendus à la sécurité, se livreront aux soins de la
» paix et profiteront des bénéfices de la civilisation. La
» sagesse magnanime d'un Roi de France aura ainsi ouvert
» les sources de la prospérité à la nouvelle population de
» cette terre si longtemps désolée..... »

Il nous semble qu'on ne pouvait parler plus judicieusement que ne l'a fait M. le baron Mounier, pour définir le
vrai caractère de l'ordonnance de Charles X ; car si Haïti
ne l'eût pas *acceptée*, elle fût restée à l'état de *lettre morte,*
malgré tous les attributs de la souveraineté dont elle était

parée. Cette acceptation a amené *la paix* entre Haïti et la France ; elle a constitué réellement *un traité* provisoire, dont les clauses subséquentes devaient effacer ce qu'il y avait d'ambigü dans celle de l'ordonnance, de blessant pour la dignité et l'honneur de la jeune République, d'exorbitant dans le chiffre de l'indemnité.

Tel était le juste espoir du gouvernement haïtien, et l'on a vu comment M. de Mackau se prit pour l'inspirer, pour exciter la confiance en Charles X et en son ministère : nous venons de dire que, par ses paroles prononcées à la chambre des députés, M. de Villèle avait approuvé et justifié les explications de cet officier de marine. Alors même que le ministre n'eût pas rendu cet hommage à la vérité des faits, les actes du Président d'Haïti, ceux du Sénat, les discours prononcés, avaient tous fait entendre au gouvernement français, qu'on considérait l'ordonnance comme ayant « reconnu l'indépendance nationale d'Haïti, » sous la forme imaginée de la *concession* royale : par là, on *protestait* d'avance contre toute fausse interprétation de l'ordonnance elle-même, contre toute réserve que l'on prétendrait y avoir intentionnellement faite à l'égard de la *souveraineté* du nouvel État, notamment dans les dispositions de l'art. 3, qui concédait, sous la *condition* de l'exécution des deux autres articles, la simple « indépendance de son gouverne- » ment. »

Cependant, si la France venait à méconnaître la loyauté que montra Haïti, à abuser de la confiance qu'elle avait mise dans les paroles de son envoyé, eh bien ! on prendrait patience, on attendrait, on mettrait le temps à profit pour l'exécution de l'ordonnance. Si, abusant ensuite de sa puissance, oubliant qu'en sa qualité de grande nation civilisée dont les idées et les principes révolutionnaires avaient donné naissance à un jeune peuple de la race noire, la France venait à faire à ce peuple une guerre injuste, eh bien ! encore on accepterait cette guerre comme une nécessité inévitable.

A ce sujet, on peut sans doute dire que, ces éventualités étant possibles, mieux eût valu que le gouvernement haïtien n'eût pas accepté l'ordonnance. Mais, par les citations que nous avons faites, il est démontré jusqu'à l'évidence, qu'avec le gouvernement de la Restauration, il n'y avait pas moyen d'obtenir autrement la consécration de l'indépendance nationale d'Haïti. Il est certain d'ailleurs qu'on ne s'attendait pas à ce qu'il eût brusqué ainsi le dénouement de cette affaire. Si l'on avait refusé l'ordonnance, la guerre eût été immédiate, car ce gouvernement s'était trop avancé pour reculer devant cette nécessité, bien que M. de Villèle eût dit à la chambre des députés qu'on allait seulement *bloquer* les ports d'Haïti [1].

D'un autre côté, le caractère impatient de Boyer ne lui permettait guère d'attendre plus longtemps la décision qu'il poursuivait depuis quatre ans. On a vu avec quel empressement il accorda à M. de Mackau l'audience que celui-ci sollicita de lui, après avoir rompu avec les commissaires. D'ailleurs, le Président devait, dans l'intérêt de son pays, envisager la position que lui avait faite dans le monde, la conduite de la Grande-Bretagne, — nous omettons celle des États-Unis, — qui, en 1823, avait reconnu l'indépendance des Républiques formées dans les colonies espagnoles, en dédaignant de reconnaître aussi celle d'Haïti, en l'abandonnant, pour ainsi dire, à la discrétion de la France. En outre, Boyer ne pouvait se faire

____
[1] Dans la séance du 9 mars 1826.

illusion sur la situation *réelle* de la République qu'il gouvernait, sur l'opposition latente qui y existait contre son administration, et dont la capitale et le département du Nord étaient le foyer : l'année précédente, une vaste conspiration avait éclaté à Santo-Domingo. Dans une telle situation, le simple *blocus* de nos ports par les bâtimens de guerre de la France eût été capable de compromettre *l'unité politique* de la nation, qu'on avait eu tant de peine à réaliser.

Écoutons l'appréciation de cette situation par le secrétaire général Inginac qui, en sa qualité de commissaire conférant avec M. de Mackau, avait montré tant de vigueur et de résolution. Il a dit dans ses Mémoires, pages 68 et 69 : « L'année 1825 arriva : toujours les mêmes inquié-
» tudes dans les esprits sur l'avenir. Le gouvernement
» français n'ignorait pas l'état des choses, puisque la plu-
» part de ses nationaux qui exploraient Haïti étaient te-
» nus, à leur retour en France, de fournir un mémoire
» sur ce qu'ils avaient pu observer. La divergence dans les
» opinions rendait *précaire* le sort de l'État, si la moin-
» dre *hostilité* venait à avoir lieu; il fallait ne s'être ja-
» mais occupé du véritable état du pays, pour ne pas être
» *convaincu* des résultats funestes qui auraient suivi. Pour
» moi qui n'avais jamais été dans l'illusion sur ce point,
» je n'ai pas dû négliger d'étudier le caractère de chacun,
» afin de bien servir la cause sacrée de la race africaine,
» de la régénération de laquelle Haïti est appelée à prouver
» la possibilité. La *tranquillité* était indispensable pour
» atteindre ce but : donc, tout ce qui pouvait la compro-
» mettre devait être soigneusement *écarté*. C'est d'après ce
» principe que j'agissais, lorsque j'avais l'honneur d'être ap-
» pelé à donner mon avis sur les matières d'intérêt national. »

On ne peut dénier à Inginac les qualités et la capacité qu'il possédait comme homme d'État. S'il a apprécié ainsi la situation où se trouvait Haïti à l'arrivée de M. de Mackau, dont il a relaté ensuite toute la mission, on ne doit pas s'étonner qu'après avoir discuté chaudement avec cet officier, il se soit rangé à l'avis qu'il donna dans le conseil privé, pour l'acceptation de l'ordonnance du 17 avril; et par là, il a *justifié* la détermination de Boyer, basée sur les explications écrites à propos de cet acte.

Le Président avait d'autant plus raison d'agir ainsi, que le 25 juillet, quatre jours à peine après le départ de Daumec, Frémont et Rouanez pour la France, il partait lui-même avec sa garde pour le Cap-Haïtien où le brave général Magny l'appelait, à raison de la situation des esprits dans le Nord, par suite de l'acceptation de l'ordonnance de Charles X.

RÉSUMÉ DE LA QUATRIÈME ÉPOQUE.

De grands résultats politiques avaient été le fruit de la sage administration de Pétion, au début de celle de son successeur. Pénétré des vues élevées de ce grand citoyen, Boyer, marchant sur ses traces, réalisa avec intelligence *l'unité haïtienne* qui devait nécessairement amener *l'unité territoriale*, pour compléter l'œuvre de l'indépendance nationale. En même temps, les esprits, dans l'Est d'Haïti, étaient excités à opérer un changement dans la situation de cette partie de l'île, lequel ne pouvait être autre que celui désiré depuis longtemps pour le bonheur de tous ses habitans. Mais adoptant une politique expectante, Boyer voulut, avec raison, que cet événement s'effectuât par le concours de la grande majorité des volontés : cette temporisation même devait le faciliter.

Pendant qu'il préparait ainsi ce qui allait accroître la force de la nation et la recommander à l'étranger, dans le Nord et dans l'Artibonite des factieux méditaient une nouvelle division du territoire qui ne pouvait que l'affaiblir. Ce rêve insensé n'avait aucune chance de succès ; aussi la faction fut-elle de suite comprimée par la vigilance patriotique des braves lieutenans du chef de l'État. Celui-ci n'eut plus qu'à exercer des actes de clémence envers des esprits égarés, après la juste punition des coupables. Le calme se rétablit.

En ce moment même, un évêque arriva de France sans avoir été désiré ni sollicité à venir à Haïti. Bien qu'il fût avisé que ce prélat ne pouvait être qu'un agent politique envoyé sous le manteau de la religion, Boyer l'admit à exercer ses fonctions pastorales, afin de prouver, sans doute, que

de telles armes étaient aussi impuissantes que d'autres à détruire le faisceau national érigé par le patriotisme haïtien.
Ce qu'il avait prévu arriva, et l'évêque dut être renvoyé
de la République, six mois à peine après son arrivée, tant
sa conduite avait justifié les soupçons conçus contre
lui et contre sa mission occulte.

Mais une autre mission, ayant ce caractère, était aussi
essayée en même temps. Des ouvertures furent faites à
Boyer par un ancien commissaire du gouvernement français, qui avait vainement tenté de porter Pétion à reconnaître la *souveraineté* de la France, sous une forme *constitutionnelle.*Dans ses propositions nouvelles, il ne s'agissait
plus que d'une *simple suzeraineté,* ou le droit à un *protectorat.* Elles ne pouvaient pas être plus agréées que les premières, et le chef d'Haïti, mieux placé encore que son prédécesseur pour les repousser, se borna à faire revivre l'offre
d'une indemnité qu'il avait faite, pour obtenir de la France,
la reconnaissance de l'indépendance nationale.

Ce fut à cette époque, que la Veuve et les filles de
H. Christophe quittèrent leur pays volontairement pour
aller finir leurs jours sur la terre étrangère, après avoir
payé un tribut d'hommages de leur gratitude envers Boyer,
et que l'ancien évêque de Blois, le philanthrope Grégoire,
constant ami des noirs, entretint avec lui une correspondance qui respirait les sentimens chrétiens les plus purs.

Les événemens politiques du commencement de l'année
avaient fait ajourner l'époque de la session législative. Dans
l'intervalle, le chef du gouvernement recommanda, prescrivit diverses mesures pour favoriser l'agriculture et le
commerce national, deux branches d'industrie qui sont et
seront toujours le grand objet de la sollicitude de toute
administration éclairée, et des désirs légitimes des citoyens.

Mais à la réunion du corps législatif, la Chambre des représentans des communes, complétée par l'élection de ceux de l'Artibonite du Nord, vit naître en son sein une opposition qui prétendit être l'organe des citoyens, par rapport à ces deux branches d'industrie, et qui demanda le privilége exclusif du commerce en faveur des nationaux, en des termes peu mesurés et sans égard aux dispositions de la constitution qui voulaient la protection du commerce licite des étrangers dans les ports où ils sont admis.

Cette prétention, formulée de manière à exciter une certaine agitation dans la nation, déplut à Boyer et amena une dissidence d'opinion entre lui et ces orateurs, qui fut le germe de l'opposition parlementaire dans le pays : elle allait se représenter encore mieux dans la session suivante. En attendant, le pouvoir exécutif fit compléter le Sénat de la République par l'élection de citoyens pris principalement dans l'Artibonite et le Nord.

Mais aussitôt, dans le Sénat même, on vit surgir un esprit empreint de quelques désirs d'opposition. Ce corps, se laissant influencer par l'adjonction qu'il venait de recevoir, proposa la révision anticipée de la constitution, en se fondant sur cette opinion : — qu'elle avait été l'œuvre des députés de l'Ouest et du Sud pendant la guerre civile, et que ceux des autres départemens devaient concourir à sa révision. Le chef du gouvernement n'eut qu'à citer le texte de ce pacte fondamental pour repousser l'opinion émise par le Sénat.

L'année 1821 se termina : 1° par une réclamation non justifiée dans ses prétentions appuyées par le gouvernement fédéral des États-Unis qui, en cette occasion, donna la preuve qu'il reconnaissait formellement l'indépendance d'Haïti, sur laquelle cependant il revint plus tard ; 2° par une déclaration d'indépendance prononcée à Santo-Domingo contre la domination espagnole, dans le but de constituer dans l'Est un État distinct de la République d'Haïti, lequel aurait fait partie de la confédération de la Colombie, organisée dans la Côte-Ferme par Bolivar.

Un tel projet ne pouvait être accueilli par les populations de l'Est. Elles députèrent aussitôt auprès de Boyer pour l'inviter à y venir opérer leur incorporation, leur réunion à la République. Se rendant à leur vœu et à celui de la constitution haïtienne, il alla recevoir le serment des nouveaux citoyens qui s'y ralliaient spontanément. En cette circonstance, l'esprit de justice qui animait la politique du gouvernement, fut démontré au grand jour par l'admission, comme citoyens de l'État, de tous les dissidens qui avaient participé à l'œuvre de l'indépendance dominicaine.

Mais quelques anciens colons français, réfugiés à Samana, ne voulant pas profiter de cette justice, appelèrent les forces maritimes de la France postées à la Martinique, afin de prendre possession de cette presqu'île. Devancées sur ce point, par la vigilance et l'activité de Boyer, elles se retirèrent en amenant ces colons à Porto-Rico.

Dans l'intervalle, les élections générales de la partie occidentale d'Haïti amenèrent à la Chambre des communes les représentans opposans de l'année précédente, et plusieurs autres qui partageaient leurs idées. Ce fut pour Boyer un grand sujet de mécontentement qu'il eut le tort de manifester par des paroles et des actes qui ne pouvaient qu'irriter les opposans.

Pendant la session législative, un général, qui avait éprouvé l'année précédente toute l'indulgence du chef de l'État dans la conspiration ourdie par lui dans le Nord, osa conspirer de nouveau à Léogane qui lui avait été assigné comme séjour. Il périt victime de son audace, mais d'une manière qui fit concevoir l'idée d'un assassinat politique aux malveillans toujours prêts à imputer de mauvaises actions au gouvernement.

Aussitôt, un esprit turbulent et pervers, concevant le projet de renverser Boyer du pouvoir, et croyant trouver un utile concours de la part des représentans opposans, osa adresser à la Chambre des communes une pétition dans ce but. La Chambre en ayant fait donner une lecture publique, sans dénoncer le fait au pouvoir exécutif, et sans prendre aucune mesure contre le pétitionnaire, Boyer conçut des soupçons de connivence entre lui et les opposans, et il ordonna leur arrestation. Cette mesure produisit une telle agitation à la capitale, que la Chambre, intimidée, prononça l'exclusion de son sein de ceux de ses membres qui avaient été arrêtés, pendant que le pétitionnaire subissait la peine de mort prononcée par une commission militaire qui le jugea. Cette exclusion inconstitutionnelle fut le premier pas fait dans une voie qui, par suivie d'autres législatures, devait conduire le pays à une révolution politique.

L'année suivante, sur la pressante invitation de l'ancien commissaire français qui lui avait fait des ouvertures en 1821, Boyer se décida à envoyer un agent chargé de négocier avec son gouvernement pour en obtenir la reconnaissance de l'indépendance d'Haïti. Mais cette mission ne pût aboutir au résultat désiré : ce qui porta l'ancien commissaire à provoquer l'envoi de nouveaux agents.

Ils partirent d'Haïti en 1824 pour n'être pas plus heureux que celui qui les précédèrent, le gouvernement français voulant obtenir, non-seulement une indemnité considérable, mais encore un droit de *souveraineté extérieure* sur Haïti.

Dans le cours de cette année, et à raison des préoccupations de la France à l'égard de cette question, la République fut tenue sur un pied de guerre et prête à repousser une invasion, si elle était tentée. Par la même raison, un agent fut envoyé à Bogota, afin de proposer au gouvernement de la Colombie une alliance défensive avec Haïti : il en reçut un refus qui le porta à réclamer le montant des objets de guerre fournis en 1816 à Bolivar, lequel fut payé.

Au vote des dernières lois du code civil haitien se joignit celui d'une loi qui réglait la nature de toutes les propriétés existantes dans les départemens de l'Est, sur lesquelles l'État avait des droits par suite de la suppression des couvens et autres établissemens ecclésiastiques. Cette loi régla enfin le sort du clergé de cette partie à la tête duquel se trouvait l'archevêque de Santo-Domingo. En même temps, la cour de Rome autorisa ce prélat à prendre le titre d'archevêque d'Haïti, qui lui avait été offert par le Président de la République.

Un essai d'immigration fut tenté et exécuté dans la même année, afin d'augmenter la population haïtienne par tous les hommes libres de race africaine habitant les États-Unis. Mais, commencé sous d'heureux auspices, cette opération échoua par le fait même de ces hommes : il n'en resta que fort peu en Haïti.

Le retour des agents envoyés en France porta Boyer à convoquer à la capitale tous les officiers généraux, afin de leur donner connaissance des négociations infructueusement suivies depuis trois ans pour la reconnaissance de l'indépendance nationale, et de convenir avec eux de toutes les mesures nécessaires à sa défense, si elle venait à être attaquée par la France.

Le gouvernement français se décida enfin à se prononcer sur cette grave question. En 1825, une ordonnance royale imposa à Haïti une indemnité de 150 millions de francs et la franchise du demi-droit en faveur du commerce français, tant à l'importation qu'à l'exportation, avec des clauses conditionnelles qui réservaient à la France la faculté de revenir sur l'indépendance que cet acte octroyait, loin de la reconnaître comme un fait accompli.

Cette ordonnance était trop ambiguë pour ne pas soulever des observations de la part du gouvernement haïtien. Elles portèrent l'agent qui la lui présenta, non-seulement à donner des explications officielles écrites sur la contexture de cet acte du roi de France, mais à offrir de rester en otage jusqu'à la conclusion d'un traité qui eût effacé ce qui ne présentait pas assez de garanties à Haïti. En conséquence, Boyer accepta l'ordonnance que le Sénat entérina, dans l'espoir d'obtenir le traité dont s'agit; et il envoya en France trois agents à cet effet.

FIN DU TOME NEUVIÈME.

TABLE DES MATIÈRES

CONTENUES DANS CE VOLUME

PÉRIODE HAITIENNE

QUATRIÈME ÉPOQUE

LIVRE QUATRIÈME

CHAPITRE PREMIER.

CHAPITRE II.

CHAPITRE III.

CHAPITRE IV.

CHAPITRE V.

CHAPITRE VI.

CHAPITRE VII.

FIN DE LA TABLE DES MATIÈRES DU TOME NEUVIÈME.